本书由内蒙古自治区应用经济学"一流建设学科"项目、内蒙古自治区教育厅"时间利用调查与研究中心建设"项目、国家社会科学基金一般项目"经济发展背景下各国的时间配置与国民福利研究"（项目号：23BJY256）资助出版。

时间都去哪儿了？
外部冲击与中国时间利用变化

杜凤莲　王文斌　侯建昀　等◎著

WHERE HAS TIME GONE？
THE EXTERNAL SHOCK
AND THE CHANGE OF CHINESE TIME USE

中国社会科学出版社

序言

关注时间问题,是关注改善民生,关注老百姓获得感的重要途径。每天,老百姓工作多长时间,耗费了多少时间浏览手机,多少时间用于社交,又有多少时间来陪伴父母和孩子?学生们是如何在学业和休闲活动之间分配时间的,居民对于日常各项活动的喜好程度如何?在物质日益充盈的时代,时间分配逐渐成为影响居民幸福感的重要因素,加入时间配置因素后,中国居民的幸福感如何?在数字经济高速发展背景下,数字经济如何影响居民的日常生活?《时间都去哪儿了?外部冲击与中国时间利用变化》一书对于以上问题给予了全景展示。

《时间都去哪儿了?外部冲击与中国时间利用变化》一书还重点关注了中国居民时间利用在2017—2021年的变化情况。新冠疫情的暴发对中国居民的生产生活造成了较大冲击,这一影响如何体现在居民的时间利用上?此外,教育和生育问题是影响国家未来发展的重要因素。2018年以来,随着教育部"以本为本""四个回归"的提出,大学生"增负"相关政策也逐步开展,政策实施效果如何?为了实现教育公平,2018年年底教育部等9部门联合发布"减负三十条"、2021年中中央办公厅、国务院进一步发布史上最高等级的"双减"政策,这些政策对家庭、对儿童的时间分配产生了怎样的影响?从2002年的"单独二孩"到2015年的"全面二孩"再到2021年的"三孩"政策,中国日益放松的生育政策是否会对家庭尤其是女性的时间配置产生影响?以上问题《时间都去哪儿了?外部冲击与中国时间利用变化》一书给出了分析和解答。

我对《时间都去哪儿了?外部冲击与中国时间利用变化》一书予以充分肯定和支持,该书的发布将弥补中国学术界对非市场活动和时间配置等问题研究的不足,具有重要的研究价值,也将为政策制定提供依据,促进社会和谐稳定。感谢该书为中国学术界和中国社会经济发展所做的贡献。

是为序。

西南财经大学中国家庭金融调查与研究中心主任

前　言

一　时间利用调查与时间利用研究

时间是一种稀缺资源，时间如何在市场和家庭之间配置不仅与劳动参与率直接相关，还影响到家庭生活质量，因此，把握时间配置规律，对研判国家劳动力供给和民生福祉的演进趋势具有重要意义。①

时间利用调查（Time-Use Surveys）通过填写时间日志的方式收集样本中每个人在一段特定时间内（通常是一天或一周）从事了哪些活动，在每种活动上花了多少时间的翔实信息。与普通劳动力调查和住户调查相比，时间利用调查的优势是提供人们一天 24 小时所有活动的信息，对所有个人活动，不论是市场活动还是非市场活动、工作或闲暇、主要活动还是次要活动，都给予全景式展示，时间利用调查数据是微观数据的进一步微观化。

通过时间利用调查数据，我们不仅可以对市场活动（文献称为有酬劳动）进行细化分析，还可以深入研究非市场活动（包括无酬家务、休闲社交、个人照料），以及市场活动和非市场活动间的关系，从而更全面、真实地反映居民的福利状况。首先，就业活动是现代社会人获取收入和社会认同的主要途径，合适的劳动时间是衡量体面劳动的指标之一，也是良好工作条件的体现。② 其次，无酬劳动作为人力资源再生产投入，

---

① 郭凯明、王钰冰：《人工智能技术方向、时间配置结构转型与人类劳动变革远景》，《中国工业经济》2022 年第 12 期；单德朋、王英：《基于时间赤字的隐性贫困测度原理、方法与应用》，《数量经济技术经济研究》2022 年第 5 期。

② 齐良书、安新莉、董晓媛：《从时间利用统计看我国居民的有酬劳动》，《统计研究》2012 年第 4 期。

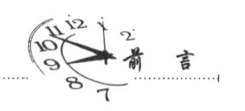

其"量"和"质"直接影响居民福利水平，对有酬劳动的供给量和生产率也有重要影响。对于无酬劳动的充分认识和重视，有助于改善家庭时间配置方式，促进社会可持续发展。最后，自由时间是影响人们福利最主要的条件之一，一个人每年、每周或每天拥有的自由时间越多，其休息和恢复工作能力的机会就越大，也越有可能拥有选择的自由，促进个人发展。① 休闲社交和个人照料（如睡眠）的时间和质量与幸福感密切相关。② 正确了解居民休闲娱乐状况，对制定适宜的产业政策，促进服务业发展，提高居民生活质量也具有重要意义。

时间利用调查还为深入考察社会经济公平与公正提供了新的视角。一方面，性别关系是人类社会最基本的社会关系，性别不平等与其他各种社会不平等相交叉（cross-cutting），是分析社会公平正义的一个重要维度。与过去相比，女性在职场中拥有了更多选择，但是由于社会规范、工作性质、时间约束、家务责任等原因，劳动力市场的性别不平等问题依旧存在。③ 通过时间利用调查，可以深入考察劳动的性别分工，家庭劳动的时间配置，女性对国民经济的贡献，无酬劳动对女性劳动力市场参与的制约以及在经济、社会、文化和政治领域社会性别不平等，为性别平等相关公共政策提供决策依据。④

另一方面，人力资本、收入水平的差异，城乡发展不平衡和普惠性公共服务缺失也会导致有酬劳动、无酬劳动和闲暇时间分配的不平等，时间配置不平等进一步制约了社会弱势群体自身发展，反过来加剧社会经济和福利的不均衡。此外，时间利用方式具有代际传递性，父母对子

---

① Niemi, I., Parsla, E., Mitrikas, A., et al.，*Time Use in Finland, Latvia, Lithuania and Russia*, Statistical Office of Finland, Helsink, 1991.

② Dolan, P., Peasgood, T., White, M.，"Do We Really Know What Makes Us Happy? A Review of the Economic Literature on the Factors Associated with Subjective Well-being"，*Journal of Economic Psychology*, 2008, 29（1）；翁李胜、雷燕、潘新洁：《休闲涉入对老年人幸福感的影响：自我效能与畅爽体验的中介效应》，《上海体育学院学报》2020年第9期。

③ 宋弘、张庆：《劳动力市场性别差异：现状、成因、对策——兼评〈事业还是家庭？女性追求平等的百年旅程〉》，《新金融》2023年第12期。

④ United Nations Development Programme（UNDP），*Human Development Report* 2005, Oxford University Press, New York, 2005, p155.

女的照料和学习时间投入作为重要的人力资本投资对儿童健康、教育和发展具有重要影响。不同社会经济地位家庭对于儿童照料投入存在差异，由此而产生的儿童健康和教育差异会在他们生命历程中不断扩大，从而导致发展能力"赤字"的代际传递。[1] 因此，正确了解不同社会群体和地区间的时间配置对制定有利于缩小福利差距和减少发展能力赤字的公共政策具有重要意义。

二 联合国2030年可持续发展目标和全面建设社会主义现代化国家

2015年9月25—27日，联合国可持续发展峰会通过了《2030年可持续发展议程》，该议程提出了17项可持续发展目标、169项具体指标。中国为指导和推动《2030年可持续发展议程》的落实，制定了《中国落实2030年可持续发展议程国别方案》。实现这些发展目标都需要时间的投入，其中时间利用调查数据对制定实现第1、2、3、4、5、8、9、10、12这9个目标的相关政策和公共动员特别有价值。[2] 这9个目标分别是：目标1，在全世界消除一切形式的贫困；目标2，消除饥饿，实现粮食安全，改善营养状况和促进可持续农业；目标3，确保健康的生活方式，促进各年龄段人群的福祉；目标4，确保包容和公平的优质教育，让全民终身享有学习机会；其中指标4.2要求确保所有男女童获得优质幼儿发展、看护和学前教育，为他们接受小学教育做好准备；目标5，实现性别平等，增强所有妇女和女童的权能；其中指标5.4要求各国基于本国情况通过提供公共服务、基础设施和社会保护政策，在家庭内部提倡责任共担等举措承认和支持无酬照料和家务劳动；目标8，促进持久、包容和可持续的经济增长，促进充分的生产性就业和人人获得体面工作；目标9，建造具备抵御灾害能力的基础设施，促进具有包容性的可持续工业化，推动创新；目标10，减少国家内部和国与国之间的不平等；以及目标12，采用可持续的消费和生产模式。通过时间利用调查数据，可以深入了解不同社会

---

[1] Carneiro, P., Heckman, J. J., "Human Capital Policy", NBER Working Paper No. 9495, 2003.

[2] Floro, M. S., King, E. M., "The Present and Future of Time-use Analysis in Developing Countries", *Asia-Pacific Population Journal*, 2016, 31 (1).

群体实现上述目标的现状和时间约束,为制定相关公共政策提供决策依据。

2021年2月25日,习近平总书记在全国脱贫攻坚总结表彰大会上庄严宣告,"我国脱贫攻坚战取得了全面胜利……完成了消除绝对贫困的艰巨任务"。① 2022年,党的二十大报告指出:"我们经过接续奋斗,实现了小康这个中华民族的千年梦想,我国发展站在了更高历史起点上。我们坚持精准扶贫、尽锐出战,打赢了人类历史上规模最大的脱贫攻坚战,全国八百三十二个贫困县全部摘帽,近一亿农村贫困人口实现脱贫,九百六十多万贫困人口实现易地搬迁,历史性地解决了绝对贫困问题,为全球减贫事业作出了重大贡献。"② 打赢脱贫攻坚战,为促进共同富裕创造了良好条件。在建设浙江共同富裕示范区工作中,中共中央、国务院提出建设以中等收入群体为主体的橄榄型社会结构,扩大中等收入群体,推动更多低收入群体迈入中等收入群体行列。

如果说"扩大中等收入群体"是实现共同富裕的关键,那么,"提升低收入群体增收能力和社会福利水平"则是实现共同富裕的难点。低收入群体实现共同富裕面临较大挑战,因此我们需要对中国低收入群体的人口特征、代际传递、教育状况和性别差异等开展研究,从时间利用的角度考察低收入群体的行为特征,对如何在促进共同富裕中提高低收入人群的生活水平和发展机会进行更为深入的探索与思考。党的二十大报告指出,"增进民生福祉,提高人民生活品质",这一新时代发展目标深化了联合国2030可持续发展目标。时间利用调查数据作为对经济收入统计的补充有助于全面考量处于生命历程不同阶段,不同社会群体生活质量的现状和短板,对于制定适宜政策满足人民对美好生活的需要具有重要意义。

三 内蒙古大学时间利用调查

20世纪二三十年代,发达国家的统计部门率先展开了时间利用调查。

---

① 习近平:《在全国脱贫攻坚总结表彰大会上的讲话》,人民出版社2021年版,第1页。
② 习近平:《高举中国特色社会主义伟大旗帜 为全面建设社会主义现代化国家而团结奋斗——在中国共产党第二十次全国代表大会上的报告》,人民出版社2022年版,第7页。

前言

随着方法的不断完善,20世纪中后期,许多发达国家定期进行大规模的时间利用调查。1995年第四次世界妇女大会后,时间利用统计因其在反映妇女无酬劳动贡献方面的特殊作用而受到国际社会的普遍关注。① 同时,一些发展中国家认识到时间是贫困家庭仅有的生产资源,繁重的家务和照料劳动严重制约贫困家庭摆脱贫困的能力,因此,时间利用调查对实现反贫困目标具有重要价值。由于上述原因,20世纪90年代后期,大规模的时间利用调查在发展中国家逐步展开。② 2008年,中国国家统计局采用国际通行的标准和方法,在北京、河北、黑龙江、浙江、安徽、河南、广东、四川、云南、甘肃10省份组织实施了中国的第一次大规模时间利用调查。目前,世界上有65个国家进行了大规模的时间利用调查。③

2014年习近平总书记发出了"时间都去哪儿了"之问;④ 2016年5月17日,习近平总书记在北京主持召开哲学社会科学工作座谈会并发表重要讲话,强调要加快构建中国特色哲学社会科学,"按照立足中国、借鉴国外,挖掘历史、把握当代,关怀人类、面向未来的思路,着力构建中国特色哲学社会科学"。⑤

为了推动中国时间利用研究,实现联合国2030年可持续发展目标和为党的十九大提出的中国特色社会主义新时代发展愿景提供政策依据,在国家"中西部高校综合实力提升工程"资助下,2017年内蒙古大学加入"中国高校数据调查共享平台",并分别在2017年和2021年,在除新疆、西藏和港澳台地区以外的29个省份进行了大规模时间利用调查。通过入户访谈填写日志的方法,我们收集了家庭成员的活动;记录时间从前一日凌晨4:00至当日凌晨4:00,时间间隔为10分钟。记录信息包

---

① United Nations, "Report of the Fourth World Conference on Women", United Nations, New York, 1996, p. 4.
② United Nations Statistics Division, "Allocation of Time and Time Use", http://unstats. un. org/unsd/demographic/sconcerns/tuse/.
③ Charmes, J., "Time Use across the World: Findings of a World Compilation of Time Use Survey", UNDP Human Development Report Office Background Paper, 2015.
④ 习近平:《习近平谈治国理政》,外文出版社2014年版,第102页。
⑤ 习近平:《在哲学社会科学工作座谈会上的讲话》,人民出版社2016年版,第15页。

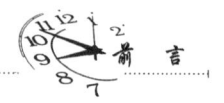 前 言

括当事人从事了什么活动,在哪里从事这些活动,与谁在一起从事这些活动,从事主要活动是还从事次要活动的翔实信息。

根据联合国统计署（UNSD）的国际活动分类,时间利用调查把个人活动分为有酬劳动、无酬劳动、教育培训、休闲社交和个人照料五大类,其中有酬劳动分为工作和工作相关活动、家庭生产经营活动；无酬劳动分为做家务、照顾家人和对外提供帮助、购物修车等活动；社交休闲分为体育锻炼、娱乐休闲、社会交往和宗教活动；个人照料分为睡眠、个人卫生、吃饭及其他饮食活动。这五大类活动又可以细分为300种小类活动。内蒙古大学经济管理学院时间利用研究团队对这次调查的数据进行了统计分析。通过分析,我们希望从时间利用维度讲好中国故事,让中国人更好地了解自己。

完稿之际,感觉有许多缺憾。特别是随着对数据的熟悉和研究的深入,发现有很多重要话题以及闪光点都没有能够呈现。当然,因为笔者知识水平所限,错误和纰漏也在所难免,恳请指正。

目 录
CONTENTS

摘 要 // 001

第一篇
追寻时间的脚步：时间利用调查方法与概况

第一章 调查方法 // 003
  第一节 时间利用调查简介 // 003
  第二节 调查对象和访问方法 // 005
  第三节 调查内容 // 005
  第四节 样本分布 // 008
  第五节 小结 // 011

第二章 时间利用概况 // 012
  第一节 2021年中国居民时间利用概述 // 013
  第二节 中国居民时间利用的变化：2021年和2017年的比较 // 025
  第三节 中国与其他国家时间利用的比较 // 035
  第四节 小结 // 045

第三章 时间利用调查方法的全球比较 // 046
  第一节 时间利用调查回顾 // 047
  第二节 文献回顾和比较对象 // 048

　　第三节　比较结果　　　　　　　　　　　　　　// 050
　　第三节　小结　　　　　　　　　　　　　　　　// 066

第二篇

忙碌的中国人：工作和家庭的平衡

第四章　超时工作的上班族　　　　　　　　　　// 069
　　第一节　超时工作概况　　　　　　　　　　　　// 070
　　第二节　非正规部门劳动者工作时长情况　　　　// 072
　　第三节　低收入人群工作时长情况　　　　　　　// 073
　　第四节　低学历人群工作时长情况　　　　　　　// 074
　　第五节　超时工作的行业差异　　　　　　　　　// 075
　　第六节　超时工作的职业差异　　　　　　　　　// 076
　　第七节　外部冲击与有酬劳动时间变化　　　　　// 078
　　第八节　小结　　　　　　　　　　　　　　　　// 081

第五章　无酬劳动的性别差异　　　　　　　　　// 083
　　第一节　无酬劳动的界定　　　　　　　　　　　// 085
　　第二节　无酬劳动的基本情况　　　　　　　　　// 086
　　第三节　城乡居民无酬劳动时间的性别差异　　　// 088
　　第四节　不同年龄居民无酬劳动时间的性别差异　// 090
　　第五节　不同受教育程度居民无酬劳动时间的性别差异　// 097
　　第六节　不同收入水平居民无酬劳动时间的性别差异　// 101
　　第七节　外部冲击与无酬劳动时间变化　　　　　// 103
　　第八节　小结　　　　　　　　　　　　　　　　// 109

第六章　家庭内部性别分工　　　　　　　　　　// 112
　　第一节　就业与生育政策的制度变迁　　　　　　// 113
　　第二节　家庭—工作平衡的性别差异　　　　　　// 116
　　第三节　生育政策与家庭内部分工　　　　　　　// 131

第四节　性别分工的国际比较　　　　　　　　　// 136
　　第五节　小结　　　　　　　　　　　　　　　　// 138

第七章　中国低收入群体的时间利用　　　　　　// 141
　　第一节　全面脱贫与共同富裕　　　　　　　　　// 142
　　第二节　低收入群体劳动力的时间分配　　　　　// 145
　　第三节　低收入家庭子女的时间分配　　　　　　// 154
　　第四节　全面脱贫与低收入群体时间利用变化　　// 158
　　第五节　小结　　　　　　　　　　　　　　　　// 164

第八章　老当益壮："退而不休"的老年人　　　　// 166
　　第一节　政策背景　　　　　　　　　　　　　　// 167
　　第二节　老年人劳动时间配置　　　　　　　　　// 169
　　第三节　老年人劳动时间配置的性别差异　　　　// 172
　　第四节　老年人劳动时间配置的区域差异　　　　// 174
　　第五节　弹性退休政策与老年人劳动时间利用变化// 179
　　第六节　小结　　　　　　　　　　　　　　　　// 185

第三篇

赢在起跑线：中国教育和发展

第九章　从学龄儿童时间利用看教育公平　　　　// 191
　　第一节　中小学减负政策70年：回顾与变迁　　 // 192
　　第二节　学龄儿童时间利用基本情况　　　　　　// 196
　　第三节　农村未能紧追城镇实现儿童教育发展的起点公平　// 200
　　第四节　母亲的受教育年限影响孩子的教育发展　// 204
　　第五节　家庭收入加剧了学龄儿童教育发展的机会不公平　// 208
　　第六节　减负政策与儿童时间利用变化　　　　　// 211
　　第七节　小结　　　　　　　　　　　　　　　　// 217

第十章　从家庭儿童照料时间投入看教育公平　// 218
- 第一节　儿童看护政策变迁　// 219
- 第二节　谁来照料儿童　// 221
- 第三节　家庭教育照料不足　// 225
- 第四节　儿童看护政策和养育差距　// 227
- 第五节　小结　// 234

第十一章　"缺觉"的孩子们？　// 237
- 第一节　儿童青少年睡眠基本情况　// 238
- 第二节　儿童青少年睡眠的跨期比较　// 240
- 第三节　儿童青少年睡眠的影响因素分析　// 242
- 第四节　小结　// 246

第十二章　"快乐"的大学生　// 248
- 第一节　"让大学生忙起来"　// 249
- 第二节　学生时间利用的阶段性特征　// 252
- 第三节　大学生的学习时间　// 255
- 第四节　大学生的课外时间　// 258
- 第五节　小结　// 264

第四篇

工作之余：对生活品质的追求

第十三章　时间利用、喜好度与体验效用　// 269
- 第一节　党和政府关于人民群众幸福感的阐述　// 269
- 第二节　中国居民的喜好度　// 270
- 第三节　中国居民的体验效用及其性别、城乡差异　// 277
- 第四节　2017—2021年体验效用的变化　// 282
- 第五节　小结　// 284

第十四章　城镇居民幸福感　// 285
第一节　幸福感的测量及缺陷　// 285
第二节　幸福指数的构建　// 286
第三节　幸福基尼系数的计算　// 291
第四节　幸福感的性别差异　// 292
第五节　幸福感的年龄差异　// 293
第六节　幸福感的受教育程度差异　// 295
第七节　幸福感的区域差异　// 298
第八节　小结　// 303

第十五章　休闲社交的社会差异　// 305
第一节　休闲社交活动分类　// 307
第二节　总体情况　// 308
第三节　城乡差异和城镇内部差异　// 309
第四节　不同年龄居民休闲社交活动的差异　// 312
第五节　不同受教育程度居民休闲社交活动的差异　// 314
第六节　不同收入水平居民休闲社交活动的差异　// 316
第七节　休闲社交的变化　// 318
第八节　小结　// 322

第十六章　居民的数字生活　// 324
第一节　数字生活的发展　// 325
第二节　不同特征居民的数字生活　// 327
第三节　居民的数字生活的区域差异　// 337
第四节　数字鸿沟对居民生活的影响　// 340
第五节　小结　// 348

后　记　// 349

摘　要

　　基于内蒙古大学2021年和2017年中国时间利用调查数据（CTUS），本书从时间利用方式变迁、有酬劳动与无酬劳动、学龄儿童学习与家庭照料、劳动与工作之余四个维度；分性别、城乡、年龄、受教育程度、家庭收入水平五个方面，分析中国居民时间利用状况和社会差异，以及2017—2021年居民时间利用的变动情况。回答习近平总书记2014年发出的"时间都去哪儿了"之问。

　　本书分为四篇内容。第一篇分析中国居民时间利用的总体情况，并与其他国家进行横向比较。第二篇分析中国居民在工作和家庭间的平衡，包括超时工作情况、无酬劳动的性别差异、家庭内部性别分工、低收入群体和老年人的时间利用情况。第三篇分析中国儿童和青少年的学习、睡眠和家庭儿童照料时间投入的社会差异。第四篇从非市场活动时间配置的角度，分析中国居民对生活品质的追求，包括居民的喜好度与体验效用、幸福指数的群体差异、居民的休闲社交活动和数字生活情况。本书主要发现如下几点。

一　时间利用调查方法与概况：数据样本具有全国代表性，与世界可比

　　2021年时间利用调查数据样本分布与全国吻合较好，2017—2021年，中国居民有酬劳动和自我照料时间略有增加，无酬劳动、学习培训和社交休闲时间略有减少。

　　中国时间利用调查的调查对象为中国除新疆、西藏和港澳台地区以

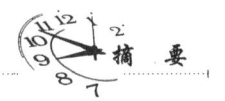

外的29个省份的城乡样本家庭的所有家庭成员。每一位调查对象，在访员帮助下完成一份一天24小时（入户前一日凌晨4：00至当日凌晨4：00）的时间日志，以10分钟为最小时间间隔。调查系统收集人们在何时从事何种类型的活动、在哪里从事这些活动、从事这些活动时与谁在一起等方面的信息，样本对全国有代表性，与国外时间利用调查数据具有可比性。从分性别、城乡、年龄、受教育程度的个人样本分布来看，2021年时间利用调查数据与全国总体样本吻合得相当好。

2017—2021年，中国居民有酬劳动和自我照料时间略有增加，无酬劳动、学习培训和休闲社交时间略有减少。在性别、受教育程度、年龄和区域层面，中国居民的时间利用方式存在显著差异。相比2017年，2021年时间利用的性别差异有所缩小，但"男主外、女主内"现象仍存在，由于女性无酬劳动时间相比男性多更多，因而其总劳动时间（有酬劳动＋无酬劳动）略高于男性。随着居民受教育水平的提高，其无酬劳动和休闲社交时间减少，时间利用的性别和城乡差异也在缩小。

二 工作和家庭的平衡：性别差距缩小，时间利用方式发生变化

居民加班加点现象有所减轻，无酬劳动的性别差异缩小，家庭内部劳动分工更为均匀，女性无酬劳动时间随年龄由"M"形趋势转变为倒"U"形趋势。

合宜的工作时间不仅是体面工作的表现，也有助于劳动者的身心健康。2021年中国居民超时工作现象仍然存在，其中，非正规部门、低收入人群、低学历、制造业从业者的超时工作情况比较严重。社会经济发展使得劳动者生产效率提高，以及新冠疫情冲击造成总需求的减少导致居民超时工作率有所下降，4年间超时工作率下降了4个百分点。2017—2021年，居民严重超时工作率增加不到1个百分点，这主要是由单位负责人、专业技术人员、生产和制造业从业人员严重超时工作率上升所引起的。总体上来看，居民加班加点现象有所减轻。远程线上办公和弹性工作模式的出现使居民工作时间更灵活，2021年劳动者非正常时间工作率大幅上升，更多劳动者选择在早上7点之前或晚上8点之后工作。

摘　要

无酬劳动是劳动时间的重要组成部分，由于存在性别分工现象，无酬劳动主要由女性承担。2021 年，女性无酬劳动时长是男性的 2.39 倍，无酬劳动参与率比男性高 32.9 个百分点。两性从事无酬劳动的类型也存在差别，与男性相比，女性更多从事常规家务劳动和照顾未成年人等社会性、灵活性较小的活动，对个人时间配置自主权的制约更大。2017—2021 年，无酬劳动的性别差异有所缩小，高收入、高教育水平组性别差异缩小更明显。在家庭内部，相比 2017 年，2021 年男性有酬劳动略有减少，无酬劳动略有增加，女性则恰好相反，这导致有酬和无酬劳动在夫妻间呈现更为均匀的分布。一方面，随着新冠疫情期间远程办公模式的推行，夫妻居家办公使家务劳动和工作"可见化"，这有助于夫妻重新进行劳动分工，进而缩小性别差异；另一方面，女性教育水平的上升提高了其在家庭决策中的溢价能力，这也有助于缩小时间配置上的性别差异。

女性无酬劳动时长随年龄的变化由"M"形转变为倒"U"形趋势。2017 年女性无酬劳动时长随年龄增长呈明显的"M"形趋势，相对而言 2021 年是倒"U"形趋势。2017 年第一个无酬劳动时间峰值点出现在 26—30 岁年龄段，其后随年龄增长大幅下降，至 40—45 岁到达低点，而 2021 年小峰值出现在 31—35 岁，且随后保持平稳至 46—50 岁年龄段。这一现象产生的原因可能有两个，一是国家颁布的"全面二孩""三孩"政策奏效，适龄女性生育并照顾儿童，因而 35 岁后女性无酬劳动时间并未下降；二是女性生育年龄推迟，生育高峰从 26—30 岁推迟至 31—35 岁。

探讨低收入群体的时间配置对于促进社会公平意义重大。同中高收入群体相比，低收入群体，尤其是男性的有酬劳动时间较短，个人活动时间较长，这可能会导致其收入进一步被拉低。由于存在更重的幼儿照料负担，低收入女性的无酬工作时间更长，长达 3.99 小时，这也减少了女性有酬劳动时间和参与度。然而，低收入群体更长时间的儿童照料并不意味着其照料质量高，低收入家庭儿童在学习上投入时间最少，娱乐尤其是看电视时间最长。2017—2021 年，低收入群体时间配置情况趋于向好，由于外出务工时间减少，低收入群体有酬劳动时间减少，家庭生产经营时间增加。低收入儿童学习投入时间增加，玩乐时间减少。

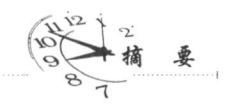

老年人群体中存在普遍的"退而不休"现象。将老年人参与有酬和无酬劳动看作"不休"后，研究发现，相比城镇和高收入群体，农村、低收入老年人"退而不休"程度更高，女性老年群体"退而不休"的比例相较男性更高。相比2017年，2021年老年人"退而不休"情况有所缓解，主要源于其隔代照料参与时长的减少，老年劳动力从家庭中得到一定释放。

三 中国教育和发展：城乡、家庭背景差异缩小，家庭照料差异扩大

儿童学习时间利用方面的城乡、家庭背景差异缩小，家庭照料时间的"教育、收入梯度"更明显，"虎妈"现象有所强化。

史上最强减负政策"双减"的出台大幅降低了学龄儿童的课外辅导参与时长，政策所倡导的课外延迟服务增加了儿童的在校学习时间，这导致不同家庭背景儿童的上课和课外辅导时间趋同，儿童学习时间利用的城乡和家庭背景差异均缩小。但"双减"政策的出台导致"虎妈"现象有所强化，其一表现在母亲教育水平与儿童写作业时间关系的转变上，2017年母亲受教育水平与儿童写作业时间呈现正相关关系，到2021年这一正相关现象减弱，甚至在16—18岁高中阶段呈现出负相关现象，原因可能是课外辅导班的取消使高教育水平母亲亲自辅导儿童作业，提高儿童写作业的效率。其二表现在家庭照料儿童时间的"教育梯度"增强上，相比2017年，2021年儿童照料的"教育梯度"更加明显，学历为大专及以上家庭对儿童的照料，尤其是教育照料时间大幅提高，与其他低教育组别呈现出较大差距。

充足的睡眠有助于青少年身体成长和发育，同2017年相比，2021年青少年睡眠不足率有所上升，6—11岁、12—14岁、15—17岁三个年龄段儿童的睡眠不足率分别为34.3%、21.6%和22.5%，青少年睡眠不足的最主要原因是写作业时间过长。合理安排学习和休闲时间，"让大学生忙起来"是新时代高等教育发展的方向。研究发现，对大学本科的"增负"政策实施后，大学生学习时间有所增加，休闲社交的时间有所减少，但其打游戏的时间不减反增。

四　对生活品质的追求：积极休闲提高，幸福感提升

中国居民的体验效用和幸福感有所提高，居民休闲社交总时长增加，质量提高，数字生活更为丰富。

不同的活动对幸福感影响存在差异。对于中国居民来说，休闲社交、睡眠、吃饭、儿童照料、学习培训为提高快乐程度的正向活动，其中体育的喜好度最高；有酬劳动、多数无酬劳动、个人卫生、失眠为降低快乐程度的负向活动，其中失眠的喜好度最低。睡眠、娱乐休闲、锻炼健身对体验效用的提升作用最大，工作、做家务、家庭第一产业经营对体验效用的降低作用最大。男性的体验效用均比女性高出53%，导致体验效用性别差距的最主要因素是做家务。城镇居民的体验效用均比乡村居民高出8%。2017—2021年，中国居民的体验效用提高了19%。

随着生活水平和时间配置效率的提高，居民变得更加幸福，2021年幸福指数比2017年上升16%。女性幸福指数均值高于男性，在生命周期内，随着年龄的增加幸福指数出现先下降后上升的趋势，中年幸福指数低于青年和老年群体，老年群体的幸福指数最高，且老年群体内部幸福指数差异最小。幸福指数和幸福基尼系数具有明显的教育梯度特征，随着受教育年限的增加，城镇居民幸福指数呈上升趋势，幸福基尼系数也出现下降趋势，在受教育程度最高的群体内，幸福不平等程度最小。从宏观角度，2021年和2017年，东部地区的幸福指数均高于中西部和东北部地区，各分项指标水平也都与地区社会经济发展水平具有较大的关联程度，这凸显了城市经济对幸福水平所发挥的重要带动效应。

在工作之余，中国居民的休闲活动以看电视和业余爱好等为主，看电视是娱乐休闲中时间最长的活动。从社交活动类型看，直接的面对面交流仍是居民社会交往最主要的方式。年轻人体育健身时间短，老年人时间长，其中中小学生体育锻炼时长明显不足。男性的休闲活动平均时长高于女性。居民受教育水平越高，每天用于阅读的时间越长，看电视的时间越短。相比2017年，2021年中国居民休闲社交总时长增加，积极休闲时间上升，休闲质量提高。

中国居民的数字生活日益丰富，2021年，居民智能手机拥有率达到

88.3%，在调查当天手机使用率达到 40.8%。从数字生活类型来看，居民每日用于视听活动时长最长，为 1.7 小时/天，电子阅读时长为 24.2 分钟/天，网络游戏时长为 9.9 分钟/天，线上社交时长最短，为 1.3 分钟/天。数字经济的快速发展，不可避免带来了数字鸿沟。在一级数字鸿沟影响下，居民用于睡眠、吃饭、家务与照料、体育锻炼、看电视以及学生做作业和参加辅导班时间均显著减少，个人卫生、购买商品与服务时间显著增加。在二级数字鸿沟影响下，居民用于睡眠、吃饭、家务与照料、体育锻炼以及看电视时间显著减少，个人卫生、纸媒阅读时间和学生做作业、参加辅导班时间显著增加。

第一篇

追寻时间的脚步：时间利用调查方法与概况

第一章

调查方法

本章在回顾全球时间利用调查的历史和现况的基础上,介绍了2021年中国时间利用调查(China Time Use Survey,CTUS)的调查对象、访问方法、调查内容和样本分布。

第一节 时间利用调查简介

人类做任何事情都需要花费一定量的时间,而任何人每天的时间总量是固定的,因此,对每个人来说,时间都是一种非常稀缺、非常珍贵的资源。调查人们时间资源配置的标准方法是时间利用调查(Time Use Survey,TUS)。时间利用调查是定量统计个人在一个特定时间段内(一般是一天24小时)如何在各类活动中分配其时间。[1]

时间利用调查已经有一百年的历史。时间利用调查的重大突破是时间日志(Time Diary)方法的运用。1964年,由匈牙利社会学家Alexander Szalai主持,12个欧洲国家联合启动了"跨国可比较时间预算研究项目",采用了国际可比的、基于时间日志的调查方法。[2] 此后,时间日志成为国际时间利用调查的基本方法,一些发达国家开始定期进行时间利用调查。

---

[1] United Nations, "Guide to Producing Statistics on Time Use: Measuring Paid and Unpaid Work", United Nations, Department of Economic and Social Affairs, Statistics Division, 2005, p. 5.

[2] Szalai, A. (Editor), *The Use of Time: Daily Activities of Urban and Suburban Populations in Twelve Countries*, The Hague: Mouton, 1972.

第一篇　追寻时间的脚步：时间利用调查方法与概况

　　1995 年 9 月，在北京召开了联合国第四次世界妇女大会。会上通过了《北京宣言和行动纲领》，指出女性之所以在家庭与社会中地位低下，是她们所从事的工作很多是无酬劳动，而这些劳动在国民经济核算体系中被忽略了。呼吁各国"进行定期的时间利用研究，以定量地测量无酬工作"，以全面反映女性对国民经济和社会福利的贡献。① 此后，各国相继展开大规模的时间利用数据的收集和分析工作。美国官方定期系统进行的时间利用调查始于 2003 年，由美国劳工部劳工统计局组织，每年进行一次。

　　20 世纪 80 年代以来，中国在北京等个别城市进行过时间利用调查。② 2008 年，由国家统计局进行了中国第一次全国范围时间利用调查。③ 这次调查在北京、河北、黑龙江、浙江、安徽、河南、广东、四川、云南、甘肃 10 个省份实施。共调查了来自 16661 个家庭的 37142 名 15—74 岁的家庭成员。2018 年，由国家统计局又进行了一次全国范围的时间利用调查。④ 这次调查在上述 10 个省份的基础上增加了上海市。共调查了来自 20226 个家庭的 48580 名 15 岁及以上的家庭成员。

　　在国家"中西部高校综合实力提升工程"资助下，2017 年内蒙古大学加入中国高校数据调查共享平台，在除新疆、西藏和港澳台地区以外的 29 个省份，进行了全国范围的时间利用调查。调查在当年 7 月初到 9 月初进行，共获得 12471 个家庭的 30591 名不小于 3 岁的家庭成员的时间利用信息以及相关个人、家庭、社区信息。2021 年，在这 29 个省份进行了第二轮全国范围的时间利用调查。调查于 2021 年 7 月开始，由于受到新冠疫情的影响，调查一直持续到 2022 年 8 月才完成。共获得 8022 个家

---

　　① United Nations, "Beijing Declaration and Platform for Action: Fourth World Conference on Women", Beijing, China, United Nations Department of Policy Coordination and Sustainable Development, 1995.

　　② 袁卫、村上征胜、王琪延：《北京和东京居民的时间分配比较研究》，《中国人民大学学报》2000 年第 3 期。

　　③ 国家统计局社会和科技统计司：《2008 年时间利用调查资料汇编》，中国统计出版社 2009 年版。

　　④ 国家统计局社会科技和文化产业统计司：《时间都去哪儿了：2018 年中国时间利用调查统计数据》，中国统计出版社 2019 年版。

庭的16288名家庭成员的时间利用信息以及相关个人、家庭、社区信息。这次调查没有设定年龄限制。

与2017年时间利用调查相比，由于调查经费的限制，2021年的时间利用调查的总样本量有所减少，但在调查方法上有以下一些改进：第一，调查对象的年龄范围由3岁及以上扩大到没有年龄限制，可以研究3岁以下幼儿的养育情况。第二，活动分类由300种增加到364种，对人类活动的描绘更加精细。

第二节 调查对象和访问方法

2021年中国时间利用调查的调查对象为除新疆、西藏和港澳台地区以外的29个省份的城乡样本家庭的所有家庭成员。样本家庭是从2021年中国家庭金融调查（CHFS）的约2.2万户样本家庭中随机抽取的约0.8万户家庭。调查对全国具有代表性。

每个样本成员填写一天的时间日志。本次调查实际共获得8022个城乡样本家庭的16288名受访者的有效时间日志，这些受访者分布在全国1028个社区，应答率为67.3%。

第三节 调查内容

每一位调查对象在访员帮助下完成一份一天24小时（入户前一日凌晨4:00至当日凌晨4:00）的时间日志，以10分钟为最小时间间隔。时间日志内容如表1—1所示。

由表1—1可见，2021年中国时间利用调查时间日志包含（1）何时（When）、（2）何事（What）、（3）何地（Where）、（4）与何人（with Whom）四个要素。

（1）何时：人们在什么时间从事某种活动。

表1—1　　　　　　　2021年中国时间利用调查时间日志

时间段	您正在做什么？（指正在从事的主要活动）	从事主要活动时您在哪里？（在表下活动地点中选填活动地点代码，如是交通活动，选填交通方式代码）	主要活动与谁在一起？（选填与谁在一起代码，除"独自一人"外可同时多选）	您同时还做什么？（指从事主要活动时，您还在做的次要活动）	次要活动与谁在一起？（选填与谁在一起代码，除"独自一人"外可同时多选）
4:00—4:10					
4:10—4:20					
4:20—4:30					
……					
……					
（至次日）					
3:50—4:00					

（2）何事：人们从事什么类型的活动。本次调查把所有的人类活动划分为11个大类，61个中类，364个小类；各个大类/中类/小类活动涵盖了所有人类活动，而且各个大类/中类/小类活动互相之间不交叉。日志不仅收集主要活动，而且还收集与主要活动同时进行的活动，称为次要活动。每一个时间段都必须有而且只有一个主要活动，但可以没有次要活动。如果同时从事的次要活动不止一项，仅需填写最重要的次要活动。同时从事多项活动时，哪项活动属于主要活动，哪项活动属于次要活动，由受访者根据活动的主要目的自行认定。对于次要活动，与主要活动一样，也要记录其是在哪些时间段发生的。本次调查划分的11个大类活动如表1—2所示。

表1—2　　　　　2021年中国时间利用调查的大类活动

大类代码	大类名称	包含的中类数	包含的小类数
01	睡眠、个人卫生活动、私密活动	3	12
02	吃饭及其他饮食活动	2	6
03	工作和工作相关活动	4	44
04	受教育	6	46
05	家庭生产经营活动	4	40
06	做家务	9	19
07	照顾家人和对外提供帮助	8	47
08	购物、修车、理发、医疗、去银行、办业务等	8	37
09	体育锻炼与健身活动	5	24
10	娱乐休闲	9	65
11	社会交往和宗教活动	3	24

（3）何地：人们的主要活动发生在哪里。如果是交通之外的其他活动，选填地点代码；地点代码共有14个大类，25小类。如果是交通活动，选填交通方式代码；交通方式代码共有11个大类，31个小类。

（4）与何人：从事主要/次要活动时与谁在一起。以活动的目的为依据来判断与谁在一起从事主要/次要活动。选填活动人物代码，共有10个大类，30个小类。

为了获得受访者的其他重要信息，要求每位家庭成员在回答时间日志前先回答43个表前问题；若受访者有观看视频活动，需额外回答观看视频后的心情；在完成时间日志后回答17个表后问题。

一个表后问题是调查日对受访者而言在时间利用方面是否是典型的一天。若调查日为非典型日，还须访问受访者在典型日的时间利用情况。对于工作人员，典型日为正常的生产劳动日或正常的休息日（不工作），而节假日或休长假为非典型日。对于学生，典型日为正常的上学日或正常的休息日（不上学），而节假日或寒暑假为非典型日。

第四节　样本分布

本节给出 16288 个有效个人样本分性别、城乡、年龄、星期、受教育程度、省份的分布情况。本次调查使用权重来调整不同人群的抽样比和应答率的差异,以确保一周内各天的样本量相等。除非特别说明,本章的所有运算都使用了权重。

样本的性别、城乡分布如表 1—3 和表 1—4 所示。表 1—3 显示,加权后样本的性别分布与全国的总体分布高度吻合。表 1—4 显示,加权后样本的城乡分布与全国的总体分布大致吻合。

表 1—3　　2021 年中国时间利用调查样本的性别分布

性别	人数	未加权样本百分比（%）	加权后样本百分比（%）	总体百分比*（%）
男性	8039	49.4	51.1	51.2
女性	8249	50.6	48.9	48.8
合计	16288	100	100	100

注：* 总体百分比为 2021 年年末数。

表 1—4　　2021 年中国时间利用调查样本的城乡分布

城乡	个人样本量	未加权样本百分比（%）	加权后样本百分比（%）	总体百分比*（%）
城镇	9106	55.9	62.5	64.7
乡村	7182	44.1	37.5	35.3
合计	16288	100	100	100

注：* 总体百分比为 2021 年年末数。

样本的年龄分布如表 1—5 和图 1—1 所示。表 1—5 显示,加权后的样本年龄分布和全国的总体分布大致吻合。

表1—5　　2021年中国时间利用调查样本的年龄分布

年龄	人数	未加权样本百分比（%）	加权后样本百分比（%）	总体百分比*（%）
0—15岁	1454	8.9	17.0	19.1
16—59岁	8123	49.8	63.0	62.2
60岁及以上	6711	41.2	20.0	18.7
合计	16288	100	100	100

注：*总体百分比为2020年全国人口普查数。

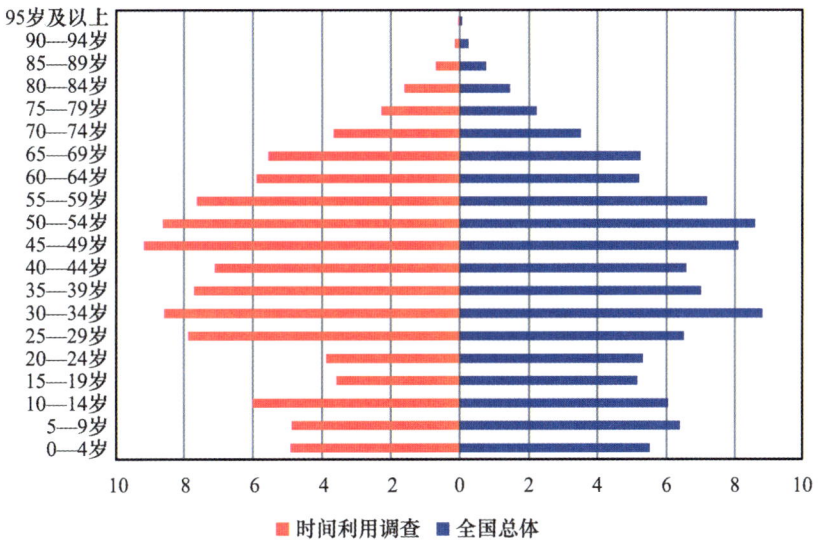

图1—1　2021年中国时间利用调查样本的年龄结构

样本的星期分布如表1—6所示，加权后的样本星期分布和自然分布（每天占1/7）大致吻合。

表1—6　　2021年中国时间利用调查样本的星期分布

星期	个人样本量	未加权样本百分比（%）	加权后样本百分比（%）	自然百分比（%）
星期一	2553	15.7	15.6	14.3
星期二	2458	15.1	14.1	14.3
星期三	2365	14.5	15.2	14.3

续表

星期	个人样本量	未加权样本百分比（%）	加权后样本百分比（%）	自然百分比（%）
星期四	2344	14.4	14.6	14.3
星期五	2358	14.5	14.4	14.3
星期六	1889	11.6	11.5	14.3
星期天	2321	14.3	14.6	14.3
合计	16288	100	100	100

样本的受教育程度分布如表1—7所示。由于调查中只对16岁及以上的受访者询问了其受教育程度，这里只列出了这部分样本的分布。表1—7显示，加权后的样本受教育程度分布和全国的总体分布大致吻合。

表1—7　　2021年中国时间利用调查样本的受教育程度分布
（16岁及以上人口）

受教育程度	个人样本量	未加权样本百分比（%）	加权后样本百分比（%）	总体百分比*（%）
没上过学	1623	11.0	6.2	3.7
小学	3962	26.9	17.1	21.0
初中	4673	31.7	29.4	38.5
高中/中专/职高	2532	17.2	20.7	17.8
大专/高职	990	6.7	11.6	9.8
大学本科	877	6.0	13.9	8.2
研究生	85	0.6	1.1	0.9
合计	14742	100	100	100

注：*总体百分比为2016年16周岁及以上人口受教育程度百分比。

最后，表1—8给出本次调查样本在各省份的分布，这是没有加权的样本分布。

表1—8　　2021年中国时间利用调查样本在各省份的分布

省份	个人样本量	省份	个人样本量
内蒙古自治区	1165	辽宁省	529
广东省	918	甘肃省	493
浙江省	840	青海省	466
海南省	787	江苏省	457
山东省	783	山西省	450
江西省	755	四川省	442
广西壮族自治区	746	重庆市	429
福建省	662	陕西省	396
天津市	594	河北省	392
湖北省	594	安徽省	372
上海市	589	北京市	370
云南省	557	宁夏回族自治区	345
湖南省	533	黑龙江省	298
河南省	532	吉林省	263
贵州省	531	合计	16288

第五节　小结

时间利用调查采用填写时间日志的方法收集个人在一个特定的时间段（一般为一天）从事了哪些活动，每种活动花费了多少时间的信息，是调查人们时间资源配置的标准方法。本章介绍了2021年中国时间利用调查（CTUS）的调查对象、访问方法、调查内容和样本分布。

2021年中国时间利用调查由内蒙古大学和西南财经大学联合进行，调查样本是从2021年中国家庭金融调查（CHFS）的约2.2万户样本家庭中随机抽取的约0.8万户家庭。本次调查在除新疆、西藏和港澳台地区以外的29个省份进行，共收集到来自8022个家庭的16288名受访者的有效时间日志，对全国有代表性，应答率为67.3%。调查系统收集人们在何时从事何种类型的活动、在哪里从事这些活动、从事这些活动时与谁在一起四个方面的信息。从分性别、城乡、年龄、受教育程度的个人样本分布来看，与全国总体样本吻合得相当好。

第二章

时间利用概况

2021年中国时间利用调查获得了中国居民时间配置方面的详尽数据。基于这些数据，本章第一节介绍2021年中国居民的时间利用的基本情况，比较不同性别、城乡、年龄、受教育程度居民的时间利用。2017—2021年，中国的经济总量、产业结构、城镇化都发生了一些变化。相应地，人们的时间利用情况也会发生变化。第二节基于2017年、2021年中国时间利用调查数据，分析中国居民时间配置的演化。各国所处的发展阶段不同，文化背景有异，时间利用也会存在差异。第三节基于可比的各国时间利用调查数据，比较了中国与10个主要发达国家以及4个发展中国家和转型国家的时间利用差异。

本章的分析，把人类活动分为有酬劳动、无酬劳动、学习培训、休闲社交、自我照料五类活动。每类活动定义如表2—1所示。

表2—1　　　　　　　　活动分类

活动名称	所包含的活动大类
有酬劳动	03 工作和工作相关活动 05 家庭生产经营活动
无酬劳动	06 做家务 07 照顾家人和对外提供帮助 08 购买商品与服务
学习培训	04 受教育

续表

活动名称	所包含的活动大类
休闲社交	09 体育锻炼与健身活动 10 娱乐休闲 11 社会交往和宗教活动
自我照料	01 睡眠、个人卫生活动、私密活动 02 吃饭及其他饮食活动

第一节 2021年中国居民时间利用概述

本节首先概述中国居民时间利用的基本情况,然后分别概述不同年龄段、受教育程度居民的时间利用情况。

一 基本情况

基于2021年中国时间利用调查数据,本小节描述了所有年龄段的中国居民的时间利用情况,以及不同性别、城乡居民时间利用的差异。

中国居民各类活动的平均时长、参与率、参与者平均时长如表2—2和图2—1所示。

表2—2 各类活动基本情况

活动类别	平均时长(小时/天)	参与率(%)	参与者平均时长(小时/天)
有酬劳动	4.18	49.3	8.49
无酬劳动	1.74	47.7	3.66
学习培训	1.37	16.2	8.48
休闲社交	4.59	84.8	5.40
自我照料	12.11	100	12.12

可以发现,作为获取收入的主要方式,中国居民有酬劳动时间为每天4.18小时;在调查日接近一半的居民进行了有酬劳动。无酬劳动时间为每天1.74小时;在调查日有接近一半的居民进行了无酬劳动。总劳动

| | 4.18 | 1.74 | 1.37 | 4.59 | 12.11 |

平均时长（小时/天）

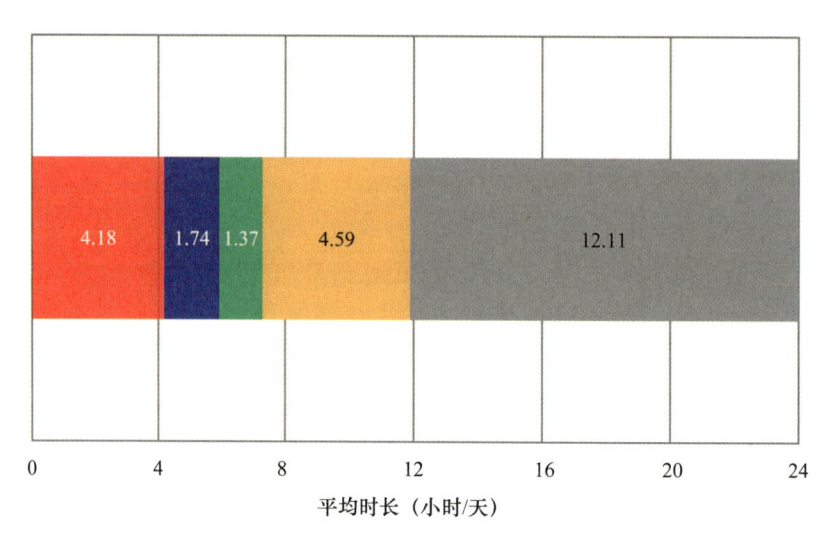

■ 有酬劳动　■ 无酬劳动　■ 学习培训　■ 休闲社交　■ 自我照料

图2—1　各类活动平均时长

（有酬劳动与无酬劳动之和）时间为每天 5.92 小时，占到了全天时间的接近 1/4。

中国居民学习培训时间为每天 1.37 小时；在调查日有接近 1/6 的居民进行了学习培训，其中绝大部分是学生。休闲社交时间为每天 4.59 小时；在调查日只有约 1/7 的居民没有进行任何休闲社交活动。自我照料时间为每天 12.11 小时，略微超过全天时间的一半；自我照料的参与率为百分之百。毕竟，几乎没有人全天既不睡觉也不吃饭。

中国男性、女性居民各类活动的平均时长、参与率、参与者平均时长如表 2—3 和图 2—2 所示。

表2—3　　　　　　　　　各类活动的性别差异

活动类别	平均时长（小时/天）		参与率（%）		参与者平均时长（小时/天）	
	男性	女性	男性	女性	男性	女性
有酬劳动	4.76	3.59	53.8	44.6	8.84	8.05
无酬劳动	1.02	2.50	34.4	61.5	2.97	4.06

续表

活动类别	平均时长（小时/天）		参与率（%）		参与者平均时长（小时/天）	
	男性	女性	男性	女性	男性	女性
学习培训	1.46	1.28	16.8	15.5	8.69	8.25
休闲社交	4.75	4.41	85.5	84.2	5.56	5.24
自我照料	12.01	12.22	100	100	12.01	12.22

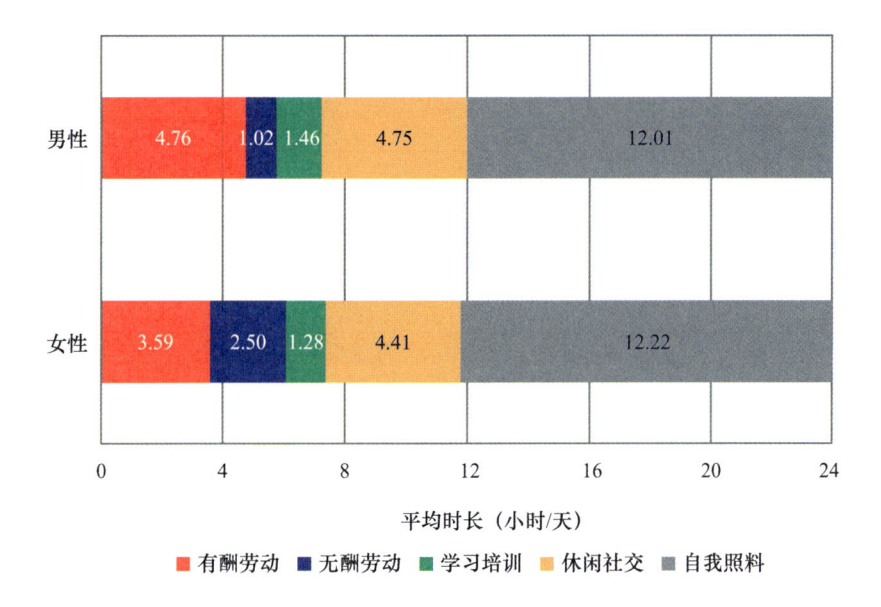

图2—2 各类活动平均时长的性别差异

可以发现，五类活动均存在性别差异，特别是有酬劳动和无酬劳动，呈现明显的"男主外、女主内"的模式。男性每天的有酬劳动时间比女性多1.17小时；男性的有酬劳动参与率比女性高9.2个百分点。但是，女性每天的无酬劳动时间比男性多1.48小时，前者是后者的2.4倍；女性的无酬劳动参与率比男性高27.1个百分点。女性每天的总劳动（有酬劳动与无酬劳动之和）时间比男性多0.31小时。

男性学习培训、休闲社交的平均时长和参与率均略高于女性。女性的自我照料时间略高于男性。

中国城镇、乡村居民各类活动的平均时长、参与率、参与者平均时长如表 2—4 和图 2—3 所示。

表 2—4　　　　　　　各类活动的城乡差异

活动类别	平均时长 （小时/天）		参与率 （%）		参与者平均时长 （小时/天）	
	城镇	乡村	城镇	乡村	城镇	乡村
有酬劳动	4.11	4.31	46.3	54.2	8.87	7.95
无酬劳动	1.76	1.72	47.8	47.6	3.69	3.61
学习培训	1.39	1.35	16.7	15.3	8.31	8.80
休闲社交	4.73	4.34	85.2	84.2	5.55	5.15
自我照料	12.01	12.29	100	100	12.01	12.29

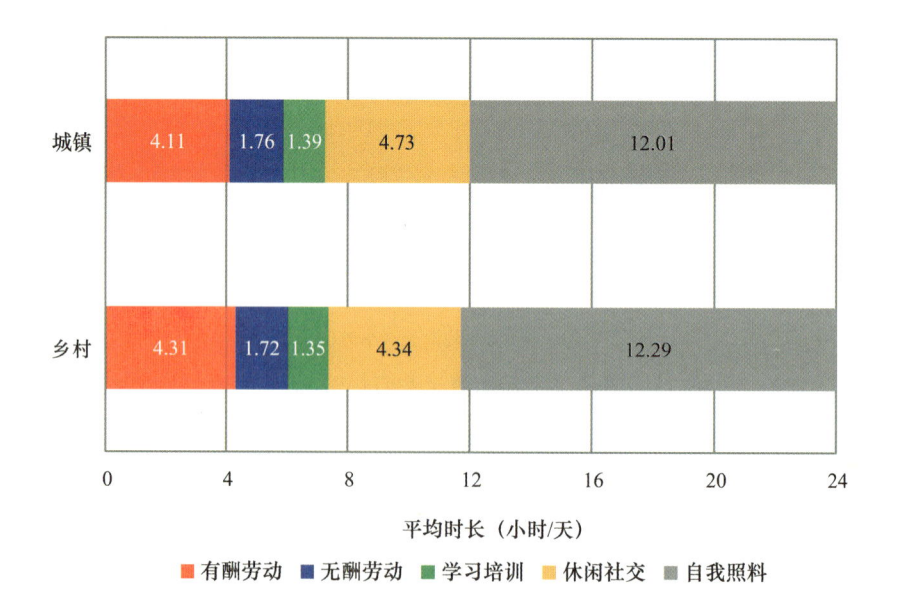

图 2—3　各类活动平均时长的城乡差异

可以发现，五类活动的城乡差异不是很大。乡村居民的有酬劳动、总劳动（有酬劳动与无酬劳动之和）时间均略多于城镇居民。乡村居民的有酬劳动参与率明显高于城镇居民，而城镇居民的参与者有酬劳动时间明显地多于乡村居民。

城镇居民学习培训、休闲社交的平均时长、参与率均略高于乡村居民。乡村居民的自我照料时间略多于城镇居民。

二 不同年龄段居民的时间利用

本小节分析2021年中国不同年龄段居民的时间利用情况，以及不同年龄段居民时间利用的性别、城乡差异。

根据中国对劳动前、劳动、劳动后年龄的划分，把居民分为0—15岁、16—59岁、60岁及以上三个年龄段，这三个年龄段分别对应少年儿童、中青年、老年。在总样本中，这三个年龄段的居民的占比分别为17%、63%、20%。

不同年龄段居民的时间利用情况如表2—5和图2—4所示。

表2—5　　　　　　　不同年龄段居民的时间利用情况

活动类别	平均时长（小时/天）			参与率（%）			参与者平均时长（小时/天）		
	0—15岁	16—59岁	60岁及以上	0—15岁	16—59岁	60岁及以上	0—15岁	16—59岁	60岁及以上
有酬劳动	0.08	5.93	2.16	1.9	67.5	32.2	4.18	8.79	6.71
无酬劳动	0.07	1.96	2.47	5.3	52.8	67.6	1.24	3.72	3.66
学习培训	6.31	0.47	0.04	71.6	6.0	1.2	8.81	7.80	2.94
休闲社交	4.46	3.88	6.93	81.9	83.0	93.3	5.45	4.67	7.43
自我照料	13.08	11.76	12.40	100	100	100	13.08	11.76	12.40

可以发现，在人生的不同阶段，五类活动平均时长的变化非常有规律。有酬劳动时间，少年儿童几乎为零，中青年跳升到每天5.93小时，进入老年后减少64%。无酬劳动时间，少年儿童几乎为零，中青年跳升到每天1.96小时，进入老年后继续提高。学习培训时间主要集中在学龄段，即少年儿童以及中青年的前期。休闲社交时间随着年龄增加先降后升。自我照料时间随年龄变化较小，呈先降后升。

不同年龄段居民时间利用的性别差异如表2—6、表2—7和图2—5所示。

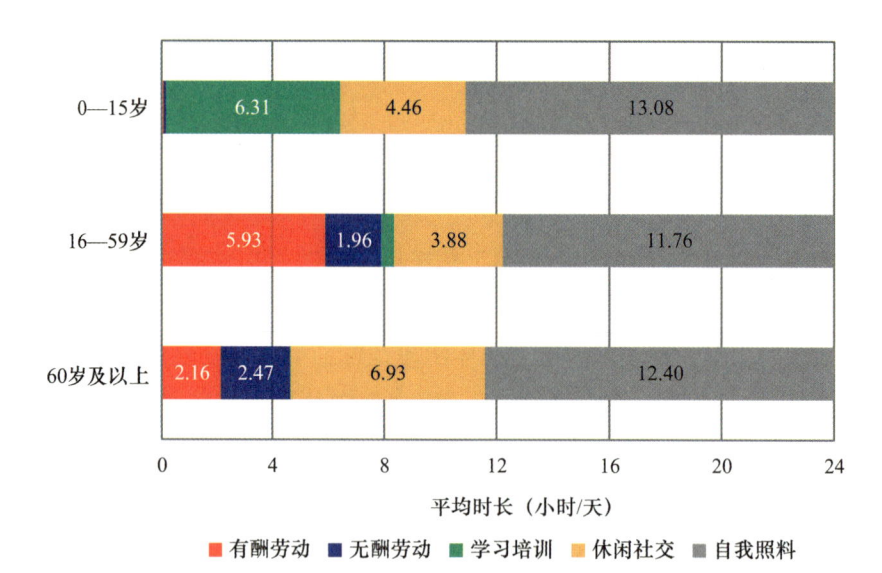

图2—4 不同年龄段居民各类活动平均时长

图例：■有酬劳动 ■无酬劳动 ■学习培训 ■休闲社交 ■自我照料

0—15岁：学习培训 6.31，休闲社交 4.46，自我照料 13.08
16—59岁：有酬劳动 5.93，无酬劳动 1.96，休闲社交 3.88，自我照料 11.76
60岁及以上：有酬劳动 2.16，无酬劳动 2.47，休闲社交 6.93，自我照料 12.40

表2—6　不同年龄段居民各类活动平均时长的性别差异　　单位：小时/天

活动类别	男性			女性		
	0—15岁	16—59岁	60岁及以上	0—15岁	16—59岁	60岁及以上
有酬劳动	0.11	6.72	2.65	0.04	5.11	1.71
无酬劳动	0.05	1.10	1.68	0.08	2.86	3.20
学习培训	6.33	0.48	0.03	6.27	0.45	0.04
休闲社交	4.60	4.05	7.27	4.30	3.70	6.61
自我照料	12.90	11.65	12.36	13.30	11.88	12.44

表2—7　不同年龄段居民各类活动参与率的性别差异　　单位：%

活动类别	男性			女性		
	0—15岁	16—59岁	60岁及以上	0—15岁	16—59岁	60岁及以上
有酬劳动	2.1	73.6	37.3	1.7	61.0	27.5
无酬劳动	4.4	37.2	54.1	6.3	69.1	80.1
学习培训	70.8	6.0	1.0	72.6	6.0	1.4
休闲社交	82.8	83.8	93.9	80.8	82.2	92.7
自我照料	100	100	100	100	100	100

注：自我照料参与率为100%的解释：自我照料包含吃饭和睡眠活动，因此参与率为100%，文中的解释在第14页第二段"几乎没有人全天既不睡眠也不吃饭"。下同。

第二章　时间利用概况

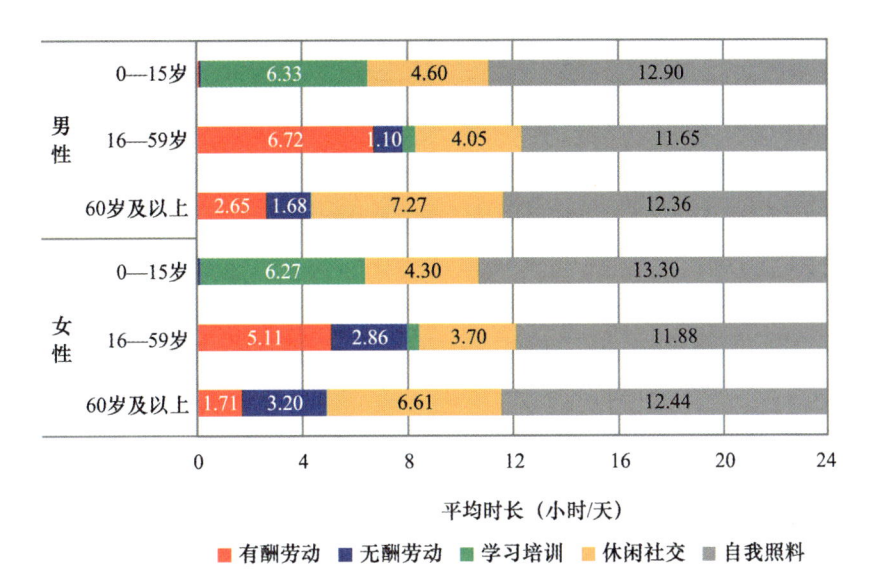

图2—5 不同年龄段居民各类活动平均时长的性别差异

分组	年龄段	有酬劳动	无酬劳动	学习培训	休闲社交	自我照料
男性	0—15岁			6.33	4.60	12.90
男性	16—59岁	6.72	1.10		4.05	11.65
男性	60岁及以上	2.65	1.68		7.27	12.36
女性	0—15岁			6.27	4.30	13.30
女性	16—59岁	5.11	2.86		3.70	11.88
女性	60岁及以上	1.71	3.20		6.61	12.44

可以发现，男性和女性五类活动的平均时长随着年龄的变化模式非常相似。性别差异主要体现在，从中青年进入老年时，女性的无酬劳动时间在高位上略微增加，而男性的无酬劳动时间在低位上明显增加。

不同年龄段居民时间利用的城乡差异如表2—8、表2—9和图2—6所示。

表2—8　　　不同年龄段居民各类活动平均时长的城乡差异　　单位：小时/天

活动类别	城镇			乡村		
	0—15岁	16—59岁	60岁及以上	0—15岁	16—59岁	60岁及以上
有酬劳动	0.06	6.07	1.17	0.12	5.70	3.78
无酬劳动	0.04	1.89	2.77	0.10	2.09	1.98
学习培训	6.71	0.43	0.04	5.69	0.53	0.02
休闲社交	4.26	3.94	7.66	4.78	3.76	5.73
自我照料	12.93	11.67	12.35	13.32	11.93	12.49

表 2—9　　　　不同年龄段居民各类活动参与率的城乡差异　　　单位：%

活动类别	城镇			乡村		
	0—15 岁	16—59 岁	60 岁及以上	0—15 岁	16—59 岁	60 岁及以上
有酬劳动	0.9	67.4	16.3	3.5	67.6	58.1
无酬劳动	3.5	51.5	72.5	8.1	55.1	60.0
学习培训	76.1	6.0	1.8	64.7	6.0	0.3
休闲社交	80.1	83.5	95.3	84.7	82.2	90.0
自我照料	100	100	100	100	100	100

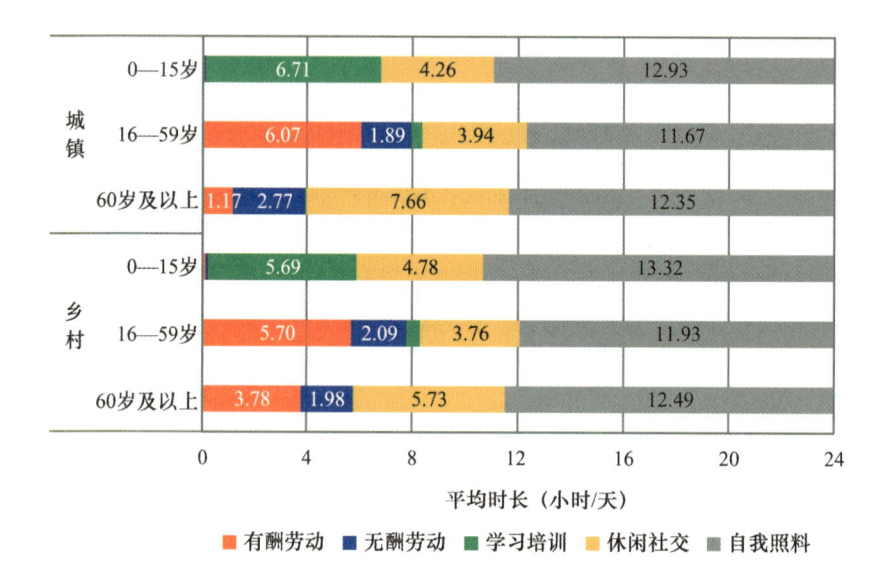

图 2—6　不同年龄段居民各类活动平均时长的城乡差异

可以发现，城镇居民和农村居民五类活动的平均时长随着年龄的变化模式相似。城乡差异主要体现在，从中青年进入老年时，有酬劳动时间，城镇居民下降剧烈，而乡村居民的下降要明显少些；无酬劳动时间，城镇居民明显增加，而乡村居民略有减少；休闲社交时间，城镇居民大幅增加，而乡村居民的增幅明显低些。

三　不同受教育程度居民的时间利用

本小节分析 2021 年中国不同受教育程度居民的时间利用情况，以及不同受教育程度居民时间利用的性别、城乡差异。由于数据样本中仅16岁及以上的样本有受教育程度信息,本小节分析的是16岁及以上的居民。

根据受教育程度,把居民分为小学及以下、初中、高中/中专/职高、大专及以上四个学历段。在总样本中,这四个学历段居民的占比分别为23%、29%、21%、27%。

不同受教育程度居民的时间利用情况如表2—10和图2—7所示。

表2—10 不同受教育程度居民的时间利用情况(16岁及以上人口)

活动类别	平均时长(小时/天)				参与率(%)				参与者平均时长(小时/天)			
	小学及以下	初中	高中/中专/职高	大专及以上	小学及以下	初中	高中/中专/职高	大专及以上	小学及以下	初中	高中/中专/职高	大专及以上
有酬劳动	4.23	5.21	4.61	5.85	55.4	58.9	52.2	67.5	7.62	8.84	8.83	8.66
无酬劳动	2.35	2.13	2.13	1.78	63.9	56.3	55.2	50.6	3.68	3.78	3.85	3.51
学习培训	0.02	0.18	0.90	0.46	0.6	2.3	8.7	8.5	3.46	7.80	10.33	5.43
休闲社交	5.22	4.66	4.66	3.97	87.1	86.0	84.8	84.2	5.99	5.42	5.49	4.72
自我照料	12.19	11.82	11.71	11.94	100	100	100	100	12.19	11.82	11.71	11.94

可以发现,五类活动的平均时长随着居民受教育程度不同而变化,这种变化呈现一定的规律性。随着居民学历的提高,有酬劳动时间的变化不规律,无酬劳动时间下降,学习培训时间先升后降(这主要反映了各人群中学生占比的差异),休闲社交时间下降,自我照料时间先降后升。

不同受教育程度居民时间利用的性别差异如表2—11、表2—12和图2—8所示。

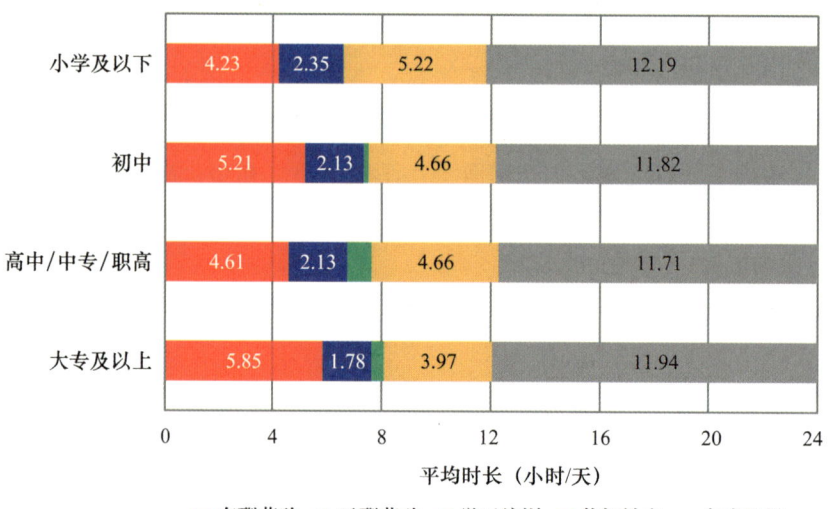

图2—7所示为不同受教育程度居民各类活动平均时长的条形图：

- 小学及以下：有酬劳动 4.23，无酬劳动 2.35，休闲社交 5.22，自我照料 12.19
- 初中：有酬劳动 5.21，无酬劳动 2.13，休闲社交 4.66，自我照料 11.82
- 高中/中专/职高：有酬劳动 4.61，无酬劳动 2.13，休闲社交 4.66，自我照料 11.71
- 大专及以上：有酬劳动 5.85，无酬劳动 1.78，休闲社交 3.97，自我照料 11.94

横轴：平均时长（小时/天）

图例：■ 有酬劳动 ■ 无酬劳动 ■ 学习培训 ■ 休闲社交 ■ 自我照料

图2—7　不同受教育程度居民各类活动平均时长

表2—11　不同受教育程度居民各类活动平均时长的性别差异

（16岁及以上人口）　　　　　　　　　单位：小时/天

活动类别	男性				女性			
	小学及以下	初中	高中/中专/职高	大专及以上	小学及以下	初中	高中/中专/职高	大专及以上
有酬劳动	4.94	6.20	5.44	6.16	3.75	3.88	3.68	5.53
无酬劳动	1.17	1.15	1.21	1.39	3.14	3.43	3.15	2.17
学习培训	0.03	0.12	0.93	0.50	0.01	0.25	0.86	0.42
休闲社交	5.62	4.78	4.81	4.17	4.95	4.51	4.49	3.76
自我照料	12.24	11.75	11.61	11.77	12.15	11.92	11.82	12.11

表2—12　不同受教育程度居民各类活动参与率的性别差异

（16岁及以上人口）　　　　　　　　　单位：%

活动类别	男性				女性			
	小学及以下	初中	高中/中专/职高	大专及以上	小学及以下	初中	高中/中专/职高	大专及以上
有酬劳动	62.5	67.5	59.6	69.3	50.7	47.4	43.9	65.8
无酬劳动	44.5	38.6	39.3	43.6	76.9	79.9	73.0	57.9

续表

活动类别	男性				女性			
	小学及以下	初中	高中/中专/职高	大专及以上	小学及以下	初中	高中/中专/职高	大专及以上
学习培训	1.0	1.4	8.8	8.6	0.4	3.4	8.6	8.3
休闲社交	90.1	85.6	85.8	84.2	85.2	86.6	83.6	84.2
自我照料	100	100	100	100	100	100	100	100

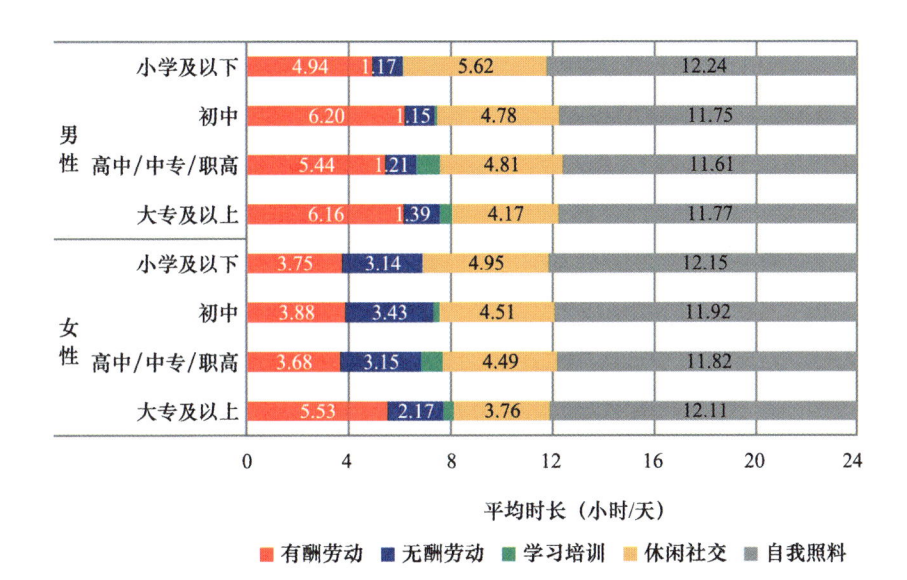

图2—8 不同受教育程度居民各类活动平均时长的性别差异

可以发现，男性和女性五类活动的平均时长随受教育程度的变化相似。但值得注意的是，随着受教育程度的提高，男性和女性无酬劳动时间的差异明显缩小。

不同受教育程度居民时间利用的城乡差异如表2—13、表2—14和图2—9所示。

表2—13　不同受教育程度居民各类活动平均时长的城乡差异

（16岁及以上人口）　　　　　　　　单位：小时/天

活动类别	城镇				乡村			
	小学及以下	初中	高中/中专/职高	大专及以上	小学及以下	初中	高中/中专/职高	大专及以上
有酬劳动	3.49	4.67	4.38	5.94	4.63	5.86	5.29	5.32
无酬劳动	2.43	2.27	2.20	1.79	2.31	1.96	1.91	1.71
学习培训	0.02	0.14	0.69	0.37	0.02	0.22	1.51	1.02
休闲社交	5.88	5.14	5.08	4.03	4.85	4.07	3.40	3.61
自我照料	12.17	11.78	11.65	11.87	12.20	11.88	11.89	12.35

表2—14　不同受教育程度居民各类活动参与率的城乡差异

（16岁及以上人口）　　　　　　　　单位：%

活动类别	城镇				乡村			
	小学及以下	初中	高中/中专/职高	大专及以上	小学及以下	初中	高中/中专/职高	大专及以上
有酬劳动	40.7	51.7	48.1	70.0	63.6	67.8	64.5	64.8
无酬劳动	65.5	59.3	56.3	51.2	63.0	52.6	52.0	46.9
学习培训	0.8	2.1	7.1	7.3	0.6	2.4	13.4	15.9
休闲社交	87.6	86.8	87.1	84.8	86.9	85.0	77.7	80.5
自我照料	100	100	100	100	100	100	100	100

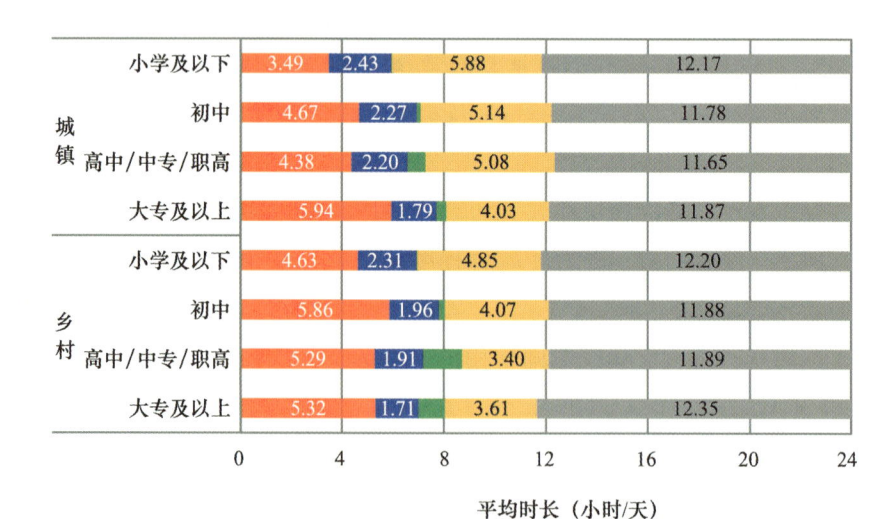

图2—9　不同受教育程度居民各类活动平均时长的城乡差异

可以发现，城镇居民和乡村居民五类活动的平均时长随受教育程度的变化相似。但值得注意的是，随着受教育程度的提高，城镇居民和乡村居民休闲社交的差异明显缩小。

第二节 中国居民时间利用的变化：2021年和2017年的比较

2017—2021年，中国的经济、社会状况发生了较大变化。经济总量增长超过1/4，第一产业的就业占比显著下降，第三产业的就业占比显著上升，城镇化率快速上升。相关的主要指标如表2—15所示。

表2—15　　　2017年和2021年中国主要经济、社会发展指标

指标	2017年	2021年	2017—2021年的变化
年末总人口（亿人）	14.00	14.13	上升0.9%
常住人口城镇化率（%）	60.2	64.7	上升4.5个百分点
国内生产总值（万亿元）	83.20	114.92	实际上升25.4%
第一产业占比（%）	7.5	7.2	下降0.3个百分点
第二产业占比（%）	39.9	39.3	下降0.6个百分点
第三产业占比（%）	52.7	53.5	上升0.8个百分点
人均国内生产总值（元）	59592	81370	实际上升24.0%
就业人员（亿人）	7.61	7.47	下降1.8%
第一产业占比（%）	26.7	22.9	下降3.8个百分点
第二产业占比（%）	28.6	29.1	上升0.5个百分点
第三产业占比（%）	44.7	48.0	上升3.3个百分点

资料来源：国家统计局，https：//data.stats.gov.cn/easyquery.htm？cn=C01。

经济发展和社会变迁必然反映到居民的时间利用上面。本节比较了中国居民在2017年、2021年的时间利用情况。

与2017年相比，2021年中国时间利用调查受访者的年龄范围由3岁及以上扩大到没有年龄限制。考虑到2017年、2021年数据的可比性，本节报告的2021年数据均为3岁及以上样本的时间利用情况。

一 概述

2017—2021 年，中国居民的时间利用情况的变化如表 2—16、图 2—10 至图 2—12 所示。

表 2—16　　2017 年和 2021 年各类活动平均时长比较　　单位：小时/天

年份	活动类别	合计	男性	女性	城镇	乡村
2017	有酬劳动	4.16	4.86	3.44	4.13	4.21
	无酬劳动	1.84	0.93	2.78	1.80	1.90
	学习培训	1.48	1.58	1.38	1.55	1.39
	休闲社交	4.63	4.85	4.41	4.71	4.52
	自我照料	11.88	11.78	11.98	11.80	11.98
2021	有酬劳动	4.27	4.87	3.65	4.18	4.43
	无酬劳动	1.78	1.05	2.54	1.79	1.76
	学习培训	1.40	1.49	1.31	1.41	1.38
	休闲社交	4.50	4.65	4.34	4.66	4.23
	自我照料	12.05	11.94	12.16	11.96	12.20

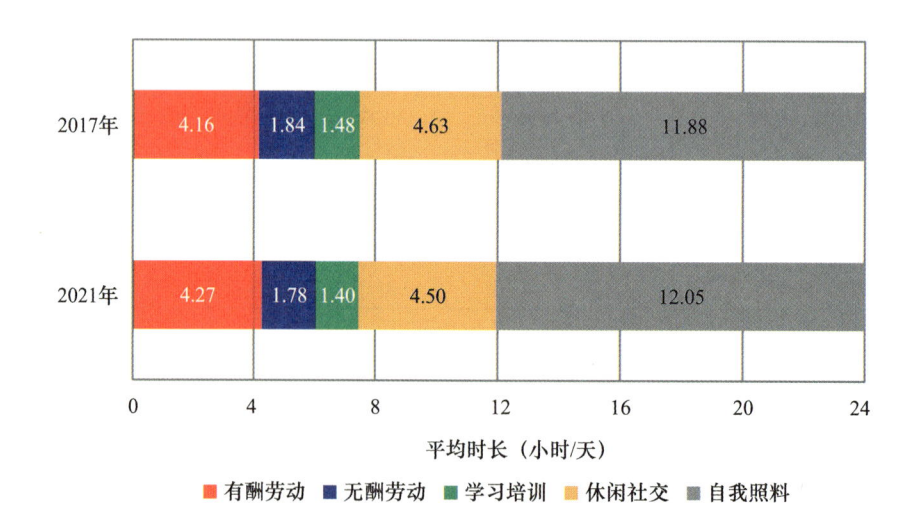

图 2—10　2017 年和 2021 年各类活动平均时长比较

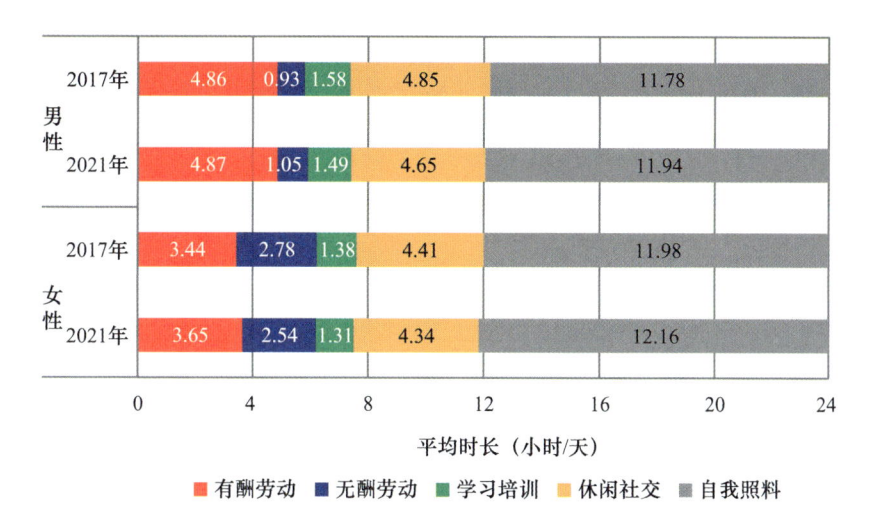

图2—11 2017年和2021年分性别各类活动平均时长比较

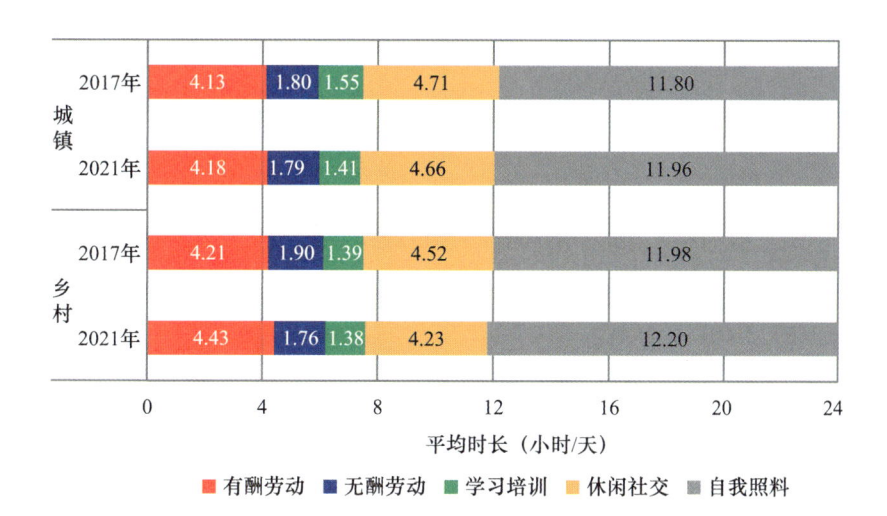

男性
- 2017年：有酬劳动 4.86，无酬劳动 0.93，学习培训 1.58，休闲社交 4.85，自我照料 11.78
- 2021年：有酬劳动 4.87，无酬劳动 1.05，学习培训 1.49，休闲社交 4.65，自我照料 11.94

女性
- 2017年：有酬劳动 3.44，无酬劳动 2.78，学习培训 1.38，休闲社交 4.41，自我照料 11.98
- 2021年：有酬劳动 3.65，无酬劳动 2.54，学习培训 1.31，休闲社交 4.34，自我照料 12.16

图2—12 2017年和2021年分城乡各类活动平均时长比较

城镇
- 2017年：有酬劳动 4.13，无酬劳动 1.80，学习培训 1.55，休闲社交 4.71，自我照料 11.80
- 2021年：有酬劳动 4.18，无酬劳动 1.79，学习培训 1.41，休闲社交 4.66，自我照料 11.96

乡村
- 2017年：有酬劳动 4.21，无酬劳动 1.90，学习培训 1.39，休闲社交 4.52，自我照料 11.98
- 2021年：有酬劳动 4.43，无酬劳动 1.76，学习培训 1.38，休闲社交 4.23，自我照料 12.20

可以发现，2017—2021年，中国居民的时间利用模式变化不大。有酬劳动时间略有增加。无酬劳动时间略有减少。总劳动（有酬劳动＋无酬劳动）时间略有增加。学习培训、休闲社交时间均略有减少。自我照料时间略有增加。

2017—2021年，中国男性和女性的时间利用模式的变化同中有异，总的趋势是性别差异缩小。有酬劳动时间，男性持平而女性增加，性别差异缩小。无酬劳动时间，男性增加而女性减少，性别差异有所缩小。这意味着家庭内部的劳动性别分工趋于平衡。总劳动（有酬劳动＋无酬劳动）时间，男性增加而女性减少，性别差异缩小。学习培训时间，男性、女性都有所减少，性别差异大致不变。休闲社交时间，男性、女性都有所减少；男性减少的幅度更大，缩小了性别差异。自我照料时间，男性、女性都有所增加，性别差异大致不变。

2017—2021年，中国城镇和乡村的时间利用模式有着不同的变化。有酬劳动时间，城镇居民略有增加，乡村居民显著增加，城乡差异有所扩大。无酬劳动时间，城镇居民持平，乡村居民减少，城乡差异有所缩小。总劳动（有酬劳动＋无酬劳动）时间的城乡差异略有扩大。学习培训时间，城镇居民减少，乡村居民持平，城乡差异有所缩小。休闲社交时间，城乡居民均有所减少，城乡差异有所扩大。自我照料时间，城乡居民均有所增加，城乡差异有所扩大。

接下来，分别介绍各类活动下属的小类活动的变化。

二 有酬劳动

2017年、2021年，中国居民的有酬劳动方面的时间利用情况如表2—17和图2—13所示。

表2—17　　　　2017年和2021年有酬劳动平均时长比较　　　单位：小时/天

年份	活动类别	合计	男性	女性	城镇	乡村
2017	有酬劳动	4.16	4.86	3.44	4.13	4.21
	工作	3.29	3.92	2.65	3.83	2.53
	家庭生产经营活动	0.87	0.95	0.79	0.31	1.68
	家庭第一产业活动	0.75	0.82	0.68	0.18	1.56
	家庭第二产业活动	0.02	0.02	0.02	0.01	0.03
	家庭第三产业活动	0.10	0.10	0.10	0.11	0.09
2021	有酬劳动	4.27	4.87	3.65	4.18	4.43
	工作	3.32	3.78	2.85	3.86	2.41

续表

年份	活动类别	合计	男性	女性	城镇	乡村
2021	家庭生产经营活动	0.95	1.09	0.80	0.31	2.01
	家庭第一产业活动	0.84	0.97	0.71	0.21	1.91
	家庭第二产业活动	0.01	0.01	0	0	0.01
	家庭第三产业活动	0.10	0.11	0.09	0.10	0.09

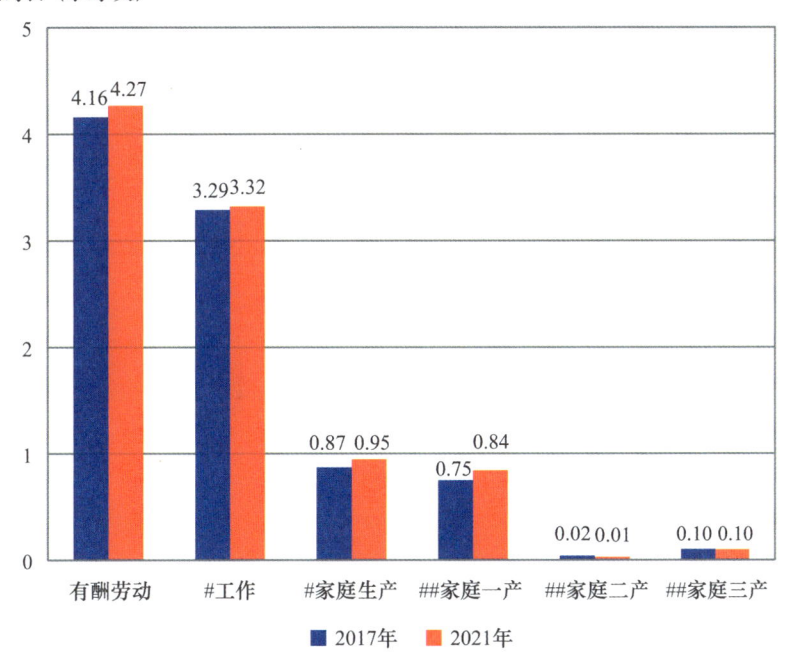

图2—13　2017年和2021年各类有酬劳动平均时长比较

可以发现，2017—2021年，有酬劳动时间略有增加，且其中的工作、家庭生产经营活动时间均略有增加。在家庭生产经营活动中，第一产业活动时间略有增加，第二、第三产业活动时间大致持平。

2017—2021年，有酬劳动时间，男性持平而女性增加，性别差异缩小。男性的工作时间减少而家庭生产经营活动时间增加，女性的工作时间增加而家庭生产经营活动时间大致持平；工作时间的性别差异缩小，家庭生产经营活动时间的性别差异扩大。

2017—2021年，有酬劳动时间，城镇居民略有增加，乡村居民显著增加，城乡差异有所扩大。乡村居民的工作时间减少而家庭生产经营活动时间增加。

三　无酬劳动

2017年、2021年，中国居民的无酬劳动方面的时间利用情况如表2—18和图2—14所示。

表2—18　　2017年和2021年无酬劳动平均时长比较　　单位：小时/天

年份	活动类别	合计	男性	女性	城镇	乡村
2017	无酬劳动	1.84	0.93	2.78	1.80	1.90
	做家务	1.11	0.51	1.72	1.05	1.19
	照顾家人和对外提供帮助	0.60	0.31	0.90	0.58	0.62
	照顾未成年家人	0.51	0.23	0.81	0.49	0.55
	购买商品与服务	0.14	0.11	0.17	0.17	0.09
2021	无酬劳动	1.78	1.05	2.54	1.79	1.76
	做家务	1.09	0.57	1.62	1.04	1.16
	照顾家人和对外提供帮助	0.55	0.35	0.76	0.57	0.52
	照顾未成年家人	0.44	0.26	0.64	0.45	0.43
	购买商品与服务	0.14	0.12	0.17	0.17	0.09

可以发现，2017—2021年，无酬劳动时间略有减少，这主要是照顾家人和对外提供帮助时间减少所致。其中，照顾未成年家人时间有所减少。

2017—2021年，无酬劳动时间，男性增加而女性减少，性别差异有所缩小。男性的做家务、照顾家人和对外提供帮助，以及其中的照顾未成年家人时间均有所增加，而女性的这几类时间均有所减少；这几个方面的性别差异均有所缩小。

2017—2021年，无酬劳动时间，城镇居民持平，乡村居民减少，城乡差异有所缩小。乡村居民的做家务、照顾家人和对外提供帮助，以及其中的照顾未成年家人时间均有所减少。

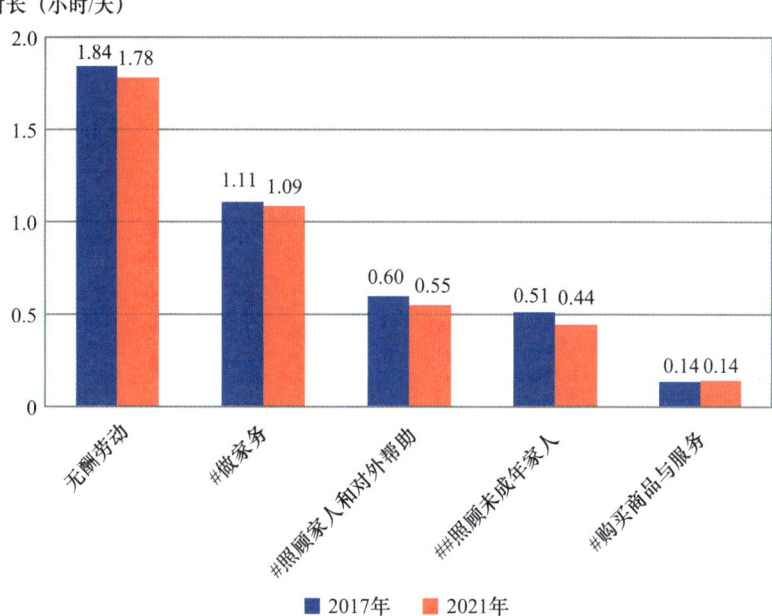

图 2—14　2017 年和 2021 年各类无酬劳动平均时长比较

四　学习培训

2017 年、2021 年，中国居民的学习培训方面的时间利用情况如表 2—19 和图 2—15 所示。

表 2—19　　　　2017 年和 2021 年学习培训平均时长比较　　　单位：小时/天

年份	活动类别	合计	男性	女性	城镇	乡村
2017	学习培训	1.48	1.58	1.38	1.55	1.39
	受教育	1.44	1.54	1.35	1.51	1.36
	培训	0.04	0.04	0.04	0.04	0.03
2021	学习培训	1.40	1.49	1.31	1.41	1.38
	受教育	1.35	1.45	1.25	1.35	1.35
	培训	0.05	0.04	0.06	0.06	0.03

可以发现，2017—2021 年，学习培训时间略有减少。其中受教育时间略有减少，培训时间大致持平。

平均时长（小时/天）

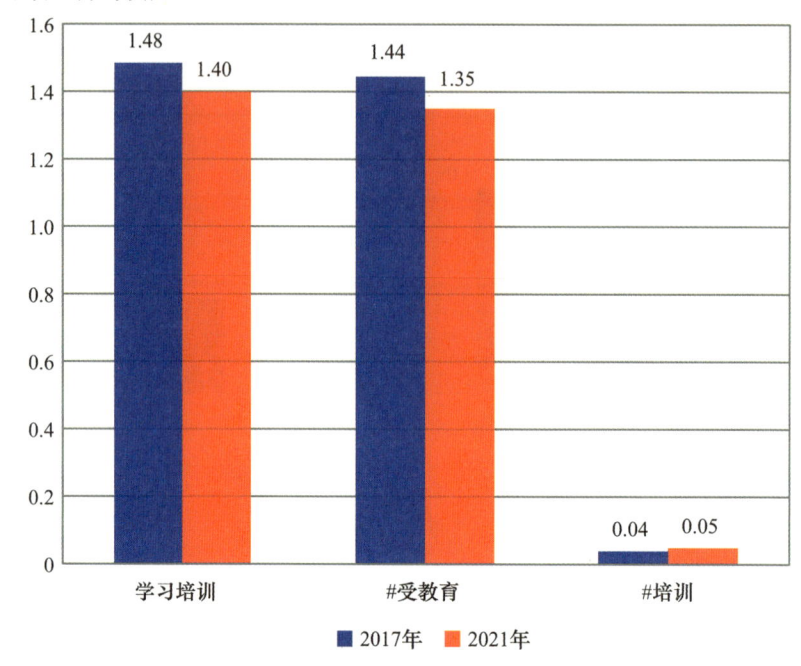

图2—15　2017年和2021年各类学习培训平均时长比较

2017—2021年，男性、女性、城镇居民的学习培训，以及其中的受教育时间均有所减少，乡村居民的这几类时间均大致持平。

五　休闲社交

2017年、2021年，中国居民的休闲社交方面的时间利用情况如表2—20和图2—16所示。

表2—20　　　　2017年和2021年休闲社交平均时长比较　　　　单位：小时/天

年份	活动类别	合计	男性	女性	城镇	乡村
2017	休闲社交	4.63	4.85	4.41	4.71	4.52
	体育锻炼与健身活动	0.57	0.60	0.53	0.69	0.39
	娱乐休闲	3.62	3.82	3.41	3.61	3.63
	看电视	1.70	1.75	1.65	1.67	1.73
	社会交往	0.43	0.42	0.45	0.39	0.49
	宗教活动	0.02	0.01	0.02	0.02	0.01

续表

年份	活动类别	合计	男性	女性	城镇	乡村
2021	休闲社交	4.50	4.65	4.34	4.66	4.23
	体育锻炼与健身活动	0.74	0.76	0.72	0.86	0.54
	娱乐休闲	3.39	3.54	3.24	3.47	3.25
	看电视	1.22	1.24	1.21	1.30	1.10
	社会交往	0.36	0.34	0.37	0.32	0.42
	宗教活动	0.01	0.01	0.02	0.01	0.02

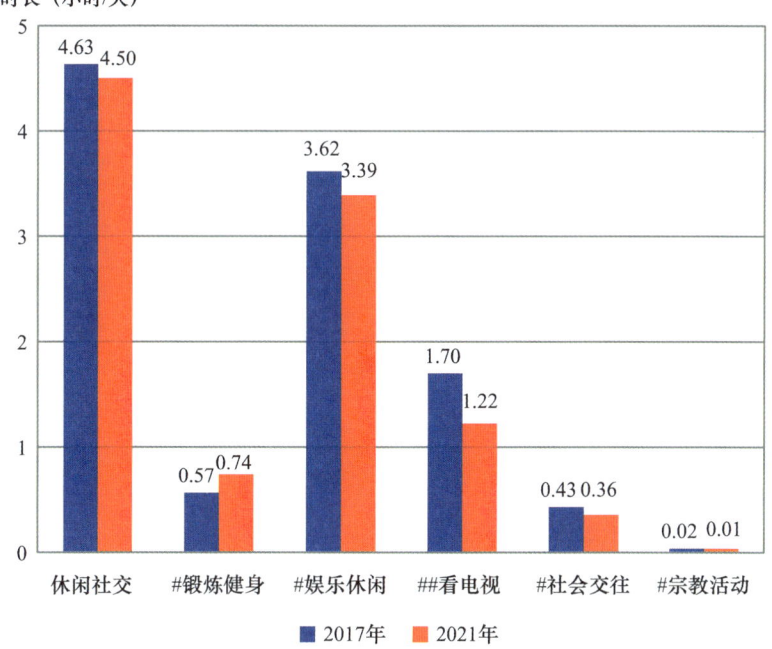

图 2—16 2017 年和 2021 年各类休闲社交平均时长比较

可以发现，2017—2021 年，居民的休闲社交时间略有减少。其中，锻炼健身时间平均每天增加了 0.17 小时，升幅高达 30%。看电视时间平均每天减少了 0.48 小时，降幅高达 28%。看电视之外的其他娱乐休闲时间平均每天增加了 0.25 小时。社会交往时间略有减少。

无论男性还是女性，城镇居民还是乡村居民，各类休闲社交时间的变化方向均与总体一致。

六 自我照料

2017 年、2021 年，中国居民的自我照料方面的时间利用情况如表 2—21 和图 2—17 所示。

表 2—21　　2017 年和 2021 年自我照料平均时长比较　　单位：小时/天

年份	活动类别	合计	男性	女性	城镇	乡村
2017	自我照料	11.88	11.78	11.98	11.80	11.98
	睡眠	9.69	9.62	9.76	9.60	9.82
	个人卫生活动	0.53	0.50	0.56	0.57	0.49
	饮食活动	1.65	1.65	1.66	1.64	1.68
2021	自我照料	12.05	11.94	12.16	11.96	12.20
	睡眠	9.82	9.75	9.89	9.71	10.00
	个人卫生活动	0.44	0.41	0.46	0.47	0.38
	饮食活动	1.79	1.78	1.81	1.78	1.83

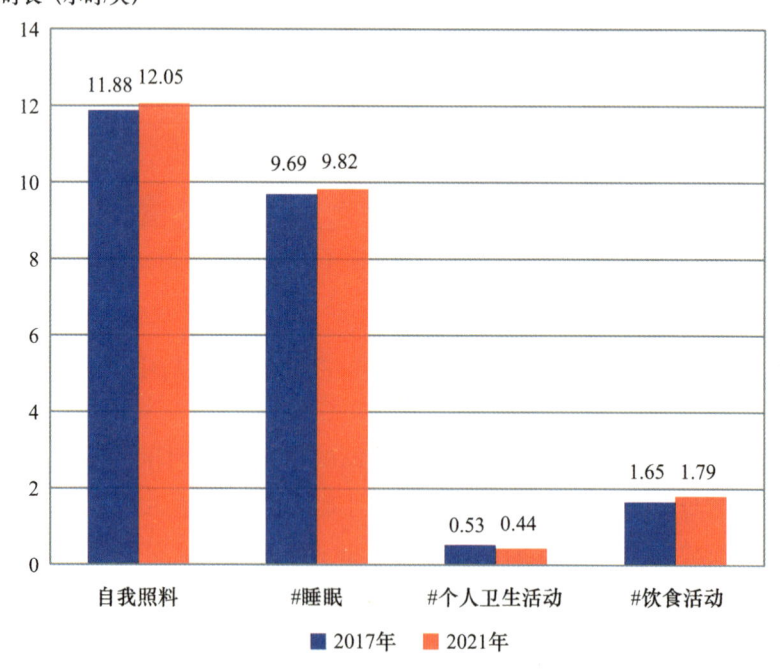

图 2—17　2017 年和 2021 年各类自我照料平均时长比较

可以发现，2017—2021年，人们的自我照料时间略有增加。其中，睡眠、饮食活动时间均略有增加，个人卫生活动时间略有减少。男性和女性、城镇居民和乡村居民，各类自我照料时间的变化方向均与总体一致。

第三节　中国与其他国家时间利用的比较

各国所处的发展阶段不同，文化背景有异，时间利用也会存在差异。本节基于可比的国际时间利用调查数据，比较了中国与10个主要发达国家、1个转型国家、3个发展中国家的时间利用差异。样本国家包括所有人口超过2000万的发达国家。这些国家的时间利用数据来源于经济合作与发展组织（OECD）网站。① 这些国家时间利用调查的基本信息如表2—22所示。

表2—22　　　　　　　各国时间利用调查基本信息

国家类型	国名	调查年份（年）	年龄段（岁）
发达国家	美国	2019	15—64
	加拿大	2015	15—64
	澳大利亚*	2006	15+
	德国	2012/2013	15—64
	法国	2009/2010	15—64
	英国	2014/2015	15—64
	意大利	2013/2014	15—64
	西班牙	2009/2010	15—64
	日本	2016	15—64
	韩国	2014	15—64
转型国家	波兰	2013	15—64

---

① https：//stats.oecd.org/Index.aspx? datasetcode = TIME_USE.

续表

国家类型	国名	调查年份（年）	年龄段（岁）
发展中国家	中国 2017	2017	15—64
	中国 2021	2021	15—64
	印度	1998/1999	15—64
	土耳其	2014/2015	15—64
	南非	2010	15—64

注：澳大利亚呈现的年龄段不同，与其他国家数据的可比性较差；为提醒注意在其国名上加上了星号（*）。

由于绝大多数国家呈现的是 15—64 岁样本的时间利用数据，本节计算了中国 2017 年、2021 年时间利用调查中 15—64 岁样本的时间利用数据。

一 有酬劳动

各国居民有酬劳动平均时长及其性别差异如图 2—18 至图 2—20 所示。

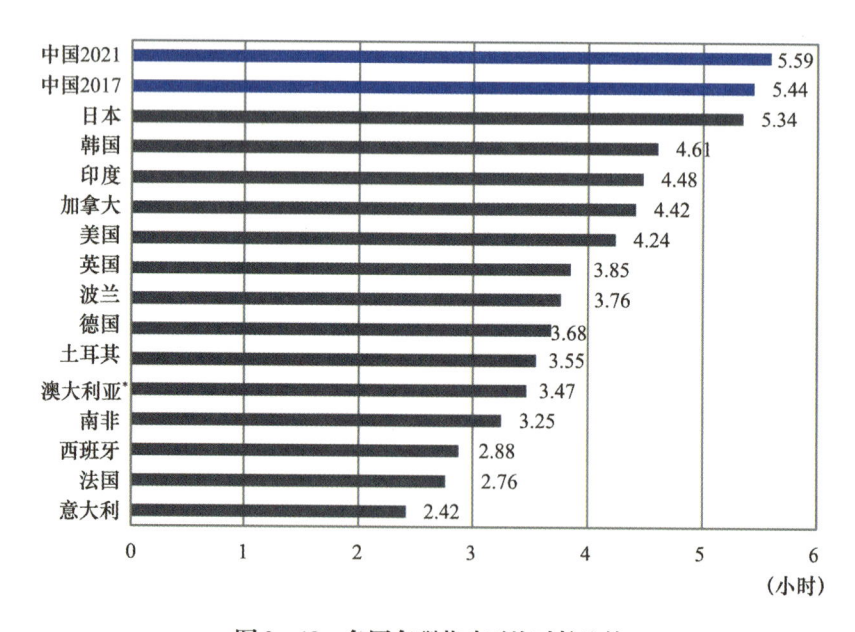

国家	小时
中国2021	5.59
中国2017	5.44
日本	5.34
韩国	4.61
印度	4.48
加拿大	4.42
美国	4.24
英国	3.85
波兰	3.76
德国	3.68
土耳其	3.55
澳大利亚*	3.47
南非	3.25
西班牙	2.88
法国	2.76
意大利	2.42

图 2—18 各国有酬劳动平均时长比较

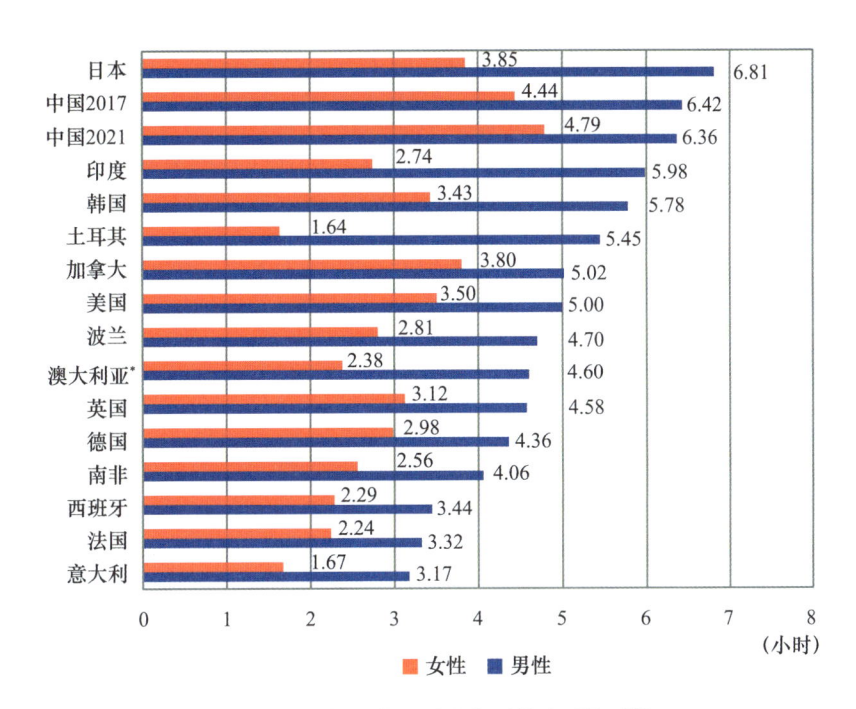

图2—19 各国分性别的有酬劳动平均时长

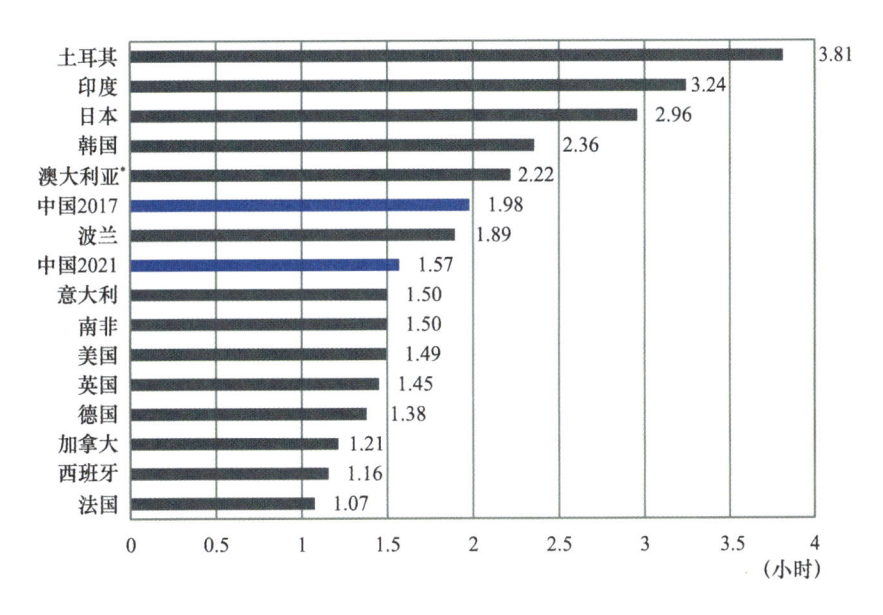

国家	女性	男性
日本	3.85	6.81
中国2017	4.44	6.42
中国2021	4.79	6.36
印度	2.74	5.98
韩国	3.43	5.78
土耳其	1.64	5.45
加拿大	3.80	5.02
美国	3.50	5.00
波兰	2.81	4.70
澳大利亚*	2.38	4.60
英国	3.12	4.58
德国	2.98	4.36
南非	2.56	4.06
西班牙	2.29	3.44
法国	2.24	3.32
意大利	1.67	3.17

图2—20 各国有酬劳动平均时长的性别差异

国家	差异（小时）
土耳其	3.81
印度	3.24
日本	2.96
韩国	2.36
澳大利亚*	2.22
中国2017	1.98
波兰	1.89
中国2021	1.57
意大利	1.50
南非	1.50
美国	1.49
英国	1.45
德国	1.38
加拿大	1.21
西班牙	1.16
法国	1.07

可以发现，国家间有酬劳动时间的差异巨大。在样本国家中，中国居民的有酬劳动时间最长，比排名最后的意大利高出1倍以上。仅低于中国的是日本、韩国这两个东亚发达国家。从分性别的有酬劳动时间来看，中国男性仅次于日本，女性最高。国家间有酬劳动时间的性别差异存在巨大差别，且所有的样本国家均为男性高于女性。2021年的中国排在大致中间的位置。

二 无酬劳动

各国居民无酬劳动平均时长及其性别差异如图2—21至图2—23所示。

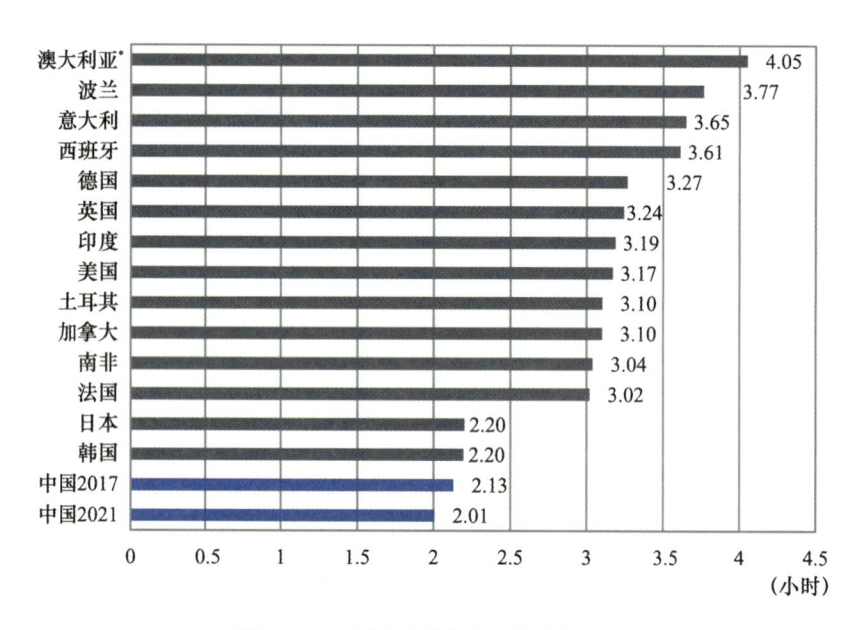

国家	时长（小时）
澳大利亚	4.05
波兰	3.77
意大利	3.65
西班牙	3.61
德国	3.27
英国	3.24
印度	3.19
美国	3.17
土耳其	3.10
加拿大	3.10
南非	3.04
法国	3.02
日本	2.20
韩国	2.20
中国2017	2.13
中国2021	2.01

图2—21 各国无酬劳动平均时长比较

可以发现，国家间无酬劳动时间的差异巨大。在样本国家中，中国居民的无酬劳动时间最短，仅为排名最高的澳大利亚的一半左右。和中国最接近的是韩国、日本。从分性别的无酬劳动时间来看，中国男性仅高于日本、韩国、印度，与土耳其相当；中国女性最低。国家间无酬劳动时间的性别差异存在巨大差别，且所有的样本国家均为女性高于男性。2021年中国这方面的性别差异相对较低，仅高于加拿大、美国、法国、德国。

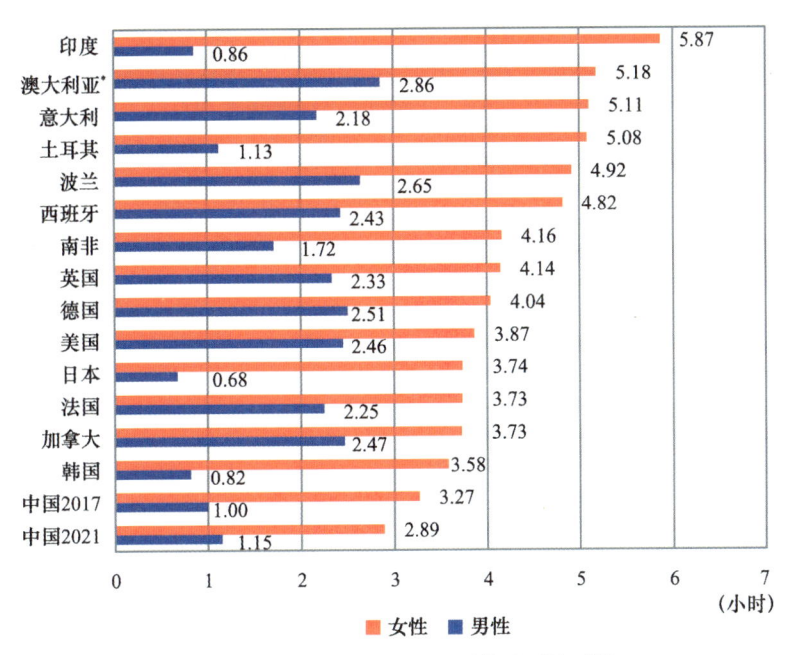

图 2—22　各国分性别的无酬劳动平均时长

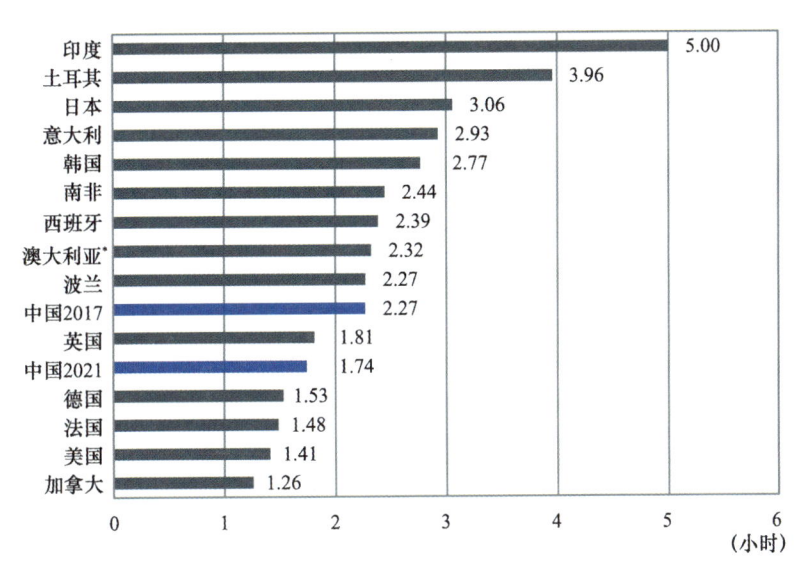

图 2—23　各国无酬劳动平均时长的性别差异

三　学习培训

各国居民学习培训平均时长及其性别差异如图 2—24 至图 2—26 所示。

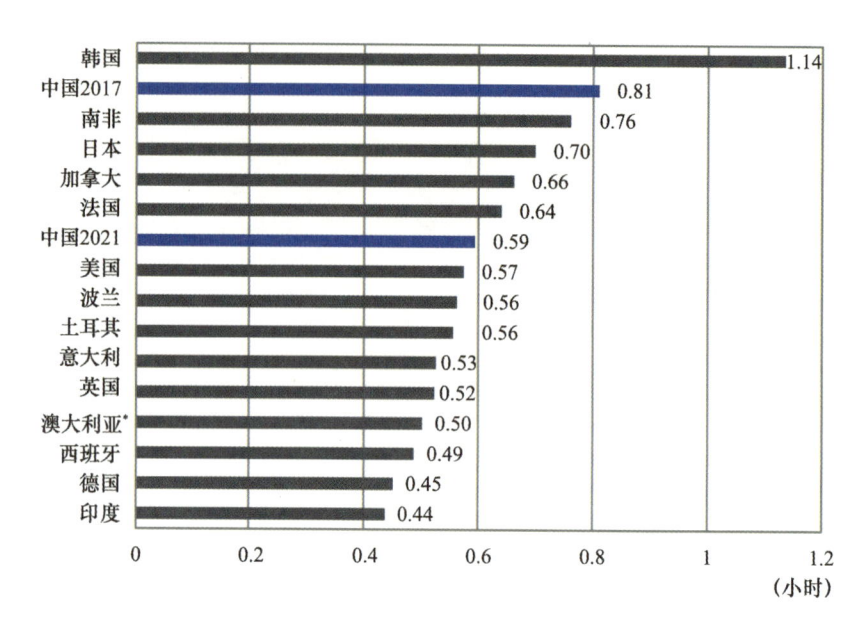

图 2—24　各国学习培训平均时长比较

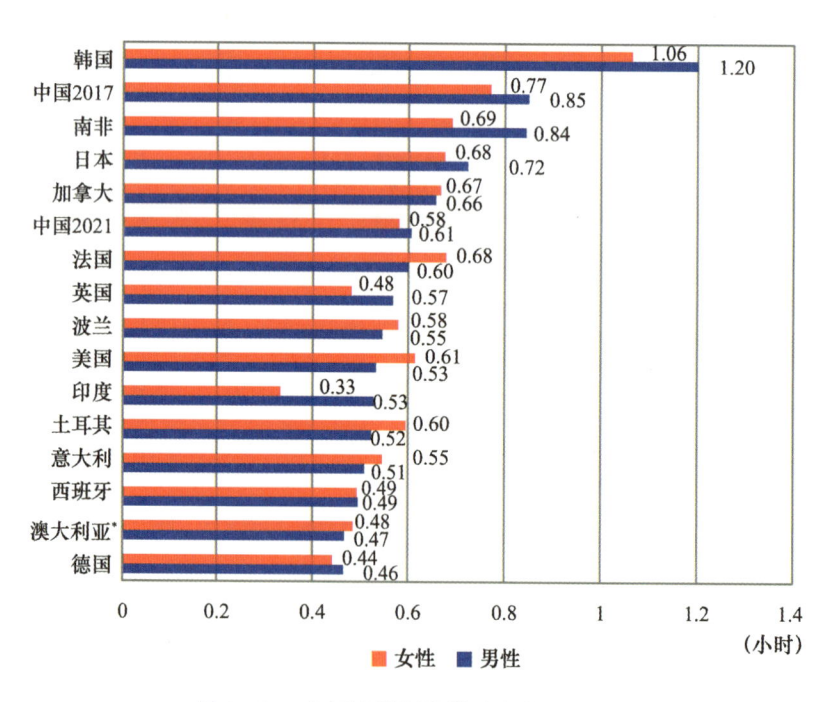

图 2—25　各国分性别的学习培训平均时长

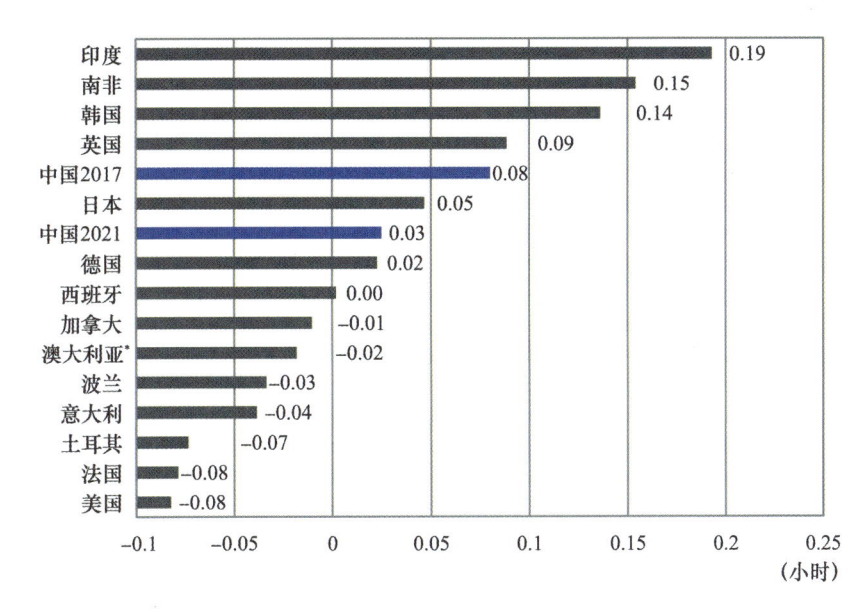

```
印度                                    0.19
南非                                0.15
韩国                              0.14
英国                     0.09
中国2017                0.08
日本               0.05
中国2021          0.03
德国           0.02
西班牙       0.00
加拿大      −0.01
澳大利亚*   −0.02
波兰       −0.03
意大利     −0.04
土耳其    −0.07
法国     −0.08
美国     −0.08
```

图2—26　各国学习培训平均时长的性别差异

可以发现，国家间学习培训时间的差异巨大。在样本国家中，2021年中国居民的学习培训时间仅低于韩国、南非、日本、加拿大、法国。从分性别的学习培训时间来看，2021年中国男性、女性均大致排在中间位置。从学习培训时间的性别差异来看，略多于半数的样本国家男性高于女性。2021年中国这方面的性别差异相对较低，仅高于西班牙、加拿大、澳大利亚、德国。

四　休闲社交

各国居民休闲社交平均时长及其性别差异如图2—27至图2—29所示。

可以发现，在样本国家中，中国居民的休闲社交时间排在倒数第一。从分性别的休闲社交时间来看，中国男性、女性均排在倒数第一。从休闲社交时间的性别差异来看，所有样本国家均为男性高于女性。2021年中国这方面的性别差异相对较低，仅高于日本、土耳其、韩国。

五　自我照料

各国居民自我照料平均时长及其性别差异如图2—30至图2—32所示。

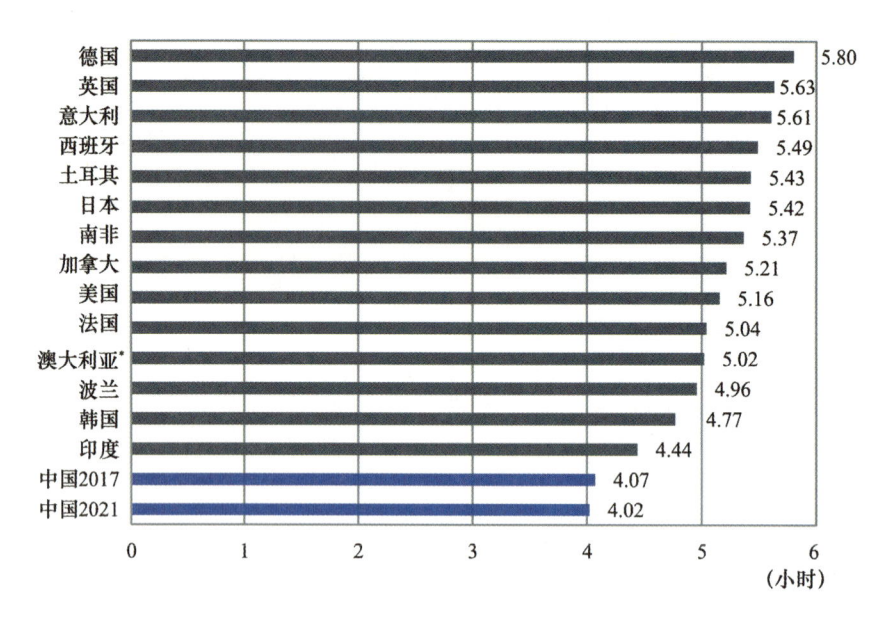

国家	休闲社交平均时长（小时）
德国	5.80
英国	5.63
意大利	5.61
西班牙	5.49
土耳其	5.43
日本	5.42
南非	5.37
加拿大	5.21
美国	5.16
法国	5.04
澳大利亚*	5.02
波兰	4.96
韩国	4.77
印度	4.44
中国2017	4.07
中国2021	4.02

图 2—27　各国休闲社交平均时长比较

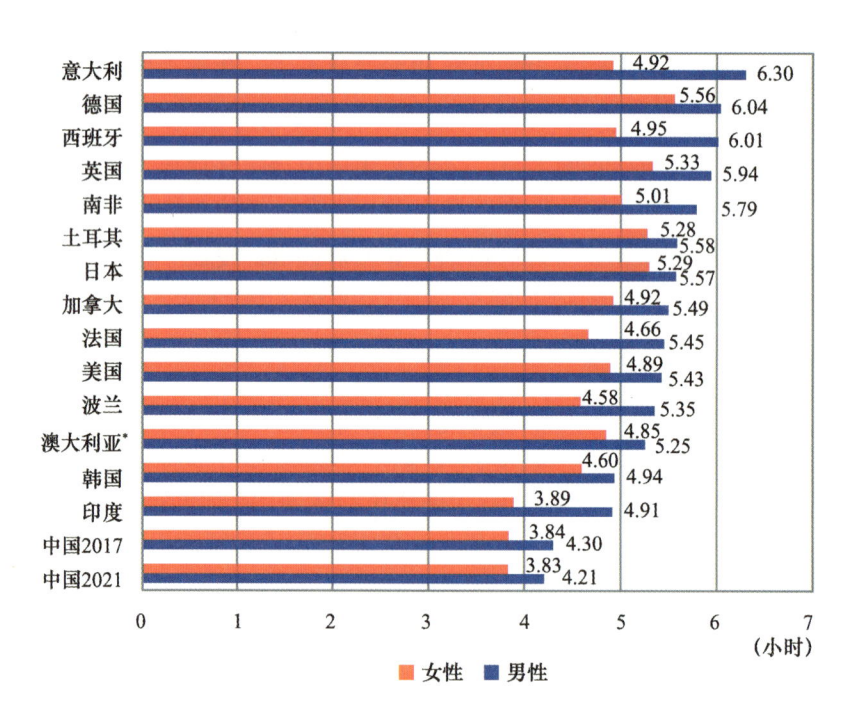

国家	女性	男性
意大利	4.92	6.30
德国	5.56	6.04
西班牙	4.95	6.01
英国	5.33	5.94
南非	5.01	5.79
土耳其	5.28	5.58
日本	5.29	5.57
加拿大	4.92	5.49
法国	4.66	5.45
美国	4.89	5.43
波兰	4.58	5.35
澳大利亚*	4.85	5.25
韩国	4.60	4.94
印度	3.89	4.91
中国2017	3.84	4.30
中国2021	3.83	4.21

图 2—28　各国分性别的休闲社交平均时长

第二章 时间利用概况

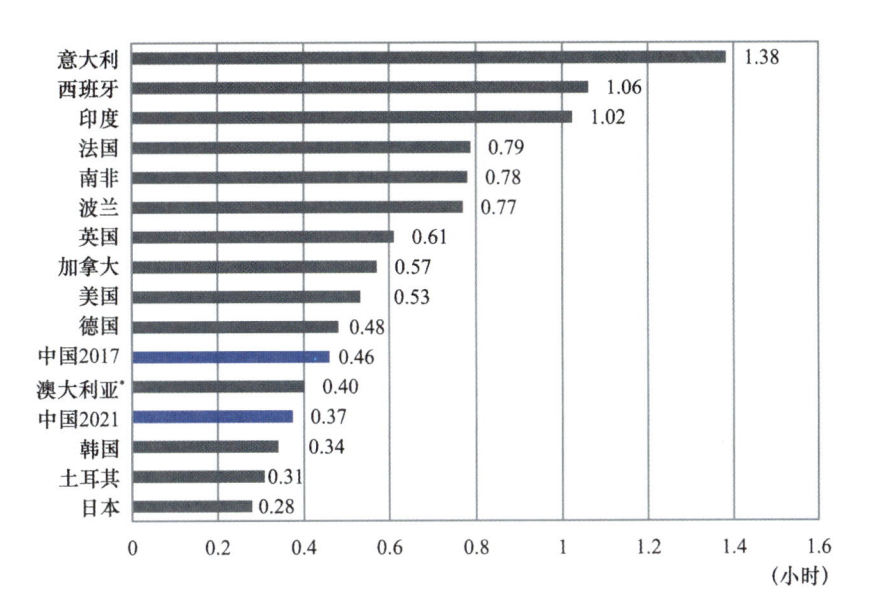

国家	时长(小时)
意大利	1.38
西班牙	1.06
印度	1.02
法国	0.79
南非	0.78
波兰	0.77
英国	0.61
加拿大	0.57
美国	0.53
德国	0.48
中国2017	0.46
澳大利亚*	0.40
中国2021	0.37
韩国	0.34
土耳其	0.31
日本	0.28

图2—29 各国休闲社交平均时长的性别差异

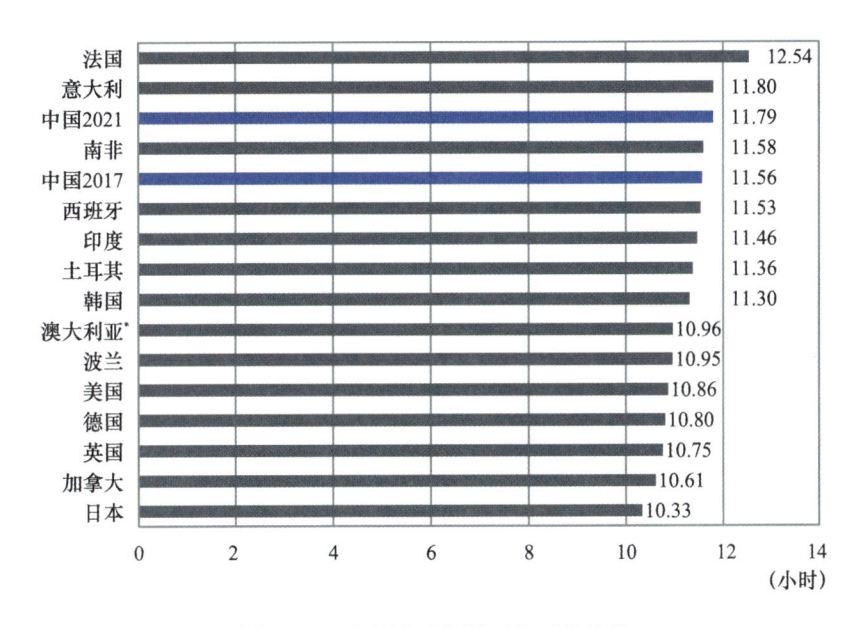

国家	时长(小时)
法国	12.54
意大利	11.80
中国2021	11.79
南非	11.58
中国2017	11.56
西班牙	11.53
印度	11.46
土耳其	11.36
韩国	11.30
澳大利亚*	10.96
波兰	10.95
美国	10.86
德国	10.80
英国	10.75
加拿大	10.61
日本	10.33

图2—30 各国自我照料平均时长比较

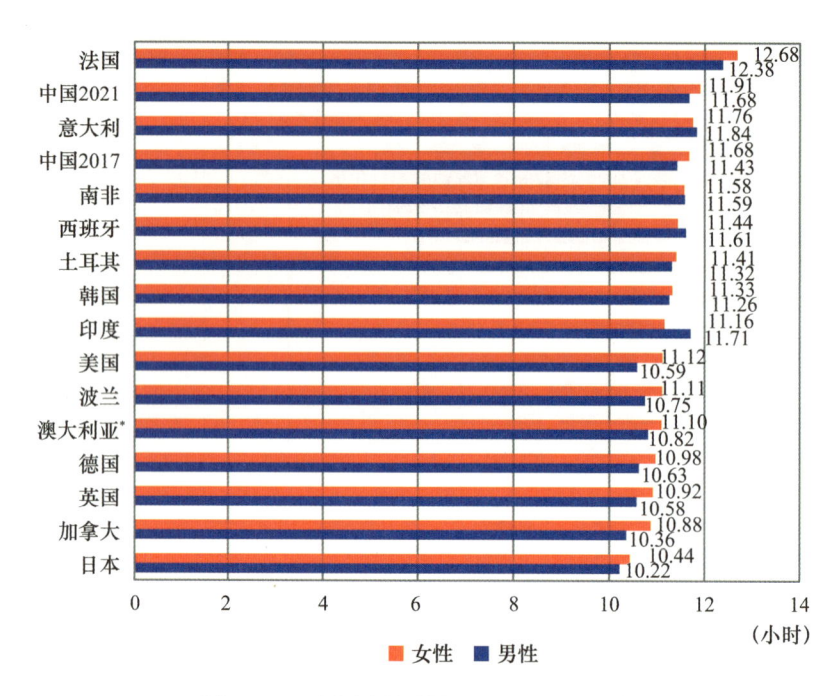

图 2—31　各国分性别的自我照料平均时长

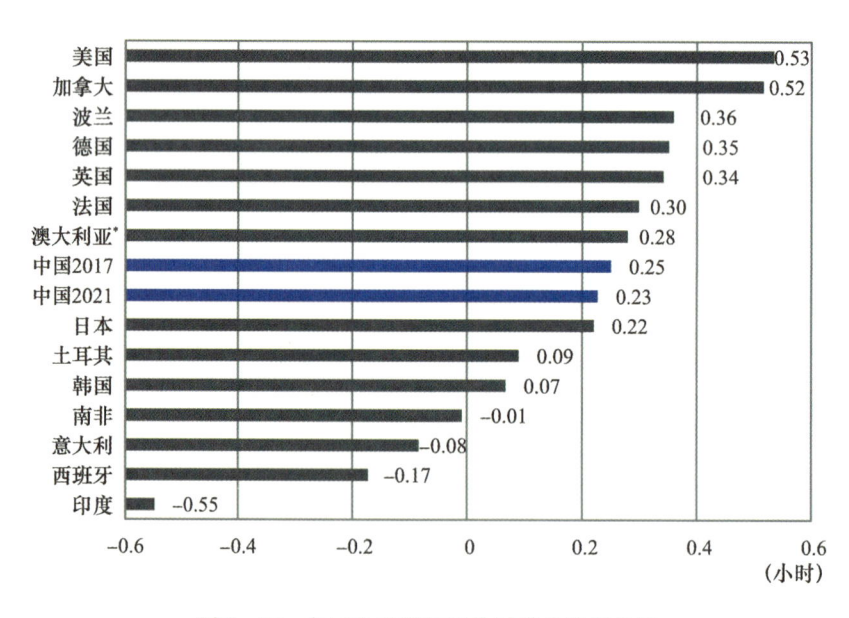

图 2—32　各国自我照料平均时长的性别差异

可以发现，在样本国家中，各国居民自我照料时间的差异不大。

2021年中国居民的自我照料时间排在第三，仅低于法国、意大利。从分性别的自我照料时间来看，2021年中国女性排在第二，仅低于法国；中国男性排在第四。从自我照料时间的性别差异来看，多数样本国家女性高于男性。中国大致排在中间位置。

第四节　小结

本章介绍了2021年中国时间利用情况，并与中国2017年的情况、其他国家的情况作了比较。主要发现如下。第一，在总劳动中，中国男性从事有酬劳动多些，而女性从事无酬劳动更多些。女性的总劳动时间略高于男性。休闲社交时间随年龄增加先降后升，随受教育程度提高趋于下降。第二，与2017年相比，2021年中国居民的有酬劳动时间略有增加，无酬劳动时间略有减少。休闲社交时间略有减少，但其中锻炼健身时间有所增加，优化了休闲社交的结构。男性和女性的有酬劳动、无酬劳动、休闲社交时间趋同，时间利用的性别差异缩小。第三，与其他14个国家相比，中国居民的有酬劳动时间排在第一，而无酬劳动、休闲社交时间均排在倒数第一。

第三章

时间利用调查方法的全球比较

2017年和2021年，内蒙古大学主持进行了两轮中国时间利用调查（CTUS）。① 基于所获经验，本章在全面总结时间利用调查方法的基础上，比较了全球主要国家的时间利用调查。

时间是一种非常稀缺的资源，人们做任何事情都需要投入一定数量的时间。时间利用调查（Time Use Survey，TUS）系统地记录个人在特定时间段（一般是一天24小时）的时间使用情况，是调查人们时间资源配置的标准方法。② 时间利用调查是对传统调查的重要补充。1995年，联合国第四次世界妇女大会通过的《北京宣言和行动纲领》要求，各国"进行定期的时间利用研究，以定量地测量无酬工作"，从而全面地反映女性对国民经济和社会福利的贡献。

党的十八大以来，"中国特色社会主义进入了新时代"，社会基本矛盾业已转化为"人民日益增长的美好生活需要和不平衡不充分的发展之间的矛盾"，这就要求中国在"幼有所育、学有所教、劳有所得、病有所医、老有所养、住有所居、弱有所扶"等方面不断取得进步。新时代发展在经济目标之外，较以往更重视人的全面发展，更重视满足人们更高层次的需求。时间利用调查数据有助于深入评估人的发展状况和生活质量，发现其中可能存在的不足，这对相关政策的制定非常重要。

---

① 2017年中国时间利用调查的基本情况，参见杜凤莲、王文斌、董晓媛等《时间都去哪儿了？：中国时间利用调查研究报告》，中国社会科学出版社2018年版。

② United Nations, "Guide to Producing Statistics on Time Use: Measuring Paid and Unpaid Work", United Nations, Department of Economic and Social Affairs, Statistics Division, 2005, p. 5.

第三章 时间利用调查方法的全球比较

基于 2017 年、2021 年中国时间利用调查（CTUS）的经验，本章从调查内部人的视角，全面总结了时间利用调查方法，对全球主要国家的时间利用调查进行了比较。我们采用 19 个指标来评价各项调查，涉及时间利用调查的几乎所有重要方面，并分析每个指标的重要性、调查上的挑战、CTUS 的处理方法。笔者既是数据的生产者，又是数据的使用者，对实际调查中遇到的困难、数据使用者的需要都有切身体会。本章对未来的时间利用调查很有参考价值，对时间利用数据的使用者更好地理解数据也非常有帮助。

第一节 时间利用调查回顾

时间利用调查已有一百年的历史。早在 20 世纪 20 年代，苏联和美国就进行过时间利用调查。[1] 目前，全世界已有 80 余个国家进行过时间利用调查。[2] 时间利用调查的重大突破是时间日志（Time Diary）方法的引入；时间日志最早于 1964 年应用于 12 个欧洲国家，[3] 此后便成为时间利用调查的标准方法。

中国早期的时间利用调查仅限于北京、上海、天津、哈尔滨、厦门等城市。[4] 2008 年，中国国家统计局在 10 个省份开展了我国第一次大规模时间利用调查；[5] 2018 年，国家统计局在 11 个省份又进行了一轮时间利用调查。[6]

2017 年，内蒙古大学在 29 个省份主持进行了一轮中国时间利用调查。

---

[1] Ironmonger, D., "Time Use", *The New Palgrave Dictionary of Economics*, 2008.

[2] 张显：《时间利用调查质量控制国际经验及对我国的启示》，《中国统计》2023 年第 7 期。

[3] Szalai, A. (Editor), *The Use of Time: Daily Activities of Urban and Suburban Populations in Twelve Countries*, The Hague: Mouton, 1972.

[4] 袁卫、村上征胜、王琪延：《北京和东京居民的时间分配比较研究》，《中国人民大学学报》2000 年第 3 期；罗乐勤：《住户无付酬服务核算若干问题研究》，《统计研究》2008 年第 6 期。

[5] 国家统计局社会和科技统计司：《2008 年时间利用调查资料汇编》，中国统计出版社 2009 年版。

[6] 国家统计局社会科技和文化产业统计司：《时间都去哪儿了：2018 年中国时间利用调查统计数据》，中国统计出版社 2019 年版。

这次调查得到了中国高校数据调查共享平台①的支持，调查样本是从 2017 年中国家庭金融调查（CHFS）的约 4 万户样本家庭中随机抽取的约 1.2 万户家庭。2021 年，依托中国高校数据调查共享平台，内蒙古大学在这 29 个省份又进行了一轮中国时间利用调查；调查样本是从 2021 年中国家庭金融调查的约 2.2 万户样本家庭中随机抽取的约 0.8 万户家庭。

第二节 文献回顾和比较对象

本节在简要回顾比较时间利用调查方法的相关文献的基础上，阐述了本章所选取的比较对象、指标。

一 文献回顾

系统比较时间利用调查方法的文献不多，其中主要的几项研究的基本情况如表 3—1 所示。

表 3—1 比较时间利用调查方法的主要文献

文献	指标数	比较对象
Fisher 等（2016）②	9	16 个发达国家，1 个发展中国家
Charmes（2015）③	8	65 个国家
Esquivel 等（2008）④	11	20 个发展中国家
蒋萍和马雪娇（2014）⑤	12	中国、日本、美国

---

① 此平台由西南财经大学、内蒙古大学、浙江大学、北京大学等 9 所单位合作建立，共同开展微观调查数据的收集和共享。

② Fisher, K., Gershuny, J., et al., *Multinational Time Use Study: User's Guide and Documentation*, Version 9, Oxford: Centre for Time Use Research, University of Oxford, 2016.

③ Charmes, J., "Time Use across the World: Findings of a World Compilation of Time Use Survey", UNDP Human Development Report Office Background Paper, 2015.

④ Esquivel, V., Budlender, D., Folbre, N., et al., "Explorations: Time-use Surveys in the South", *Feminist Economics*, 2008, 14 (3).

⑤ 蒋萍、马雪娇：《大数据背景下中国时间利用调查方案的改革与完善——基于中、日、美时间利用调查方案的比较》，《统计研究》2014 年第 8 期。

这几项研究比较的广度有明显欠缺，所比较的指标有限，没有涉及活动地点、活动发生时与谁在一起等重要信息。从比较的深度来看，表3—1中前两项研究仅仅对每个指标简单提及，而未深入分析做法背后的原因以及调查所遇到的挑战；后两项研究对调查的某些方面的分析更为深入，但比较的系统性有所不足。

二　比较对象

本章以全球重要国家和调查与研究水平领先的国家的大规模时间利用调查为比较对象，以反映全球时间利用调查的现状和前沿。具体选择标准是：2021 PPP GDP 排名前15的国家，以及该国学者所发表的时间利用论文数量排名前10的国家。按此标准，非洲国家无一入选；考虑到各洲的代表性，在样本国家中增加了南非。最终，我们选取了20个国家的时间利用调查作为比较对象。这20个样本国家2021年的PPP GDP合计占全球的73.7%，人口合计占全球的59.5%。在样本国家中，发达国家有12个，发展中国家和转型国家有8个；样本国家的地理分布也较为均匀。样本国家的基本情况如表3—2所示。

表3—2　　　　　　　　　　样本国家概况

样本国家	2021年 PPP GDP			2021年人口			时间利用论文		
	万亿国际元	占比（%）	排名	亿人	占比（%）	排名	篇数	占比（%）	排名
中国	27.42	18.5	1	14.13	18.1	1	—	—	—
美国	23.32	15.7	2	3.32	4.3	3	653	45.5	1
印度	10.37	7.0	3	14.08	18.1	2	—	—	—
日本	5.68	3.8	4	1.26	1.6	11	32	2.2	10
德国	4.93	3.3	5	0.83	1.1	19	63	4.4	7
俄罗斯	4.55	3.1	6	1.46	1.9	9	—	—	—
印度尼西亚	3.58	2.4	7	2.72	3.5	4	—	—	—
巴西	3.48	2.4	8	2.02	2.6	7	—	—	—
法国	3.37	2.3	9	0.65	0.8	22	—	—	—
英国	3.34	2.3	10	0.67	0.9	21	134	9.3	3

续表

样本国家	2021年PPP GDP			2021年人口			时间利用论文		
	万亿国际元	占比(%)	排名	亿人	占比(%)	排名	篇数	占比(%)	排名
土耳其	2.97	2.0	11	0.85	1.1	18	—	—	—
意大利	2.76	1.9	12	0.59	0.8	25	44	3.1	8
墨西哥	2.76	1.9	13	1.29	1.7	10	—	—	—
韩国	2.53	1.7	14	0.52	0.7	27	—	—	—
加拿大	2.05	1.4	15	0.38	0.5	37	113	7.9	4
西班牙	2.01	1.4	16	0.47	0.6	30	77	5.4	5
澳大利亚	1.47	1.0	19	0.26	0.3	54	157	10.9	2
荷兰	1.11	0.8	28	0.17	0.2	69	73	5.1	6
南非	0.87	0.6	32	0.60	0.8	23	—	—	—
瑞典	0.63	0.4	39	0.10	0.1	89	44	3.1	8
合计	109.20	73.7	—	46.38	59.5	—	—	—	—
全球	148.17	100	—	77.96	100	—	1434	100	—

资料来源：GDP 和人口数据来源为 International Monetary Fund, World Economic Outlook Database, October 2023, https：//www.imf.org/en/Publications/WEO/weo-database/2023/October/download-entire-database；时间利用论文数据来源为在 Web of Science 核心合集中检索 time diaries 且文献类型为 Article 或 Review。

第三节　比较结果

本节把内蒙古大学分别于 2017 年、2021—2022 年进行的 2 次中国时间利用调查，与其他 19 个样本国家的 19 项时间利用调查进行比较。

本节用调查对象、样本量和应答率、季节变动和一周内变动、时间日志、活动分类、活动背景、访问方式、个人家庭社区信息、调查持续性等方面的 19 个指标，对所采用的调查方法进行比较并量化分析。对于每个指标，本节从如下三个方面展开分析：指标的重要性；调查上的挑战以及 2017、2021 CTUS 的应对方法；各项调查的做法以及本章设定的判断标准。

一 调查对象

本小节从年龄范围、是否调查多位家庭成员、地域范围三个方面，比较各国时间利用调查的调查对象，如表3—3所示。

表3—3　　　　　　　　时间利用调查的调查对象比较

调查国家和时期	年龄范围	是否调查多位家庭成员	地域范围
中国 2021—2022 年	0 +	是	29/31
中国 2017 年	3 +	是	29/31
美国 2017 年	15 +	否	全国
印度 1998—1999 年	6 +	是	6/25
日本 2016 年	10 +	是	全国
德国 2001—2002 年	10 +	是	全国
俄罗斯 1992—1994 年	—	是	8/87
印度尼西亚 2005 年	10 +	否	4/33
巴西 2009 年	10 +	否	5/26
法国 2009—2010 年	11 +	是	全国
英国 2000—2001 年	8 +	是	全国
土耳其 2014—2015 年	10 +	是	全国
意大利 2002—2003 年	3 +	是	全国
墨西哥 2014 年	12 +	是	全国
韩国 2014 年	10 +	是	全国
加拿大 2015—2016 年	15 +	否	全国
西班牙 2009—2010 年	10 +	是	全国
澳大利亚 2006 年	15 +	是	全国
荷兰 2011—2012 年	10 +	是	全国
南非 2010 年	10 +	是	全国
瑞典 2010—2011 年	15—84	是	全国
标准	下限：≤10；上限：不封顶	是	≥2/3

（一）年龄范围

调查的年龄范围涉及对年龄下限和上限的选择。所选的年龄下限越低、上限越高，越便于研究儿童发展、育儿和养老问题，但调查难度也越大。婴幼儿和儿童对时间没有清晰的概念，很难独立完成受访；对高龄者的调查也需克服受访者文化程度偏低、地方口音较重等挑战。2017 CTUS 设年龄下限为 3 岁，不设年龄上限。2021—2022 CTUS 既不设年龄下限，也不设年龄上限。对于 12 岁以下的受访者或者高龄受访者，当其无法自己完成问卷时，可以由家人代答。

在可获得相关信息的 20 项调查中，对于年龄下限，5 项为 0—8 岁，9 项为 10 岁，6 项为 11—15 岁；对于年龄上限，1 项设定为 84 岁，其余 19 项未设上限。本章选取不大于 10 岁为年龄下限的判断标准，上不封顶为年龄上限的判断标准。

（二）是否调查多位家庭成员

调查多位家庭成员，便于分析家庭各成员在市场工作、家庭生产、儿童照料等活动中的分工，有利于研究性别差异、儿童发展等问题，但这会显著增加调查困难，如某些家庭成员不在家或拒绝回答。针对受访者短期不在家的情况，在 2017、2021—2022 CTUS 中，依次采用了换时或换地访问、即时电话访问、约时再访、家人代答、集中电话访问等方法，力争访问到至少 2/3 的家庭成员，否则换样。

在本章分析的 21 项调查中，17 项访问了多位家庭成员，4 项（含美国时间利用调查）仅访问了 1 位家庭成员。本章以访问到多位家庭成员为判断标准。

（三）地域范围

在尽量广的地域范围进行抽样有利于推算全国总体，更有利于研究时间利用的城乡、地区等空间差异，这对发展中国家和地理大国尤其重要。但会面临以下挑战：问卷设计能否适应各地的实际情况，各地的语言或方言差异、受访者受教育水平的差异，以及复杂环境带来的安全隐患。2017、2021—2022 CTUS 共覆盖了除新疆、西藏和港澳台地区以外的 29 个省份，空间差异巨大；对此，特别注意了问卷设计的全国普适性、访员的本地化和安全培训。

在本章分析的 21 项调查中，17 项覆盖了全国或接近全国，4 项调查覆盖的地域有限。本章选取的判断标准为：覆盖了全国 2/3 以上的一级行政区。

二 样本量和应答率

本小节从样本量、抽样比、应答率三个方面,比较各国时间利用调查,如表3—4所示。

表3—4　　　　时间利用调查的样本量、应答率比较

调查国家和时期	样本量（人）	调查年份全国人口*（亿）	抽样比（‰）	应答率（％）
中国2021—2022年	16288	14.12	0.12	67.3
中国2017年	30591	14.00	0.22	75.0
美国2017年	26400	3.26	0.81	45.6
印度1998—1999年	77593	10.31	0.75	99.0
日本2016年	200000	1.27	15.75	—
德国2001—2002年	11919	0.82	1.46	95.5
俄罗斯1992—1994年	17154	1.48	1.16	88.0
印度尼西亚2005年	360	2.21	0.02	90.0
巴西2009年	5360	1.89	0.28	53.1
法国2009—2010年	27903	0.63	4.46	88.3
英国2000—2001年	11667	0.59	1.98	45.0
土耳其2014—2015年	11440	0.78	1.46	91.5
意大利2002—2003年	55773	0.57	9.77	91.8
墨西哥2014年	16996（户）	1.20	≈2.83	85.0
韩国2014年	31800	0.51	6.27	98.1
加拿大2015—2016年	23500	0.36	6.55	38.2
西班牙2009—2010年	19295	0.46	4.15	58.0
澳大利亚2006年	13617	0.21	6.60	82.5
荷兰2011—2012年	2000	0.17	1.20	40.0
南非2010年	39897	0.51	7.77	87.5
瑞典2010—2011年	6477	0.09	6.85	41.0
标准	≥19295	—	≥1.98	≥60

注：*当调查跨年时,调查年份全国人口取所跨年份人口的平均值。

（一）绝对样本量

较大的样本量有利于获得全国总体，以及分性别、年龄段、城乡、收入、受教育程度等细分人群的可靠的时间利用信息；但这会花费更多的时间、人力、财力。由于经费的制约，2017 CTUS 的样本是从 2017 年中国家庭金融调查（CHFS）的约 4 万户样本中随机抽取的约 1.2 万户样本，样本量为 30591 人；2021—2022 CTUS 的样本是从 2021—2022 年中国家庭金融调查（CHFS）的约 2.2 万户样本中随机抽取的约 0.8 万户样本，样本量为 16288 人。

在本章分析的 21 项调查中，样本量超过和不到 2 万人分别为 9 项、11 项，1 项（墨西哥）样本量为约 1.7 万户，① 中位数为 19295 人（西班牙）。本章以不少于 19295 人为样本量的判断标准。

（二）抽样比

由于各国总人口差异巨大，在衡量样本代表性时，抽样比有时比绝对样本量更重要。显然，人口大国更难达到较高的抽样比。2017、2021—2022 CTUS 的抽样比分别为 0.22‰、0.12‰。②

在本章分析的 21 项调查中，11 项调查的抽样比低于 2‰，10 项高于 2‰，中位数为 1.98‰（英国）。本章以不低于 1.98‰ 为抽样比的判断标准。

（三）应答率

受访者未能接受访问这一事件不是随机发生的，某些特定人群（如高收入者、高级官员）拒访的概率尤其高，由此带来的应答率过低会破坏样本的代表性。为提高应答率，应做到：（1）尽可能访到每一个应访家庭；（2）对于应访家庭，尽可能访问到每一位应访个人。问题（2）已在前文（是否调查多位家庭成员）叙述。问题（1）需要在访问中解决以下问题：由于搬家、社区拆迁而难以找到预访户；预访户不在家；预访户拒访。2017、2021—2022 CTUS 采用了以下系统化的处理方法：对已搬家、社区已拆迁的预访户尽量异地访问，否则换样；多次联系不上或对

---

① 以每户访问到 2 人计，样本量也超过 2 万人。
② 尽管 CTUS 的抽样比不是很高，但仍对全国有代表性。

方拒访时,可以在原社区通过随机抽取进行换样。最终,2017、2021—2022 CTUS 的应答率分别达到了 75.0%、67.3%。

在可获得相关信息的 20 项调查中,13 项应答率高于 60%,7 项为 30%—60%。有学者认为,社会调查中存在很多制约应答率的因素,单方面追求高的应答率可能会影响到调查数据的质量;[①] 因此,应答率并非越高越好。此外,不同国家、不同地区的受访者,其时间的机会成本、对隐私的重视程度、对陌生人的信任程度各不相同,从而对调查的配合不尽相同,应答率也会有所不同;因此,也不能认为很高的应答率一定意味着数据质量低。综合考量,本章以不低于 60% 为应答率的标准。

三 季节变动和一周内变动

本小节从调查持续月数、日志天数两个方面,比较各国时间利用调查的季节变动和一周内变动,如表 3—5 所示。

表 3—5 时间利用调查的季节变动、一周内变动、时间日志比较

调查国家和时期	调查期(月数)	日志(天数)	时间日志	时间间隔(分钟)
中国 2021—2022 年	14	1	是	10
中国 2017 年	2+1	1	是	10
美国 2017 年	12	1	是	自由
印度 1998—1999 年	4 轮	2	是	60
日本 2016 年	1	连续 2 天	是	15
德国 2001—2002 年	12	3	是	10
俄罗斯 1992—1994 年	3	—	否	—
印度尼西亚 2005 年	—	—	是	60
巴西 2009 年	3	1	是	15
法国 2009—2010 年	15	2	是	10
英国 2000—2001 年	15	2	是	10

---

① 风笑天:《高回收率更好吗?——对调查回收率的另一种认识》,《社会学研究》2007 年第 3 期。

续表

调查国家和时期	调查期（月数）	日志（天数）	时间日志	时间间隔（分钟）
土耳其 2014—2015 年	12	2	是	10
意大利 2002—2003 年	12	1	是	10
墨西哥 2014 年	2	7	否	—
韩国 2014 年	4	连续 2 天	是	10
加拿大 2015—2016 年	12	1	是	自由
西班牙 2009—2010 年	12	1	是	10
澳大利亚 2006 年	8	连续 2 天	是	5
荷兰 2011—2012 年	12	2	是	10
南非 2010 年	3	1	是	30
瑞典 2010—2011 年	14	2	是	10
标准	≥12	≥2	是	≤10

（一）季节变动

不同季节的气候条件不同，人们的生产（尤其是农业）和生活（尤其是户外活动）方式会有所不同；相应地，其时间利用方式也会有所不同。

为充分反映时间利用的季节变动，最理想的是在不同季节或者月份访问受访者；这样，时间利用调查将持续一年，调查周期过于漫长，大大增加了调查难度。① 2017 CTUS 在夏季的七八月进行主调查，并在冬季的 12 月对时间利用季节变化最大的人群（农村居民）电话访问。由于新冠疫情的影响，2021—2022 CTUS 从 2021 年 7 月开始，一直持续到 2022 年 8 月结束。

在可获得相关信息的 20 项调查中，11 项调查期为 12 个月或以上，② 1 项为 8 个月，7 项为 4 个月或以下，1 项（印度）为 4 轮（每个季度 1 轮）。本章以一次调查持续的月数不少于 12 个月作为衡量标准。印度的调查进行了 4 轮，每个季节 1 轮，较好地反映了时间利用的季节变化，也

---

① 用追踪调查来反映季节变动，因对受访户造成过大干扰而难以实施。因此，现有的时间利用调查都是采用把预访户随机分在不同的季节或者月份来反映季节变动。

② 英国、法国、瑞典的时间利用调查期超过了 12 个月，这是由于其调查跨两个年份。

设定为符合标准。

(二) 一周内变动

在现代社会,很多生产、学习、娱乐活动都是按照工作日和休息日的节律来安排的,人们的时间利用模式深受此节律的影响。因此,需要充分考虑受访者时间利用情况的一周内变动。

为充分反映时间利用的一周内变动,需要在工作日和休息日访问受访者,对此有两种处理方法:一是追踪调查每一位受访者在工作日和休息日的时间利用;二是仅在工作日或休息日访问受访者。前者涉及二次入户,大大增加了取得受访户配合的难度,也增加了调查的工作量和成本。采用后者时,若无法保证在工作日还是休息日访问的随机性,会使在研究工作日和休息日之间时间利用的替代时,面临计量经济学上的困难。这两种调查方法在现有的时间利用调查中都得到了广泛运用。出于调查方便的考虑,2017、2021—2022 CTUS 对每位受访者仅调查了其一周内一天的时间利用情况。

对于每位受访者一周内访问天数,在可获得相关信息的 19 项调查中,1 项为 7 天,1 项为 3 天,6 项为 2 天且分别调查工作日和休息日的情况,3 项为连续的 2 天,8 项为 1 天。本章的衡量标准是:对每位受访者都调查一周内 2 天及以上,且分别调查工作日和休息日。

四 时间日志

本小节从是否采用时间日志、时间间隔两个方面,比较各国时间利用调查的时间日志状况,如表 3—5 所示。

(一) 是否采用时间日志

使用时间日志记录受访者的时间利用情况有以下好处:每天各项活动的时长之和为 24 小时;覆盖了全天的所有活动;获得详尽的时间安排 (timing) 信息,即每项活动何时发生,以及该活动与其他活动发生的次序。

与常规问卷相比,时间日志所收集的信息更为细致,数据结构也完全不同。因此,采用时间日志对问卷设计、访问设备都提出了很高的要求,其访问方式也有很大不同;这增大了培训访员的难度,访问耗时也更长。2017、2021—2022 CTUS 采用了时间日志的方法。①

在本章比较的 21 项调查中，仅 2 项未采用时间日志。本章以采用了时间日志为衡量标准。

（二）时间间隔

在设计时间日志问卷时，采用的单位时间间隔越短，对各项活动时长的测量越精确。这有利于提高数据质量；但也会延长访问时间（增加调查成本），降低受访者的配合意愿，从而可能降低数据质量。2017、2021—2022 CTUS 时间日志的时间间隔为 10 分钟。

在采用时间日志的 19 项调查中，1 项时间间隔定为 5 分钟，11 项为 10 分钟，2 项为 15 分钟、1 项为 30 分钟、2 项为 60 分钟，2 项未固定时间间隔。本章以时间间隔不超过 10 分钟为衡量标准。②

五 活动分类

本小节比较各国时间利用调查的活动分类状况，如表 3—6 所示。

表 3—6　　　　时间利用调查的活动分类、活动背景比较

调查国家和时期	活动分类	次要/同时活动	活动地点	活动时与谁在一起
中国 2021—2022 年	364	有	有	有
中国 2017 年	300	有	有	有
美国 2017 年	465	有	有	有
印度 1998—1999 年	176	有	无	无
日本 2016 年	20	有	有	有
德国 2001—2002 年	HETUS	有	有	有
俄罗斯 1992—1994 年	15	—	—	—
印度尼西亚 2005 年	<100	有	有	有
巴西 2009 年	ICATUS	有	有	有

---

① 在访问过程中，为每一位访员配备了平板电脑，并采用电子化问卷，以方便数据的收集与处理，从而避免了后期数据录入的巨大工作量和手动输入数据的误差。

② 采用未固定时间间隔的时间日志时，访员和受访者被赋予了过多的灵活性。在实践中，访员和受访者可能会倾向于仅记录全天时间利用的大致情况，而忽略很多细节。因此，本章把调查时未固定时间间隔设为未达到标准。

续表

调查国家和时期	活动分类	次要/同时活动	活动地点	活动时与谁在一起
法国 2009—2010 年	HETUS	有	有	有
英国 2000—2001 年	HETUS	有	有	有
土耳其 2014—2015 年	HETUS	有	—	—
意大利 2002—2003 年	HETUS	有	有	有
墨西哥 2014 年	ICATUS	—	—	—
韩国 2014 年	143（2009）	有	有	有
加拿大 2015—2016 年	64	有	有	有
西班牙 2009—2010 年	HETUS	有	有	有
澳大利亚 2006 年	224	有	有	有
荷兰 2011—2012 年	HETUS	有	有	有
南非 2010 年	105	有	有	无
瑞典 2010—2011 年	HETUS	有	有	有
标准	≥100	有	有	有

时间利用调查的活动分类应该具有完备性和互斥性，以保证任何活动都能且只能归属到某类活动。现有的活动分类大致上归属于两个系统：联合国统计署发布的国际分类（International Classification of Activities for Time-Use Statistics，ICATUS）[1]和欧盟统计局为欧洲协调时间利用调查（Harmonised European Time Use Surveys，HETUS）[2]设计的活动分类。前者于 2016 年发布的最新版本把活动分为 165 类，为一些发展中国家所采用；后者主要为欧洲国家所采用。

理想的活动分类既要考虑到国际可比性，也要符合本国实际，以满足政策分析和学术研究的需要。近年来，随着智能手机的日益普及、新兴行业的不断涌现，人们的时间利用方式发生了深刻变化，这对活动分类提出了新的要求。在与国家统计局进行的中国 2008 年、2018 年时间利用调查可比、国际可比的基础上，2017、2021—2022 CTUS 有意识地对智

---

[1] https：//unstats.un.org/unsd/demographic-social/time-use/icatus-2016/tableview.
[2] http：//epp.eurostat.ec.europa.eu/portal/page/portal/product_details/publication？p_product_code=KS-RA-08-014.

能手机的各种使用方式（如区分了用微信交流和浏览微信），以及各类新兴行业的活动（如做电商、自媒体等）进行了细分；最终，分别把活动分为 300 类、364 类。

在本章比较的 21 项调查中，8 项调查基于 HETUS，2 项基于 ICATUS；其他调查有 7 项的活动分类数大于 100，4 项小于 100。本章以采用 ICATUS、HETUS 分类体系，或者活动分类数不小于 100 为衡量标准。

六 活动背景

本小节从次要/同时活动、活动地点、活动时与谁在一起三个方面，比较各国时间利用调查所记录的活动背景状况，如表 3—6 所示。

（一）同时活动

同一时间做多件事情在人类活动中普遍存在。很多同时活动相当重要（如看电视时照料儿童），而某些活动有较大比例以次要活动的方式出现（如吃饭时刷手机）。时间利用调查对此有两种处理方法：一种是对某时间段同时进行的活动区分主要活动和次要活动；另一种是仅记录某一时间段同时进行的活动，而不区分主次。

要充分记录同时活动，调查中会面临一些挑战：其一，主要活动和次要活动的区分明显存在，但无法采用某一客观尺度进行区分；其二，受访者往往会忽略某些次要活动。CTUS 区分了主要活动和次要活动，以受访者按照其活动目的自我认定为区分标准，而且要求访员访问时根据培训要求和日常经验来帮助受访者回忆。2017 CTUS 数据显示，社交活动作为主要活动的平均时长为 0.43 小时/天，作为次要活动的平均时长为 0.75 小时/天。可见，忽略次要活动会大大低估社交活动的重要性。

在可获得相关信息的 19 项调查中，各项调查都记录了同时活动。本章以调查中记录了同时活动或次要活动为衡量标准。

（二）活动地点

对某些活动而言，发生地点不同，其意义也有所不同。比如同为吃饭，在家自己做、叫外卖、在餐馆吃、工作餐，对自身的时间金钱投入比例，对餐馆、菜市场的布局选址的含义不尽相同。同为出行，自驾、打的、搭乘公共交通、骑共享单车、步行，对自身时间金钱投入以及城市规划有着不同的含义。

为较好地记录活动地点并方便后期处理,时间利用调查往往会对活动地点编码。2017、2021—2022 CTUS 记录了受访者进行主要活动的地点:若进行的是交通之外的活动,访员选填地点代码;若进行的是交通活动,选填交通方式代码。

在可获得相关信息的 18 项调查中,17 项记录了活动地点,1 项调查没有记录。本章以记录了活动发生的地点为衡量标准。

(三)活动时与谁在一起

很多时候,与谁在一起进行活动很重要。例如,当受访者进行照料活动时,照料对象是儿童还是成人、哪个儿童或成人,这些都有必要进一步区分;这样区分给研究儿童照料、养老等问题带来了极大的便利。

为较好地记录活动时与谁在一起的信息并方便后期处理,时间利用调查往往会对其编码。2017、2021—2022 CTUS 对受访者的主、次要活动都记录了活动时与谁在一起的代码。

在可获得相关信息的 18 项调查中,16 项记录了相关信息,2 项没有记录。本章以调查中记录了活动时与谁在一起信息为衡量标准。

七 访问方式

本小节从当天记录还是回忆、面访还是电访两个方面,比较各国时间利用调查的访问方式,如表 3—7 所示。

表 3—7　　时间利用调查的访问方式、个人家庭社区信息、调查持续性比较

调查国家和时期	日志记录方式	面访/电访	个人、家庭信息	社区信息	持续调查次数
中国 2021—2022 年	回忆	面访	有	有	2
中国 2017 年	回忆	面访	有	有	2
美国 2017 年	回忆	电访	有	无	19
印度 1998—1999 年	回忆	面访	有	无	1
日本 2016 年	当天	面访	有	无	10

续表

调查国家和时期	日志记录方式	面访/电访	个人、家庭信息	社区信息	持续调查次数
德国 2001—2002 年	当天	面访	有	无	4
俄罗斯 1992—1994 年	非日志	面访	—	—	1
印度尼西亚 2005 年	回忆	面访	有	无	1
巴西 2009 年	当天	面访	有	无	1
法国 2009—2010 年	当天	面访	有	无	4
英国 2000—2001 年	当天	面访	有	无	8
土耳其 2014—2015 年	当天	面访	有	—	2
意大利 2002—2003 年	当天	面访	有	无	5
墨西哥 2014 年	非日志	面访	有	—	5
韩国 2014 年	当天	面访	有	无	5
加拿大 2015—2016 年	回忆	电访	有	无	7
西班牙 2009—2010 年	当天	面访	有	无	2
澳大利亚 2006 年	当天	面访	有	无	5
荷兰 2011—2012 年	当天	面访	有	无	8
南非 2010 年	回忆	面访	有	无	2
瑞典 2010—2011 年	当天	面访	有	无	3
标准	当天/回忆	面访	有	有	≥2

（一）当天记录还是回忆

记录时间日志有两种基本方式：一种是受访者当天即时记录，另一种是受访者凭回忆记录前一天的时间日志；二者各有利弊。采用当天记录的方式，在理想状态下，受访者在活动发生后立即记录该活动，不存在记忆误差；但在实践中，由于受访者的配合程度、对时间日志的理解都存在严重问题，而且放表收表需要二次入户，这些都会弱化当天记录的好处。采用回忆的方式记录时间日志，由受访者在访员协助下完成，这可以大大地减少受访者对时间日志理解上的问题；但受访者回忆时，对一些事情（尤其是非核心活动、次要活动）可能存在记忆模糊。2017、2021—2022 CTUS 采用第二种方式记录时间日志。经测试，受访者完全可以回忆起本人前一天时间利用的基本情况。对于可能存在的记忆模糊现象，由访员提供必要的协助。比如，当受访者自述起床后直接上班，访员应追问受访者是否在上班前吃了早饭，以及上班所采用的交通方式。

在本章所比较的21项调查中，13项采用当天记录方式，6项采用回忆记录方式，2项未采用时间日志。这两种方式各有利弊，不能判断哪一种方式明显占优，故对这一指标不设标准；只要采用了时间日志，无论是当天记录还是回忆记录，均视为达标。

（二）面访还是电访

调查可以采用面对面访问（面访）或电话访问（电访）的方式。面访有利于访员和受访者交流，方便受访者理解问卷；但必须入户，而入户有时相当困难。电访仅对电话普及的国家可行，能明显降低访问成本；但受访者很可能不接电话或中途随时挂断电话，访问失败的风险高；而且，与面访相比，电访时双方交流更差，会降低电访的问卷质量。2017、2021—2022 CTUS 的访问均以面访的方式进行。

在本章所比较的21项调查中，19项采用面访，2项采用电访。本章认为面访优于电访，以采用面访为衡量标准。

八 个人家庭社区信息

本小节比较各国时间利用调查是否记录受访者的个人、家庭信息以及社区信息，如表3—7所示。

（一）个人、家庭信息

在时间利用调查中，记录受访者的个人、家庭信息，有利于分析不同人群时间利用的差异、影响因素和社会经济后果，这对政策分析和学术研究都极为重要。

记录个人、家庭信息会面临问卷太长、访问耗时太长的问题，增加了受访者拒访的概率，提高了调查成本。2017、2021—2022 CTUS 参加了中国高校数据共享平台，其样本是 CHFS 的子样本，包含了非常丰富的受访者个人、家庭信息。通过两位访员入户平行访问不同家庭成员，明显缩短了入户访问时间。

在可获得相关信息的20项调查中，均记录了受访者的个人、家庭信息。本章以记录受访者的个人、家庭信息为衡量标准。

（二）社区信息

人们的时间利用情况与其所居住社区的特征高度相关。2017、2021—2022 CTUS 有专门的社区问卷，通过访问样本社区的负责人，获得社区的面积、人口、公共服务设施、经济、基层治理、环境卫生、社会保障、教育文化等方面的信息。

在可获得相关信息的 18 项调查中，仅 2017、2021—2022 CTUS 记录了社区信息。本章以记录了受访者的社区信息为衡量标准。

九　调查持续性

本小节比较各国时间利用调查的持续性，如表 3—7 所示。一国持续进行时间利用调查，可以分析时间利用的长期趋势、社会经济发展对时间利用的影响；若调查频率足够高，还可以分析经济周期对时间利用的影响。但多轮调查需要大量人力、物力、财力的持续投入。此外，为方便结果的比较，各次调查在调查方法、活动分类等方面要尽量可比。

在本章比较的 20 个国家中，9 个国家进行了 5 轮或以上，3 个国家进行了 4 轮，1 个国家进行了 3 轮，3 个国家进行了 2 轮，4 个国家进行了 1 轮。本章以持续调查次数不小于 2 轮为衡量标准。

十　总结

根据评分标准，各项调查每达到一个指标的标准就得 1 分。由此得到各项时间利用调查的总达标数，并据此排名，如表 3—8 所示。

表 3—8　　　　　　时间利用调查质量综合评价

调查国家和时期	达标数	排名	调查质量
中国 2021—2022 年	16	3	高
中国 2017 年	16	3	高
美国 2017 年	11	16	低
印度 1998—1999 年	12	15	低
日本 2016 年	13	14	中

续表

调查国家和时期	达标数	排名	调查质量
德国 2001—2002 年	16	3	高
俄罗斯 1992—1994 年	3	21	低
印度尼西亚 2005 年	9	19	低
巴西 2009 年	9	19	低
法国 2009—2010 年	17	1	高
英国 2000—2001 年	16	3	高
土耳其 2014—2015 年	14	11	中
意大利 2002—2003 年	17	1	高
墨西哥 2014 年	10	18	低
韩国 2014 年	16	3	高
加拿大 2015—2016 年	11	16	低
西班牙 2009—2010 年	16	3	高
澳大利亚 2006 年	14	11	中
荷兰 2011—2012 年	15	9	中
南非 2010 年	14	11	中
瑞典 2010—2011 年	15	9	中

从评分结果来看，2017、2021—2022 CTUS 均为在总共 19 个指标中有 16 个达标，排名并列第 3；调查质量总体上全球领先，其排名显著高于美国时间利用调查（排名第 16）。2017、2021—2022 CTUS 共同的 2 个未达标项为：抽样比偏低、对每位受访者仅记录了一天的时间日志。此外，2017、2021—2022 CTUS 分别在以下指标上未达标：调查期仅为 2 个月、样本量偏低。

可以按照达标数把时间利用调查质量分为高、中、低 3 个等级：达标数为 16 及以上为高质量、达标数为 13—15 为中质量、达标数为 12 及以下为低质量。时间利用调查质量的地理分布相当不平衡。总体而言，西欧国家、中国、韩国的调查质量较高。多数发展中国家的调查质量偏低；而美国、加拿大的调查质量也不尽如人意。鉴于时间利用调查在政策分析和学术研究中的重要性，各国尤其是发展中国家应该定期开展时间利用调查，并提高调查质量。

第三节　小结

在 2017 年、2021 年，内蒙古大学主持进行了两轮中国时间利用调查。基于所获经验，本章在全面总结时间利用调查方法的基础上，比较了全球经济总量排名靠前、时间利用相关研究领先的 20 个国家的 21 项时间利用调查。主要发现如下：第一，2017 年、2021—2022 年中国时间利用调查均为在总共 19 个指标中有 16 个达标，排名并列第 3；调查质量总体上全球领先。第二，2017 年、2021—2022 年中国时间利用调查共同的 2 个未达标项为：抽样比偏低、对每位受访者仅记录了一天的时间日志。此外，前者、后者分别在以下指标上未达标：调查期仅为 2 个月、样本量偏低。第三，总体而言，西欧国家、中国、韩国的调查质量较高。多数发展中国家的调查质量偏低；而美国、加拿大的调查质量也不尽如人意。

第二篇

忙碌的中国人：工作和家庭的平衡

第四章

超时工作的上班族

就业活动是现代社会大多数人获取收入和社会认同的主要途径。为就业者提供良好的工作①条件是国际劳工组织的"体面工作议程"(Decent Work Agenda)的重要内容之一。在时间维度上,合宜的劳动时间是衡量体面劳动的指标之一,也是良好工作条件的体现。②

超时工作,是指劳动者的工作时间超过法律规定的标准工作时间,俗称"加班加点"。按照《中华人民共和国劳动法》(以下简称《劳动法》)规定,国家实行劳动者每日净工作时间不超过8小时、平均每周工作时间不超过44小时的工时制度。根据《劳动法》,劳动者日净工作时间③超过8小时即定义为超时工作。因特殊原因需要延长劳动者工作时间的,在保障劳动者身体健康的条件下延长工作时间每日不超过3小时,因而本章定义日均工作时间超过11小时为严重超时工作。本章从超时工作率、④ 严重超时工作率、⑤ 非正常时间工作率⑥三个维度来关注中国工资劳动者,⑦ 即"上班族"的超

---

① 指在劳动力市场上的受雇工作(不含自我雇佣)。
② 齐良书、安新莉、董晓媛:《从时间利用统计看中国居民的有酬劳动》,《统计研究》2012年第4期。
③ 日净工作时间是指扣除交通、工作间隙、工间休息以及相关等待活动、在职培训、找工作和离职之外的工作时间。
④ 超时工作率是指净工作时间大于8小时的人数与工作人数之比。
⑤ 严重超时工作率是指净工作时间超过11小时的人数与工作人数之比。
⑥ 非正常工作时间是指早上7点之前或晚上8点之后还在工作的人;非正常时间工作率为非正常时间上班人数与工作人数之比。
⑦ 工资劳动者是指劳动力市场上通过受雇佣而取得工资性收入的劳动者,即就业身份为职员(不含雇主)。

时工作（加班加点）现象。

本章使用的数据来自 2021 年中国时间利用调查，研究的样本包括：被调查者的就业身份为雇员（不含雇主、自我雇佣、家庭帮工）、年龄在 16 岁及以上的所有工资劳动者，共计 3040 人，其中男性为 1664 人，女性为 1376 人；城镇居民 2224 人，农村居民 816 人。按照中国劳动年龄人口的规定，男性的法定工作年龄是 16—60 岁，女性的法定工作年龄是 16—55 岁，在本章使用的数据中，16—60 岁的男性雇员占男性雇员总数的 90%，16—55 岁女性雇员占女性雇员总数的 88%。

第一节 超时工作概况

总体来看，从开始工作到结束工作，中国工资劳动者的日均总工作[①]时间为 7.16 小时；扣除花在交通、喝水、抽烟、休息、上厕所等活动上的时间后，其日均净工作时间是 6.24 小时。与 2017 年相比，日均总工作时间下降 0.55 小时，日均净工作时间下降 0.75 小时。中国工资劳动者的周净工作时间为 43.7 小时。[②] 与 OECD 国家相比（见图 4—1），2021 年中国劳动者的每周平均净工作时间高于多数发达国家，如意大利、美国、德国等，低于一些发展中国家，如哥伦比亚、墨西哥等。

从性别来看，2021 年男性日均总工作时间和日均净工作时间分别多出女性约 19 分钟和 28 分钟。总体来看，约 38.0% 的人日均净工作时间超过 8 小时，其中男性超时工作率约为 43.0%，高出女性约 12 个百分点。2017 年的超时工作率为 42.2%，2017—2021 年超时工作率下降了 4 个百分点，这反映出中国居民加班加点现象有所减轻。

由表 4—1 可见，2021 年约 11.2% 的人日均净工作时间超过 11 个小时，且男性高于女性约 8 个百分点。这表明，相比 2017 年，虽然日均总工作时间有所下降，但仍有较多劳动者工作严重超时。此外，约 52.3% 的人在早上 7 点之前或晚上 8 点之后的非正常工作时间还在工作，且男

---

① "工作"指 2021 年中国时间利用调查活动分类中的"工作和工作相关活动"大项。

② 日均净工作时间乘以 7 可得周工作时间。

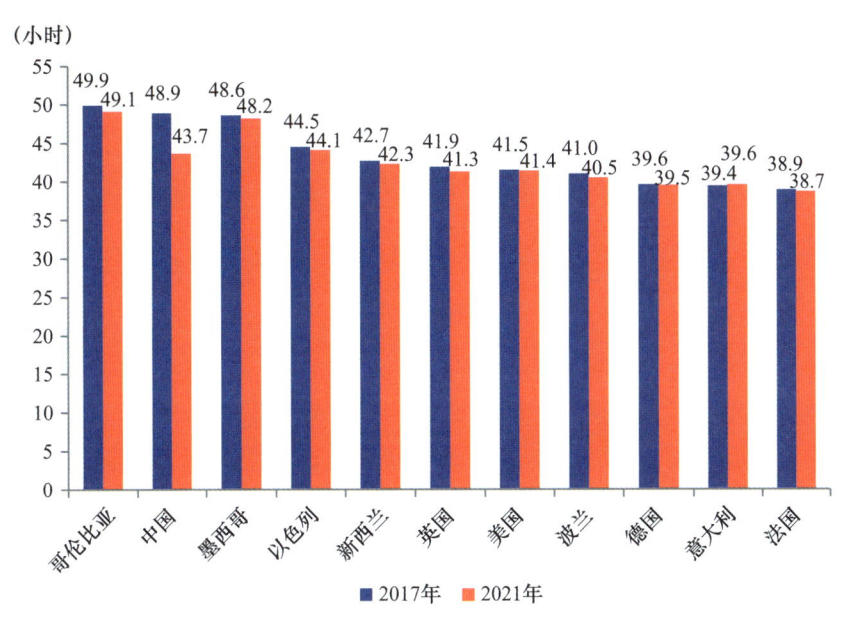

图 4—1 2017 年和 2021 年中国与 OECD 国家的平均周净工作时间

资料来源：中国数据来源于 2017 年、2021 年中国时间利用调查（CTUS），其他国家数据来源于 https：//stats.oecd.org/Index.asps。

表 4—1　　　　　　　　　　按性别划分的超时工作情况

	2017 年			2021 年		
	全国	男性	女性	全国	男性	女性
工作人数	7178	4072	3106	3040	1664	1376
日均总工作时间（小时）	7.71	7.97	7.34	7.16	7.30	6.99
日均净工作时间[①]（小时）	6.99	7.21	6.68	6.24	6.44	5.98
超时工作率[②]（%）	42.2	44.7	38.7	38.0	43.0	31.5
严重超时工作率[③]（%）	10.6	12.3	8.2	11.2	14.9	6.5
非正常时间工作率[④]（%）	14.3	14.6	13.8	52.3	54.8	49.3

注：①指扣除交通和工作间隙、工间休息时间以及相关等待活动之外的工作时间；②指净工作时间大于 8 小时的人数与工作人数之比；③指净工作时间超过 11 小时的人数与工作人数之比；④指非正常工作时间上班人数与工作人数之比；非正常工作时间是指早上 7 点之前或晚上 8 点之后还在工作。下同。

性高于女性，与 2017 年相比增长幅度较大。整体来看，超时工作率均显著下降，而严重超时工作率小幅上升。产生这一现象可能的原因是部分超时工作的劳动者工作时间延长变为严重超时,如国企劳动者、生产业劳动者;部分工作时间大为缩短不再是超时劳动者,如一些服务业工作者、休闲型居民。接下来,本书将按教育、收入、职业行业等属性对样本分类,探讨不同类型居民的超时工作情况。

第二节 非正规部门劳动者工作时长情况

按照国际劳工组织的定义,非正规部门是指"城镇地区低收入、低报酬、无组织、无结构、小规模的生产或服务单位"。本章中,非正规部门劳动者是指未签订正式劳动合同(包括固定期限合同、长期合同和短期或临时合同)的受雇者,即没有正式劳动合同的私营、国有或集体企业职工。正规部门劳动者是指签订正式劳动合同的受雇者。

由表4—2可见,与正规部门相比,2021年非正规部门劳动者工作日的日均净工作时间比正规部门约多7分钟。非正规部门劳动者日均净工作时间超过8小时的人数比例高达42.6%,比正规部门劳动者高出7个百分点。与2017年相比,两部门的超时工作率均有所下降。此外,非正规部门劳动者日均净工作时间超过11小时的占比为15.7%,是正规部门的近1.75倍。非正规部门劳动者的非正常时间工作率约为53.9%,比正规部门高约2个百分点。由此可见,超时工作现象在中国正规部门和非正规部门中都比较常见,而非正规部门表现得更为严重。

表4—2 按部门划分的超时工作情况

	2017年		2021年	
	正规部门	非正规部门	正规部门	非正规部门
工作人数	4222	2740	2099	818
日均总工作时间(小时)	7.62	7.79	7.16	7.00
日均净工作时间[1](小时)	6.88	7.10	6.16	6.27
超时工作率[2](%)	37.2	49.3	35.3	42.6
严重超时工作率[3](%)	7.8	14.3	9.0	15.7
非正常时间工作率[4](%)	13.0	15.8	51.5	53.9

第三节　低收入人群工作时长情况

表4—3报告了不同收入水平的中国工资劳动者超时工作情况。《劳动法》规定国家实行最低工资保障制度，用人单位支付劳动者的工资不得低于当地最低工资标准。最低工资标准一般采用月最低工资标准和小时最低工资标准两种形式。月最低工资标准适用于本章关注的全职工资劳动者。按照国际通用的定义，① 每周工作时间在35小时及以上的工作称为全职工作。在本小节中，样本为全职劳动者，即每天净工作时间在5小时及以上的工资劳动者。根据各省全职劳动者月工资性收入中位数的60%以下、60%—160%、160%以上将全职劳动者划分为低、中、高收入人群。

表4—3　　　　　按收入划分的超时工作情况

	2017年			2021年		
	低收入人群	中等收入人群	高收入人群	低收入人群	中等收入人群	高收入人群
工作人数	864	3558	1134	532	1020	677
日均总工作时间（小时）	9.54	9.55	9.50	9.39	9.40	9.10
日均净工作时间（小时）	8.98	8.83	8.59	8.25	8.26	7.81
超时工作率（%）	56.7	56.3	49.4	50.2	53.7	44.4
严重超时工作率（%）	16.5	14.3	10.6	18.0	16.7	10.0
非正常时间工作率（%）	19.9	18.8	13.2	69.4	70.9	60.3

注：低收入人群指低于各省级全职工资收入中位数的60%的人；中等收入人群指介于各省级全职工资收入中位数的60%—160%的人；高收入人群指高于各省级全职工资收入中位数的160%的人。

---

① Blau, F. D., Ferber, M. A., Winkler, A. E., *The Economics of Women, Men, and Work*, Prentice Hall, 1998, p.337.

由表4—3可见,2021年中低收入人群的日均净工作时间均超过8小时,高收入人群的日均净工作时间接近8小时,低收入人群的日均净工作时间比高收入人群多约26分钟。中低收入人群的超时工作率均在50%以上,而高收入人群的超时工作率相对较低。低收入人群的严重超时工作率最高,约是高收入人群的1.8倍。中低收入人群的非正常时间工作率普遍高于高收入人群约10个百分点。与2017年相比,各收入段的人群超时工作率均有所下降,但中低收入人群的超时工作率依然高于50%。由上可见,超时工作现象普遍存在于中国各收入人群中,且中低收入人群超时工作较高收入人群更为严重。

第四节 低学历人群工作时长情况

按照工资劳动者受教育程度,将其分为低学历、中等学历、高学历三类,分别为初中及以下、高中(含中专)、本科(含大专)及以上。由表4—4可见,随着学历的提升,日均净工作时间逐渐减少。中低学历劳动者的日均净工作时间较长,比高学历劳动者多约28分钟。低学历劳动者的超时工作率最高,达45.5%,是高学历劳动者的1.4倍;与2017年相比,低学历劳动者的超时工作率下降了7.5个百分点。低学历劳动者的严重超时工作率高达16.6%,是中等学历劳动者的1.3倍、高学历劳动者的2.2倍;与2017年相比,严重超时工作率上升0.2个百分点。2021年低学历劳动者的非正常时间工作率也最高,是高学历劳动者的1.3倍多。整体来看,教育水平越低,超时工作现象越严重。这可能是因为受学历限制,低学历劳动者更可能在非正规部门就业,更可能为低收入工作者,如前所述,这些群体超时现象更为严重,同时低学历劳动者大多选择劳动密集型行业,如制造业、建筑业和低端服务业,从后文的分析可以看到,这些行业的工作时间往往较长。

表4—4　　　　　　　按教育水平划分的超时工作情况

	2017年			2021年		
	初中及以下	高中/中专	大专及以上	初中及以下	高中/中专	大专及以上
工作人数	3103	1635	2432	964	583	1488
日均总工作时间（小时）	8.10	7.67	7.28	7.21	7.51	6.99
日均净工作时间（小时）	7.45	7.01	6.45	6.43	6.50	6.03
超时工作率（%）	53.0	40.7	30.9	45.5	41.7	32.6
严重超时工作率（%）	16.4	9.3	4.8	16.6	13.2	7.7
非正常时间工作率（%）	19.0	14.0	9.1	60.6	56.2	45.3

第五节　超时工作的行业差异

从表4—5可见，分行业来看，2021年制造业劳动者的日均总工作时间接近8小时，与2017年相比下降了0.56小时。2021年制造业劳动者的日均净工作时间最长，与2017年相同，其次是低端服务业。制造业劳动者的超时工作率最高，约为58.0%，与2017年相比下降0.8个百分点；其次是建筑业，再次是低端服务业。相比较，科教文卫社、高端服务业的超时工作率较低，分别为30.6%和27.0%。制造业、建筑业、低端服务业的严重超时工作率相对较高，其中严重超时工作率最高的是制造业，是高端服务业、信息软件业、科教文卫社的两倍多。制造业、建筑业、低端服务业的非正常时间工作率相对较高，可能和所属行业的工作性质有关。

表4—5　　　　　　　　按行业划分的超时工作情况

		制造业	建筑业	低端服务业①	高端服务业②	信息软件业③	科教文卫社④
2021年	工作人数	281	278	591	112	106	949
	日均总工作时间（小时）	7.89	7.16	7.27	6.55	6.98	6.77
	日均净工作时间（小时）	7.16	6.18	6.48	5.78	5.79	5.86
	超时工作率（%）	58.0	46.0	36.2	27.0	35.6	30.6
	严重超时工作率（%）	18.5	18.5	11.5	7.2	8.8	6.7
	非正常时间工作率（%）	65.9	54.9	53.8	36.7	51.1	44.3
2017年	工作人数	1095	659	1196	441	176	118
	日均总工作时间（小时）	8.45	7.83	7.67	7.61	8.13	8.37
	日均净工作时间（小时）	7.75	6.99	7.09	6.69	7.11	7.62
	超时工作率（%）	58.8	53.6	40.9	31.9	42.0	54.1
	严重超时工作率（%）	13.9	12.1	12.1	5.5	6.6	15.8
	非正常时间工作率（%）	18.6	4.7	20.8	6.6	13.4	17.5

注：①指住宿业与餐饮业、居民服务、修理和其他服务业；②指金融业、房地产业以及租赁和商务服务业；③指信息传输、软件和信息技术服务业；④指科学研究、教育业、文化、卫生、公共管理、社会保障和社会组织。

第六节　超时工作的职业差异

从表4—6可见，从职业来看，生产制造人员的日均净工作时间最长，其次是办事人员，再次是服务人员。生产制造人员的日均净工作时间比国家机关、企事业单位的办事人员多近0.41小时。生产制造人员的超时工作率最高，达56.1%，其次是服务人员，为37.8%。生产制造人员的超时工作率是国家机关、企事业单位的办事人员的1.7倍。生产制造人员的严重超时工作率最高，其次是专业技术人员。生产制造人员、服务人员的非正常时间工作率相对较高。

表4—6　　　　　　　　按职业划分的超时工作情况

		单位负责人①	办事人员②	专业技术人员	服务人员③	生产制造人员④
2021年	工作人数	238	1030	802	547	367
	日均总工作时间（小时）	7.12	7.16	7.00	7.21	7.48
	日均净工作时间（小时）	6.07	6.33	5.96	6.10	6.74
	超时工作率（%）	30.3	32.9	36.2	37.8	56.1
	严重超时工作率（%）	3.1	6.4	13.1	10.8	18.6
	非正常时间工作率（%）	34.8	46.4	51.8	59.9	63.9
2017年	工作人数	270	1879	1532	1547	1061
	日均总工作时间（小时）	7.28	7.28	7.76	8.00	8.11
	日均净工作时间（小时）	6.38	6.59	6.98	7.31	7.51
	超时工作率（%）	25.6	38.4	35.6	45.4	57.8
	严重超时工作率（%）	3.5	8.5	7.2	13.5	15.2
	非正常时间工作率（%）	3.4	11.8	11.9	18.5	18.2

注：①指党机关、国家机关、群团和社会组织、企事业单位负责人；②指党机关、事业机关、群团和社会组织、企事业单位的办事人员和有关人员；③指社会生产和生活服务人员；④指生产制造及有关人员。

从表4—7可见，从工作单位类型来看，外资企业工作的劳动者日均总工作时间接近8小时。外资企业的劳动者日均净工作时间最长，约为6.65小时，其次是私营企业工作的劳动者。外资企业的超时工作率最高，其次是个体工商户，再次是私营企业工作的劳动者。20.3%的个体工商户日均工作时间超过11个小时。外资企业的非正常时间工作率最高，为74.4%。另外，50%左右的个体工商户、私营企业、国有企业、机关团体的劳动者在非正常工作时间还在工作。

表4—7　　　　　　按工作单位类型划分的超时工作情况

		机关团体/事业单位	国有及国有控股企业	个体工商户	私营企业	外商、港澳台投资企业
2021年	工作人数	938	433	346	1058	46
	日均总工作时间（小时）	6.80	6.97	7.13	7.51	7.77
	日均净工作时间（小时）	5.86	6.16	6.41	6.48	6.65
	超时工作率（%）	29.7	31.6	46.9	45.1	52.9
	严重超时工作率（%）	6.0	9.1	20.3	13.2	14.3
	非正常时间工作率（%）	48.0	53.0	52.3	54.3	74.4
2017年	工作人数	1523	1107	962	2515	167
	日均总工作时间（小时）	6.94	7.50	8.16	8.22	8.11
	日均净工作时间（小时）	6.26	6.66	7.46	7.52	7.20
	超时工作率（%）	25.2	34.8	54.2	51.3	48.8
	严重超时工作率（%）	5.1	6.2	13.2	14.0	9.8
	非正常时间工作率（%）	9.9	13.0	17.2	16.7	18.2

第七节　外部冲击与有酬劳动时间变化

一　日均总工作时间和日均净工作时间下降

与2017年相比，2021年日均总工作时间和日均净工作时间下降。可能的原因有两个：一是随着经济社会的发展，中国居民劳动生产率提高，因而工作时间也逐渐向发达国家靠拢。二是新冠疫情的外部冲击使劳动力需求、时间利用结构、工作模式等发生变化，进而影响到了个体的工作时间。新冠疫情带来了总需求下降、劳动需求不足的问题。[①]一方面，由于一些企业对劳动力的需求下降，因而员工工作时间减少；另一方面，一些企业因为疫情而减少营业时间甚至关门歇业，如餐饮行业、零售行业等，也会导致员工工作时间减少，如表4—7所示，2017—2021年个体

[①] 潘敏、张新平：《新冠疫情、宏观经济稳定与财政政策选择——基于动态随机一般均衡模型的研究》，《财政研究》2021年第5期。

工商户的日均总工作时间下降了1.03个小时,与其他工作单位相比下降幅度更大。

此外,许多企业采取了更加灵活的线上工作和管理制度来应对疫情的冲击,也有部分新型互联网企业关注到人们居家隔离、采取线上交流方式更频繁,由此开发和推广了一些线上交流平台或交易渠道,进一步拓宽了互联网行业的营运范畴。① 如表4—5所示,2017—2021年信息软件业的劳动者日均总工作时间的下降幅度较高,下降了1.15小时,可能是该行业相较于其他行业更依赖计算机等工具,更适应线上工作和管理制度。而线上工作会使人们的工作时间、工作方式更加灵活,在一定程度上提高了互联网相关行业的工作效率,从而降低工作时间。

二 超时工作率下降,严重超时工作率上升

整体来看,超时工作率有所下降,而严重超时工作率小幅上升。产生这一现象的原因是,远程线上办公、弹性工作等模式的出现,使劳动者的时间利用结构发生了变化,部分超时劳动者工作时间延长从而工作严重超时,如国企劳动者;部分工作时间下降从而不再是超时工作者,如服务业从业人员、休闲型居民。李春江等发现,工作型居民(在疫情严重期间,该类人群工作时间增加,而其他人群减少,因此将这类人群命名为工作型)的就业单位以政府、事业单位和国企为主,疫情期间的工作时间大大增加;家庭型居民(该类人群家庭事务时间增加,而其他人群减少,因此将这人群命名为家庭型)家中有学龄前儿童的占比较高,疫情期间以照顾家人为主的家庭事务时间显著增加;休闲型居民(该类人群休闲时间增加,而其他人群减少,因此将这类人群命名为休闲型)在疫情严重期间的休闲时间显著增加,尤其是线上休闲时间增加最多。②

表4—5和表4—6显示,从行业来看,与2017年相比,2021年所有

---

① 徐博文:《"996"工作制的现存原因及影响浅析》,《中国市场》2023年第31期。
② 李春江、杨振宇、柴彦威:《新冠肺炎疫情背景下居民时间利用变化及其差异——以北京市双井街道为例》,《城市发展研究》2021年第3期。

行业超时工作率均下降；低端服务业、科教文卫社（科学研究、教育业、文化、卫生、公共管理、社会保障和社会组织）行业人群严重超时工作率下降，后者减少了9.1个百分点，其他行业严重超时工作率上升，其中，建筑业从业人员严重超时工作率增加最多（6.4个百分点）。从职业来看，与2017年相比，除了单位负责人、专业技术人员超时工作率增加，其他职业人员超时工作率均有所下降；专业技术人员、生产制造人员严重超时工作率上升，其中，专业技术人员严重超时工作率提高5.9个百分点，其他职业人员严重超时工作率均有所下降。

三 工作时间更加自由

与2017年相比，2021年非正常时间工作率大幅上升，表明更多的劳动者选择在早上7点之前或晚上8点之后工作。究其原因，一方面可能是疫情冲击下劳动者需要应对的突发状况增加，从而增加了非正常工作时间。工作型劳动者在疫情严重期间不仅没有休假，而且与一线医务工作者类似，面临工作时间延长、工作强度增加，甚至全天候待命的情况。这类群体在突发公共卫生事件的应急状态下承担了更多责任，[①]从而导致了更长的非正常工作时间。如表4—6所示，生产制造人员和服务人员的非正常时间工作率高于其他劳动者，可能是疫情期间各种突发状况以及对物资的紧急需要增加了对生产服务的需求。另一方面可能是时间利用结构发生了变化，疫情期间，人们从事线上工作的概率大大提高，线上活动可以使劳动者更灵活地根据需求来安排时间，使得工作时间更加自由。2022年8月16日，国家卫生健康委员会、国家发展和改革委员会等17部门就《关于进一步完善和落实积极生育支持措施的指导意见》提出，用人单位可通过与职工协商，鼓励采取弹性上下班、居家办公等工作方式，以方便职工照顾子女，帮助职工解决育儿困难。[②]相关政策的重视，

[①] 李春江、杨振宇、柴彦威：《新冠肺炎疫情背景下居民时间利用变化及其差异——以北京市双井街道为例》，《城市发展研究》2021年第3期。

[②] 中华人民共和国中央人民政府：《关于进一步完善和落实积极生育支持措施的指导意见》，2022年8月16日，https://www.gov.cn/zhengce/zhengceku/2022-08/16/content_5705882.htm。

也鼓励了更灵活的工作安排。近来，弹性工时、远程办公、职位共享等灵活的工作形式在青年群体中逐渐盛行，青年群体的职业选择更加多元化、自主化。① 这些工作形式让员工有更多的自由度，可以根据个人时间和生活需求来安排工作，从而减少员工的压力，提高他们的效率和工作积极性；同时远程协作技术的发展也促进了远程线上办公模式的运行，这种工作机制能够让员工根据需要灵活调整以达到工作和生活的平衡，减少他们的压力和焦虑，进而改善其精神健康状况和工作表现。

第八节　小结

本章从超时工作率、严重超时工作率、非正常时间工作率三个维度来看中国工资劳动者超时工作情况，得出以下主要结论及政策建议。

第一，中国居民加班加点现象有所减轻。与 2017 年相比，2021 年劳动者日均总工作时间下降 0.55 小时，日均净工作时间下降 0.75 小时；2017—2021 年超时工作率下降了 4 个百分点，严重超时工作率增加了不到 1 个百分点。产生这一现象的原因可能是，疫情冲击导致总需求下降，企业生产受限，因而员工工作时间减少；且疫情期间很多企业实行弹性工作制度，这种制度可以让员工更好地根据自己的日程进行工作，减少加班时间；随着线上远程办公的实施以及人工智能的发展，许多重复性、烦琐的工作可以由机器人等设备来完成，这也可以减少员工的加班时间。

第二，居民工作时间变得更加自由。与 2017 年相比，2021 年劳动者非正常时间工作率大幅上升，表明更多的劳动者选择在早上 7 点之前或晚上 8 点之后工作。这一方面来源于疫情冲击下劳动者需要应对的突发状况增加，从而增加了非正常工作时间。另一方面来源于居民时间利用结构的变化，疫情期间，人们从事线上工作的概率大大提高，线上活动可以使劳动者灵活地安排时间，进而更好地平衡工作和生活。

第三，非正规部门、低收入人群、低学历、制造业从业者的超时工

---

① 刘翠花、戚聿东、丁述磊：《数字经济时代弹性工作如何影响青年就业质量？》，《宏观质量研究》2022 年第 6 期。

作的情况更严重。一般而言，超负荷的任务量、绩效考核压力、经济压力、职业晋升压力、加班文化等是劳动者超时工作的主要原因。[1] 无论何种原因，若劳动者工作时间过长，势必挤占其满足休息、娱乐休闲等基本需求的时间，即劳动者会陷入所谓"时间贫困"[2]的窘境。长此以往，过量的超时工作会对劳动者的身心健康造成损害。因此，超时工作现象需引起政府、社会的高度重视，应当通过立法等制度安排确定带限制性的、合理的、科学的工作时间制度，对某些合理的超时用工行为加以规范，对违法的不合理的超时用工行为加以遏制。[3]

---

[1] 孟续铎、王欣：《企业员工超时工作成因与劳动时间特征》，《经济与管理研究》2015年第12期。

[2] Vickery, C., "The Time-Poor: A New Look at Poverty", *Journal of Human Resources*, 1977, 12 (1).

[3] 郭正模：《中国特色的企业超时用工能算"体面劳动"吗——超时用工及企业内部劳动力市场交易双方的行为分析》，《社会科学研究》2015年第4期。

第五章

无酬劳动的性别差异

"无酬劳动是指个人在家庭或社区从事的、为满足最终消费所提供的、无直接货币回报的服务活动,主要包括家务劳动,对老人、儿童和病人的照料以及志愿活动。"① 作为人力资源再生产投入,无酬劳动不仅对提高居民的健康和福利至关重要,并且决定一个国家现在与未来劳动供给的质量和数量,从而影响经济增长的速度和可持续性。因此,无酬劳动就本质而言对国民福利的作用与市场经济活动同等重要。② 忽视无酬劳动价值会导致对家庭消费和儿童、老人照料投入不足,影响人民生活水平和健康福利的提高,进而不利于社会经济发展。③

无酬劳动是工作时间的重要组成部分,影响世界各国人民的工作和生活,但由于存在性别分工现象,无酬劳动对女性影响更大。无酬劳动的性别分工往往影响女性的就业机会、职业选择、升职空间和工资水平,使她们在劳动力市场处于不利的地位。大量文献显示,无酬劳动对个体收入有负向影响,这种影响被称为无酬劳动的惩罚效应(penalty effects of housework)。④ 此外,无酬劳动对劳动收入的影响有门槛效应,不同类型无酬劳动对收入影响也有所不同。由于男性无酬劳动时间较短,从事的无酬劳动在时间安排方面比较灵活,所以无酬劳动对已婚男性收入的负

---

① 安新莉、董晓媛:《中国无酬劳动总价值的测算及其政策含义》,《中国妇运》2012 年第 7 期。
② 安新莉、董晓媛:《中国无酬劳动总价值的测算及其政策含义》,《中国妇运》2012 年第 7 期。
③ 王兆萍、张健:《无酬家务劳动价值的新估算》,《统计与决策》2015 年第 5 期。
④ 这里的门槛效应是指当无酬劳动时间较低时,无酬劳动对劳动收入没有影响。

面影响远没有对已婚女性大。来自美国、加拿大、德国等国家的大量经验研究还发现，有孩子的女性的工资远远低于没有孩子的女性，文献中称为"对母亲的工资惩罚"（motherhood wage penalty）。对于就业女性来说，工作和家庭的"双重负担"使她们没有足够的时间和精力投入学习培训和休闲社交等活动，这不仅阻碍她们人力资本和社会资本的积累，而且会影响她们的身心健康。综上所述，无酬劳动时间和类型是导致性别不平等的主要原因，在劳动力市场上表现得尤为明显。① 无酬劳动对女性自身发展的负面影响会进一步降低女性的结婚与生育意愿，引起"少子化"，进而导致劳动力供给不足与老龄化等一系列的社会问题。② 鉴于此，联合国 2030 可持续发展目标③中第 5 个目标提出：通过提供公共服务、基础设施以及社会保护政策和倡导无酬劳动在家庭内部的共同分担等举措，承认和支持无酬劳动，实现性别平等，提升所有妇女和女童的权能。2023 年，习近平总书记在同全国妇联新一届领导班子成员集体谈话时强调，要"坚定不移走中国特色社会主义妇女发展道路，组织动员广大妇女为中国式现代化建设贡献巾帼力量"。④ 做好妇女工作，不仅关系妇女自身发展，而且关系家庭和睦、社会和谐，关系国家发展、民族进步。

  本章使用 2021 中国时间利用调查数据分析中国无酬劳动的性别差异。性别差异与其他社会差异相互关联，不同社会群体中性别差异的表现形式有所不同。因此，本章从城乡、年龄、受教育程度和家庭收入四个方面分析无酬劳动的性别差异。回答下列问题：中国家庭在男性和女性之间是如何分配无酬劳动的？不同群体的性别差异有什么不同？性别差异的变化趋势是什么？哪些社会群体无酬劳动负担最重，性别差异最大？

---

  ① Walker, J. R., "Earnings, Effort, and Work Flexibility of Self-employed Women and Men: The Case of St. Croix County", *Journal of Labor Research*, 2009, 30 (3).

  ② McDonald, P., "Gender Equity, Social Institutions and the Future of Fertility", *Journal of Population Research*, 2000, 17 (1).

  ③ 2015 年 9 月 15 日，联合国 193 个成员方正式通过 17 个可持续发展目标，以指导 2015—2030 年的全球发展工作。

  ④ 《习近平在同全国妇联新一届领导班子成员集体谈话时强调　坚定不移走中国特色社会主义妇女发展道路　组织动员广大妇女为中国式现代化建设贡献巾帼力量　蔡奇出席》，《人民日报》2023 年 10 月 31 日第 1 版。

对这些问题的回答有助于提高我们对家庭中无酬劳动分工的认识，帮助政府更有针对性地制定相关政策。

第一节 无酬劳动的界定

本章将无酬劳动分为家务劳动、照顾家人和对外提供帮助两大类活动。其中，家务劳动又分为常规日常家务、非常规日常家务和购买商品与服务三类活动，照顾家人和对外提供帮助分为照顾未成年人、照顾成年人和志愿活动三类活动，具体信息如表5—1所示。

表5—1　　　　　　　无酬劳动各类活动界定

大类	活动类型	活动描述
家务劳动	常规日常家务劳动	做饭
		洗碗
		打扫卫生
		洗衣、整理、制作衣物
	非常规日常家务劳动	饲养宠物
		自己动手、监督他人进行的装修、维护、修理
		家庭事务的安排
		其他家务活动
	购买商品与服务	购物、修理电器、理发、医疗及办理业务等
照顾家人和对外提供帮助	照顾未成年人	照顾未成年家人
		照顾未成年亲戚
	照顾成年人	照顾成年家人
		照顾成年亲戚
	志愿活动	对其他家庭提供的无偿照料和家务帮助
		社区服务与公益活动

本章研究数据来自2021年中国时间利用调查数据库，研究对象为16岁及以上中国居民，剔除16岁以下样本的主要原因：16岁以下参与无酬劳动的平均时长和参与率都非常小；从认识的角度，人们习惯于把无酬劳动与有酬劳动相对应，而16岁是国家最低就业年龄，因此将其作为样本年龄选取的下限。本章报告的最终样本为14834人，其中男性7250人，女性7584人。

第二节 无酬劳动的基本情况

中华人民共和国成立以来,女性在教育、就业和工资等方面都有了很大改善,社会地位在不断提升,与男性的差距也在逐步缩小。但是,无酬劳动在家庭内部的分工依然存在明显的性别差异和分配不公平现象。[①] 本节分析 2021 年全国无酬劳动的性别差异,并与 2017 年中国时间利用调查数据进行比较。

一　无酬劳动的性别差异极大

从表 5—2 统计数据可以看出,女性承担了主要的无酬劳动。从全国来看,女性无酬劳动的日平均时长为 2.94 小时,男性为 1.23 小时,女性无酬劳动的日平均时长是男性的 2.39 倍。全国女性无酬劳动的参与率为 77.2%,比全国男性参与率高 32.9 个百分点。除了志愿活动,女性在各项家务劳动上的平均时长和参与率均不低于男性,且女性常规日常家务劳动的平均时长是男性的 3.19 倍,参与率上比男性多 36.5 个百分点;女性照顾未成年人的平均时长是男性的 2.43 倍,参与率上比男性多 7.1 个百分点。

表 5—2　中国居民分性别无酬劳动时间利用基本情况

	男性			女性		
	平均时长（小时/天）	参与者时长（小时/天）	参与率（%）	平均时长（小时/天）	参与者时长（小时/天）	参与率（%）
无酬劳动	1.23	3.01	44.3	2.94	4.10	77.2
#家务劳动	0.81	2.39	39.5	2.06	3.17	73.5
##常规日常家务劳动	0.52	1.80	33.5	1.65	2.68	70.0
##非常规日常家务劳动	0.15	2.47	7.9	0.22	2.22	12.4
##购买商品与服务	0.14	2.50	6.2	0.19	1.97	9.9
#照顾家人和对外提供帮助	0.42	3.43	9.9	0.88	4.00	17.5
##照顾未成年人	0.32	3.17	7.9	0.78	3.98	15.1
##照顾成年人	0.08	4.13	1.7	0.09	3.70	2.2
##志愿活动	0.01	3.13	0.6	0.01	2.29	0.7

[①] 王琪延、韦佳佳:《不同性别群体家务劳动时间差异研究》,《山东女子学院学报》2018 年第 1 期。

从各项家务活动参与者平均时长可以看出,女性无酬劳动参与者的日平均时长为4.10小时,男性为3.01小时,女性是男性的1.36倍;女性常规日常家务劳动参与者的日平均时长为2.68小时,男性为1.80小时,女性是男性的1.49倍;女性照顾未成年人参与者的日平均时长为3.98小时,男性为3.17小时,女性是男性的1.26倍。

综上所述,女性是家庭无酬劳动的主要承担者,同时无酬劳动的性别差异很大。

二 女性无酬劳动更缺乏灵活性

男性和女性不仅从事无酬劳动的时间有差别,他们所从事无酬劳动的类型也有差别。根据无酬劳动对参与者时间的约束性,将无酬劳动分为低灵活性和灵活性两类,其中低灵活性无酬劳动包括常规日常家务劳动和照顾未成年人,灵活性无酬劳动包括非常规日常家务劳动、购买商品与服务、照顾成年人和志愿活动。

如图5—1所示,女性低灵活性无酬劳动平均时长为2.43小时/天,男性为0.84小时/天,女性是男性的2.90倍。其中,女性常规日常家务平均时长为1.65小时/天,男性为0.52小时/天,女性是男性的3.17倍;女性照顾未成年人平均时长为0.78小时/天,男性为0.32小时/天,女性是男性的2.44倍。女性灵活性无酬劳动平均时长为0.51小时/天,男性为0.38小时/天,女性是男性的1.34倍。比起女性,男性参与的无酬劳动更具社会性、灵活性、对个人时间配置自主权的制约小。有研究显示,男性和女性通过各自承担的家务劳动量和劳动类型,强化各自的性别身份。女性在婚后尤其是生育子女后会乐意从事女性化的家务,如做饭、清洁、照料并教育孩子,使其看起来更像一个好妻子或好妈妈。[①] 女性常规日常家务劳动与照顾未成年人在无酬劳动时间的占比高于男性,这对女性自身的发展有一定的阻碍作用。

---

① 肖洁:《近20年来我国家务劳动的社会学研究述评》,《山东女子学院学报》2017年第3期。

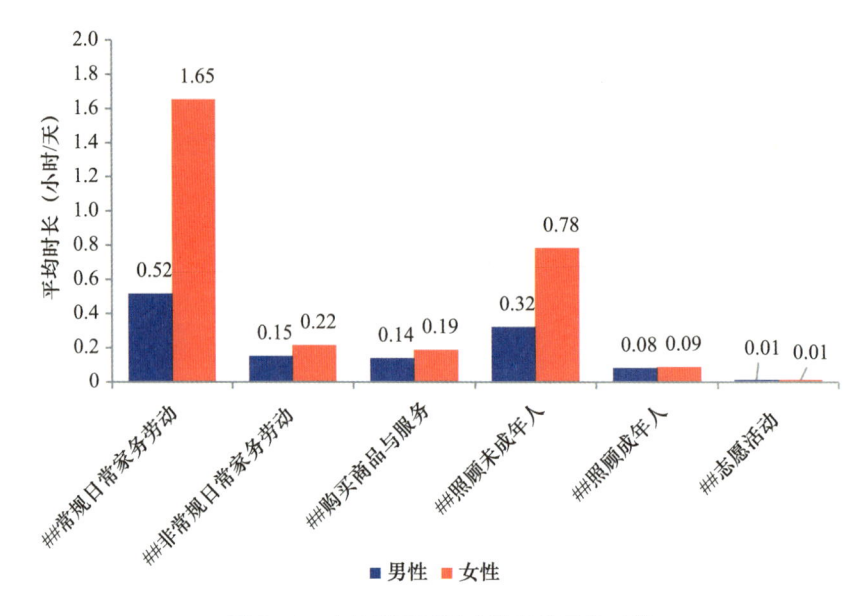

图 5—1　分性别不同活动类型的平均时长

第三节　城乡居民无酬劳动时间的性别差异

与城镇相比，农村现代化程度低，"男主外，女主内"的传统性别观念更加严重，公共服务提供不足，家政服务的市场化程度低，这些因素都会加重农村女性的无酬劳动负担，扩大性别差异。

一　农村无酬劳动性别差异高于城镇

如表 5—3 所示，从平均时长上来看，城镇女性无酬劳动的平均时长比男性多 1.66 小时/天，农村女性无酬劳动的平均时长比男性多 1.81 小时/天。其中，城镇女性家务劳动的平均时长比男性多 1.30 小时/天，农村女性家务劳动的平均时长比男性多 1.18 小时/天；城镇女性照顾家人和对外提供帮助的平均时长比男性多 0.37 小时/天，农村女性照顾家人和对外提供帮助的平均时长比男性多 0.63 小时/天。从参与率来看，城镇女性无酬劳动的参与率比男性多 31.6 个百分点，农村女性无酬劳动的参与率比男性多 34.3 个百分点,其中,城镇女性家务劳动的参与率比男性多 33.3 个百分点,农村女性家务劳动的参与率比男性多 34.9 个百分点;城镇女性照顾家人和对外提供帮助的参与率比男性多 7.3 个百分点,农村女性照顾家人和对外提供帮助的参与率比男性多 7.5 个百分点。可以看出,农村无酬劳动性别差异高于城镇,这反映出农村女性在家庭中议价能力相对较弱,从而承担更多的无酬劳动。

表 5—3　　　　中国居民分城乡分性别无酬劳动时间利用基本情况

		城镇		农村	
		男性	女性	男性	女性
无酬劳动	平均时长(小时/天)	1.24	2.90	1.22	3.03
	参与率(%)	46.5	78.1	41.6	75.9
	参与者时长(小时/天)	3.05	4.07	2.94	4.15
#家务劳动	平均时长(小时/天)	0.75	2.05	0.90	2.08
	参与率(%)	40.7	74.0	38.0	72.9
	参与者时长(小时/天)	2.32	3.17	2.49	3.16
#照顾家人和对外提供帮助	平均时长(小时/天)	0.48	0.85	0.32	0.95
	参与率(%)	12.4	19.7	6.9	14.4
	参与者时长(小时/天)	3.38	3.76	3.56	4.47

二　照顾家人和对外提供帮助的性别差异,农村高于城镇

如图 5—2 所示,城镇女性照顾家人和对外提供帮助的平均时长为 0.85 小时/天,比男性多 0.37 小时/天,农村女性照顾家人和对外提供帮助的平均时长为 0.95 小时/天,比男性多 0.63 小时/天。可以看出,照顾家人和对外提供帮助的性别差异,农村高于城镇,这一方面可能是因为女性在家中的议价能力弱,更可能与居民的传统观念有关,与城镇相比,农村居民的传统观念更强,导致农村男性从事无酬照料的时间要比城镇男性少,农村女性从事无酬照料的时间比城镇女性多。

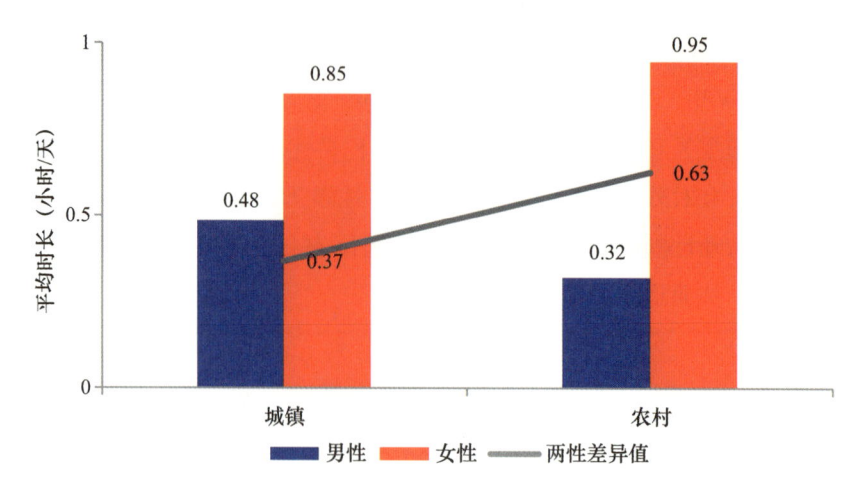

图 5—2　城乡居民照顾家人和对外提供帮助的平均时长

第四节　不同年龄居民无酬劳动时间的性别差异

本节从年龄的角度来探讨处于生命历程不同阶段的男性、女性无酬劳动时间的分配和性别差异。许多学者从生命历程视角探讨了无酬劳动时间的利用情况。Baxter 等研究了婚姻和父母身份的转变对夫妻无酬劳动时间的影响，发现婚姻和父母身份转变对男性无酬劳动时间没有显著影响，而女性结婚和生育后无酬劳动时间明显增加，与男性无酬劳动时间投入的差距增大。[1] 不同婚姻状况下，女性花在无酬劳动的时间都高于男性，婚后表现得更为明显；已婚女性与其他婚姻状态的女性比较，花费的无酬劳动时间最多，而未婚女性则最少；未婚、同居和已婚男性的无酬劳动时间很相似，但离婚和丧偶男性花在无酬劳动的时间要大于未婚、同居和已婚男性。[2] 子女出生前和出生后，家庭无酬劳动的类型发生

---

[1] Baxter, J., Hewitt, B., Haynes, M., "Life Course Transitions and Housework: Marriage, Parenthood, and Time on Housework", *Journal of Marriage & Family*, 2008, 70 (2).

[2] South, S. J., Spitze, G., "Housework in Marital and Nonmarital Households", *American Sociological Review*, 1994, 59 (3).

变化。① 无酬劳动会因家庭成员的年龄不同有所差异，有子女（尤其是学龄前子女）会增加母亲的无酬劳动负担，② 但学前子女对父亲的家务劳动时间影响不确定。③ 同住的少年或成年子女（尤其是女儿）帮助家长分担家务，可能降低父亲和母亲的无酬劳动时间。④ 同样，同住或相邻的父母也会分担无酬劳动，减少已婚子女及其配偶的家务劳动。⑤ 这些角色或事件的顺序大致随着年龄而变，因此，居民的无酬劳动时间投入是不同的，性别差异也有所不同。

一 各年龄段女性无酬劳动时间均大于男性

从图5—3可以看出，不论在哪个年龄段，女性无酬劳动的平均时长均大于男性。男性与女性无酬劳动时间相差最大出现在56—60岁，差值为2.58小时/天；相差最小出现在16—20岁，差值为0.17小时/天。在31—35岁和56—60岁两个年龄段，女性无酬劳动的平均时长出现2个波峰，分别为2.98小时/天和4.03小时/天；男性无酬劳动时间的波峰出现在31—35岁和61—65岁两个年龄段，分别为1.28小时/天和1.98小时/天。56—60岁女性无酬劳动时间大于31—35岁女性，61—65岁男性无酬劳动时间大于31—35岁男性。有研究发现，城市双职工家庭中祖父母（外祖父母）几乎承担了所有家务，祖父母（外祖父母）带孩子做家务已成为当今社会的普遍现象（其中老年女性仍然是家务劳动的主体），这是

---

① Rexroat, C., Shehan, C., "The Family Life Cycle and Spouses' Time in Housework", *Journal of Marriage and the Family*, 1987, 49 (4).

② Bianchi, S. M., Milkie, M. A., Sayer, L. C., et al., "Is Anyone Doing the Housework? Trends in the Gender Division of Household Labor", *Social Forces*, 2000, 79 (1).

③ Coltrane, S., *Family Man: Fatherhood, Housework, and Gender Equity*, Oxford University Press, 1997; Kalleberg, A. L., Rosenfeld, R. A., "Work in the Family and in the Labor Market: A Cross-national, Reciprocal Analysis", *Journal of Marriage and the Family*, 1990, 52 (2).

④ Blair, S. L., Lichter, D. T., "Measuring the Division of the Household Labor: Gender Segregation of Housework among American Couples", *Journal of family Issues*, 1991, 12 (1).

⑤ Yang, J., Short, S., "Investigating China's 'Stalled Revolution': Husband and Wife Involvement in Housework in the PRC", Annual Meeting of Population Association of America, Philadelphia, PA, 2005.

一种代际支持和代际互惠，① 当然，老年女性的福利遭到严重削减。②

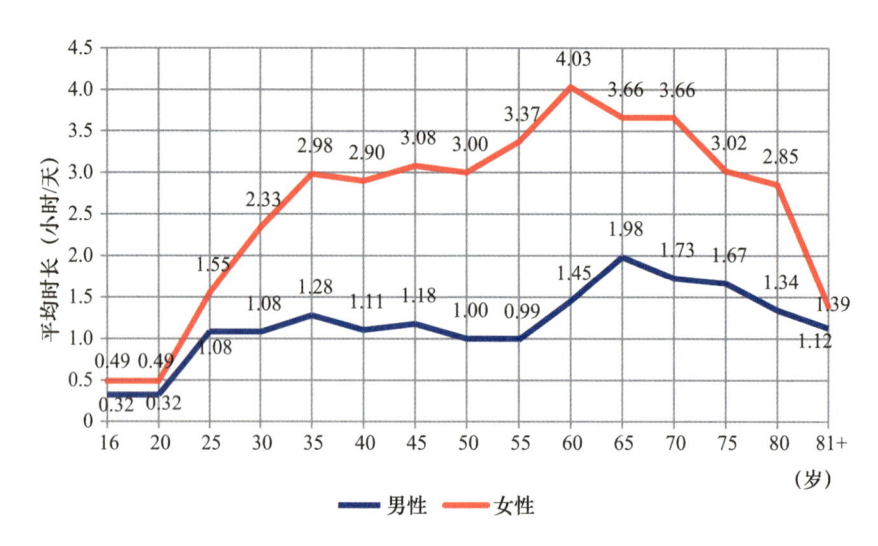

图 5—3　不同年龄居民无酬劳动的平均时长

女性在 31—35 岁和 56—60 岁无酬劳动平均时长增加的原因有所不同。结合图 5—4 和图 5—5 可以看出，女性在 31—35 岁无酬劳动时间增加主要来自照顾未成年人。同时，在这一过程中，增加了 56—60 岁（外）祖母对（外）孙子女的照料（0.91 小时/天），但这不是 56—60 岁老年女性无酬劳动增加的主要原因。从图 5—4 可以看出，随着年龄的增加，女性家务劳动的平均时长在 56—60 岁快速增长，达到 3.03 小时/天，随后缓慢下降。因此，56—60 岁女性无酬劳动时间的增加主要来自家务劳动。男性无酬劳动的平均时长虽然总体小于女性，但其变化与女性非常相似，只是不同于女性在 60 岁平均时长达到最大后的明显下降，男性在平均时长达到最大值后下降相对平稳。结合图 5—4 和图 5—5 可以认为，男性无酬劳动的 2 次变化同样来自孩子出世的照料问题。

---

① 沈奕斐：《个体化与家庭结构关系的重构》，博士学位论文，复旦大学，2010 年。
② 陶艳兰：《代际互惠还是福利不足？——城市双职工家庭家务劳动中的代际交换与社会性别》，《妇女研究论丛》2011 年第 4 期。

2021 年女性无酬劳动时间随年龄的变化趋势与 2017 年相比存在较大差别，如图 5—4 所示。2017 年女性无酬劳动时长随年龄呈明显的"M"形变化趋势，2021 年相对而言则是倒"U"形趋势。2017 年第一个无酬劳动时间峰值点出现在 26—30 岁年龄段，其后随年龄增加而大幅下降，至 40—45 岁到达低点，而 2021 年小峰值出现在 31—35 岁，且随后保持平稳至 46—50 岁年龄段。这一现象产生的原因可能有两个，一是国家颁布的"全面二孩""三孩"政策奏效，适龄女性生育并照顾儿童，因而 35 岁后女性无酬劳动时间并未下降；二是女性生育年龄推迟，生育高峰从 26—30 岁推迟至 31—35 岁。

图 5—4　2017 年和 2021 年不同年龄女性的无酬劳动时间

二　婚姻对女性家务劳动时间的影响大于男性

图 5—5 显示，女性在 60 岁前家务劳动时间总体随着年龄的增加而增加，男性在 75 岁前家务劳动时间总体随着年龄的增加而增加，75 岁以后可能由于年龄偏大，身体状况不佳，家务劳动时间减少。男性、女性在 20 岁前家务劳动时间相对较少，男性平均为 0.19 小时/天，女性平均为 0.28 小时/天。女性在 26—30 岁每天家务劳动时间超过 1 小时，随着年龄的增加家务劳动时间增加，在 56—60 岁达到最大值 3.03 小

时/天，60岁以后有所减少。男性在56—60岁（接近退休年龄）每天家务劳动时间才达到1小时以上。在20岁以前，男性与女性家务劳动时间差比较小，仅为0.09小时/天，20岁以后，男性与女性家务劳动时间差逐渐增大，56—60岁年龄段达到每天1.98小时以上，随后差距缩小，到75岁以后，男性、女性家务劳动时间都减少。同时，数据表明，56—60岁的女性比其他年龄段女性的家务劳动时间要长，56岁及以上的男性比其他年龄段男性的家务劳动时间要长。相关研究指出，年龄会影响家务劳动时间分配。如家务劳动时间随年龄增长而增加（调查对象为18—54岁），[①] 一方面可能是婚姻状况改变的影响，婚后女性的身份和责任发生改变，家务时间逐渐增加；另一方面可能是退出劳动力市场产生的影响，[②] 退出劳动力市场后，时间相对比较充裕，将会承担更多的家务，在中国，退休老人会帮助子女照料家庭。因此，56岁及以上的男性、女性承担了更多的做饭、洗衣、收拾房间、简单维修等家务劳动。

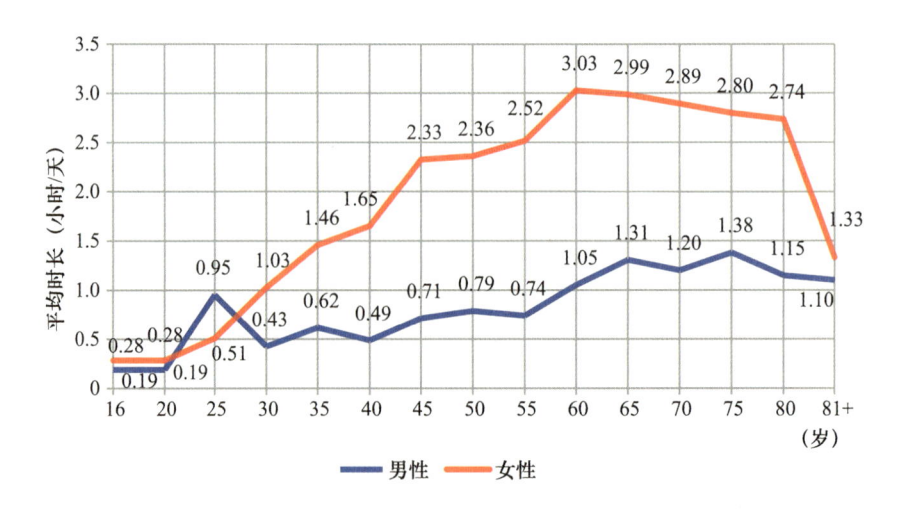

图5—5 不同年龄居民家务劳动的平均时长

[①] 杨菊华：《从家务分工看私人空间的性别界限》，《妇女研究论丛》2006年第5期。

[②] South, S. J., Spitze, G., "Housework in Marital and Nonmarital Households", *American Sociological Review*, 1994, 59 (3).

三　儿童照料显著增加无酬劳动时间，对女性影响大于男性

孩子出生增加了男性、女性的无酬劳动时间，女性无酬劳动时间的变化更明显。图5—6显示，女性在26—30岁、31—35岁和36—40岁三个年龄段照顾未成年人的平均时间分别为1.24小时/天、1.46小时/天和1.22小时/天，男性在26—30岁、31—35岁和36—40岁三个年龄段照顾未成年人的平均时间分别为0.65小时/天、0.57小时/天和0.56小时/天，母亲每天投入时间平均比父亲多0.59小时以上。70岁以上，男性、女性在照顾未成年人的时间几乎没有差异，并且数值很小，每天不足10分钟。精力分配论指出，时间、精力的分配决定了个体在劳动力市场的经济回报。女性在家庭中投入的时间、精力越多，在劳动力市场中投入的时间和精力就越少，劳动力经济回报就越少。[1] 女性回家育儿、中断工作、就业的不投入性和不连续性影响了其人力资本的持续性积累，导致已育女性工作经验、职业培训和技术训练不足，或为照顾子女、方便随时进出劳动力市场选择缺少上升通道，但工作弹性高、精力消耗少、通勤方便的较低收入的工作。这种因生育导致女性收入损失的现象称为"生育的惩罚效应"。[2] 生养1个小孩已使女性在工作与生活的冲突明显，劳动力就业率走低，[3] 收入下降5%—10%，[4] 与男性收入差距拉大。中国希望通过"三孩"政策的人口政策来解决劳动力供给不足和老龄化问题。女性作为生育的承载者，生育政策调整首先是对女性的影响与冲击。在现有的社会政策设计和服务规划体系下，女性及其家庭基本承担了生育成本，女性是否会选择生育是值得探讨的。

---

[1] 肖洁：《近20年来我国家务劳动的社会学研究评述》，《山东女子学院学报》2017年第3期。

[2] Budig, M. J., England, P., "The Wage Penalty for Motherhood", *American Sociological Review*, 2001, 66 (2).

[3] 吴要武：《剥离收入效应和替代效应——对城镇女性市场参与变化的解释》，《劳动经济研究》2015年第4期。

[4] Gough, M., Noonan, M., "A Review of the Motherhood Wage Penalty in the United States", *Sociology Compass*, 2013, 7 (4).

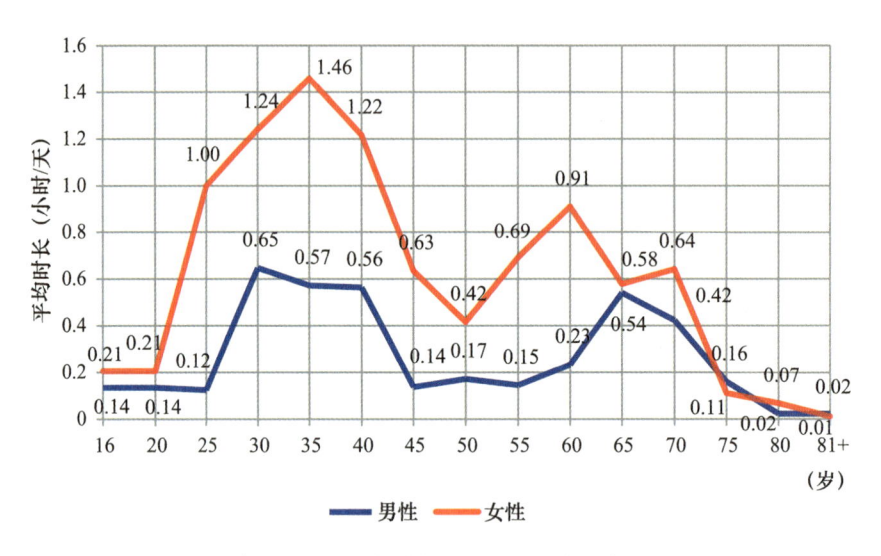

图5—6 不同年龄居民照顾未成年人情况

四 老年人的照料"赤字"

68%照顾成年人活动的照顾对象为老年人群（60岁及以上），照顾成年人情况大致体现了对老年人的照料情况。如图5—7所示，男性、女性照顾成年人的平均时长都很小，每天4分钟左右，女性每天比男性多0.12分钟，男性、女性照顾成年人的参与率分别为1.6%、2.1%。女性在35岁左右时花在照顾自己子女上的平均时间为1.5小时/天（约90分钟），在60岁左右帮助子女照顾孩子（照顾孙子女）的时间为0.87小时/天（约52分钟），男性尽管在照顾子女和孙子女方面投入的时间没有女性多，在65岁左右平均依然达到每天32分钟。男性、女性除了在41—45岁，每天花在照顾成年人上的时间均不足8分钟，所谓的反哺模式[①]存在严重的不平等，出现对老年人的照料"赤字"。

从图5—7中发现，男性在31—45岁每天照顾成年人的平均时间要大于女性，这可能是由于中国从夫居的传统所导致。女性在46—55岁每天照顾成年人时间不小于男性照顾成年人时间，在46—50岁照顾成年人时间最长，每天平均11分钟，女性随着年龄的增长，从照顾未成年人的活动中解

---

① 反哺模式，这里是指家庭双向代际照料流动模式。

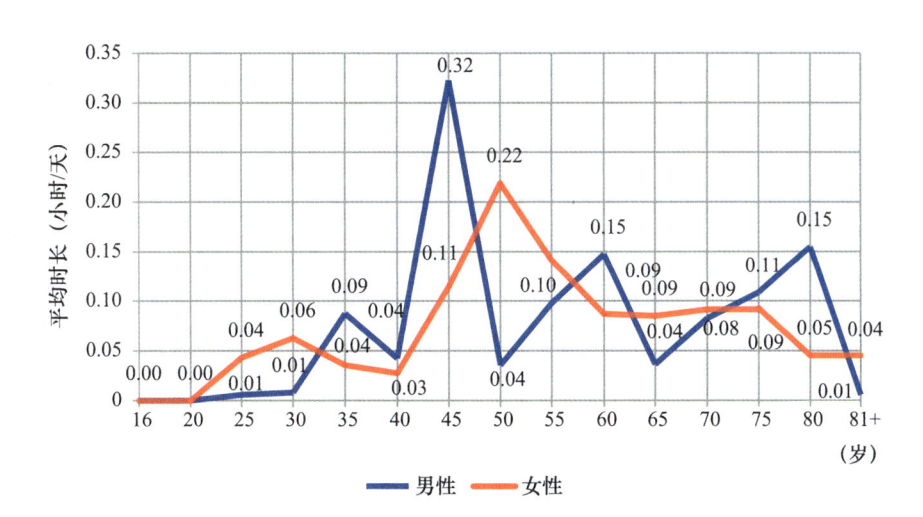

放出来，又将时间投入在照顾成年人（多为照顾伴侣或父母）上。

图5—7　不同年龄居民照顾成年人情况

第五节　不同受教育程度居民无酬劳动时间的性别差异

本节探寻不同受教育程度的男性与女性是如何配置无酬劳动时间的，他们之间有什么差别。教育作为一种资源，对家务劳动分配产生很大的影响。受教育程度的提高不仅可以改善家庭生活条件、改变传统观念来帮助减少自身的家务劳动时间，还可以作为家庭内部的议价资本来帮助减少自身的家务劳动时间和相应的比例。受教育程度在夫妻家务劳动时间配置上的影响具有显著的性别差异。[1] 通常女性的受教育程度越高，其在家务劳动时间方面的投入将会有所下降；对男性来说，受教育程度会正向影响其家务劳动时间，这意味着受教育水平越高的丈夫会更乐于和妻子共同分担家务劳动。[2] 也有研究认为，女性接受更多教育并没有显著

---

[1] 胡军辉：《家务时间配置的影响因素研究》，《理论观察》2014年第8期。
[2] 畅红琴、董晓媛、Fiona MacPhail：《经济发展对中国农村家庭时间分配性别模式的影响》，《中国农村经济》2009年第12期。

降低其无酬劳动时间。①

一 不同受教育程度的女性无酬劳动时间均大于男性

如图 5—8 显示,无论群体处于何种受教育程度,女性无酬劳动平均时长均大于男性。在不同受教育程度下,女性与男性的无酬劳动平均时长差值最大为 2.51 小时/天,最小差值为 0.61 小时/天。受教育程度越高,男性、女性花在无酬劳动的时间就越少,男性与女性无酬劳动时间的差距越小。随着受教育程度的提高,女性的无酬劳动平均时长在减少,未上学人群比本科及以上学历人群的无酬劳动平均时长多 0.77 小时/天。相反,男性无酬劳动平均时长的整体趋势在增加,本科及以上学历人群比未上学人群的无酬劳动平均时长多 0.24 小时/天,变化没有女性大。女性与男性的无酬劳动时间差异随着受教育程度的提高总体呈倒"U"形变化,从高中前相差 1.62 小时/天、2.14 小时/天、2.28 小时/天,到本科及以上相差 0.61 小时/天。

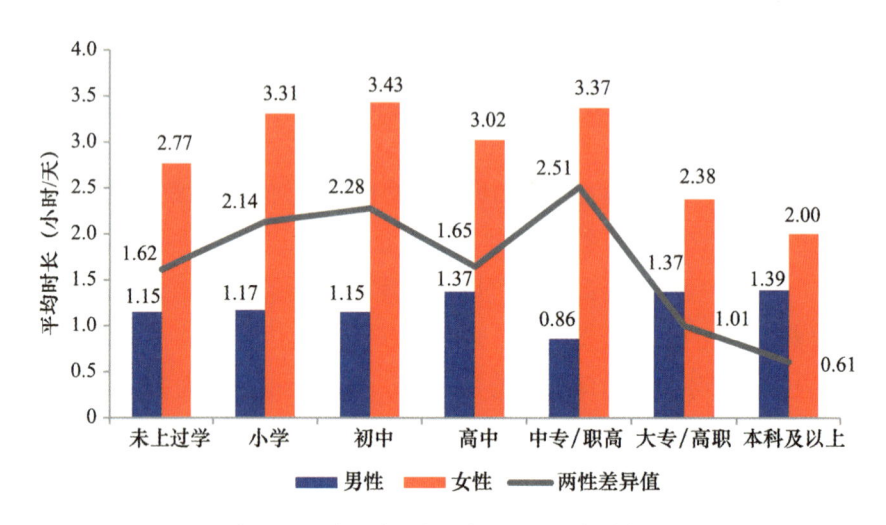

图 5—8 不同受教育程度居民无酬劳动情况

---

① 袁晓燕、石磊:《受教育程度对女性劳动时间配置的影响研究》,《上海经济研究》2017 年第 6 期。

二 教育降低家务劳动性别差距

如图 5—9 显示,随着受教育程度的提高,男性、女性的家务劳动平均时长逐渐减少。女性未上学人群比本科及以上学历人群的家务劳动平均时长多 1.18 小时/天。男性平均家务劳动时间随受教育程度提高有所波动,整体呈减少趋势,未上学人群比本科及以上学历人群的家务劳动平均时长多 0.11 小时/天。其中,受教育程度为中专/职高的男性无酬劳动时间最少,该群体男性日均工作小时达到 6.34 小时/天,远高于未上过学、小学、初中、高中的 1.16 小时/天、2.51 小时/天、4.38 小时/天和 3.85 小时/天,也高于大专/高职和本科及以上的 6.03 小时/天和 6.04 小时/天,繁重的工作使该群体承担的家务劳动相对较少。受教育程度对女性的影响远大于男性。男性无论受教育水平高低,其家务劳动时间都较少,女性家务劳动时间随受教育程度的提高而显著降低。女性与男性的家务劳动时间差异,随受教育程度的提高逐渐降低,从未上过学时相差 1.40 小时/天到本科及以上时相差 0.33 小时/天。从相对资源理论的角度来看,结构性资源(教育、职业、收入)影响夫妻之间的协商能力,是

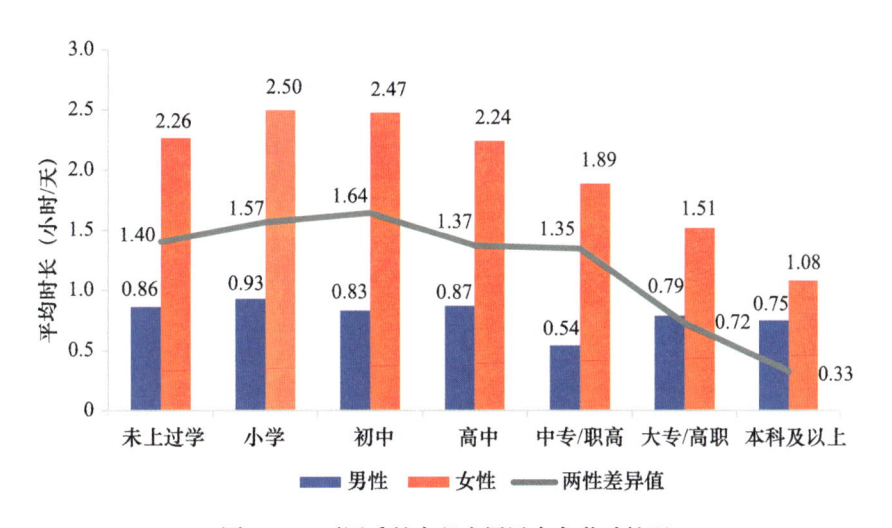

图 5—9 不同受教育程度居民家务劳动情况

家务分工的主要决定因素之一。① 由于家务枯燥乏味、无所回报，多资源的一方往往会在家务方面投入较少，甚至逃避家务。② 夫妻之间，受教育程度越高、职业声望越好、收入越多的一方协商能力越强，在家务劳动时间分配上更具有主导权，家务劳动时间相对较短。③ 受教育程度越高，越容易获得更好的就业机会，更愿意购买家庭服务。另外，受过高等教育的人，其性别平等观念更强。女性要求家务劳动分工要平等，丈夫愿意更多地分担家务劳动，使家庭内家务分工越平等。④

三 受教育程度高的父母花更多时间照料孩子

从图5—10可以看出，随着受教育程度的提高，女性照顾未成年人平均时长总体呈上升趋势，男性随着受教育程度的提高照顾未成年人平均时长也逐渐增加。未上学的男性、女性在照顾未成年人上投入的时间均最少，随着受教育程度的提高，男性、女性照顾未成年人的时间都有所增加。男性和女性照顾未成年人的平均时长差异，在受教育程度达到大专/高职及以上的时候减少。有研究指出，父母对子女的时间投资对子女的人力资本发展具有重要的意义，受教育程度越高的父母陪孩子的时间越多。即受教育程度越高的父母，花在喂奶喂饭、哄孩子入睡、为子女朗读书籍、对子女进行道德教育、辅导子女家庭作业和陪子女做游戏等时间越多。而且较高教育程度父母的子女更喜欢父母的陪伴，这些父母的时间投资效率更高。⑤ 受教育程度高的父母，在对子女教育的投资能力和观念上更有利于子女的发展。

---

① 杨菊华：《从家务分工看私人空间的性别界限》，《妇女研究论丛》2006年第5期。

② Blair, S. L., Lichter, D. T., "Measuring the Division of Household Labor: Gender Segregation of Housework among American Couples", *Journal of Family Issues*, 1991, 12 (1); Hiller, D. V., Huber, J., Spitze, G., "Sex Stratification: Children Housework and Jobs", *Journal of Marriage and Family*, 1984, 46 (251).

③ Brines, J., "Economic Dependency, Gender, and the Division of Labor at Home", *American Journal of Sociology*, 1994, 100 (3): 652 – 688.

④ 杨菊华：《从家务分工看私人空间的性别界限》，《妇女研究论丛》2006年第5期。

⑤ Guryan, J., Hurst, E., Kearney, M., "Parental Education and Parental Time with Children", *Journal of Economic Perspectives*, 2008, 22 (3).

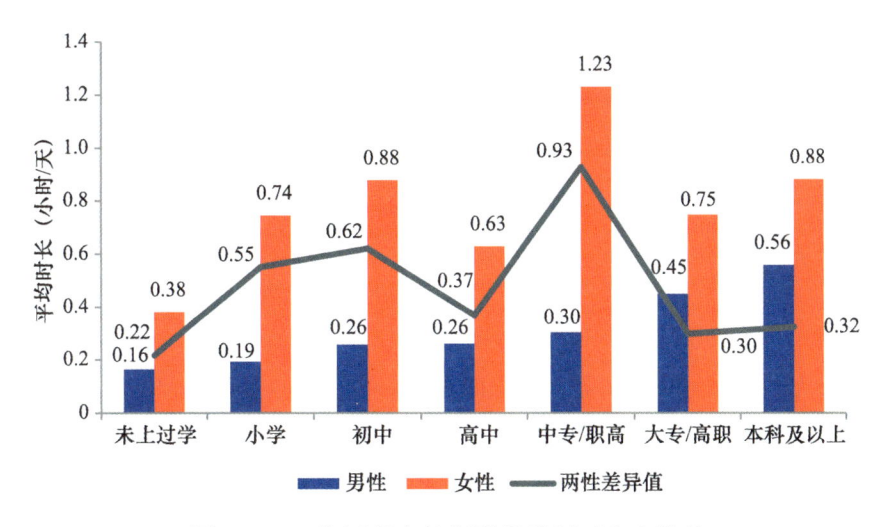

图 5—10 不同受教育程度居民照顾未成年人情况

第六节 不同收入水平居民无酬劳动时间的性别差异

本节探寻不同家庭收入水平的男性与女性是如何配置无酬劳动时间的，他们之间有什么差别。新家庭经济学认为，劳动者市场工作的工资是其在家庭内部从事家务劳动的机会成本，[①] 即收入越高，从事无酬劳动的机会成本越高，从而越不倾向于从事无酬劳动。已有的相关研究，更多从相对资源理论出发，认为拥有高收入的一方可以做更少的家务，并且通过相对收入的不断增加而持续减少自己的家务劳动时间。[②] 但是，受传统性别观念的影响，女性的相对收入超过了一定的范围时，随着相对收入的增加，妻子反而会增加家务劳动时间。[③]

---

① 胡军辉、叶尔肯拜·苏琴:《职业对劳动力时间配置选择的影响：以家务时间为例》，《人口与发展》2015 年第 2 期。

② Bittman, M., England, P., Sayer, L., et al., "When does Gender Trump Money? Bargaining and Time in Household Work", *American Journal of Sociology*, 2003, 109 (1).

③ 於嘉:《性别观念、现代化与女性的家务劳动时间》，《社会》2014 年第 2 期。

本节中，按各省家庭人均年收入由低到高五等分，将所有样本家庭分为低收入、较低收入、中等收入、较高收入、高收入 5 个样本组。

一 性别差异随收入增加而减少

如图 5—11 所示，随着收入的增加，女性无酬劳动时间总体呈减少趋势，男性无酬劳动时间总体呈增加趋势。男性无酬劳动平均时长从 1.23 小时/天增加到 1.40 小时/天，增加了 14.1%；女性无酬劳动平均时长从 3.47 小时/天减少到 2.52 小时/天，降低了 27.4%，女性下降比率大于男性。从男性和女性无酬劳动平均时长的差异来看，随着收入增加性别差异在减小，高收入人群无酬劳动性别差异最小。

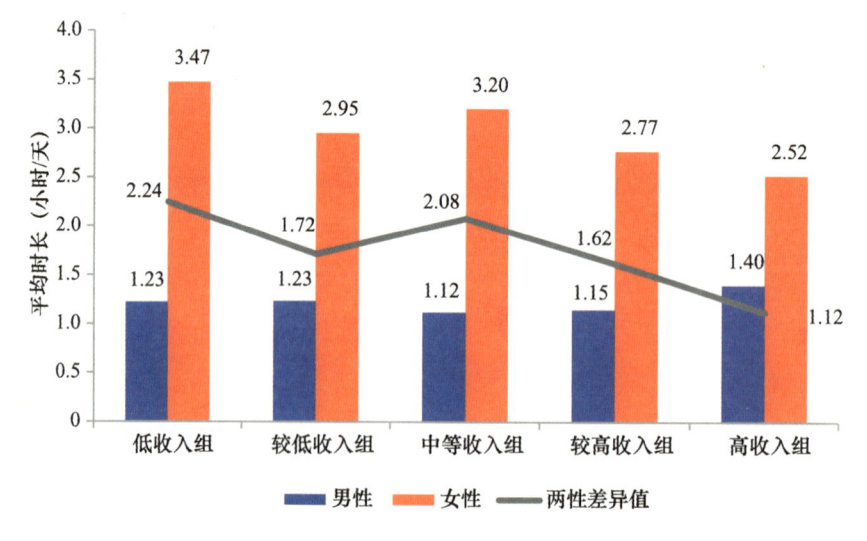

图 5—11 不同收入水平无酬劳动的平均时长

二 高收入者家务劳动性别差异更小

图 5—12 表明，低收入女性家务劳动的平均时长均高于其他类型，同时高于全国平均水平，低收入女性家务劳动的平均时长为 2.49 小时/天，低收入男性家务劳动的平均时长为 0.89 小时/天。从男性和女性家务劳动平均时长的差异来看，随着收入的增加性别差异总体在减小，高收入人群家务劳动性别差异最小。可以看出，低收入人群女性家务劳动更为繁

重，高收入人群女性家务劳动更为轻松，这是因为作为家务劳动的主要承担者高收入女性可以通过购买服务来减轻家庭负担。高收入组家务劳动性别差异最小，在一定程度上意味着女性由于经济独立进而在家庭内部的无酬劳动分配时获得了更多的议价能力，传统的家务模式在逐渐转变。

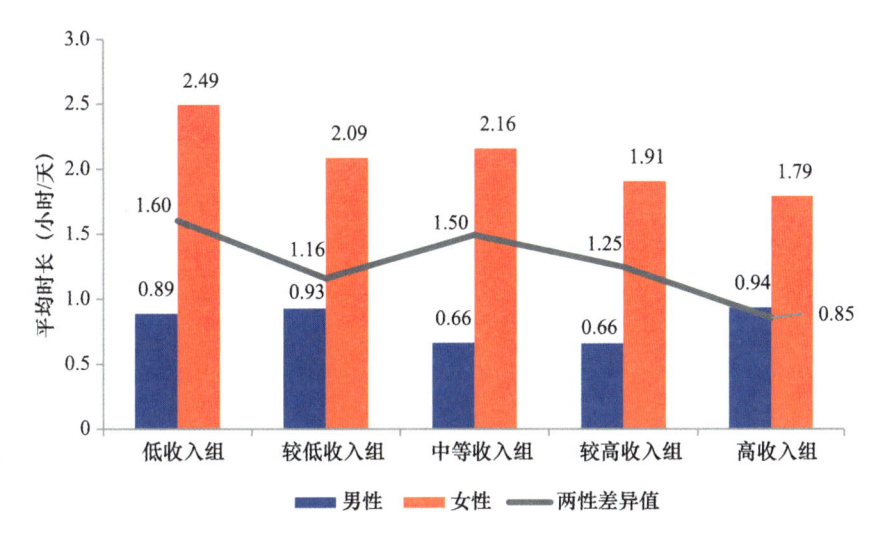

图 5—12　不同收入水平家务劳动的平均时长

三　照顾家人和亲戚时间的性别差异随收入增加而减小

图 5—13 显示，随着收入的增加，男性照顾家人和亲戚的时间总体也在增加，低收入男性为 0.34 小时/天，时间最长的类型为较高收入男性，为 0.49 小时/天。女性照顾家人和亲戚的时间随着收入的增加总体在减少，低收入组女性为 0.98 小时/天，高收入组女性为 0.73 小时/天。从男性、女性照顾家人和亲戚平均时长的差异来看，高收入人群无酬照料性别差异最小。

第七节　外部冲击与无酬劳动时间变化

一　无酬劳动的性别差异缩小

2017—2021 年，中国居民收入水平大幅提高，从 2017 年人均国内生

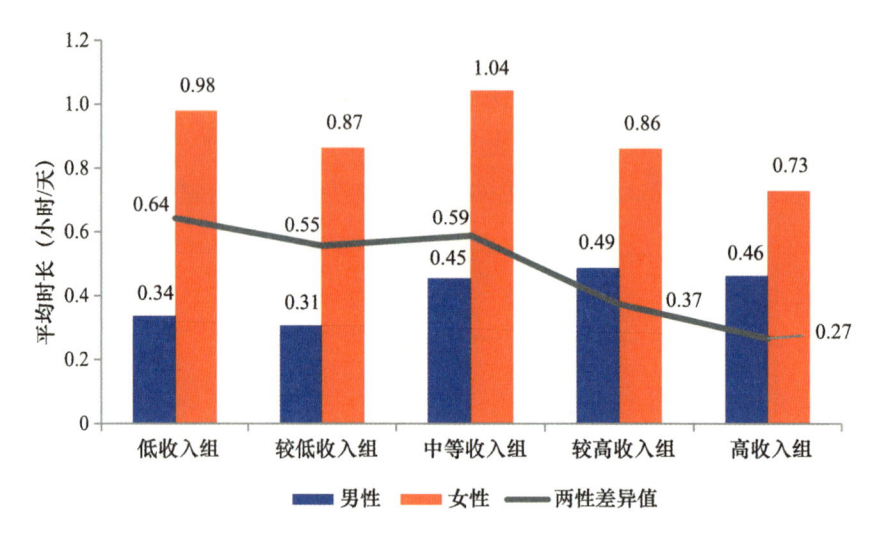

图5—13 不同收入水平照顾家人和亲戚的平均时长

产总值59592元提高到2021年的81370元，服务业迅速发展，第三产业增加值占国内生产总值比重由2017年的52.7%上升到2021年的53.5%，① 收入水平提高和产业结构变化如何影响中国居民无酬劳动时间及性别差异呢？图5—2描述了2017年与2021年中国居民无酬劳动平均时长的差异。与2017年相比，男性无酬劳动平均时长增加0.20小时/天，上升了18.0%，女性无酬劳动平均时长减少0.17小时/天，降低了5.1%。其中，男性家务劳动平均时长增加0.15小时/天，上升了19.8%，女性家务劳动平均时长增加0.06小时/天，上升了6.9%；男性照顾家人与对外提供帮助平均时长增加0.05小时/天，上升了14.1%，女性照顾家人与对外提供帮助平均时长减少0.23小时/天，降低了21.7%。2017年女性无酬劳动时间、家务劳动时间和照顾家人与对外提供帮助时间分别是男性的3.07倍、3.13倍和2.97倍，到2021年这个比值变为2.39倍、2.55倍和2.20倍。

图5—14显示，男性的家务劳动、照顾家人和对外提供帮助的平均时长均有所增加，而女性的平均时长均有所下降，且女性家务劳动时间的

---

① 国家统计局，https：//data.stats.gov.cn/easyquery.htm？cn=C01。

减少量小于男性家务劳动时间的增加量，无酬劳动的性别差异缩小。研究发现，城市双薪家庭的家务劳动样态与分工受制度文化、权力结构、人员流动、外部情境的影响。家庭成员倾向于将从事家庭事务劳动认定为一种"顾家"的品质与家庭内部的平衡机制，并将其内化为一种生活习惯，这使得家务劳动时长"隐匿"于日常生活之中。2021年正处于新冠疫情时期，而疫情则在一定程度上通过调整我们的家庭空间和家庭关系，使家务劳动与分工变得可见、可感。当家务劳动转变为一种公共而可见的事务时，家庭内部原本的劳动分工随即会发生松动，同时，居家办公安排也使一些城市双薪家庭夫妻的工作状态在彼此面前暴露无遗。[①] 家务"可见化"与工作"可见化"引起了对于家务劳动意义与分工的重新思考，缩小了两性在家务劳动上的性别差异。

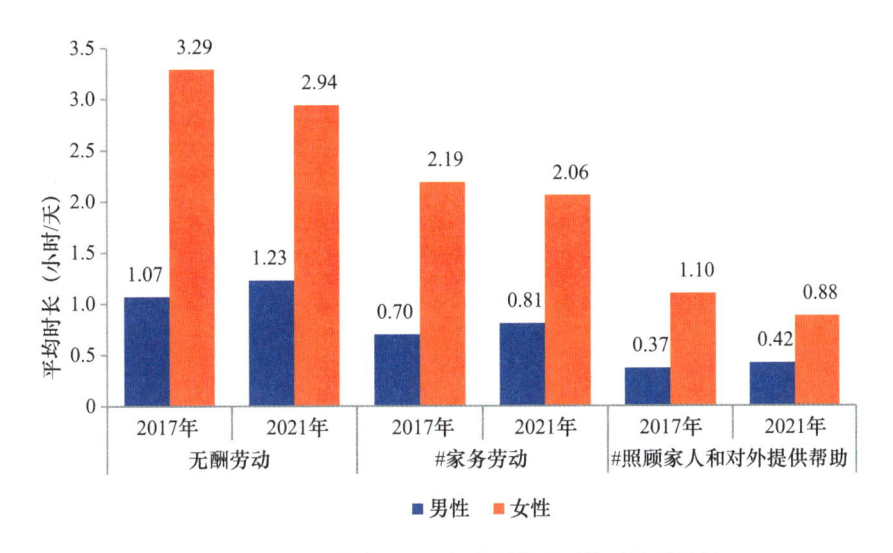

图 5—14　2017 年和 2021 年无酬劳动平均时长的比较

二　不同年龄居民无酬劳动的性别差异缩小

图 5—15 显示，与 2017 年相比，16—65 岁居民 2021 年无酬劳动平均时长的两性差异值均有所下降。其中，26—31 岁居民无酬劳动平均时

[①] 张冠李、杨力超：《隐匿与可见：新冠疫情前后城市双薪家庭家务劳动及分工的状态与感知》，《妇女研究丛论》2023 年第 4 期。

长的两性差异值下降最多，2017 年女性比男性多 2.87 小时/天，2021 年女性比男性多 1.25 小时/天，下降了 40.8%。66—80 岁年龄段内，相比 2017 年，无酬劳动时间的性别差异有所增加，增加最多的是 76—80 岁，增加了 22.8%。从居民年龄角度分析，无酬劳动的性别差异总体在减少。

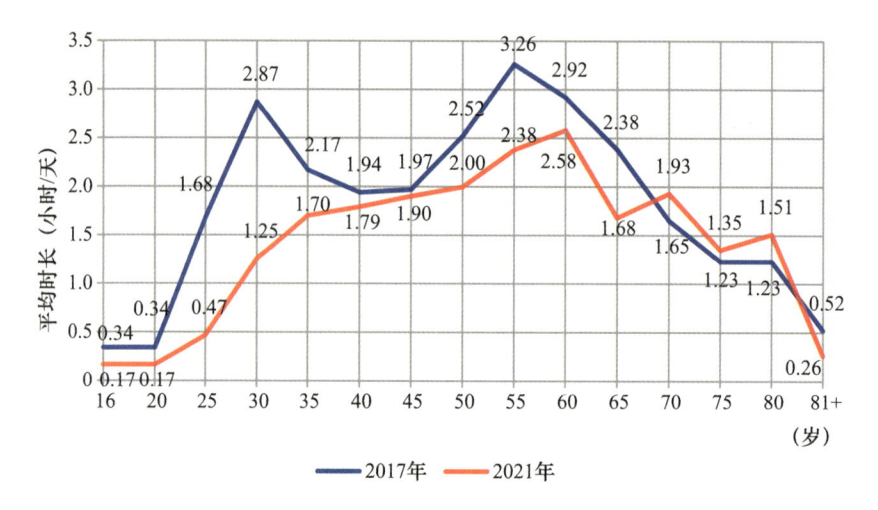

图 5—15　2017 年和 2021 年不同年龄居民无酬劳动两性差异值的比较

注：两性差异值均为女性—男性的平均时长。

三　不同受教育程度居民无酬劳动的性别差异缩小

如图 5—16 显示，不论哪个受教育程度的群体，相比 2017 年，除了受教育程度为中专/职高外的其他群体，2021 年男性与女性无酬劳动的平均时长差异值都在减少。其中，受教育程度为大专/高职的居民的性别差异缩小最明显，2017 年女性无酬劳动平均时长比男性多 1.76 小时/天，2021 年女性比男性多 1.01 小时/天，下降了 0.75 小时/天，下降了 42.8%；受教育程度为本科及以上的居民无酬劳动平均时长，从 2017 年的 0.98 小时/天下降到 2021 年的 0.61 小时/天，下降了 0.37 小时/天，下降了 37.8%，在不同受教育群体无酬劳动平均时长下降中排第二。可以发现，群体受教育程度越高，无酬劳动的性别差异缩小越明显。同时有数据显示，无酬劳动的性别差异缩小的主要原因来自照顾未成年人性别差异的缩小。这表明随着社会的发展，学历越高的家庭，父亲花在照顾孩子上的时间也越来越多。

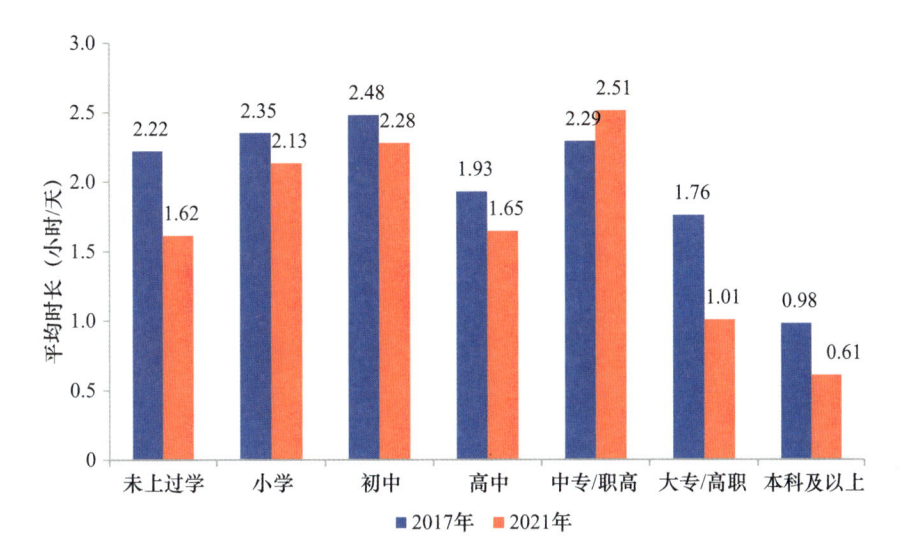

图 5—16　2017 年和 2021 年不同受教育程度居民无酬劳动两性差异值的比较

注：两性差异值均为女性—男性的平均时长。

未上过学：2017年 2.22，2021年 1.62
小学：2017年 2.35，2021年 2.13
初中：2017年 2.48，2021年 2.28
高中：2017年 1.93，2021年 1.65
中专/职高：2017年 2.29，2021年 2.51
大专/高职：2017年 1.76，2021年 1.01
本科及以上：2017年 0.98，2021年 0.61

四　不同收入水平居民无酬劳动的性别差异缩小

如图 5—17 显示，相比 2017 年，除了低收入组，其他收入水平的居

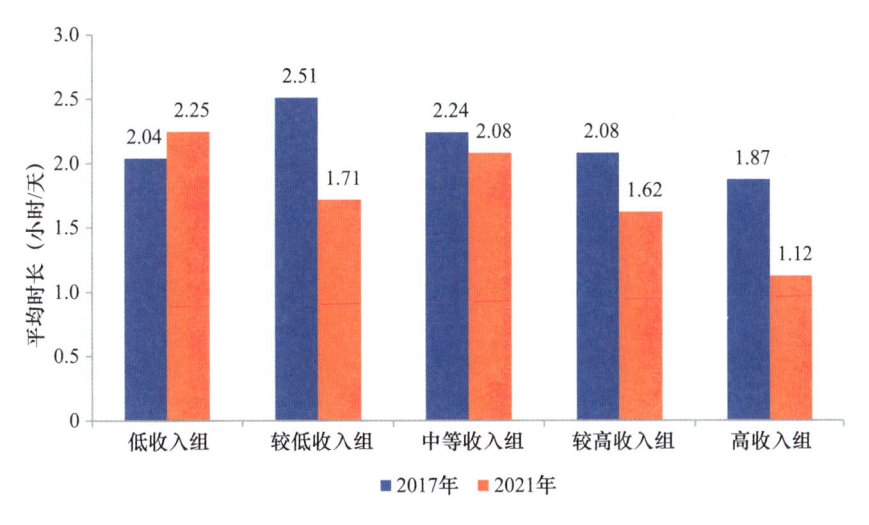

低收入组：2017年 2.04，2021年 2.25
较低收入组：2017年 2.51，2021年 1.71
中等收入组：2017年 2.24，2021年 2.08
较高收入组：2017年 2.08，2021年 1.62
高收入组：2017年 1.87，2021年 1.12

图 5—17　2017 年和 2021 年不同收入水平居民无酬劳动两性差异值的比较

注：两性差异值均为女性—男性的平均时长。

民 2021 年无酬劳动的两性差异值都减少了，较低收入组、中等收入组、较高收入组、高收入组分别减少了 0.80 小时/天、0.16 小时/天、0.46 小时/天、0.75 小时/天，减少的百分比分别为 31.7%、7.2%、22.2%、39.9%。收入越高，性别差异缩小的幅度越大，这一点与受教育程度有异曲同工之处。

五 无酬劳动的城乡差异缩小

图 5—18 显示，城镇居民 2017 年无酬劳动平均时长为 1.97 小时/天，2021 年为 1.66 小时/天，减少 0.31 小时/天，下降了 15.6%；农村居民 2017 年无酬劳动平均时长为 2.40 小时/天，2021 年为 1.81 小时/天，减少 0.59 小时/天，下降了 24.7%。其中，城镇居民 2017 年家务劳动平均时长为 1.37 小时/天，2021 年为 1.30 小时/天，减少 0.07 小时/天，下降了 5.5%，农村居民 2017 年家务劳动平均时长为 1.59 小时/天，2021 年为 1.18 小时/天，减少 0.41 小时/天，下降了 25.8%；城镇居民 2017 年照顾家人和对外提供帮助平均时长为 0.60 小时/天，2021 年为 0.37 小时/天，减少 0.23 小时/天，下降了 38.8%，农村居民 2017 年照顾家人

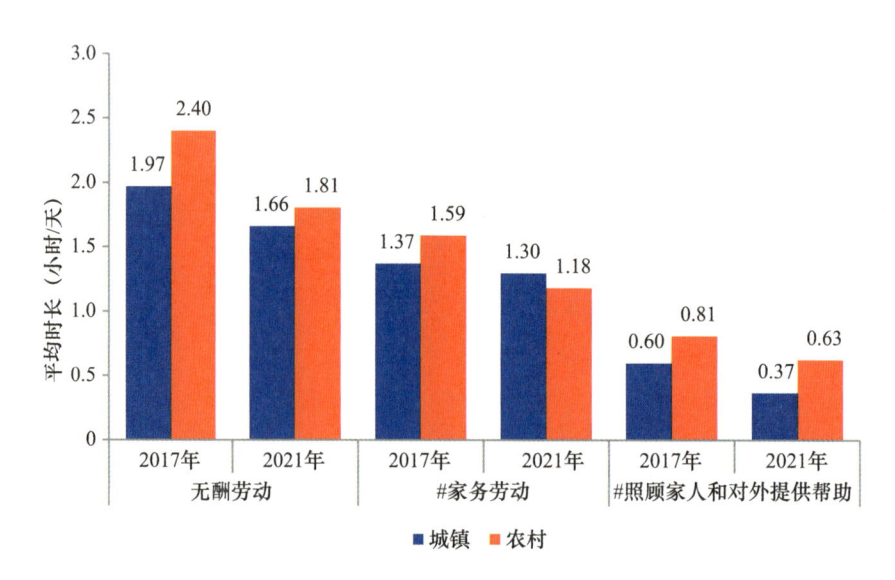

图 5—18 2017 年和 2021 年城乡居民无酬劳动平均时长的比较

和对外提供帮助平均时长为 0.81 小时/天，2021 年为 0.63 小时/天，减少 0.18 小时/天，下降了 22.8%。2017 年农村居民无酬劳动时间、家务劳动时间和照顾家人和对外提供帮助时间分别是城镇居民的 1.22 倍、1.16 倍和 1.35 倍，到 2021 年这个比值变为 1.09 倍、0.91 倍和 1.70 倍。

数据表明，城镇居民和农村居民的家务劳动、照顾家人和对外提供帮助的平均时长均有所减少，无酬劳动的城乡差异也有所缩小。其中，无酬劳动城乡差异缩小的主要原因来自农村居民家务劳动平均时长的减少。

家务劳动时间减少的原因主要来自疫情对农村居民的生活方式和生活习惯改变产生的影响。首先，由于疫情的不确定性，人们更加注重健康和安全，减少了外出活动和不必要的社交。这使农村居民更多地留在家中，专注于家庭内部的生活。随着家庭成员更加协同合作，家务劳动的时间相对减少，而这种生活方式的改变在疫情结束之后被部分保留下来。其次，数字化技术的普及也在一定程度上促成了家务劳动时间的减少。疫情期间，远程办公、在线购物等数字化手段广泛应用于居民的生活和工作，使农村居民能够更高效地处理一些家务，从而减轻了传统的家务劳动负担，也改变了农村居民的生活习惯，如通过互联网解决一些购物、支付、信息查询事务。

第八节　小结

本章利用 2021 年中国时间利用调查数据，分析了城乡、不同年龄、不同受教育程度以及不同收入水平居民无酬劳动时间的性别差异，同时与 2017 年的情况进行比较分析。结果显示，女性无酬劳动时间远远高于男性，约为男性无酬劳动平均时长的 2.38 倍，男性、女性无酬劳动的差异不仅仅表现在平均时长上，也反映在所从事活动类型的灵活性上。男性、女性差异较大的常规家务劳动和照顾未成年人均属于灵活性较小的活动，在时间安排上更为固化的活动，对工作生活影响更明显。2017—2021 年，女性的无酬劳动时间在减少，男性的无酬劳动时间增加，无酬劳动的性别差异在缩小。

从城乡的视角来看，2021 年农村无酬劳动平均时长女性比男性多

1.90 小时/天，城镇无酬劳动平均时长女性比男性多 1.71 小时/天，农村无酬劳动性别差异高于城镇：农村照顾家人和亲戚平均时长女性比男性多 0.53 小时/天，城镇照顾家人和亲戚平均时长女性比男性多 0.33 小时/天，农村照顾家人和亲戚性别差异同样高于城镇。为了减轻农村女性家务劳动负担缩小城乡差异，政府可以加大对农村公共服务的提供，提高农村收入水平，推进农村服务业发展，鼓励农村女性进入劳动力市场，提升农村性别平等意识。同时，城镇居民无酬劳动时长由 2017 年的 1.97 小时/天下降至 2021 年的 1.66 小时/天，下降 15.7%；农村居民无酬劳动时长由 2017 年的 2.40 小时/天下降至 2021 年的 1.81 小时/天，下降 24.6%。农村居民无酬劳动时长下降幅度大于城镇居民，无酬劳动的城乡差异也在缩小。

从年龄的视角来看，婚姻和育儿对女性的影响大于男性。进入婚姻的女性，家务劳动时间随年龄的增长不断增加，家有孙辈的女性家务劳动时间达到最大。当家里有新生儿时，母亲的无酬劳动时间增加较多而父亲的无酬劳动时间增加较少，进一步扩大了无酬劳动的性别差异。同时，（外）祖父母也增加了照顾孩子的时间，但依旧是（外）祖母有更明显的增加。无酬劳动的性别差异随着生命历程发生的变化，揭示了家庭照料责任对女性自身发展的负面影响，这会影响女性的生育意愿。国家应该把实现"男女平等"的基本国策融入推行"三孩""延迟退休"政策中去，完善现有社会服务体系，加大对幼托服务的公共投入，推动社会服务的均等化，由社会和家庭共同承担育儿成本，在家庭内部男女更平等地分担照料责任。①

从教育的视角来看，教育有助于减少女性无酬劳动负担。教育性别差异的缩小，提高了女性在家庭的谈判力，进而减少了女性的无酬劳动时间。另外，教育可以改变传统的性别观念，鼓励男性分担家务和家庭照料。因此，国家在全面普及九年义务教育的基础上，应进一步推动高等教育大众化，确立基本公共教育服务体系，缩小城乡和地区教育差距，

---

① 肖洁：《生育的收入惩罚效应有多大——基于已婚女性收入分布的研究》，《东南大学学报》（哲学社会科学版）2017 年第 3 期。

完善国家助学制度，使农村女孩的教育权利得到更好保障。

从收入的视角来看，低收入男性、女性的家务劳动平均时长均大于中、高收入人群，比起经济状况好的家庭，低收入人群更可能面临着"时间和经济"的双重压力。他们没有经济能力购买社会化服务或现代化家电设备，所以花在家务劳动的时间更多，进而挤占了其有酬劳动时间。同时，低收入人群往往受教育水平低，尽管花在无酬劳动的时间长，但对孩子的高质量陪伴相对较少，他们为改善家庭经济状况将孩子留给祖辈看管（留守儿童），引起更多的社会问题。社会应该更多关注这一群体，提供有针对性的社会福利政策，帮助他们减轻生活压力，提升生活质量。

第 六 章

家庭内部性别分工

贝克尔开创性的经济议价理论认为，夫妻双方根据自身比较优势进行分工是最优方案，男性在劳动力市场上的经济效率优势使男性投入工作、女性从事家务劳动，这样的分工有利于个人或家庭福利的提高。[1] 性别认知促使"男主外、女主内"的传统分工方式长期保持。[2] 即使女性议价能力在不断提高，也不足以改变她们在无酬劳动方面的传统职能。一方面，夫妻双方相对收入、财产等家庭内部因素影响着女性的议价能力，[3] 进而影响家庭内男性、女性家务劳动时间分配方式。另一方面，对经济行为的理解也应将所在社会结构和社会关系考虑在内，社会规范、婚姻市场状况等家庭外部因素也将左右性别影响力。[4]

本章在梳理相关生育与就业政策的基础上，以夫妻在有酬劳动、无酬劳动、闲暇、自我照料等方面的时间配置为视角，利用2021年和2017年中国时间利用调查数据，分析中国家庭内部性别分工的变化，并同发达国家与转型国家的女性平等状况进行了比较。通过家庭内部性别分工

---

[1] Becker, G. S., "Human Capital, Effort, and the Sexual Division of Labor", *Journal of Labor Economics*, 1985, 3 (1); Becker, G. S., *A Treatise on the Family*, Cambridge Massachusetts: Harvard University Press, 1991.

[2] Thompson, L., Walker, A. J., "The Place of Feminism in Family Studies", *Journal of Marriage and Family*, 1995, 57 (4).

[3] Macphail, F., Dong X., "Women's Market Work and Household Status in Rural China: Evidence from Jiangsu and Shandong in the Late 1900s", *Feminist Economics*, 2007, 13 (3-4); Becker, G. S., "A Theory of the Allocation of Time", *The Economic Journal*, 1965, 75 (299).

[4] Granovetter, M., "Economic Institution as Social Construction: A Framework for Analysis", *Acta Sociologica*, 1992, 35.

的变化趋势，我们也能窥见女性在劳动力市场上的境况，对于落实男女平等基本国策、制定有利于两性共同发展的经济和社会政策、实现妇女全面发展具有重要现实意义。

第一节　就业与生育政策的制度变迁

妇女作为社会重要组成部分，其解放程度和发展水平直接影响到人类社会的总体发展状况。① 2005年8月，重新修订的《中华人民共和国妇女权益保障法》首次将男女平等作为基本国策写入法律。党的二十大报告强调，"坚持男女平等基本国策，保障妇女儿童合法权益"，这充分体现了以习近平同志为核心的党中央对男女平等基本国策的高度重视，彰显着男女平等基本国策是新时代中国共产党治国理政的重要内容。中国数据和联合国妇女署报告显示，在家庭中女性付出无酬劳动的数量高达男性的两倍以上。由于家务劳动并不在GDP的核算范畴内，无酬劳动增加所带来的有酬劳动减少和其他不平等现象往往与性别收入差距紧密结合，进一步凸显了性别平等的重要性。

就业政策方面，《2022年中国妇女职场现状调查报告》显示，61.2%的女性受访者在求职中被问到婚育状况，38.3%的女性受访者的职场前景受婚育影响，更有11.9%的女性受访者加薪受性别影响，女性在众多婚育性别问题上较男性受到更多困扰。② 面对激烈的市场竞争，用人单位不愿承担招聘婚龄及育龄妇女的潜在风险，求职过程中公开或隐蔽地歧视女性现象仍然存在。因此，人力资源和社会保障部、教育部等9部门《关于进一步规范招聘行为促进妇女就业的通知》进一步细化规定了用人单位在招聘过程中的禁止性行为，设置监管及处罚措施，并要求健全行政、司法、社会组织、公共媒体等多渠道保障力量，保障妇女平等就业权利的落实。《中华人民共和国妇女权益保障法》的修订过程中也进一步阐释了"歧视妇女"的含义，同《中华人民共和国就业促进法》《女职工劳动保护

---

① 《马克思恩格斯文集》第一卷，人民出版社2009年版。
② 智联招聘：《2022中国妇女职场现状调查报告》。

特别规定》《人力资源市场暂行条例》等共同维护妇女合法就业权。

此外,在人均寿命变长、工作年龄推后、老龄化较严重、养老金压力大的背景下,针对女性专业人员的政策,一方面有利于女性充分实现个人价值,另一方面也有利于社会人尽其才。

生育政策方面,从2002年的"双独二孩"政策、2013年"单独二孩"政策及2015年年底实施的"全面二孩"政策,再到2021年党中央再次根据人口形势作出"实施一对夫妻可以生育三个子女政策"。党的二十大报告强调"建立生育支持政策体系,降低生育、养育、教育成本",保障人民群众最基本的生育需求。工作、家庭、休闲公平既有利于增加人类福祉,也可能会增加生育意愿。职业女性生育后将遭遇的职业停滞与"工作—照顾"冲突会降低其生育意愿。[①] 从时间、经济、服务、就业、家庭友好氛围营造等方面来降低婚嫁与生养成本对于性别平等是至关重要的。[②] 经济成本、时间成本与机会成本等都包含在儿童养育成本之中,[③] 国家需采取政策工具来分担不同的儿童养育成本,帮助家庭减轻负担。

新修订的《妇女权益保障法》为妇女全面发展提供了更加坚实的法治保障,也实现了一系列重大突破,例如,第八条增设了开展政策法规"男女平等评估",有利于在政策法规制定过程中,及时发现对妇女权益的影响,将妇女权益和需求纳入立法和政策制定的过程。

《中国妇女发展纲要(2021—2030年)》围绕妇女健康、教育、经济、参与决策和管理、社会保障、家庭建设、环境、法律8个领域,共提出75项主要目标和93项具体措施。从国家统计局每年发布的《中国妇女发展纲要(2021—2030年)》统计监测报告数据中,我们也能见证妇女健康水平持续提高,受教育水平稳步提升,妇女经济社会地位不断提高,社会保障范围不断扩大,权益法治保障体系进一步健全。[④]

[①] 李月、成前、闫晓:《女性劳动参与降低了生育意愿吗?——基于子女照护需要视角的研究》,《人口与社会》2020年第2期。

[②] 《学者谈三孩全局性配套政策:"生育"不只"生孩子"这个节点》,https://m.163.com/baby/article/GHM4UNLU00367V0V.html? spss = adap_pc。

[③] 马春华:《中国家庭儿童养育成本及其政策意涵》,《妇女研究论丛》2018年第5期。

[④] 国家统计局:《2021年〈中国妇女发展纲要(2021—2030年)〉统计监测报告》,http://www.stats.gov.cn/sj/zxfb/202304/t20230417_1938687.html。

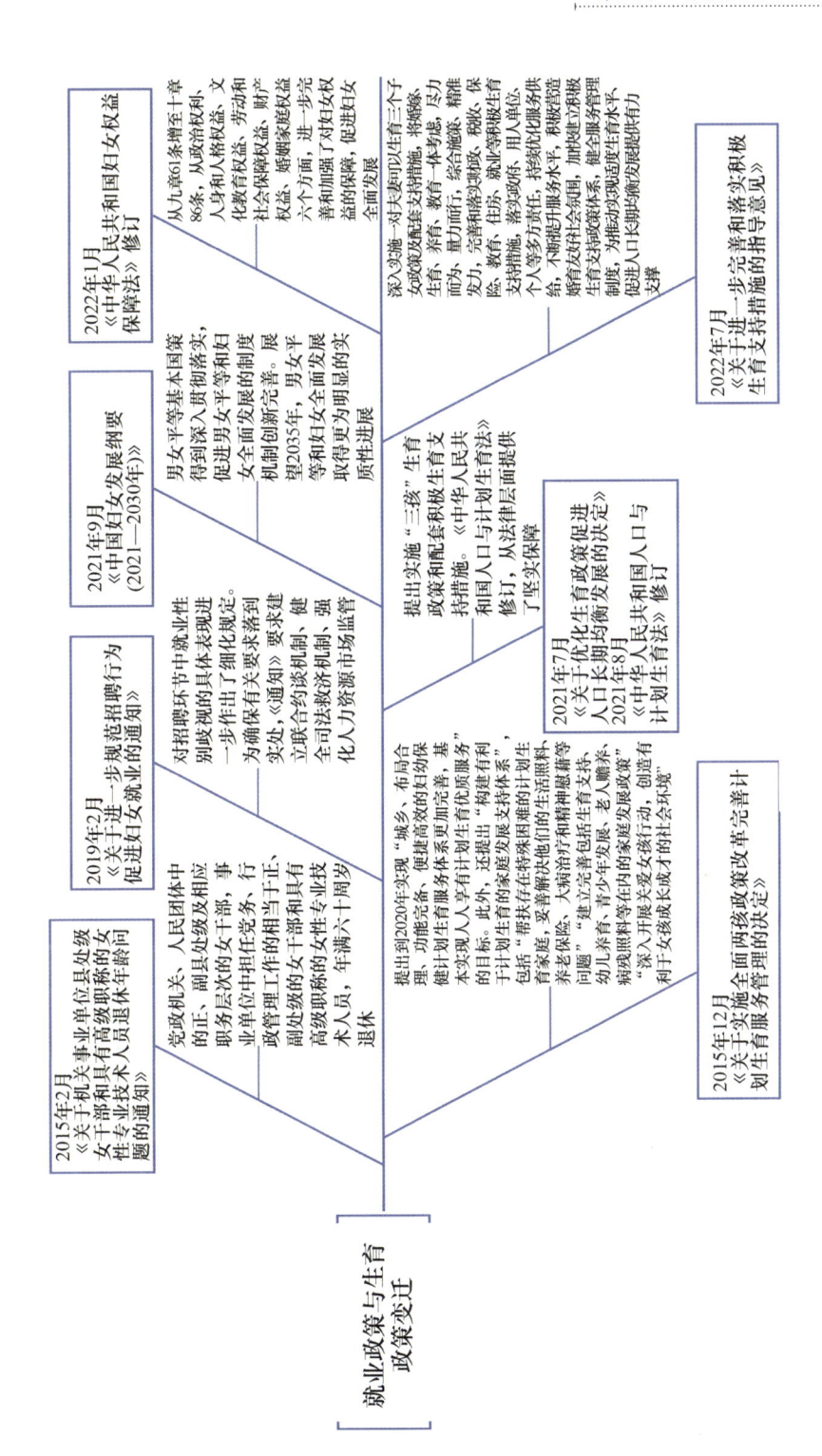

图 6-1 就业与生育政策变迁

第二节　家庭—工作平衡的性别差异

本节使用的数据来自 2017 年和 2021 年内蒙古大学时间利用调查。样本聚焦于 22—64 岁已婚并与配偶生活在一起的居民。2017 年样本共有 6459 个家庭、12918 个个体，2021 年样本共有 2890 个家庭、5780 个个体。

我们采用女性与男性时间比率作为衡量性别差异的指标，[①] 该比率等于 1 时无差异，大于和小于 1 时均为有差异。相比性别时间差距，性别时间比率剔除了基数的影响。例如，家庭 A 女性日均无酬劳动时间是 3 小时，男性是 1 小时，性别时间差距为 2 小时；家庭 B 女性日均无酬劳动时间是 1.5 小时，男性是 0.5 小时，性别时间差距是 1 小时。这两个家庭的女性无酬劳动时间都是男性的 3 倍，性别时间比率同为 3，性别差异是相同的。

就业率是衡量一个国家或地区人口就业程度的指标，文献中有三种计算方式：一是就业人口占总人口比重，也称粗就业率；二是 16 岁及以上就业人口占同龄人口比重，也称一般就业率、净就业率；三是就业人口占经济活动人口（就业人口与失业人口之和）的比重。本章使用第二种指标进行测算。

一　总体情况

在分析家庭内部已婚男性（丈夫）和已婚女性（妻子）时间利用变化之前，首先分析 2017 年、2021 年就业率的变化。总体上，中国居民的就业率仍然处于高水平，但存在明显的性别差异。2021 年男性、女性就业率分别为 81.9%、64.5%，2017 年男性、女性就业率分别为 81.6%、65.4%，2017—2021 年男性就业率小幅增加、女性就业率小幅降低，且女性和男性的就业率差距从 16.2 个百分点扩大为 17.4 个百分点，就业率的性别差异显著。

[①] 这种方法在国际文献中很普遍，参见世界经济论坛《2021 年全球性别差距报告》。

图 6—2 显示，中国居民就业率随年龄增加呈现出先上升后下降的趋势。分性别来看，相比 2017 年，2021 年 22—27 岁的男性就业率有较大提升，28—48 岁的男性就业率略有上升，超过 48 岁后，男性就业率在 2021 年有所下降。同样，2021 年 30 岁以下的女性就业率比 2017 年高，30—42 岁的女性就业率略低于 2017 年，43 岁以后女性就业率在 2021 年下降更多。

图 6—3 显示，孩子所处年龄段对于女性就业率影响随孩子年龄增加而减小，对于男性就业率影响不大。由于 2017 年调查样本年龄为不小于 3 岁，而 2021 年调查无年龄限制，故缺失了 2017 年有 0—2 岁孩子家庭的男性与女性就业率样本值。同时，选取了只有 1 个孩子的家庭绘制成图 6—3，以保证可比性。总体上，2021 年，男性就业率较 2017 年波动不大且总体高于女性就业率，有 3—12 岁孩子及无孩子家庭中的男性就业率略高于 2017 年，有 13—18 岁孩子家庭中的男性就业率略低于 2017 年。2021 年，有 3—6 岁、13—15 岁孩子及无孩子家庭的女性就业率高于 2017 年，但有 7—12 岁、16—18 岁孩子家庭的女性就业率则低于 2017 年。

具体而言，家中有 3—6 岁孩子的女性，其就业率由 2017 年的 73.7% 升至 2021 年的 77.3%，上升 3.6 个百分点；家中有 7—12 岁孩子的女性，其就业率由 2017 年的 83.6% 降至 2021 年的 78.0%，下降 5.6 个百分点；家中有 13—15 岁孩子的女性，其就业率由 2017 年的 80.7% 升至 2021 年的 80.9%，小幅上升 0.2 个百分点；家中有 16—18 岁孩子的女性，其就业率由 2017 年的 84.09% 升至 2021 年的 84.13%，小幅上升 0.04 个百分点。此外家中无 0—18 岁孩子的女性，其就业率由 2017 年的 75.6% 升至 2021 年的 77.5%，上升 1.9 个百分点。有 3—6 岁孩子家庭的女性就业率正向变化程度最大，有 7—12 岁孩子家庭的女性就业率负向变化程度最大。对比 2021 年不同家庭结构的女性就业率，有 0—6 岁孩子家庭的女性就业率低于没有 0—18 岁孩子家庭，其他家庭结构女性就业率均高于没有 0—18 岁孩子家庭。

表 6—1 报告了中国家庭内部分性别时间利用情况。中国家庭内部劳动分工存在明显的性别差异：妻子比丈夫在无酬劳动上花费更多的时间，

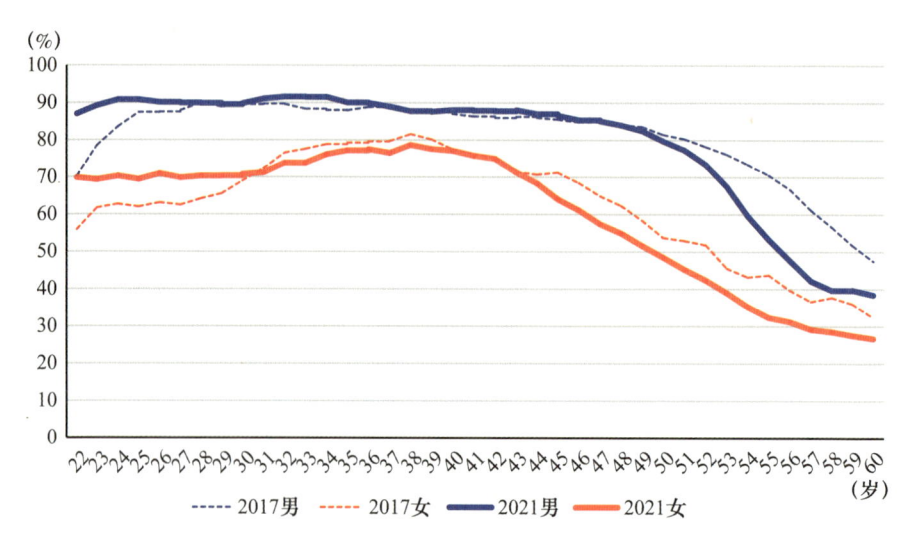

图 6—2　不同年龄居民的就业率

注：考虑到在计算时样本量小可能产生偏误，故此处使用扩大的样本，即将 2021 年和 2017 年家庭金融调查与时间利用调查结合在一起，并且未限定样本的婚姻状况。

其次为个人照料，而丈夫比妻子享受更多闲暇，但在工作上付出更大的努力，但妻子的总劳动时间高于丈夫，上述性别差异都很显著。这一基本模式与利用其他调查数据的研究结果一致。①

表 6—1　　　　　中国家庭时间利用性别差异和变化　　　　单位：小时/天

	2021 年				2017 年			
	男	女	女/男	diff（男—女）	男	女	女/男	diff（男—女）
有酬劳动	7.21	5.35	0.74	13.71 ***	7.36	5.14	0.70	25.81 ***
无酬劳动	1.24	3.30	2.66	-27.89 ***	1.15	3.66	3.18	-48.31 ***
#家务劳动	0.65	2.04	3.14	-31.04 ***	0.57	2.21	3.88	-51.25 ***

---

① 杨菊华：《时间利用的性别差异——1990—2010 年的变动趋势与特点分析》，《人口与经济》2014 年第 5 期；刘娜、Anne de Bruin：《家庭收入变化、夫妻间时间利用与性别平等》，《世界经济》2015 年第 11 期；许琪：《时间都去哪儿了？——从生命历程的角度看中国男女时间利用方式的差异》，《妇女研究论丛》2018 年第 4 期。

续表

	2021 年				2017 年			
	男	女	女/男	diff（男一女）	男	女	女/男	diff（男一女）
#照料家人	0.49	1.08	2.20	-8.94 ***	0.46	1.27	2.76	-18.50 ***
#购买商品和服务	0.10	0.18	1.80	-2.46 **	0.11	0.18	1.64	-7.04 ***
总劳动	8.44	8.65	1.02	-3.76 ***	8.51	8.80	1.03	-5.11 ***
闲暇	3.99	3.57	0.89	5.90 ***	4.08	3.64	0.89	8.16 ***
自我照料	11.55	11.74	1.02	-2.03 **	11.38	11.53	1.01	-3.37 ***
就业率（%）	81.86	64.49	0.79	-15.77 ***	81.63	65.43	0.80	-20.34 ***
月劳动收入（元）	4829.32	3738.44	0.77	3.42 ***	3968.50	3018.19	0.76	6.60 ***
观测值	2890	2890	—	—	6459	6459	—	—

注：*、**、***分别表示在10%、5%和1%的水平下显著。

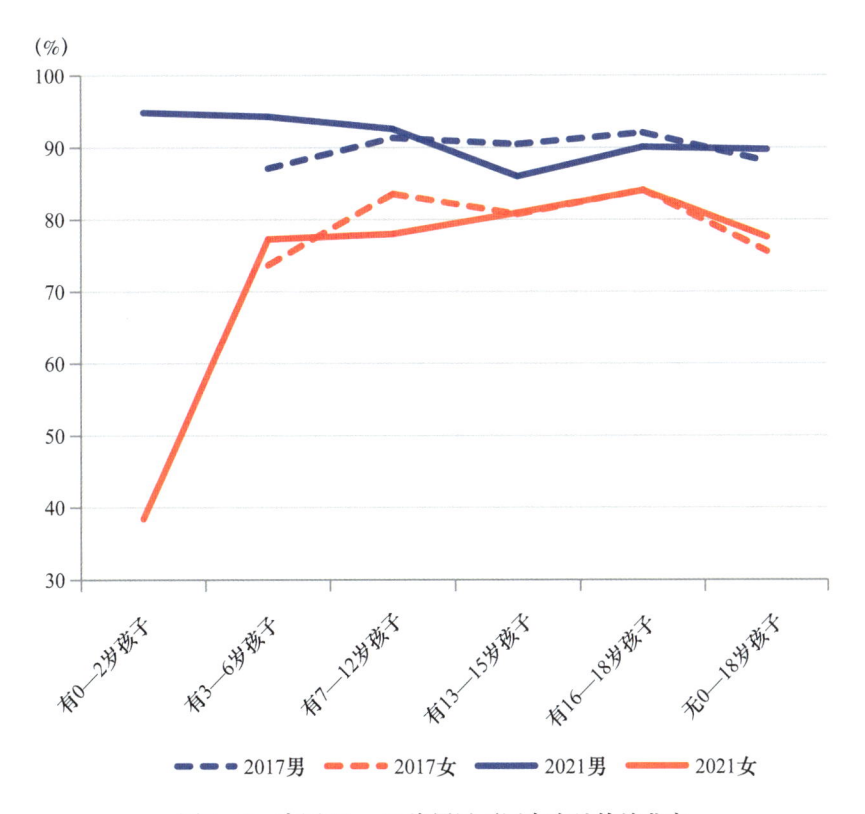

图6—3 中国22—49岁居民不同家庭结构就业率

相比2017年，2021年男性的有酬劳动时间略有减少，而女性的有酬劳动时间略有增加。同时，无酬劳动则相反，男性的无酬劳动时间平均值有小幅度增加，从1.15小时提升至1.24小时，而女性的无酬劳动时间则由3.66小时减少至3.30小时。男性无酬劳动时间增加是由于家务劳动和照顾家人时间的增加而导致的。此外，有酬劳动、无酬劳动时间在两性间的分布均更倾向均匀，体现在女性与男性有酬劳动时间比率从0.70增加至0.74，无酬劳动时间比率从3.18减少至2.66。家庭中母亲照料家人付出时间的占比虽仍比父亲大，但有所下降。与2017年相比，两性的总劳动时间都有所减少，性别差异有小幅度缩小。男性和女性闲暇时间都有所减少、自我照料时间有所增加。闲暇时间性别差异保持不变，自我照料时间的性别差异稍有扩大。2021年居民就业率男增女减，月劳动收入均有所增加，但性别差距略有缩小，主要体现在女性和男性月劳动收入分别增加了23.8%和21.7%，女性月劳动收入增幅更高。

表6—2报告了双收入家庭的时间利用情况。2021年，双收入家庭的男性、女性有酬劳动时间、总劳动时间均高于全样本平均值，而无酬劳动时间、闲暇时间、自我照料时间均低于全样本平均值。双收入家庭较长的总劳动时间挤占了闲暇和自我照料的时间。且双收入家庭的分工模式也遵循与全样本一致的分工模式，相比全样本值更高的女性总劳动时间也体现了：职业女性同时肩负着家庭和社会的双重责任。2021年双收入家庭除自我照料时间以外其他指标的性别差异显著。此外，双收入家庭男性分担了27.9%的无酬劳动，比全样本水平的27.3%更高。双收入家庭男性、女性的月劳动收入比全样本分别增加2.1%和4.0%。2021年，双收入家庭相较于全样本，有酬劳动、无酬劳动、自我照料时间和月劳动收入的性别差异更小，但总劳动、闲暇时间性别差异更大。就业对于女性收入提升、收入性别不平等的改善起到重要作用。

表6—2　　　　双收入家庭内部时间利用性别差异和变化　　　　单位：小时/天

	2021年				2017年			
	男	女	女/男	diff（男—女）	男	女	女/男	diff（男—女）
有酬劳动	8.14	7.01	0.86	7.72***	8.43	6.82	0.81	15.03***
无酬劳动	0.97	2.51	2.59	-18.64***	0.93	2.84	3.05	-31.84***
#家务劳动	0.52	1.63	3.13	-21.03***	0.48	1.8	3.75	-35.94***
#照料家人	0.38	0.81	2.13	-5.04***	0.36	0.9	2.5	-10.95***
#购买商品和服务	0.08	0.06	0.75	-0.04	0.09	0.14	1.56	-3.00***
总劳动	9.11	9.52	1.05	-3.47***	9.36	9.66	1.03	-5.09***
闲暇	3.45	2.95	0.86	4.74***	3.38	2.99	0.88	7.47***
自我照料	11.43	11.5	1.01	-0.59	11.23	11.32	1.01	-1.49
月劳动收入（元）	4928.65	3886.21	0.79	3.32***	4203.55	3240.77	0.77	6.22***
观测值	1729	1729	—		3776	3776	—	

注：*、**、***分别表示在10%、5%和1%的水平下显著。

相比2017年，2021年男性的有酬劳动时间有所减少，女性的有酬劳动时间有所增加，无酬劳动时间则相反，这是由于男性的家务劳动和照料家人时间均增加，女性此类时间均减少而引致的。此外，有酬劳动、无酬劳动时间的性别差异都如同全样本的情况有所缩小。但是在两性总劳动时间都减少的情况下，男性总劳动减少率为2.7%，相比女性的总劳动减少率1.5%而言较高，故性别差异有所扩大。2021年，双收入家庭的妻子闲暇时间减少、丈夫闲暇时间增加；自我照料时间则均有上升，且男性自我照料时间增长率为1.8%，相比女性的自我照料时间增长率1.6%而言较高。但是从性别差异角度看，闲暇的性别差异仍小幅扩大，但自我照料的性别差异基本不变。闲暇时间作为个人自由的可支配时间，人们得以解除体力上的疲劳，同时获得精神上的慰藉。[①] 被压缩的女性闲暇时间是女性福利受影响的缩影，削减了女性用以恢复精力并维持身心健康与追寻个人精神发展的时间。2017—2021年，月劳动收入增加的同

[①] 马惠娣：《人类文化思想史中的休闲——历史、文化、哲学的视角》，《自然辩证法研究》2003年第1期。

时,月劳动收入的性别差异缩小。双收入家庭女性收入占比由43.5%增加至44.1%,女性的经济依赖性有所减弱。①

二 城乡家庭内部时间利用性别差异

城乡居民时间利用模式存在明显差异。故此处从城乡视角剖析家庭内部时间利用性别差异。表6—3报告了城镇和农村家庭时间利用状况和变化趋势。

2021年,农村家庭男性、女性的有酬劳动时间、总劳动时间及农村女性的无酬劳动时间均高于城镇家庭和全样本水平。农村家庭男性的无酬劳动时间、农村男性与女性的闲暇时间均低于城镇家庭和全样本水平。农村家庭自我照料时间性别差异并不显著,呈男女相同的趋势,异于全样本夫妻间时间分配的模式。此外,其他时间在夫妻间的分配模式与全样本相同,且性别差异均显著。此外,城镇、农村家庭中男性分担了无酬劳动的28.3%、25.4%,农村女性比城市女性承担更多家务与工作负担,享有更少的闲暇与自我照料时间。农村家庭男性、女性就业率分别比城镇家庭增加了11.7个和13.8个百分点,但男性、女性月劳动收入均比城镇家庭低。农村家庭在就业率、有酬劳动时间方面均高于城镇水平,劳动的负担更重,但月劳动收入仍远低于城镇家庭和全样本水平,故农村家庭低效率的现象仍然存在。2021年,农村家庭的两性在有酬劳动、自我照料、就业率、月劳动收入方面相比城镇家庭更为平等,城镇家庭的两性在无酬劳动、总劳动、闲暇方面更为平等。

相比2017年,有酬劳动时间方面,2021年城镇、农村男性的有酬劳动均减少,而女性的有酬劳动时间均有所增加。在农村性别差异缩小的项目(有酬劳动、无酬劳动、就业率、月劳动收入)中,农村男性的减少值、减少率较城镇男性都更大,农村女性的增加值、增长率较城镇女性都更大;且性别差距都缩小了,归因于有酬劳动时间"男减女增"。无酬劳动普遍呈现"男增女减"的趋势,城镇女性无酬劳动减少更多但减少率次于农

---

① 笔者只计算了城镇家庭女性在家庭总劳动收入占比,因为农村家庭劳动收入包括家庭农业经营收入无法量化个人的贡献。

村女性,农村男性无酬劳动增加值、增速都更高(见表6—3)。在性别差距均有所减小的情况下,农村性别差距变化更大。

表6—3　　城镇和农村家庭内部时间利用性别差异和变化　　单位:小时/天

	2021年				2017年			
	男	女	女/男	diff (男—女)	男	女	女/男	diff (男—女)
城镇家庭								
有酬劳动	7.16	5.29	0.74	10.43***	7.26	5.16	0.71	20.29***
无酬劳动	1.26	3.20	2.54	−20.76***	1.22	3.49	2.86	−38.19***
#家务劳动	0.61	1.90	3.11	−23.39***	0.57	2.02	3.54	−40.77***
#照料家人	0.54	1.04	1.93	−6.68***	0.52	1.24	2.38	−14.78***
#购买商品和服务	0.12	0.26	2.17	−3.19**	0.13	0.23	1.77	−8.19***
总劳动	8.42	8.48	1.01	−2.01**	8.48	8.65	1.02	−3.55***
闲暇	4.14	3.74	0.90	4.47***	4.22	3.78	0.90	7.01***
自我照料	11.42	11.72	1.03	−3.11***	11.28	11.54	1.02	−4.38***
就业率(%)	77.46	59.30	0.77	−12.43***	78.87	62.50	0.79	−16.66***
月劳动收入(元)	5522.07	4029.66	0.73	3.48***	4453.67	3407.51	0.77	6.24***
观测值	1622	1622	—	—	4339	4339	—	—
农村家庭								
有酬劳动	7.29	5.45	0.75	8.95***	7.52	5.11	0.68	16.14***
无酬劳动	1.19	3.49	2.93	−18.65***	1.04	3.90	3.75	−29.67***
#家务劳动	0.72	2.27	3.15	−20.48***	0.58	2.48	4.28	−31.20***
#照料家人	0.41	1.17	2.85	−5.95***	0.38	1.30	3.42	−11.14***
#购买商品和服务	0.06	0.05	0.83	0.96	0.09	0.12	1.33	−0.21
总劳动	8.48	8.94	1.05	−3.52***	8.56	9.01	1.05	−3.86***
闲暇	3.89	3.26	0.84	3.88***	3.87	3.43	0.89	4.22***
自我照料	11.78	11.78	1.00	0.44	11.54	11.53	1.00	0.35
就业率(%)	89.12	73.12	0.82	−10.13***	85.85	69.67	0.81	−11.87***
月劳动收入(元)	3007.19	2626.76	0.87	2.46**	2609.12	1687.69	0.65	6.31***
观测值	1268	1268	—	—	2120	2120	—	—

注:*、**、***分别表示在10%、5%和1%的水平下显著。

2021年总劳动时间较2017年均有所减少,城镇女性的总劳动时间减少率为2.0%,相比城镇男性总劳动时间减少率0.7%而言较高,而农村女性的总劳动时间减少率为0.8%,相比农村男性总劳动时间减少率0.93%而言较低,体现了城镇男性增加无酬劳动时间对缩小城镇总劳动时间的性别差距产生了积极效应,但农村的总劳动时间性别差距仍保持不变。城镇居民闲暇时间均小幅减少,而农村男性闲暇时间稍有增加,女性闲暇时间减少量、减少率都更大,故城镇闲暇时间性别差异不变,农村闲暇时间性别差异拉大。自我照料时间方面,男性和女性个人照料时间均有增加,农村男性、女性增加量和增速都较城镇更大,农村较城镇而言自我照料时间的性别差异更小。城镇两性的就业率减少,而农村两性的就业率增加,城镇的就业率性别差距仍在进一步扩大,农村的就业率性别差异有所缩小。在月收入都有增长的情况下,相比城镇家庭扩大的月劳动收入性别差异,农村家庭月劳动收入性别差异缩小。女性对家庭收入的贡献方面,城镇家庭中女性的收入占比由2017年的43.3%缩小至2021年的42.2%,农村家庭中女性的收入占比由2017年的39.3%增加至2021年的46.6%,农村女性的经济依赖性减弱了。进而农村家庭相比城镇家庭在无酬劳动时间、总劳动时间、闲暇时间方面更不平等。而在有酬劳动时间、自我照料、就业率、月劳动收入性别差异上,相较城镇更平等。由此可见,中国居民"二元"结构差异在时间利用模式上也体现得很明显。

三 学龄前儿童对家庭内部时间利用的影响和性别差异

女性婚育及子女数量增加会显著降低已婚女性的劳动供给,并且降低女性的工作时间投入和工资水平。[①] 表6—4报告了有无0—6岁孩子对于家庭内部时间利用的影响。2021年,有学龄前儿童家庭男性的有酬劳动时间、男性和女性的无酬劳动时间、总劳动时间、自我照料时间均高于无学龄前儿童家庭和全样本的平均水平。而有学龄前儿童家庭女性的有酬劳动时间、男性和女性的闲暇时间则低于无学龄前儿童家庭和全样本的平均水平。有0—6岁孩子家庭的总劳动时间不同于全样本的"女多男少"的模式,近乎保持平等并在统计上性别差异不显著,而其他时间

---

① 张川川:《子女数量对已婚女性劳动供给和工资的影响》,《人口与经济》2011年第5期。

利用模式与全样本相同,除了无学龄前儿童家庭自我照料时间,其他各时间的性别差异均显著。此外,有、无学龄前儿童家庭的男性分别分担了家庭无酬劳动的26.6%、27.6%,有学龄前儿童家庭中男性并没有分担更多的无酬劳动。2021年,相比无学龄前儿童的家庭,有学龄前儿童家庭的男性参与有酬劳动更多,女性参与有酬劳动更少。有学龄前儿童家庭的就业率和月劳动收入都高于无学龄前儿童的家庭和全样本水平。

通过2017—2021年的时间配置横向比较,我们很容易发现,有酬劳动时间方面,有学龄前儿童家庭的男性和女性有酬劳动时间增加了,无学龄前儿童家庭的男性和女性有酬劳动时间减少了,并且有酬劳动时间的性别差异均有所缩小。对应于有酬劳动,无学龄前儿童家庭在无酬劳动时间配置上的变化与全样本一致,为"男增女减",而有学龄前儿童家庭的无酬劳动时间均有减少,可能来源于这类家庭有酬劳动时间增加的挤压。性别差异均有缩小,且在有学龄前儿童的家庭中变化程度更大。有学龄前儿童家庭女性有酬劳动增加、无酬劳动减少也是一种积极的趋势。2017—2021年,总劳动时间呈现与有酬劳动相同的趋势,总劳动时间性别差异在有、无学龄前儿童家庭内均有所缩小。闲暇时间在两类家庭中被其他活动挤出了一些,呈减少趋向,但在有学龄前儿童家庭中减少量、减少率更大。自我照料时间在两类家庭、两性层面上均有所增加,性别差异更体现为女性的自我照料时间多于男性,性别差异在有、无学龄前儿童家庭分别呈缩小、扩大倾向。有学龄前儿童家庭男性的自我照料时间变化值最大、增长率最高。

由表6—4可以看出,相比2017年,2021年有学龄前儿童家庭的男性、女性就业率都有所上升,分别为从84.25%升至90.83%、从58.38%升至63.24%,而无学龄前儿童的家庭两性的就业率均有所减少。同时,虽然在无学龄前儿童家庭中就业率更平等,但有学龄前儿童家庭就业率性别差距缩小、无学龄前儿童家庭就业率性别差异扩大。月劳动收入方面,2017—2021年月劳动收入均有所提高,无学龄前儿童的家庭上涨幅度男性为15.1%、女性为18.3%,有学龄前儿童的家庭男性和女性月劳动收入上涨幅度更大,分别为40.6%和42.5%。

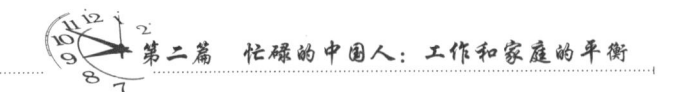

表6—4　　　　有无0—6岁儿童家庭内部时间利用性别
差异和变化　　　　　　　　　单位：小时/天

	2021年				2017年			
	男	女	女/男	diff（男—女）	男	女	女/男	diff（男—女）
有0—6岁儿童家庭								
有酬劳动	7.86	5.25	0.67	8.26***	7.62	4.25	0.56	18.76***
无酬劳动	1.49	4.11	2.76	-12.49***	1.55	5.06	3.26	-27.77***
#家务劳动	0.52	1.72	3.31	-11.21***	0.43	1.93	4.49	-24.58***
#照料家人	0.87	2.30	2.64	-7.09***	0.98	2.94	3.00	-16.48***
#购买商品和服务	0.10	0.09	0.90	-0.25	0.14	0.19	1.36	-2.22**
总劳动	9.35	9.36	1.00	-0.88	9.17	9.31	1.02	-3.38***
闲暇	2.93	2.49	0.85	2.93***	3.41	2.77	0.81	7.32***
自我照料	11.71	12.10	1.03	-2.02**	11.40	11.87	1.04	4.40***
就业率（%）	90.83	63.24	0.70	-10.82***	84.25	58.38	0.69	-15.23***
月劳动收入（元）	5588.94	4383.25	0.78	1.10	3982.01	3075.09	0.77	3.17***
观测值	559	559	—	—	1641	1641	—	—
无0—6岁儿童家庭								
有酬劳动	6.97	5.38	0.77	11.25***	7.25	5.52	0.76	19.09***
无酬劳动	1.15	3.02	2.63	-25.25***	0.98	3.05	3.11	-40.89***
#家务劳动	0.70	2.15	3.07	-29.14***	0.63	2.32	3.68	-45.09***
#照料家人	0.35	0.65	1.86	-6.14***	0.24	0.55	2.29	-10.87***
#购买商品和服务	0.10	0.21	2.10	-2.56**	0.10	0.18	1.80	-6.88***
总劳动	8.12	8.40	1.03	-3.74***	8.23	8.58	1.04	-4.03***
闲暇	4.37	3.95	0.90	5.23***	4.37	4.01	0.92	5.59***
自我照料	11.49	11.61	1.01	-1.26	11.37	11.39	1.00	-1.37
就业率（%）	79.21	64.86	0.82	-12.40***	80.51	68.46	0.85	-14.76***
月劳动收入（元）	4561.17	3544.76	0.78	3.28***	3962.45	2996.73	0.76	5.70***
观测值	2331	2331	—	—	4818	4818	—	—

注：*、**、*** 分别表示在10%、5%和1%的水平下显著。

四　不同受教育程度家庭内部时间利用性别差异

下文比较了父亲不同受教育程度的家庭内部时间利用的性别差异。按家庭中男性受教育程度将样本家庭分为初中及以下、高中和中专、大专及以上。表6—5报告了这三类家庭时间利用情况。

表6—5 不同受教育程度家庭内部时间利用性别差异和变化   单位：小时/天

	2021年				2017年			
	男	女	女/男	diff（男－女）	男	女	女/男	diff（男－女）
初中及以下								
有酬劳动	7.33	5.25	0.72	11.37***	7.43	5.22	0.70	20.07***
无酬劳动	1.09	3.47	3.18	－23.84***	1.06	3.68	3.47	－39.56***
#家务劳动	0.67	2.37	3.54	－26.28***	0.56	2.38	4.25	－43.38***
#照料家人	0.35	0.98	2.80	－7.41***	0.41	1.14	2.78	－13.89***
#购买商品和服务	0.07	0.12	1.71	－0.73	0.10	0.16	1.60	－4.24***
总劳动	8.42	8.71	1.03	－3.50***	8.49	8.90	1.05	－5.07***
闲暇	3.97	3.50	0.88	4.83***	4.12	3.65	0.89	6.19***
自我照料	11.61	11.75	1.01	－0.93	11.38	11.42	1.00	－0.22
就业率（%）	82.50	64.75	0.78	－12.56***	80.26	65.76	0.82	－14.94***
月劳动收入（元）	2926.92	2260.90	0.77	4.14***	2573.10	1900.68	0.74	9.01***
观测值	1877.00	1877.00	—	—	3936	3936		
高中和中专								
有酬劳动	6.66	5.22	0.78	5.37***	7.12	4.69	0.66	12.57***
无酬劳动	1.36	3.36	2.47	－12.3***	1.29	3.83	2.97	－23.06***
#家务劳动	0.64	1.90	2.97	－13.49***	0.66	2.18	3.30	－23.60***
#照料家人	0.57	1.11	1.95	－4.75***	0.49	1.40	2.86	－9.68***
#购买商品和服务	0.15	0.34	2.27	－1.78*	0.13	0.25	1.92	－4.67***
总劳动	8.02	8.58	1.07	－2.50**	8.41	8.53	1.01	－2.05**
闲暇	4.51	3.74	0.83	3.45***	4.25	3.87	0.91	4.29***
自我照料	11.44	11.62	1.02	－0.78	11.28	11.58	1.03	－3.33***
就业率（%）	75.08	56.34	0.75	－7.20***	77.73	58.35	0.75	－10.31***
月劳动收入（元）	3746.24	3220.17	0.86	3.06***	3940.45	2728.89	0.69	3.00***
观测值	585	585	—	—	1473	1473		
大专及以上								
有酬劳动	7.43	5.65	0.76	5.63***	7.42	5.43	0.73	10.41***
无酬劳动	1.40	2.93	2.09	－8.38***	1.27	3.32	2.61	－15.84***
#家务劳动	0.62	1.50	2.42	－9.91***	0.53	1.62	3.06	－15.26***
#照料家人	0.68	1.25	1.84	－2.34**	0.63	1.52	2.41	－7.48***
#购买商品和服务	0.10	0.18	1.80	－2.06**	0.12	0.17	1.42	－3.53***
总劳动	8.83	8.58	0.97	0.62	8.70	8.75	1.01	－0.04
闲暇	3.60	3.55	0.99	1.17	3.75	3.32	0.89	3.19***

续表

	2021 年				2017 年			
	男	女	女/男	diff（男—女）	男	女	女/男	diff（男—女）
自我照料	11.53	11.81	1.02	-2.65***	11.49	11.86	1.03	-4.42***
就业率（%）	86.76	71.07	0.82	-6.58***	90.91	73.02	0.80	-10.04***
月劳动收入（元）	7986.64	5222.72	0.65	3.77***	6106.32	4691.11	0.77	5.57***
观测值	423	423	—	—	1125	1125	—	—

注：*、**、***分别表示在 10%、5% 和 1% 的水平下显著。

学历最高组家庭的男性和女性有酬劳动时间、男性无酬劳动时间、男性总劳动时间、女性自我照料时间均高于其他学历组家庭。而学历最高组家庭女性的无酬劳动时间、男性的闲暇时间均低于其他学历组家庭。且学历最高组家庭在总劳动时间分配上也是"男多女少"，与全样本模式不同，虽然这种性别差异还不明显，而其他时间的分配模式在不同学历组家庭中普遍存在且性别差异也大多很显著。自我照料时间方面，只有最高学历家庭存在女性显著高于男性的性别差异，其他类型家庭内两性自我照料时间差异都不明显。此外，在学历依次递增三组中男性分担无酬劳动比例分别为 23.9%、28.8%、32.3%，也侧面反映了随着受教育水平提升，女性议价能力逐步提升且一些束缚女性的传统认知得到改善，女性更多地从家务劳动中解放出来，去追寻更全面的发展。另一个明显的趋势是家庭中男性学历越高，无酬劳动性别差异越小，男性将分担更多无酬劳动。在就业率及月劳动收入方面，高学历家庭组的优势也展现得淋漓尽致，教育在劳动市场上的回报丰厚。同样，学历最高组的闲暇性别差异也最小，两性间差异不显著，达到近乎平等的水平。就业率的性别平等程度也在学历最高组达到最高。但月劳动收入性别差距中，学历对于性别平等的正向效应减弱。总体上，高学历在无酬劳动、总劳动、闲暇、就业率的性别平等方面影响是很积极的。

横向对比三类受教育程度家庭时间分配情况可以看出，2017—2021 年，有酬劳动方面，学历最低组和中等组都呈"男减女增"趋势，学历最高组两性有酬劳动则均有增加，而女性的增长率为 4.1%，超过男性增长率；且性别平等程度均有所增加。无酬劳动时间均体现为男性配置时间增加、女性配置时间减少的规律,性别导致的无酬劳动时间分配不均问题得到显著改善。其中,男性分配在家务劳动和照料家人的时间都有所增加,性别差距减少。总劳动时间均有所减少,只有大专及以上学历组男性、高中和中专组女性的总劳动时间有所增加。闲暇时间在学历最高组女性、学历中等组男性中有所增加,其他群体的闲暇时间均有减少,闲暇时间性别差异在学历最高组缩小、在其他组扩大。两性分配的自我照料时间在前两组中都很均衡,2021年较2017年自我照料时间均有所增加,性别差异不显著,而在学历最高组自我照料时间呈"男增女减"且性别差异明显。

2017—2021年,除了学历最低组男性,就业率均减少,学历最高组的男性就业率下降更明显。除了学历最低组,其他两组的就业率性别差异缩小或不变。2017—2021年,近乎每一类型家庭月劳动收入都上升了,其中,三种家庭类型的男性月劳动收入增长率分别为13.8%、-5.0%、30.8%,三种家庭类型的女性月劳动收入增长率分别为19.0%、18.0%、11.3%,高学历家庭男性收入增势更猛。

五 不同收入水平家庭内部时间利用性别差异

工资率、家庭财产与家庭成员时间配置变化密切相关。故下文按省份将家庭总收入分为低、中、高三组,表6—6报告了这三组家庭2017年、2021年家庭内部时间配置情况。

表6—6 不同收入水平家庭内部时间利用性别差异和变化 单位:小时/天

	2021年				2017年			
	男	女	女/男	diff(男—女)	男	女	女/男	diff(男—女)
低收入家庭								
有酬劳动	6.66	4.57	0.69	7.49***	7.06	4.94	0.70	14.53***
无酬劳动	1.43	3.91	2.73	-17.86***	1.23	3.79	3.08	-28.11***
#家务劳动	0.83	2.61	3.14	-20.35***	0.69	2.48	3.59	-30.15***
#照料家人	0.50	1.05	2.10	-5.21***	0.45	1.18	2.62	-9.73***
#购买商品和服务	0.11	0.25	2.27	-0.32	0.09	0.13	1.44	-2.51**

续表

	2021年				2017年			
	男	女	女/男	diff（男—女）	男	女	女/男	diff（男—女）
总劳动	8.10	8.48	1.05	-4.03***	8.29	8.73	1.05	-3.82***
闲暇	4.19	3.63	0.87	4.34***	4.17	3.78	0.91	4.01***
自我照料	11.70	11.86	1.01	0.57	11.53	11.47	0.99	0.69
就业率（%）	75.08	59.43	0.79	-8.27***	77.22	62.93	0.81	-10.64***
观测值	970	970			2161	2161		
中收入家庭								
有酬劳动	7.32	5.74	0.78	7.46***	7.42	5.01	0.68	15.64***
无酬劳动	1.27	3.14	2.47	-14.55***	1.10	3.81	3.46	-29.42***
#家务劳动	0.67	1.97	2.94	-17.18***	0.52	2.23	4.29	-31.83***
#照料家人	0.50	0.99	1.98	-4.24***	0.47	1.37	2.91	-11.08***
#购买商品和服务	0.10	0.18	1.80	-1.95*	0.10	0.22	2.20	-5.15***
总劳动	8.59	8.87	1.03	-1.47	8.51	8.82	1.04	-2.99***
闲暇	3.78	3.44	0.91	2.76***	4.13	3.66	0.89	5.17***
自我照料	11.62	11.65	1.00	-1.39	11.32	11.50	1.02	-2.70***
就业率（%）	80.63	63.05	0.78	-9.9***	81.11	62.59	0.77	-12.87***
观测值	961	961			2156	2156		
高收入家庭								
有酬劳动	7.51	5.60	0.75	8.86***	7.60	5.46	0.72	14.59***
无酬劳动	1.08	2.99	2.77	-15.83***	1.12	3.38	3.02	-26.15***
#家务劳动	0.50	1.68	3.36	-16.37***	0.51	1.92	3.76	-27.20***
#照料家人	0.48	1.18	2.46	-5.97***	0.47	1.26	2.68	-11.27***
#购买商品和服务	0.09	0.14	1.56	-2.19**	0.14	0.20	1.43	-4.36***
总劳动	8.58	8.60	1.00	-0.81	8.71	8.85	1.02	-1.97**
闲暇	4.00	3.62	0.91	3.05***	3.96	3.48	0.88	5.00***
自我照料	11.39	11.72	1.03	-2.94***	11.29	11.63	1.03	-4.03***
就业率（%）	88.73	70.63	0.80	-9.38***	86.27	70.48	0.82	-11.84***
观测值	950	950			2142	2142		

注：*、**和***分别表示在10%、5%和1%水平下显著。

2021年，高收入家庭组的男性有酬劳动时间最多、无酬劳动时间最少，而女性有酬劳动并非最多、无酬劳动最少，这也促使高收入家庭组在三组中有酬劳动、无酬劳动的性别差距并非最小。中等收入家庭在有酬、无酬劳动时间配置上更平等。其中无酬劳动时间性别差距更小源于中等收入家庭在家务劳动、照料家人两类活动时间在两性间分配得都更均匀。中等收入家庭男性、女性的总劳动时间也是三组中最长，但性别平等程度次于高收入家庭，高收入家庭的两性总劳动时间达平等水平。中等收入家庭与高收入家庭的闲暇时间性别差距相似，但高收入家庭男性、女性的闲暇时间更长。三组家庭中两性配置在自我照料上的时间差别不明显。收入更高组的男性、女性就业率更高，且高收入组就业率性别差距最小。

横向比较中，基准组中有酬、无酬劳动基本变化趋势在中、低收入家庭中保持，只有高收入家庭组有酬劳动"男减女增"趋势保持、无酬劳动呈现两性均有减少趋势，只有在照料家人上男性配置的时间小有增加，在家务劳动、购买商品和服务上男性都花费了更少的时间。有酬、无酬劳动的性别差距在中、高收入组中都有缩小，只是在低收入家庭组有酬劳动的性别差距反而在扩大。在总劳动时间减少的趋势下，性别差距只在低收入家庭还很显著，在中、高收入家庭总劳动时间性别差距缩小且不再明显。低收入家庭男性、高收入家庭男性、女性的闲暇时间都呈增加趋势，其余都呈减少趋势，闲暇时间在中、高收入家庭内也分配得越来越均匀。三组家庭两性分配在自我照料上的时间呈增加趋势。低收入家庭男性和女性、中收入家庭男性就业率在减少，而中收入家庭女性、高收入家庭男性和女性就业率都略有增加，这也致使只有在中收入家庭中就业率的性别差距有所缩小。

第三节　生育政策与家庭内部分工

第二章中，对比 2017 年，2021 年男性有酬劳动减少和无酬劳动增加、女性有酬劳动增加且无酬劳动减少趋势明显，男性的有酬劳动时间减少和女性的有酬劳动时间增加共同促使了性别差异的缩小，是家庭内部分工的总体趋势。进一步地，从有酬劳动的组成活动看，如表 6—7 所示，有酬劳动的减少趋势是由男性工作和工作相关活动时间减少、家庭生产经营活动增加造成的，且工作时间减少程度更大，使总体有酬劳时间呈下降趋势。而女性的有酬劳动增加源于分配在工作和工作相关活动、家庭生产经营活动上的时间同时增加。从平均时长看，男性的工作、找工作时间减少，家庭农林牧渔经营活动、传统家庭服务经营活动时间增加；而女性的工作、家庭农林牧渔经营活动时间则有所增加。这是源于工作和工作相关活动包含的四类子活动参与率减少，参加者平均时长却不减反增，而家庭生产经营活动包含的四类子活动参与率、参加者平均时长均有增加。

表6—7 工作和工作相关活动细分与家庭生产经营活动细分的平均时长、参与率及参加者平均时长

活动		平均时长（小时）				参与率（%）				参加者平均时长（小时）			
		2021年		2017年		2021年		2017年		2021年		2017年	
		男	女	男	女	男	女	男	女	男	女	男	女
工作和工作相关活动	工作	5.75	4.15	6.02	3.95	52.5	39.2	62.8	44.3	9.36	8.74	9.15	8.52
	在职培训	0.01	0.00*	0.01	0.00*	0.1	0.1	0.3	0.3	4.61	3.21	2.23	0.57
	找工作	0.01	0.00	0.02	0.01	0.3	0.0	0.3	0.1	2.76	—	5.21	4.78
	离职	0.00*	0.00	0.00*	0.00*	0.1	0.0	0.1	0.1	1.88	—	1.35	1.36
家庭生产经营活动	家庭农林牧渔经营活动	1.27	1.06	1.13	1.02	25.0	23.6	16.2	15.9	7.28	6.66	6.68	5.88
	家庭采矿、制造与建筑活动	0.00*	0.00	0.02	0.01	0.0	0.0	0.2	0.2	12.00	—	5.46	6.56
	传统家庭服务经营活动	0.16	0.12	0.15	0.14	1.8	1.7	1.7	1.7	8.19	7.96	8.35	6.89
	新兴家庭服务经营活动	0.00*	0.02	0.01	0.01	0.0	0.1	0.2	0.1	3.50	5.81	5.87	7.83

注：表中标*的0值，并非本身为0值，而是在换算为小时并保留两位小数后为0.00。

在工作和工作相关活动时间中工作时间占比最大、减少最多，通过表6—8，我们进一步剖析工作时间的组成部分变化情况。可以看出，两性专职工作、相关交通活动的平均时长减少、参与率下降，是工作时间下降的主要原因。而男、女工作相关等待活动与其他工作活动的平均时长、参与率和参加者平均时长都近乎呈增加趋势。家庭农林牧渔经营活动是家庭生产经营活动的最大组成部分，其中的农业（种植业）生产活

动、畜牧业生产活动的平均时长、参与率及参加者平均时长均有所增加，是家庭农林牧渔经营活动时间增加的主要原因。

表6—8　工作活动细分、家庭农林牧渔经营活动细分的平均时长、参与率及参加者平均时长

活动		平均时长（小时）				参与率（%）				参加者平均时长（小时）			
		2021年		2017年		2021年		2017年		2021年		2017年	
		男	女	男	女	男	女	男	女	男	女	男	女
工作	专职工作	3.42	2.36	5.29	3.57	30.0	21.9	58.7	41.1	8.82	8.19	8.64	8.23
	兼职工作	0.14	0.15	0.16	0.07	2.3	2.1	2.4	1.7	5.29	6.61	6.21	4.81
	学徒或实习	0.00*	0.00*	0.00	0.00	0.1	0.0	0.0	0.0	1.12	10.5	—	—
	工作间隙、工作休息	0.02	0.01	0.02	0.02	0.7	0.5	1.6	1.4	1.88	1.13	1.04	1.00
	工作相关等待活动	0.42	0.30	0.03	0.02	5.2	4.1	3.1	2.2	6.56	6.04	1.02	0.65
工作	其他工作活动	1.52	1.18	0.16	0.08	18.5	14.3	3.3	2.5	8.23	8.13	4.66	3.47
	相关交通活动	0.23	0.15	0.36	0.20	14.5	9.9	36.5	24.9	1.23	1.06	0.97	0.77
家庭农林牧渔经营活动	农业（种植业）生产活动	1.08	0.96	0.93	0.87	22.3	21.0	13.4	13.1	6.98	6.90	6.39	5.88
	林业生产活动	0.01	0.00*	0.02	0.01	0.3	0.1	0.4	0.3	4.55	7.10	5.33	3.94
	畜牧业生产活动	0.16	0.08	0.11	0.09	4.8	4.4	3.8	4.3	4.67	2.68	3.18	2.11
	渔业生产活动	0.01	0.00*	0.01	0.01	0.4	0.1	0.3	0.2	1.99	3.54	3.97	3.27
	其他家庭农林牧渔经营活动	0.01	0.01	0.03	0.02	0.5	0.5	0.9	1.0	3.47	2.69	2.85	2.77
	相关交通活动	0.00*	0.01	0.03	0.03	0.7	0.8	3.0	2.9	1.14	0.61	0.98	0.78

此外，如表6—9所示，2021年数据根据工作方式是否为远程形式进行细分，总体特征为非远程工作仍为主要的工作方式，但女性远程工作平均时长及参加者平均时长更长，但远程工作时间性别差异并不明显。男性非远程工作平均时长更长、参与率更高及参加者平均时长更长，且性别差异显著。此外，从兼职工作的情况也能看出"男减女增"的趋势，一定程度上能反映出中国女性对于灵活性工作的高需求。

表6—9　　　远程工作与非远程工作的平均时长、
参与率及参加者平均时长

活动		平均时长（小时）			参与率（%）			参加者平均时长（小时）		
		男	女	diff（男—女）	男	女	diff（男—女）	男	女	diff（男—女）
工作	远程工作	0.07	0.11	0.53	1.04	1.0	0.13	4.71	6.66	0.76
	非远程工作	3.51	2.42	8.04 ***	30.9	22.7	7.10 ***	8.79	8.20	3.95 ***

注：表中工作不包括工作相关等待活动、其他工作活动、相关交通活动；*、**、***分别表示在10%、5%和1%的水平下显著。

近年来，中国生育政策经历了"一个不少、两个正好、三个多了"到今天"一个太少、两个亦少、三个正好"的阶段变迁，[1] 可大致分为：单独"二孩"政策阶段（2013—2015年）、全面"二孩"政策阶段（2016—2020年）以及"三孩"政策阶段（2021年至今），[2] 同时，密集出台的一系列文件助力积极生育支持政策体系的构建：2021年，《关于优化生育政策促进人口长期均衡发展的决定》提出实施"三孩"生育政策和配套积极生育支持措施；2022年，17部门联合发布《关于进一步完善和落实积极生育支持措施的指导意见》，制定了20项具体政策来落实财政、税收、保险、教育、住房、就业等积极生育支持措施；同年，党的

---

[1] 杨菊华：《从"一个不少"到"三个正好"：中国生育政策的流变逻辑》，《江苏行政学院学报》2022年第5期。

[2] 刘聪、尘兴邦：《新时代中国生育政策迭代研究——基于倡议联盟框架的分析》，《前沿》2024年。

二十大报告明确提出"建立生育支持政策体系,降低生育、养育、教育成本",确立了优化生育政策的方向。生育政策迭代在扭转生育率下行趋势的同时也深刻影响着作为生育主体的女性。

特别是对于有高照料需求的有学龄前儿童家庭,从"二孩"到"三孩"及相关生育支持政策探索的积极作用下,此类家庭中长期以来男性在家庭中的缺位虽未彻底扭转,但女性在 2021 年相比 2017 年也存在有酬劳动时间增加、无酬劳动时间减少的积极趋势,体现了家庭在支持生育、幼儿养育、青少年发展、老人赡养、病残照料等在内的家庭发展政策实施的帮助下在教育、工作、照顾、生活等方面达到新的平衡。2019 年国务院办公厅出台的《关于促进 3 岁以下婴幼儿照护服务发展的指导意见》,涉及 17 个政府部门或群团组织之间的协同配合,就是一个很好例子,就"生育"不只是"生孩子"这个节点事件,也涉及婚嫁、孕育、生育、养育、教育的全过程,号召政策需具备全局性、全程性。生育也不是家庭或母亲的专责,而是家庭、国家、社会的共责。①

同时,就业与职业发展作为妇女全面发展的前提和基础,也是妇女走出家庭实现社会价值的根本途径。普惠性生育托幼设施及激励政策、规范招聘促进妇女就业、延迟退休等众多政策的进一步推进,也为妇女就业和全面发展提供了基础性支持,也将很大程度上促进女性有酬劳动时间增加。对于女性所偏好的灵活就业,广东省人社厅发布《关于推进"妈妈岗"就业模式促进妇女就业的实施意见(征求意见稿)》,"妈妈岗"是由政府鼓励引导、企业等用工主体开发设置的就业岗位,主要用来吸纳法定劳动年龄内对 12 周岁以下儿童负有抚养义务的妇女就业,工作时间、管理模式相对灵活,方便兼顾工作和育儿。政策创新将改善"妈妈们"就业困难问题。

国家和社会希望父母如何在工作和家庭责任之间分配时间体现在政策之中,政策也是重塑女性的劳动力市场参与和家庭行为重要因素之一。② 根

---

① 《解读三孩生育政策 推动构建包容性配套支持措施》,《妇女研究论丛》2021 年第 4 期。
② Gosta, E.-A., *The Incomplete Revolution: Adapting to Women's New Roles*, Cambridge: Polity Press, 2009.

据地区经济发展水平、人口构成、城市化进程等情况制定区域化配套措施，拓宽政策主体分布的维度，建立涵盖生育、养育、教育全周期的政策体系，既有助于改善传统的性别分工，促进"父母共同照料"，更为营造生育友好的社会环境、实现人口长期均衡发展助力。此外，政策仅聚焦于保护妇女权益不等于具有性别平等视角，保护可能会带来歧视性后果，如产假时间较长的母亲的工资可能减少。① 亲职福利政策的优越性得以凸显，目前中国亲职福利政策包括女性产假、生育奖励假、哺乳假以及男性护理假等，生育假的延长有利于母婴健康，是对女性和家庭的积极支持，男性假期的增加也可以让父亲有更多的时间直接参与育儿，有助于形成"夫妻共同分担"养育模式。"三孩"生育政策实施后，延长生育奖励假、增设父母育儿假是各地最为普遍的做法。②

第四节　性别分工的国际比较

由于不同国家的时间利用观念、社会分工、性别不平等程度不同，所以各国居民劳动时间分配也存在显著差异。本节选取高福利国家，如瑞典；发达国家，如 G7 国家（美国、加拿大、法国、德国、英国、日本、意大利）；转型国家，如波兰和匈牙利；地域和文化都和中国接近的东亚国家，如韩国和日本作为对照组。通过比较各国时间利用的性别差异，可以进一步理解家庭内部时间利用性别差异和性别平等的关系，看到与先进国家的差距，并从其他国家的经历中吸取经验教训，推动中国的性别平等。

2021 年，全球性别差距指数对 156 个国家进行了基准分析，该指数的方法自 2006 年最初的概念以来一直保持稳定，为跨国比较分析提供了稳健的工具。经济参与和机会、教育成就、健康和生存以及政治赋权是测算全球性别差距指数的四个关键维度，并下设了 14 个子指标。全球性别差距指数背后有三个基本概念，奠定了如何选择指标、如何处理数据以及如何使

---

① 《解读三孩生育政策　推动构建包容性配套支持措施》，《妇女研究论丛》2021 年第 4 期。
② 茅倬彦、罗志华：《加快构建积极生育支持体系：现实挑战与策略选择》，《妇女研究论丛》2023 年第 2 期。

用量表的基础。首先，该指数关注衡量差距，而不是水平。其次，它捕获了结果变量的差距，而不是输入变量的差距。最后，它根据性别平等而不是妇女赋权来对国家进行排名。对于增加妇女参与劳动力、缩小性别薪酬差距、帮助更多妇女进入领导角色、使女性发展按需技能极富意义。

《2021年全球性别差距报告》阐述了全球的快速数字化严重打击了女性就业较多的部门，再加之女性照料家庭的压力，经济衰退对女性的影响比男性更严重，也一定程度上重新打开了已经缩小的性别差距。在全球范围的性别平等程度倒退的背景下，中国排名第107，已消除68.2%的性别差距，比2017年提高了0.8个百分点，这一进展归因于其经济参与和机会情况的改善。其中，男女之间的工资和收入差距有所减少，但在劳动力参与和高级职位方面仍存在很大的差距。而妇女在领导职位上的有限存在也生动反映出巨大的政治赋权差距。中国的健康和生存的性别差距仍相对较大，这主要来源于男女的出生率差距。

表6—10报告了相关国家的性别平等程度排名、性别平等指数、男性和女性的劳动参与率、女性与男性的工资比率、生育率及每天无酬劳动比例。在这些国家中存在一个较为普遍的规律，即性别平等指数排名高的国家相比排名低的国家生育率更高。中国的全球排名有所降低，但性别平等指数则有所上升。中国女性的劳动参与率已经与如法国等性别平等指数排名靠前的国家接近。工资比率方面，相比性别平等指数高的国家，中国的女性与男性工资比率是较低的，即女性与男性的工资差距仍很大。此外，从每天无酬劳动的比例来看，相较排名接近的东亚国家，中国女性的无酬劳动负担相较之下是更轻松的，但与发达国家相比还是负担更重。

表6—10　　　　　　相关国家性别平等指标（2021年）

国家	全球排名	排名变化	性别平等指数	指数变化	劳动参与率		女性/男性工资比率	生育率	每天无酬劳动比例（女/男）
					男性	女性			
瑞典	5	—	0.823	+0.007	85.0	81.3	0.82	1.85	1.26
德国	11	+1	0.796	+0.018	83.3	74.7	0.70	1.59	1.51
法国	16	−5	0.784	+0.006	75.4	68.3	0.71	1.85	1.61

续表

国家	全球排名	排名变化	性别平等指数	指数变化	劳动参与率		女性/男性工资比率	生育率	每天无酬劳动比例（女/男）
					男性	女性			
英国	23	−8	0.775	+0.005	82.4	73.6	0.58	1.75	1.83
加拿大	24	−8	0.772	+0.003	82.5	75.6	0.66	1.53	1.51
美国	30	+19	0.763	+0.045	78.3	67.9	0.65	1.78	1.59
意大利	63	+19	0.721	+0.029	75.1	56.5	0.57	1.33	2.82
波兰	75	−36	0.713	−0.015	78.1	63.5	0.64	1.42	1.82
匈牙利	99	+4	0.688	+0.018	80.0	65.3	0.57	1.49	1.86
韩国	102	+16	0.687	+0.037	77.6	60.1	0.49	1.11	4.43
中国	**107**	**−7**	**0.682**	**+0.008**	**82.8**	**68.6**	**0.61**	**1.69**	**2.57**
日本	120	−6	0.656	−0.001	86.7	72.8	0.56	1.37	4.76

注：2021年相比2017年排名、指数的变化。

资料来源：2021年世界经济论坛：《2021年全球性别差距报告》。

第五节 小结

夫妻在有酬劳动和无酬劳动上相对明确的分工模式，无论在双收入家庭、城镇还是农村家庭、有或无学龄前儿童家庭、不同学历的家庭中都广泛存在，这显示出中国夫妻间时间利用模式仍受传统社会性别角色规范深刻影响。妻子比丈夫在无酬劳动上花费更多的时间，其次为个人照料，而丈夫比妻子享受更多闲暇，但在工作上付出更大的努力。

相比2017年，2021年男性的有酬劳动时间略有减少，而女性的有酬劳动时间略有增加。无酬劳动则相反，男性的无酬劳动时间略有增加，女性的无酬劳动时间略有减少，有酬劳动、无酬劳动时间在两性间都倾向于呈现更加均匀地分布。两性的总劳动时间均有所减少，性别差异有小幅度缩小。两性闲暇时间都有减少、性别差距不变，自我照料都有增加、性别差距扩大。就业率"男增女减"且性别差距拉大，月劳动收入都有增加但性别差距略有缩小。

2021年，双收入家庭有酬劳动、无酬劳动、自我照料时间和月劳动收入的性别差异更小，但总劳动和闲暇时间性别差异更大。双收入家庭较长的总劳动，特别是占比较大的有酬劳动时间挤占了男性和女性的闲暇和自我照料的时间，女性同时肩负着家庭和社会的双重责任，闲暇时间进一步被挤压，使总劳动和闲暇时间性别差异更大。

城镇和农村家庭时间利用状况和变化趋势显示，农村家庭在就业率、有酬劳动时间方面均高于城镇，劳动的负担更重，但劳动收入仍远低于城镇家庭，特别是农村女性比城镇女性承受更多家务与工作负担，享有更少的闲暇与自我照料时间。城镇男性增加无酬劳动时间对缩小城镇总劳动时间的性别差距产生了积极效应，进而使农村家庭相比城镇家庭在无酬劳动时间、总劳动时间、闲暇时间方面更不平等。而在有酬劳动时间、自我照料、就业率、月劳动收入性别差异上，相较城镇更平等。

2021年，有学龄前儿童家庭男性有酬劳动时间、男性和女性的无酬劳动时间、总劳动时间、自我照料时间均高于无学龄前儿童家庭。有学龄前儿童家庭的就业率和月劳动收入都高于无学龄前儿童的家庭。有0—6岁孩子家庭的总劳动时间不同于全样本的"女多男少"的模式，近乎保持平等并在统计上性别差别不显著，但有酬劳动、闲暇、自我照料的性别差异在无0—6岁孩子家庭更平等。2017—2021年，有学龄前儿童家庭的男性和女性有酬劳动时间增加了，且这类家庭中的女性在无酬劳动上时间配置得更少了，有酬劳动、无酬劳动、总劳动性别差异都有减少。总体而言，尽管家庭中有学龄前儿童，女性也更多地"迈出"家庭，获得更全面的发展。

学历最高组家庭在总劳动时间分配上呈现"男多女少"，与全样本模式不同，一方面来源于学历最高组男性相比其他两组分担了更多无酬劳动，另一方面来源于更长时间的有酬劳动。学历最高组的闲暇性别差异也急剧缩减，距离性别平等仅一步之遥。就业率及月劳动收入方面，高学历家庭组的优势也展现得淋漓尽致。总之，学历高在无酬劳动、总劳动、闲暇、就业率的性别平等方面影响是很积极的。横向对比，不同于其他两组有酬劳动时间"男减女增"，学历最高组的有酬劳动时间都有增加。只有大专及以上学历家庭男性、高中和中专组女性的总劳动时间有增加，其他类型家庭的总劳动时间均有减少。闲暇时间性别差异在学历最高组缩小、其他组扩大，自我照料时间均有增加，性别差异不显著，而在学历最高组自我照料时间呈"男增女减"且性别差异明显。

高收入家庭组有酬劳动、无酬劳动的性别差距并非最小，但两性总劳动时间达到平等水平；两性闲暇时间更长、就业率更高、性别差距都更小。中等收入家庭在有酬、无酬劳动时间配置上更平等，但总劳动时间最长、性别差距仍较高收入组更大。相比高收入组在各类时间的性别差距上变化趋势较为积极，低收入家庭在有酬劳动、闲暇及就业率上性别差距仍在拉大。

此外，有酬劳动的"男减女增"趋势是由工作和工作相关活动时间减少和家庭生产经营活动增加构成的。对于男性，工作时间减少程度更多，使总体有酬劳动时间呈下降趋势；对于女性，分配在这两项活动的时间都有增加。现有的生育支持政策在一定程度上缓解了家庭领域的性别不平等问题。但当前家庭中母亲是子女照料责任的主要承担者的情况没有改变，"性别平等意识"并未完全渗透于现代家庭，"夫妻共同分担"养育模式尚未形成，但家庭内时间分配变化趋势是积极的。

最后，对工作方式是否为远程工作以及兼职工作时间趋势的分析，都体现出女性对灵活工作的高需求。男性相比女性更多从事着时间长、报酬高、时间安排不可预测、晚上随叫随到、周末偶尔加班的工作，尤其在婚育后，女性为家庭而选择了出勤灵活性较高的工作，进而放弃了一部分收入。① 故令出勤灵活的职位更丰富、生产率更高有助于缩小性别收入差距。随着线上经济的纵深发展和数字化水平的提升，居家办公的广泛实行有望降低未来工作场所的灵活性成本。

---

① ［美］克劳迪娅·戈尔丁：《事业还是家庭？女性追求平等的百年旅程》，颜进宇、颜超凡译，中信出版社2023年版，第12页。

第七章

中国低收入群体的时间利用

2024年《政府工作报告》强调,"加强防止返贫监测和帮扶工作,确保不发生规模性返贫……让脱贫成果更加稳固、成效更可持续"。习近平总书记指出,"低收入群体是促进共同富裕的重点帮扶保障人群"。[①] 努力为低收入群体创造更多发展机会和增收机会,是扩大中等收入群体规模、优化收入分配结构、实现共同富裕的重要路径,[②] 也是目前扎实推动共同富裕工作中的重点和难点。

本章从时间利用的角度分析了低收入家庭劳动力劳动时间和闲暇时间的分配,并比较了儿童和在校生的学习时间分配。时间分配可以准确地反映出家庭和个人为改善生活做出的选择和努力,为制定推动共同富裕政策提供依据。当期劳动力的有酬劳动供给会影响到当期家庭的收入水平;低收入家庭子女增加学习时间投入会增加低收入家庭人力资本积累,阻断低收入的代际传递;政府为实现低收入群体增收的政策扶持,一方面会提高低收入家庭的生活水平;另一方面也可能会影响其行为选择和时间分配,进而影响到脱贫攻坚成果的巩固和扎实推动共同富裕工作的质量。

本章将样本分为两大类:低收入群体和非低收入群体。按照家庭人均收入从低到高分为五组:最低、次低、中等、较高、最高。低收入群体为处于底层20%的家庭,其他组别为非低收入群体,进而分析样本的典型主要时间分配状况。

[①] 习近平:《扎实推动共同富裕》,《求是》2021年第20期。
[②] 李实、詹鹏:《为低收入群体创造更多的发展机会》,《中国社会科学报》2021年11月10日。

第一节　全面脱贫与共同富裕

一　新时代脱贫攻坚取得全面胜利

党的十八大以来，在以习近平同志为核心的党中央领导下，中国组织实施了人类历史上规模空前、力度最大、惠及人口最多的脱贫攻坚战。2021年2月25日，习近平总书记在全国脱贫攻坚总结表彰大会上庄严宣告，"我国脱贫攻坚战取得了全面胜利……完成了消除绝对贫困的艰巨任务"。[①] 到2020年年底，9899万农村贫困人口全部脱贫，832个贫困县全部摘帽，12.8万个贫困村全部出列，补齐了全面建成小康社会最突出的短板，为全面建设社会主义现代化国家、实现第二个百年奋斗目标奠定了坚实基础。[②] 打赢脱贫攻坚战，实现了低收入群体全面进入小康社会的目标，为促进共同富裕创造了良好条件。

二　低收入群体迈向共同富裕

党的十九届五中全会提出了"全体人民共同富裕取得更为明显的实质性进展"的远景目标，要求"扎实推进共同富裕"。[③] 党的二十大报告强调，"中国式现代化是全体人民共同富裕的现代化"，提出"我们坚持把实现人民对美好生活的向往作为现代化建设的出发点和落脚点，着力维护和促进社会公平正义，着力促进全体人民共同富裕，坚决防止两极分化"。[④] 在建设浙江共同富裕示范区工作中，中共中央、国务院提出建设以中等收入群体为主体的橄榄型社会结构，扩大中等收入群体，推动更多低收入群体迈入中等收入群体行列。[⑤] 如果说"扩大中等收入群体"

[①] 习近平：《在全国脱贫攻坚总结表彰大会上的讲话》，人民出版社2021年版，第1页。

[②] 国务院新闻办公室：《人类减贫的中国实践》白皮书，http://www.scio.gov.cn/gxzt/dtzt/2021/rljpdzgsjbps/zw_20426/202208/t20220802_290519.html。

[③] 《中国共产党第十九届中央委员会第五次全体会议文件汇编》，人民出版社2020年版，第23、55页。

[④] 习近平：《高举中国特色社会主义伟大旗帜　为全面建设社会主义现代化国家而团结奋斗——在中国共产党第二十次全国代表大会上的报告》，人民出版社2022年版，第22页。

[⑤] 《中共中央国务院关于支持浙江高质量发展建设共同富裕示范区的意见》，人民出版社2021年版，第7、8页。

是实现共同富裕的关键,那么,"提升低收入群体增收能力和社会福利水平"则是实现共同富裕的难点。① 低收入群体实现共同富裕面临较大挑战,因此我们需要对中国低收入群体的人口特征、代际传递、教育状况和性别差异等开展研究,从时间利用的角度考察低收入群体的行为特征,对如何在促进共同富裕中提高低收入人群的生活水平和发展机会进行更为深入的探索与思考。

三 低收入群体人口特征——文化程度低、劳动力数量少、抚幼负担重

在表7—1和表7—2中,低收入群体的家庭规模与非低收入群体差异较小,但家庭劳动力数量低于平均水平,且拥有的小孩数量更多。各收入水平家庭人口和劳动力中,达到大专、本科及以上文化程度人数随着收入水平而上升。其中,低收入群体接受低等教育人数相对总体平均水平更多,而接受中等教育、大专、本科及以上文化程度人数相对总体平均水平更少。低收入家庭因为文化程度低、劳动力数量少、抚幼成本较高,导致收入来源受限。

表7—1　　　　　　　　　人口特征比较　　　　　　　　　单位:人

组别	家庭人口	劳动力数	小孩数	老人数	初等教育	中等教育	大专	本科及以上
低收入群体:最低	3.94	1.28	1.16	0.78	0.90	1.28	0.07	0.08
非低收入群体:次低	3.88	1.10	0.96	1.04	1.00	1.23	0.11	0.09
非低收入群体:中等	4.13	1.27	1.03	0.84	0.94	1.66	0.15	0.12
非低收入群体:较高	4.16	1.44	0.95	0.76	0.87	1.80	0.20	0.19
非低收入群体:最高	3.64	1.55	0.73	0.54	0.59	1.66	0.33	0.26
合计	3.94	1.33	0.97	0.79	0.85	1.52	0.17	0.15

注:表中均为家庭人数。劳动力包含以下人群:16—60岁的男性,16—55岁的女性,目前没有在读。身体健康状况与同龄人相比"非常差"的人群不被列入。

---

① 杨立雄:《低收入群体共同富裕问题研究》,《社会保障评论》2021年第4期。

表7—2　　　　　　　劳动力教育状况和性别比较　　　　　　单位：%

组别	初等教育	中等教育	大专	本科及以上	女性
低收入群体：最低	29.33	54.85	1.67	0.78	46.14
非低收入群体：次低	31.20	52.56	3.47	0.80	44.77
非低收入群体：中等	28.76	56.54	3.96	2.68	47.99
非低收入群体：较高	24.13	59.61	7.82	4.62	49.32
非低收入群体：最高	17.32	58.54	12.19	9.73	45.02
合计	25.37	56.72	6.33	4.22	46.63

注：中等教育包括初中、高中、职高、中专、技校等。

四　低收入的代际传递

收入既会决定一个家庭的生活方式，也决定分配给子女资源的多少。低收入家庭会因为家庭缺少足够的收入而相对减少分配给子女的资源，为低收入的代际传递提供契机。研究结果表明，虽然各国之间收入水平存在显著差异，但是所有国家都表现出显著的收入代际传递，最低收入父亲的儿子仍然处于收入最低的分位。①

研究显示，父母教育与子女教育的相关程度较高。在美国，父母受教育水平与其在校子女的学业成就之间存在显著正相关，前者对后者的影响率达到26.0%。② 在中国，教育代际传递也存在显著正相关关系，父母对长子的教育代际弹性为0.25—0.26，对长女的教育代际弹性更高达0.47—0.48。③ 一些学者研究发现，由于美国在促进流动性方面的政策惠及中低收入者的比例并不高，导致低收入的代际传递弹性较高，中低收入者很难突破阶层向上流动。④ 中国城乡居民存在不同程度收入差距代际

---

① Jäntti, M., "American Exceptionalism in a New Light: A Comparison of Intergenerational Earnings Mobility in the Nordic Countries, the United Kingdom and the United States", IZA Working Paper, 2006.

② Bjorklund, A., "Brother Correlations in Earnings in Denmark, Finland, Norway and Sweden Compared to the United States", Journal of Population Economics, 2002.

③ Du, F., Zhang, Y., Shi, J., et al., "Intergenerational Transmission of education in China-Evidence from CHARLS", Conference Paper, 2018.

④ Carasso, A., Reynolds, G., Steuerle, C. E., "How Much Does the Federal Government Spend to Promote Economic Mobility and for Whom?", Economic Mobility Project, 2022.

传递，收入差距代际传递状况还存在着很大的改进余地，农村低收入者更加容易陷入低收入代际传递陷阱。①

第二节 低收入群体劳动力的时间分配

我们将时间利用总体分为五大类：有酬劳动、无酬劳动、社交、休闲和个人活动。有酬劳动主要包括务工和家庭生产经营。无酬劳动主要包括做家务、看护老人和小孩及购买商品和服务等。社交主要包括各类面对面交往和非面对面交往活动。休闲包括阅读、游戏、看电视、运动健身等活动。个人活动包括睡眠、个人卫生活动。②

从劳动力市场获取工资收入是居民收入的重要来源③，对于技能水平一定的成年劳动力，增加劳动时间往往是增加收入的主要途径。因此，增加务工时间对低收入群体提升收入会有促进作用。

一 劳动时间较短，个人活动时间较长

图 7—1 比较了低收入群体和非低收入群体劳动力的五大类时间分配情况。低收入群体劳动力日平均劳动时间（含有酬劳动和无酬劳动）共 8.02 小时，少于非低收入群体中各类劳动力的劳动时间。另外，低收入群体的休闲时间最短，个人活动时间最长。

二 男性劳动力劳动时间相对更短

各收入群体劳动力的有酬劳动时间随收入上升而增加，无酬劳动时间和个人活动时间则随收入上升而下降。与中高收入家庭相比，低收入群体劳动力的有酬劳动时间较短，无酬劳动时间较长。有酬劳动时间较

---

① 徐晓红：《中国城乡居民收入差距代际传递变动趋势：2002—2012》，《中国工业经济》2015 年第 3 期。

② 时间分配在典型工作日和非典型工作日差别较大。本章仅考虑各类人群典型工作日的时间利用分配问题。如对于务农的人，农忙为典型工作日，农闲为非典型工作日。对在工厂务工的人，正常上班期间为典型工作日，假日为非典型工作日。对学生，上学期间为典型工作日，寒暑假为非典型工作日。

③ 罗楚亮：《中国居民收入差距变动分析（2013—2018）》，《中国社会科学》2021 年第 1 期。

(小时)

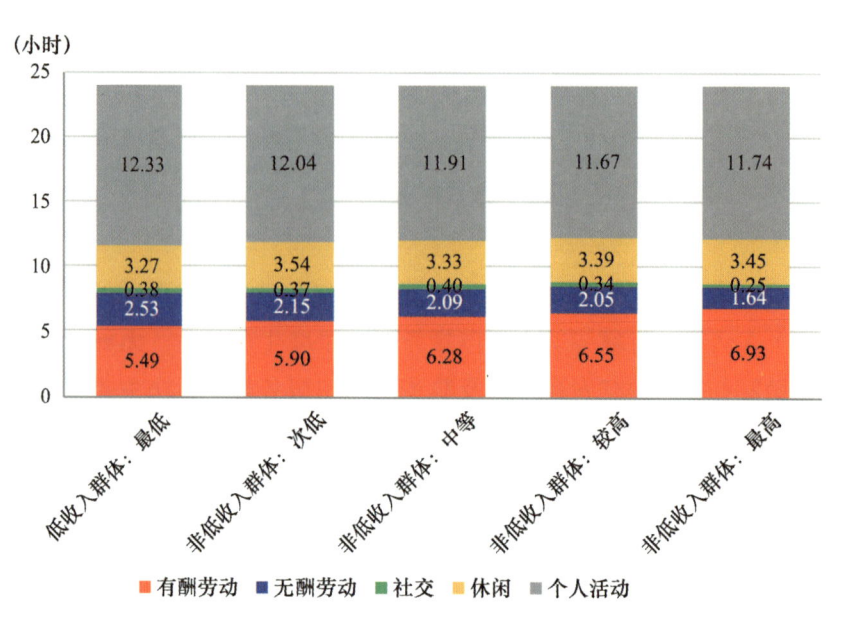

群体	有酬劳动	无酬劳动	社交	休闲	个人活动
低收入群体：最低	5.49	2.53	0.38	3.27	12.33
非低收入群体：次低	5.90	2.15	0.37	3.54	12.04
非低收入群体：中等	6.28	2.09	0.40	3.33	11.91
非低收入群体：较高	6.55	2.05	0.34	3.39	11.67
非低收入群体：最高	6.93	1.64	0.25	3.45	11.74

图7—1 劳动力五大类时间分配比较

短很可能会降低劳动收入，导致低收入群体的整体收入被拉低。由于男女在有酬劳动和无酬劳动时间的分配差异较大，笔者进一步观察了性别差异。图7—2和图7—3分别报告了男性和女性劳动力的时间分配情况。分性别来看，低收入女性总劳动时间为8.45小时，比男性多0.78小时。这一差异主要体现在无酬劳动中，低收入女性的无酬劳动时间比男性多2.64小时。而非低收入群体中较高收入家庭的女性总劳动时间是8.62小时，仅比男性多0.04小时。

与中高收入家庭相比，低收入男性和女性的有酬劳动时间最短，分别仅为6.33小时和4.46小时，而低收入女性的无酬劳动时间最长，长达3.99小时，前面提到低收入家庭的抚幼比高，这显然加重了低收入女性的照料负担。

劳动力的有酬劳动时间相对较短很可能是制约低收入家庭收入增长的重要因素。在中国，传统的性别分工使男性劳动力普遍是家庭中的收入主体，男性有酬劳动时间的差异会加大低收入与非低收入家庭之间的收入差距。低收入家庭照料负担重也制约了女性有酬劳动的参与度。

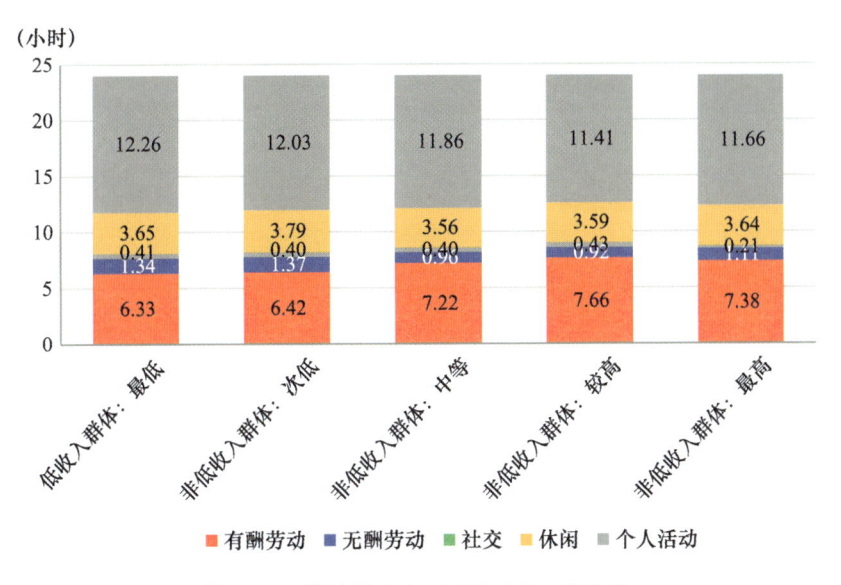

图7—2 男性劳动力五大类时间分配比较

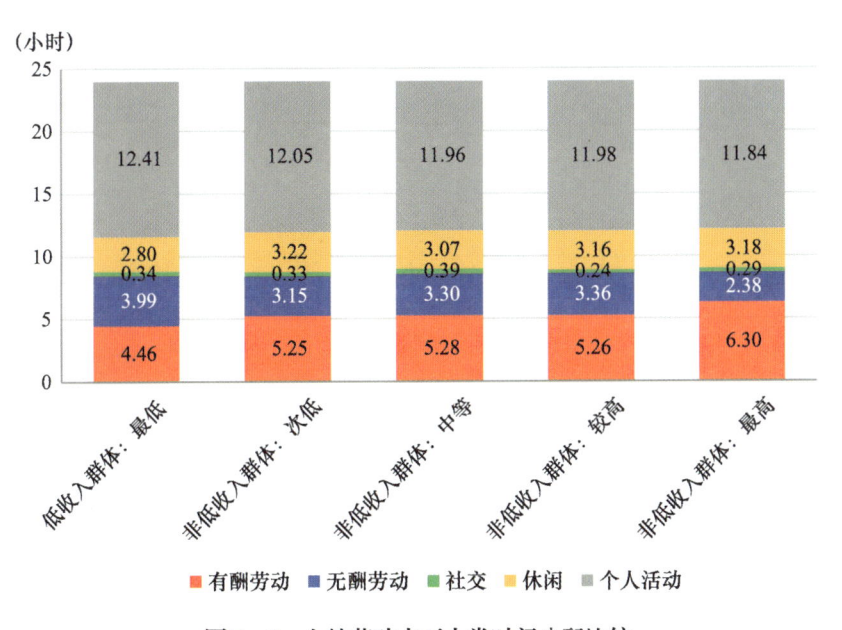

图7—3 女性劳动力五大类时间分配比较

三 劳动力务工时间较短

在有酬劳动时间中，务工和务农时长的分配会影响收入水平。在图7—4和图7—5中，男性和女性劳动力务工时长与收入水平都呈明显正相关关系，家庭生产经营时长则与收入水平呈明显负相关关系。低收入群体不仅有酬劳动时间较短，而且务工时间在有酬劳动中占比较低。

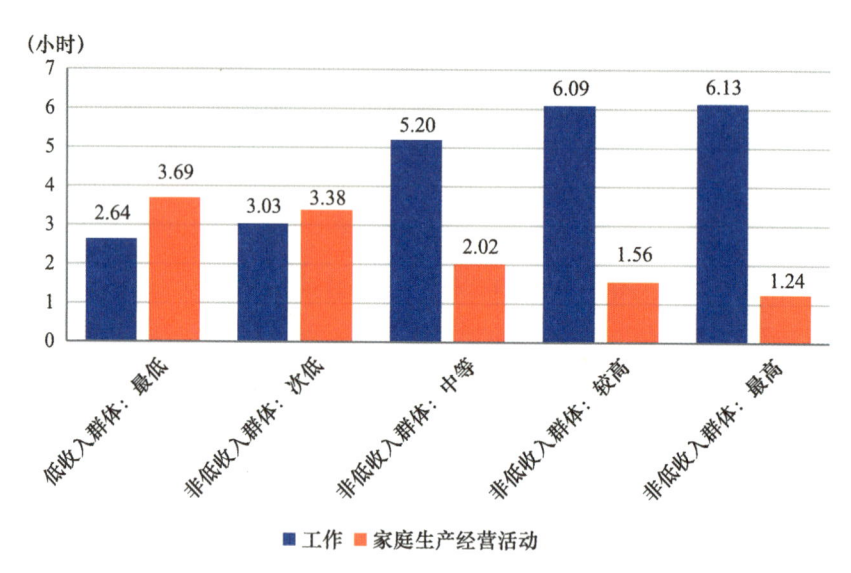

图7—4 男性劳动力有酬劳动时间分配比较

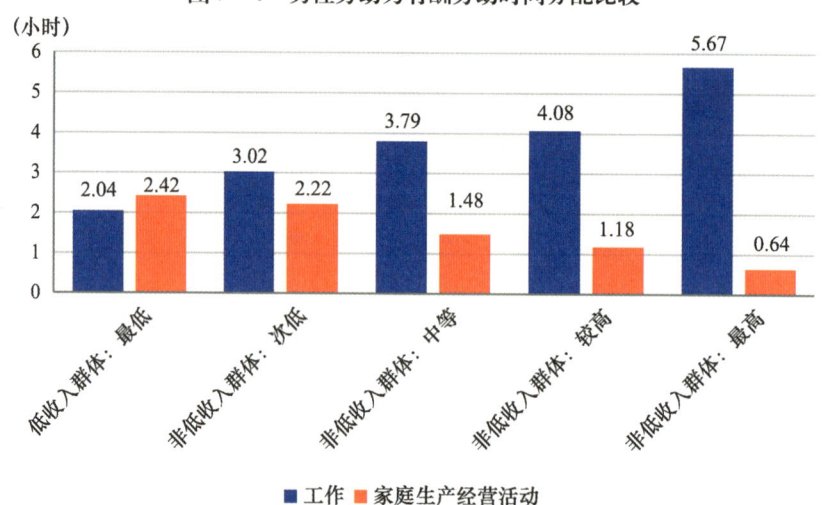

图7—5 女性劳动力有酬劳动时间分配比较

无论男性还是女性，低收入劳动力的务工时间均比非低收入劳动力少。低收入男性有酬劳动时长共6.33小时，其中务工时长2.64小时，占41.7%。中等收入男性的有酬劳动时长共7.22小时，其中务工时长5.20小时，占72.1%。低收入男性劳动力务工时长比中等收入男性劳动力少2.56小时。而低收入女性劳动力务工时长为2.04小时，占有酬劳动时长的45.8%。中等收入女性劳动力务工时间为3.79小时，占有酬劳动时间的71.9%。低收入女性的务工时间比中等收入女性少1.75小时。务工时长差距可能是导致低收入家庭与非低收入家庭收入差距出现的主要原因。

四 女性劳动力劳动时间相对更长

家庭内的性别分工和女性的时间匮乏问题日益得到社会和学术界关注。[①] 图7—6比较了有酬劳动、无酬劳动和总劳动时间的性别差异。低收入家庭有酬劳动时间的性别比为0.7（女/男），低于非低收入群体平均水平，无酬劳动性别比为2.97，与各组相比处于居中水平，总劳动时间的性别比为1.10，比各收入群体都要高。低收入家庭的女性劳动时间相对更长，主要是低收入女性照顾未成年人的无酬劳动时间相对更长。

在图7—7中，有酬劳动方面，低收入家庭务工时间的性别比为0.77（女/男），低于非低收入群体平均水平，家庭生产经营活动时间的性别比接近0.66，与非低收入家庭基本持平。

在图7—8中，无酬劳动方面，女性劳动时长整体都比男性更长，但低收入家庭的家务劳动时长性别比相对较低，儿童看护时间性别比则最高。

[①] 齐良书：《议价能力变化对家务劳动时间配置的影响——来自中国双收入家庭的经验证据》，《经济研究》2005年第9期；刘娜、Anne de Bruin：《家庭收入变化、夫妻间时间利用与性别平等》，《世界经济》2015年第11期；Qi, L., Dong, X., "Gender, Low-Paid Status, and Time Poverty in Urban China", *Feminist Economics*, 2017, 24（2）；杜凤莲、杨鑫尚：《子女升学对父母时间配置的影响》，《经济学动态》2021年第8期；张勋、杨紫、谭莹：《数字经济、家庭分工与性别平等》，《经济学（季刊）》2023年第1期。

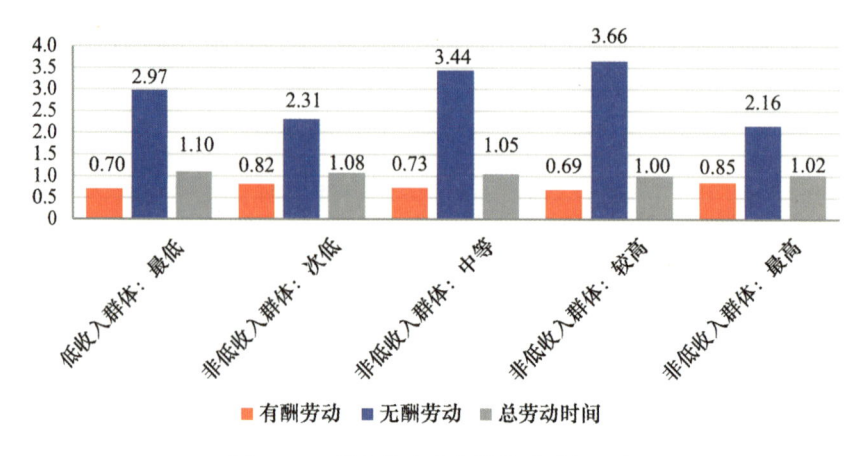

图7—6　男女劳动力各类劳动时间比率

注：比率＝女/男，下同。

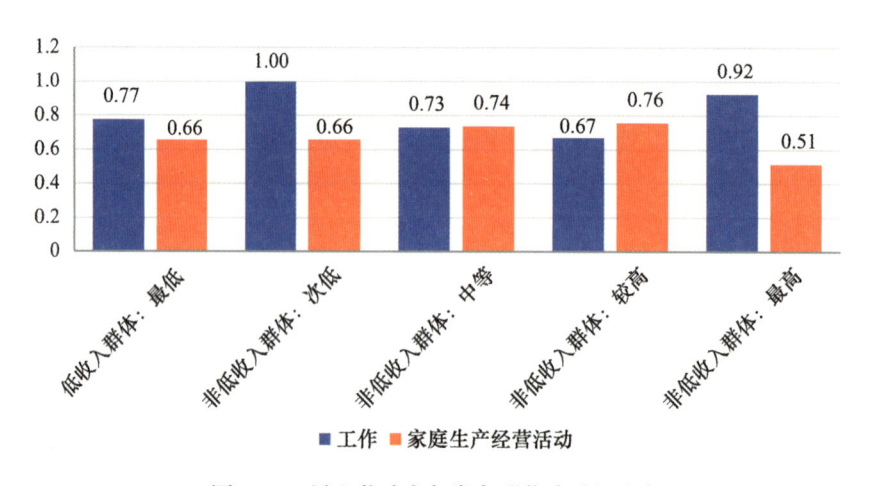

图7—7　男女劳动力各类有酬劳动时间比率

总体而言，与非低收入家庭相比，低收入女性劳动力的相对无酬劳动时间较长，主要体现在照顾未成年人方面，这与前文中低收入家庭拥有小孩数量较多的结果是一致的。结合图7—2和图7—3来看，低收入男性劳动时间比非低收入男性少很多，导致家庭收入较低，为提高家庭收入，迫使女性增加有酬劳动中家庭生产经营活动的时间，但同时又没有相应地减少女性无酬劳动，导致低收入女性劳动力的相对总劳动时间更长。

[图表：男女劳动力各类无酬劳动时间数据]

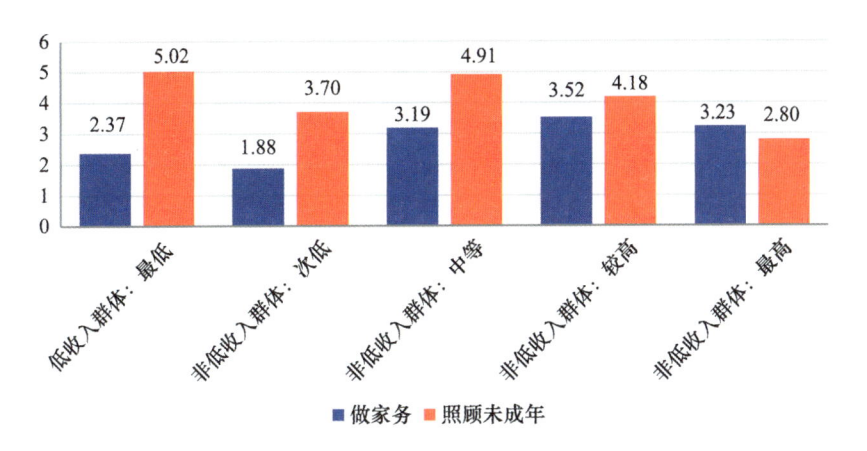

低收入群体：最低 — 做家务 2.37，照顾未成年 5.02
非低收入群体：次低 — 做家务 1.88，照顾未成年 3.70
非低收入群体：中等 — 做家务 3.19，照顾未成年 4.91
非低收入群体：较高 — 做家务 3.52，照顾未成年 4.18
非低收入群体：最高 — 做家务 3.23，照顾未成年 2.80

图 7—8　男女劳动力各类无酬劳动时间比率

五　闲暇时间较长

休闲和休息是生活必需，但需适度。图 7—9 中，低收入男性劳动力闲暇时间最长，平均每天睡觉卫生活动和看电视时间分别长达 10.46 小时和 1.07 小时，在各组中均用时最长。图 7—10 中，低收入女性劳动力睡觉卫生活动时间最长，为 10.60 小时，女性休闲和休息总体时长在不同群体之间没有明显差异。

[图表（小时）：男性劳动力闲暇时间分配]

低收入群体：最低 — 睡觉卫生活动 10.46，看电视 1.07，娱乐休闲 2.13
非低收入群体：次低 — 睡觉卫生活动 10.23，看电视 0.93，娱乐休闲 2.38
非低收入群体：中等 — 睡觉卫生活动 10.09，看电视 0.82，娱乐休闲 2.30
非低收入群体：较高 — 睡觉卫生活动 9.71，看电视 0.90，娱乐休闲 2.26
非低收入群体：最高 — 睡觉卫生活动 9.92，看电视 0.68，娱乐休闲 2.50

图 7—9　男性劳动力闲暇时间分配比较

注：娱乐休闲包括阅读、游戏等，不含看电视，下同。

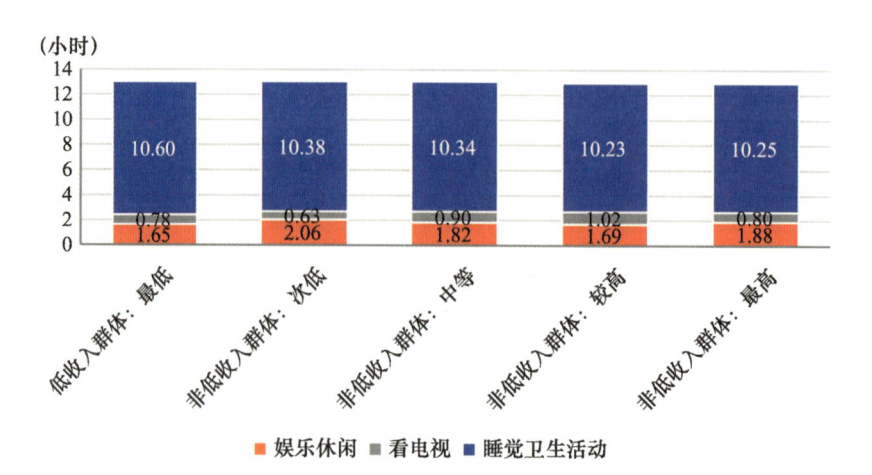

```
(小时)
14
12
10  10.60    10.38    10.34    10.23    10.25
 8
 6
 4
 2   0.78     0.63     0.90     1.02     0.80
 0   1.65     2.06     1.82     1.69     1.88
   低收入群体：最低  非低收入群体：次低  非低收入群体：中等  非低收入群体：较高  非低收入群体：最高

■ 娱乐休闲  ■ 看电视  ■ 睡觉卫生活动
```

图7—10 女性劳动力闲暇时间分配比较

六 婴幼儿看护压缩了女性有酬劳动时间

家庭儿童保育质量与儿童未来的发展结局和幸福感正向相关①，儿童时期的照料措施有望使儿童成年后更健康、更聪明、更高效。② 父母对于子女在学习和生活照料上的时间投入，尤其是童年时期所接受的培养，对子女的健康、教育和发展有着至关重要的影响。③ 因此，未成年人看护已成为社会普遍关心的热点问题。图7—11和图7—12比较了各组家庭中是否有婴幼儿与劳动力时间分配的关系。

图7—11报告了女性的主要劳动时间分配情况，整体来说，各组家庭中有婴幼儿的家庭女性劳动力照顾未成年人时间平均比没有婴幼儿的家庭多1.24小时。有婴儿后，各收入水平的女性都减少了有酬劳动时间，高收入女性压缩的务工时长最多，工作时长比没有婴幼儿的高收入家庭少了1.55小时，低收入女性务工时间减少并不明显，仅为0.46小时，低

---

① Love, J. M., "Are They in Any Real Danger? What Research Does—and Doesn't—Tell Us about Child Care Quality and Children's Well-Being", Child Care Research and Policy Papers, Mathematica Policy Research Reports, 1996, 95.

② Almond, D., Currie, J., Duque, V., "Childhood Circumstances and Adult Outcomes: Act II", Journal of Economic Literature, 2018, 56 (4).

③ Carneiro, P. M., Heckman, J. J., "Human Capital Policy", Social Science Electronic Publishing, 2003; Heckman, J. J., Kautz, T., "Fostering and Measuring Skills: Interventions That Improve Character and Cognition", NBER Working Papers, 2013.

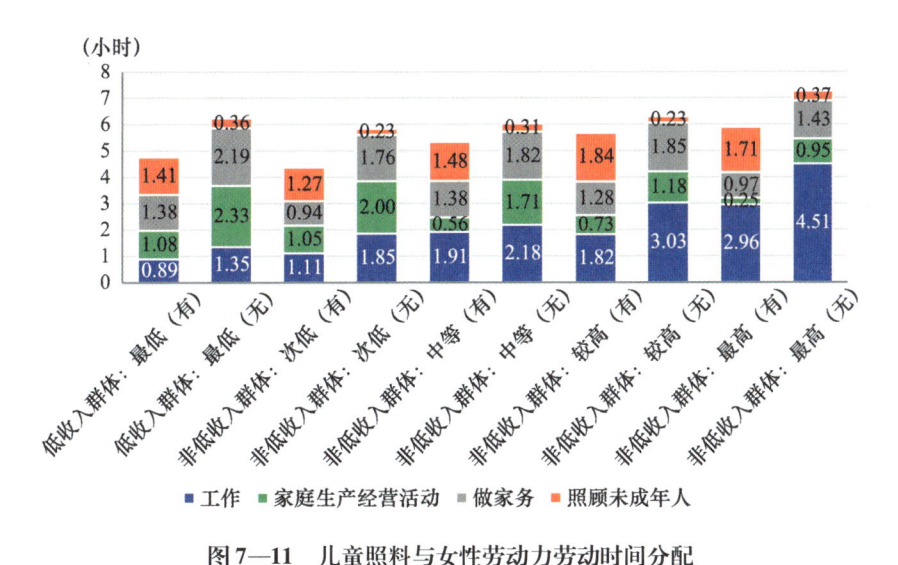

图 7—11 儿童照料与女性劳动力劳动时间分配

注:"有"指家庭中有 6 岁以下婴幼儿,"无"指家庭中无 6 岁以下婴幼儿,下同。

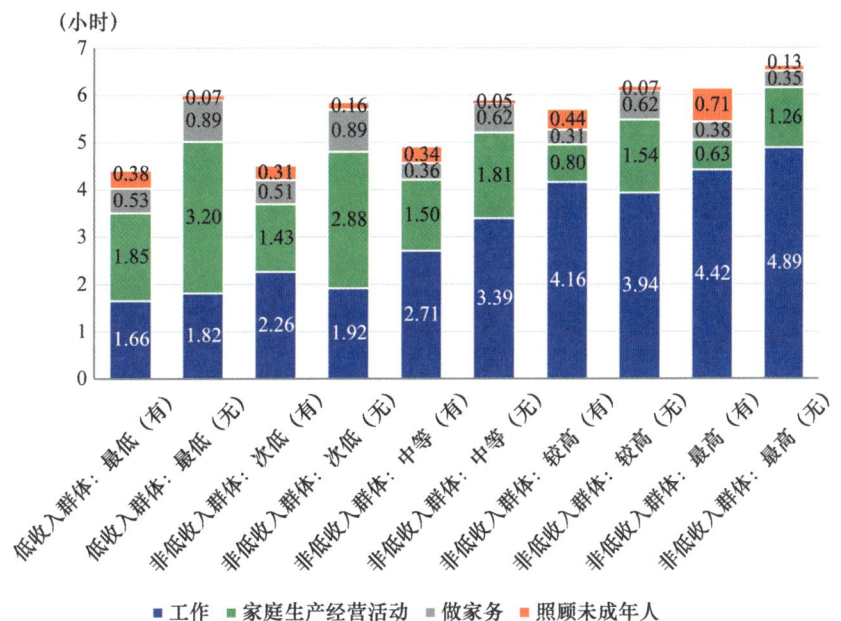

图 7—12 儿童照料与男性劳动力劳动时间分配

于 0.85 小时的平均水平,低收入女性减少的家庭生产经营活动最多,减少了 1.25 小时,高于 0.90 小时的平均水平。低收入女性的有酬劳动时间从 3.68 小时降低到 1.97 小时,其中家里有婴幼儿的低收入女性劳动力的家庭生产经营活动时长少了 1.25 小时,且照顾未成年人时间多了 1.04 小时,可见低收入女性减少的家庭生产经营活动时间主要是因为儿童看护。婴幼儿看护影响在不同收入组之间的差异可能主要是因为收入越低的女性外出务工比例相对则更低。

有婴儿的各收入水平女性均减少了做家务的时间,平均减少了 0.60 小时,其中低收入女性减少做家务时间 0.81 小时。而在增加的未成年人照顾时间中,低收入女性和非低收入组中收入最低的女性增加的照顾时间最短,为 1.05 小时,比平均水平少 0.19 小时。

图 7—12 报告了男性劳动力的劳动时间分配情况。有婴幼儿的家庭男性劳动力照顾未成年人的时间平均为 0.43 小时,比没有婴儿的家庭平均多 0.34 小时。有婴儿的各收入水平男性务工时间越长,收入越高,但在有婴儿后都不同程度减少了总劳动时间,平均减少了 0.54 小时,其中,低收入男性减少的总劳动时间最多,共减少了 1.57 小时,远超平均水平。有酬劳动中,有无婴幼儿对于低收入男性外出务工的时间影响不明显,但对其家庭生产经营活动时间压缩了 1.35 小时。有婴儿的低收入男性做家务时间压缩了 0.36 小时,照顾未成年人时间增加了 0.30 小时。总体而言,低收入家庭女性和男性劳动力因婴幼儿看护减少了总劳动时间,尤其是低收入家庭的生产经营活动时长受影响较大。

第三节 低收入家庭子女的时间分配

子女在童年时期所接受的培养,对其未来发展有着至关重要的影响。[①] 一系列研究也表明工资和就业水平等劳动市场发展结果很大程度上

---

① Carneiro, P. M., Heckman, J. J., "Human Capital Policy", Social Science Electronic Publishing, 2003; Heckman, J. J., Kautz, T., "Fostering and Measuring Skills: Interventions that Improve Character and Cognition", NBER Working Papers, 2013.

取决于儿童时期习得的技能禀赋。[1] 尤其是在教育与认知方面，在儿童时代时间投入的效率远高于金钱投入。[2] 因此，低收入家庭子女接受良好的教育，是阻断低收入代际传递的重要途径。本章重点关注了低收入家庭子女的学习和休闲娱乐时间分配，来观察学生的学习投入和学习积极性。

一 学习时间较短，玩乐时间最多

在图 7—13 中，低收入家庭的子女学习时间较短，一天的总学习时间 8.84 小时，低于各收入组平均水平的 8.99 小时，而玩乐时间最长，长达 2.49 小时，比平均玩乐时间 2.09 小时长 0.40 小时。在校学习方面，低收入家庭的子女上课及课外活动时间为 7.11 小时，比非低收入家庭平均水平 7.33 小时少 0.22 小时，做作业及辅导时间为 1.73 小时，比非低收入家庭平均水平 1.70 小时少 0.03 小时。玩乐方面，低收入家庭的子女娱乐休闲时间为 1.14 小时，比非低收入家庭平均水平 1.35 小时少 0.21 小时，但是，低收入家庭的子女尤为喜爱看电视，其看电视时间为 1.35 小时，比非低收入家庭平均水平 0.65 小时多 0.70 小时。低收入家庭学生学习时间较短，玩乐时间更长，反映出其学习积极性不高。

图 7—14 进一步分析了不同教育阶段在校生的学习和娱乐时间分配。我们发现，在从幼儿园到大学的各个教育阶段，非低收入家庭的学生都比低收入家庭的学生玩乐时间更短，平均少玩了 0.76 小时。在幼儿园到高中阶段，非低收入家庭的学生比低收入家庭的学生学习时间更长，玩乐时间更少，平均多学了 1.80 小时，少玩了 1.67 小时。进入大学阶段，学生自主支配的时间增加，该阶段的时间分配更能反映出学生的内在学

---

[1] Del Boca, D., Locatelli, M., "The Determinants of Motherhood and Work Status: A Survey", IZA DP No.2414, 2006; Aizer, A., Cunha, F., "The Production of Human Capital: Endowments, Investments and Fertility", NBER Working Paper 18429, 2012; Kalil, A., Ryan, R., Corey, M., "Diverging Destinies: Maternal Education and the Developmental Gradient in Time With Children", *Demography*, 2012, 49 (4); Hsin, A., Felfe, C., "When Does Time Matter? Maternal Employment, Children's Time with Parents, and Child Development", *Demography*, 2014, 51 (5).

[2] Del Boca, D., Flinn, C., Wiswall, M., "Household Choices and Child Development", *Carlo Alberto Notebooks*, 2014, 81 (1).

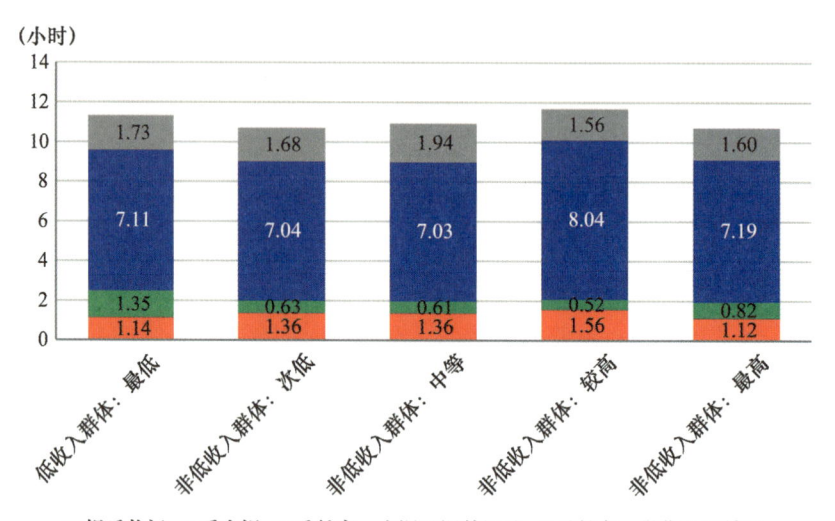

图7—13 在校生学习和娱乐时间分配比较

注：不含未入学群体。下同。

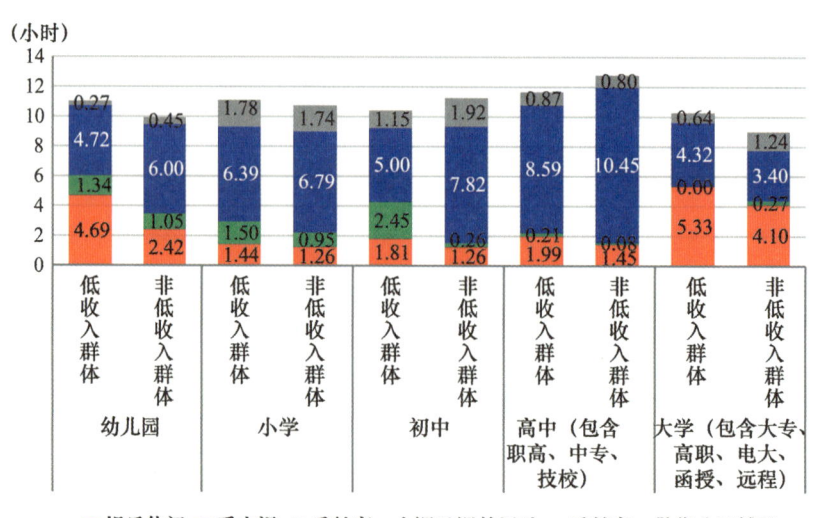

图7—14 不同教育阶段在校生学习和娱乐时间分配比较

注：低收入群体中大学生看电视时间为0的原因由样本量过小导致。

习意愿。低收入家庭的大学生与非低收入家庭的大学生学习时间趋同，但是低收入家庭的大学生上课时间比非低收入家庭的大学生多0.90小时，用于写作业的时间比非低收入家庭的大学生少了0.60小时，用于娱乐休闲的时间却比非低收入家庭的大学生多了1.23小时，这说明低收入家庭的大学生喜爱玩乐的特点并未随着教育程度提升而改变，且自主学习能力还需进一步加强。

二 女孩学习投入更少，男孩玩乐时间更长

在图7—15和图7—16中，低收入家庭男孩学习的时间与其他收入家庭男孩的平均时长持平，为9.01小时，其中，上课及课外活动时间7.46小时，做作业及辅导时间1.55小时。与其他收入家庭的男孩平均玩乐时间相比，低收入家庭的男孩多玩了0.69小时，长出了一节课左右的时间。而低收入家庭女孩学习的时间8.71小时，低于非低收入家庭女孩的平均学习时长，玩乐时间2.31小时，远远高出非低收入家庭女孩的平均玩乐时长，多玩了1.55小时，长达两节课左右的时间，主要用于看电视。低

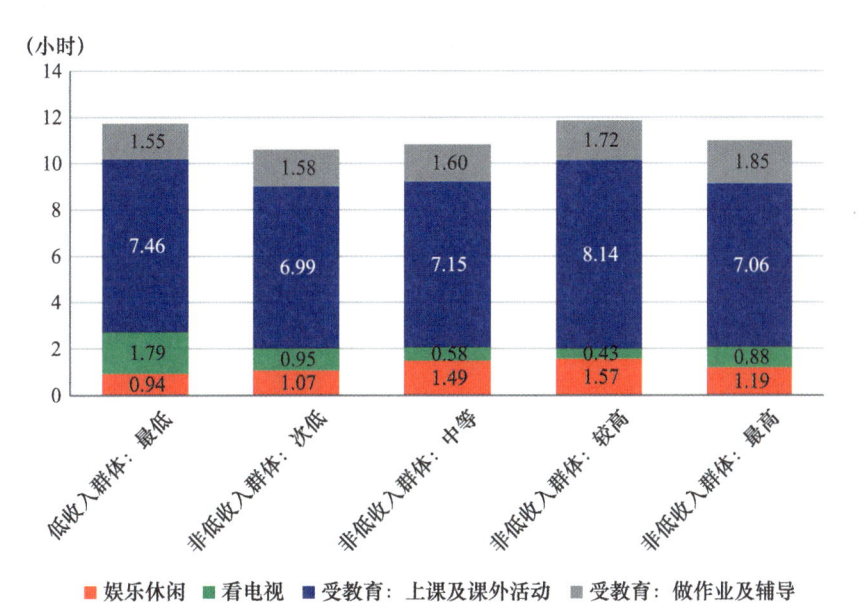

图7—15 男孩学习和休闲时间比较

注：7—15岁年龄段的男孩，含未入学群体。

```
(小时)
14
12
10  1.86      1.77       2.26       1.39
 8                                         2.07
 6  6.85     7.08       6.92       7.94
                                          4.41
 4
 2  1.02     0.38       0.64       0.62   1.64
 0  1.29     1.59       1.24       1.55   1.50
   低收入群体:  非低收入群体:  非低收入群体:  非低收入群体:  非低收入群体:
    最低      次低       中等       较高      最高
```

■ 娱乐休闲 ■ 看电视 ■ 受教育：上课及课外活动 ■ 受教育：做作业及辅导

图 7—16　女孩学习和休闲时间比较

注：6—15 岁年龄段的女孩，含未入学群体。

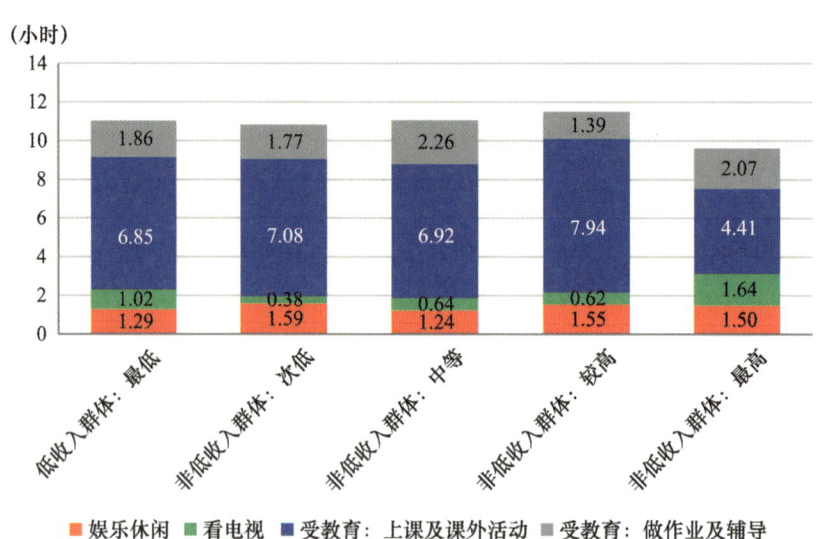

收入家庭的男孩学习时间比女孩多了 0.29 小时，娱乐时间比女孩多了 0.41 小时，主要体现在低收入家庭的男孩比女孩上课及课外活动时间多 0.60 小时，看电视时间多 0.77 小时。比较发现，低收入家庭的男孩和女孩都更爱看电视，看电视时长分别为 1.79 小时和 1.02 小时，这与低收入学生看电视时长最长的结果是一致的。

第四节　全面脱贫与低收入群体时间利用变化

时间利用从新的维度反映了中国低收入群体在各项活动中的时间投入，以观测低收入群体日常生活为切入点，为评估民生福祉改善提供了参考依据。为了更好地研究如何实现低收入群体增收、缩减低收入群体规模、在促进共同富裕中提高低收入人群的生活水平和发展机会，笔者对 2021 年和 2017 年的时间利用调查结果进行了比较，从新的角度反映低收入群体人口特征、经济状况和时间分配结构产生的变化。

一 家庭规模缩小、劳动力数量减少、教育水平提高

图7—17反映了2017—2021年低收入群体特征的变化。相比2017年，2021年各收入水平家庭人口规模均有所缩减，低收入家庭规模缩小了5.1%，相应地劳动力规模缩减了9.2%。但是，相比其他各组，低收入家庭劳动力规模和小孩数量缩减得最少。2021年各收入水平家庭中的老人比2017年增加了0.06人，增长了9.7%，呈现出老龄化的趋势。与其他家庭不同的是，低收入家庭的老年人数量在2021年有所减少，减少了14.3%。2017年，收入越低的家庭，老年人口越多，2021年，这一趋势有所改变。

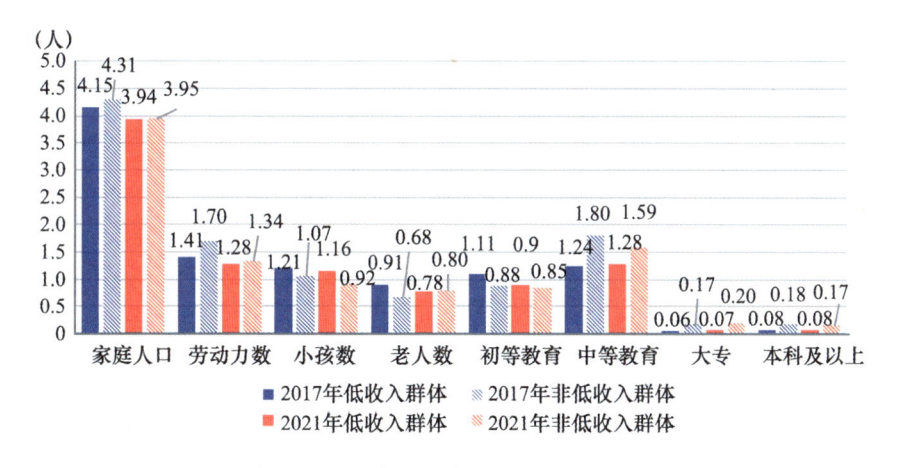

图7—17 低收入群体年度人口特征比较

注：中等教育包括初中、高中、职高、中专、技校等。

在教育水平方面，相比2017年，2021年的低收入家庭中，接受初等教育的人数减少0.21人，降低了18.9%，接受中等教育的人数增加了0.04人，增长了3.2%，接受大专教育的人数增加了0.01人，增长了16.7%，能够看出全面脱贫之后，低收入群体的教育水平在2021年显著提升。

二 劳动力教育水平提升、女性劳动力减少

图7—18说明了低收入劳动力教育水平的变化。相比2017年，接受初等教育的低收入劳动力在2021年减少了7.2%，接受中等教育的低收

入劳动力增加了 7.1%，接受大专教育的低收入劳动力增加了 0.1%，接受本科及以上教育的低收入劳动力增加了 0.3%，说明低收入劳动力的教育水平在全面脱贫后明显提升，这对于提高低收入群体的收入水平、缩小收入差距、推进实现共同富裕具有积极意义。

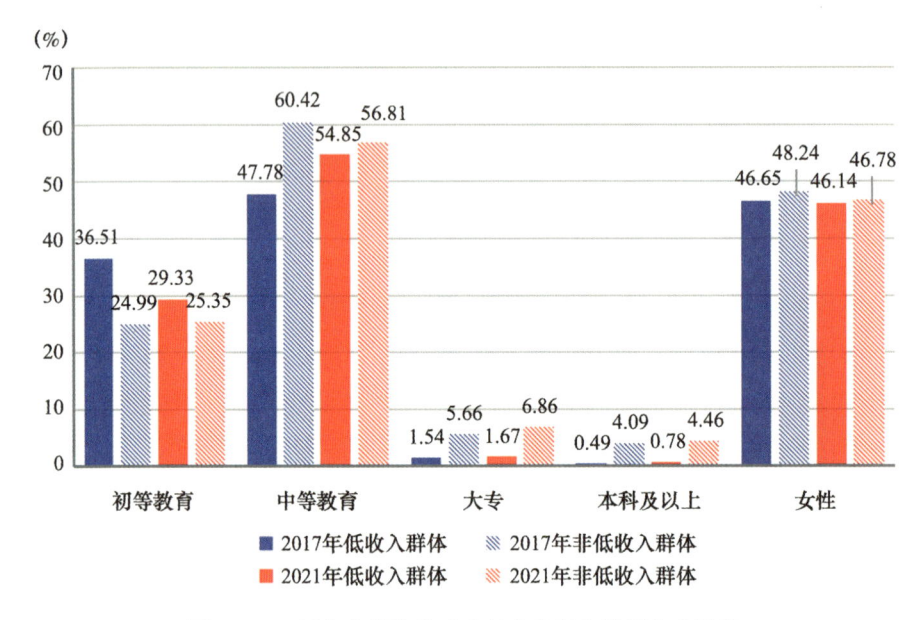

图 7—18　低收入群体劳动力教育状况和性别年度比较

注：中等教育包括初中、高中、职高、中专、技校等。

虽然从绝对数量上来看，相比 2017 年，2021 年的低收入女性劳动力占劳动力总数的百分比有所减少，降低了 0.5%。但与各组平均水平相比，2017 年，低收入女性劳动力占比 46.7%，非低收入组平均水平为 48.2%，2021 年，低收入女性劳动力占比 46.1%，非低收入组平均水平为 46.8%，低收入女性劳动力占比与非低收入组平均水平之间的差距有所减少。

三　有酬劳动时间减少、个人生理必需活动时间增加、社交减少

图 7—19 显示，2017—2021 年，低收入劳动力的有酬劳动时间减少了 8.0%。2021 年，低收入劳动力一天有酬劳动用时 5.49 小时，比 2017 年少了 0.48 小时。其中，低收入男性和女性劳动力的有酬劳动时间分别减少了

0.72 小时和 0.26 小时。低收入男性外出务工时间从 4.09 小时减少到 2.64 小时，家庭生产经营活动时间从 2.97 小时增加到 3.69 小时。低收入女性外出务工时间从 2.39 小时减少到 2.04 小时，家庭生产经营活动时间从 2.32 小时增加到 2.42 小时。因此，有酬劳动时间减少的原因主要是外出务工时间的减少。

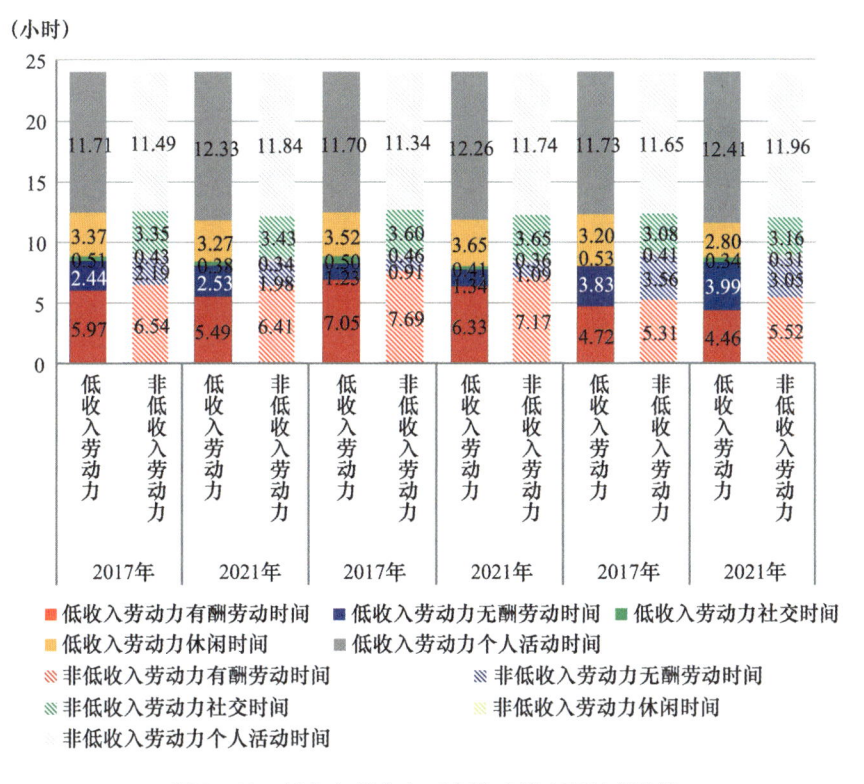

图 7—19　低收入劳动力五大类时间分配年度比较

2017—2021 年，低收入劳动力的自我照料时间增加了 0.62 小时，低收入男性和女性劳动力的个人活动时间分别增加了 0.56 小时和 0.68 小时。其中，低收入男性睡觉卫生活动时间增加了 0.46 小时，看电视时间减少了 0.62 小时，娱乐休闲活动增加了 0.68 小时，低收入女性睡觉卫生活动时间增加了 0.56 小时，看电视时间减少了 0.91 小时，娱乐休闲活动增加了 0.44 小时。睡觉休息和个人卫生活动时间的增加，反映了低收入群体生活方式更加健康。看电视虽然依然是低收入群体的主要休闲方式，但看电视时间有所减少，娱乐休闲活动有所增加。上述变化表明低收入群体自由支配时间增加，个人自由支配时间分配更加合理，但是，收入越低的居民看电视时间越多的趋势在 2021 年并未改变。

社交活动方面，低收入男性和女性劳动力的社交活动时间分别缩短了 0.09 和 0.19 小时，总体缩短 0.13 小时，减少了 25.5%，这可能与疫情封控原因有关。男性的休闲时间从 3.52 小时增加至 3.65 小时，与之相反，女性的休闲时间从 3.2 小时减少至 2.8 小时，这一差异将在研究无酬劳动性别比变化时进一步分析。

四　无酬劳动结构有所变化、女性更注重与子女相伴

图 7—20 和图 7—21 中，2021 年，低收入群体的无酬劳动时间增加了 0.35 小时，低收入男性和女性劳动力分别增加了 0.30 小时和 0.05 小时的无酬劳动。其中，低收入男性增加了 0.30 小时做家务的时间，低收入女性做家务时间减少了 0.13 小时，但照顾未成年人时间增加了 0.18 小时。

图 7—20　男女劳动力无酬劳动时间年度比较

做家务的时间分配性别比在 2021 年有所下降，从 3.59 下降到 2.37，

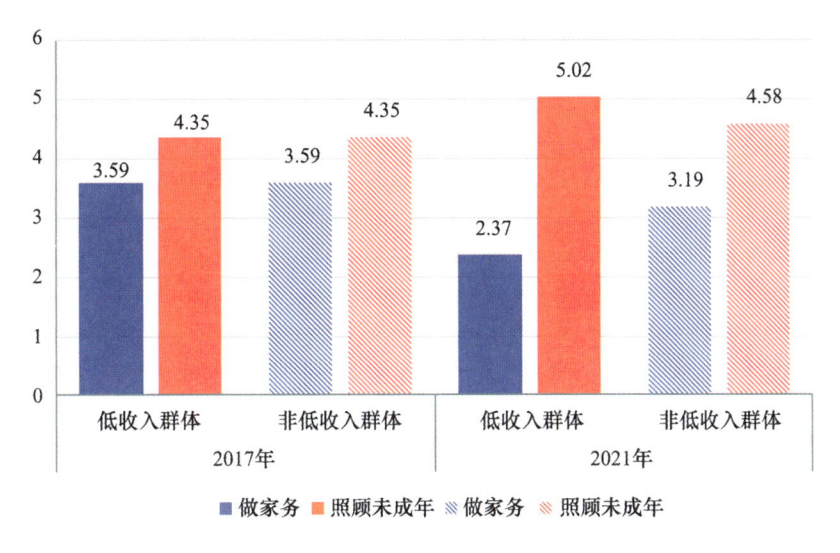

```
         6
                                                          5.02
                                                                              4.58
         5            4.35                  4.35
         4    3.59                   3.59
                                                                      3.19
         3
                                                  2.37
         2
         1
         0
              低收入群体          非低收入群体         低收入群体          非低收入群体
                      2017年                              2021年
              ■ 做家务   ■ 照顾未成年   ▨ 做家务   ▨ 照顾未成年
```

图 7—21　男女劳动力无酬劳动时间分配性别比年度比较

下降了 34.0%，这说明低收入男性更多参与了家务活动。而照顾未成年人时间分配性别比从 4.35 提升至 5.02，提高了 15.4%，这说明低收入女性相对于低收入男性更加重视对孩子的培养教育，且育儿负担有所增加。

五　学习投入增加、玩乐时间减少

在图 7—22 中，2021 年，各收入水平家庭学生的学习时间都有所增加，平均增加了 1.86 小时，其中低收入家庭学生增加的学习时长最多，增加了 2.3 小时，约为 3 节课的时间。上课及课外活动时间增加了 1.81 小时，做作业及辅导增加了 0.49 小时。各收入水平家庭学生的娱乐休闲和看电视时间都有所减少，其中低收入家庭学生娱乐休闲时间减少的最多，减少了 1.43 小时，但是看电视时间减少的最少，减少了 0.25 小时，总的玩乐时间减少了 1.68 小时。低收入男孩和女孩的学习时间在 2021 年分别增加了 0.56 小时和 0.74 小时，玩乐时间分别减少了 0.35 小时和 0.51 小时。低收入男孩在 2021 年增加了 0.7 小时的看电视时间，女孩的看电视时间却减少了 0.16 小时。

虽然低收入家庭的学生在 2021 年虽然比 2017 年学得更久、玩得更少，但两个年度中低收入家庭的学生玩乐时间均长于其他各组家庭的时

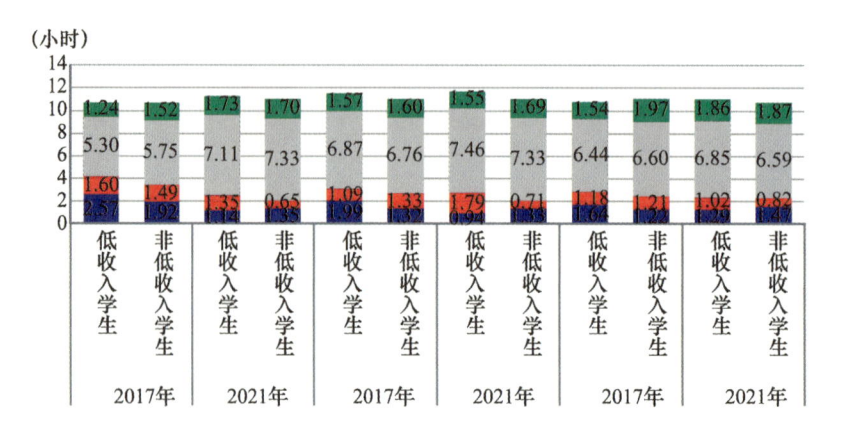

图 7—22　在校生学习和娱乐时间分配年度比较

注：不含未入学群体。

间，学习时间在2017年最短，在2021年位列居中，但低于平均水平，这表明低收入学生与其他收入水平家庭学生的学习时间投入差距在缩小，但仍有提升空间。

第五节　小结

本章从时间利用的角度考察了中国低收入群体的人口特征、经济状况、时间分配等，研究发现低收入群体的劳动供给存在一定不足，低收入劳动力的劳动时间较短，个人活动时间较长。低收入群体有酬劳动时间较短，尤其是男性。有酬劳动时间中，低收入群体的务工时间占比较低，制约了其收入增长。女性承担着有酬劳动和家庭照料的双重负担，不论在哪一收入阶段，女性的总劳动时间均长于男性，且低收入女性则有酬劳动时间最短，无酬劳动时间最长，有酬劳动也更多付诸家庭生产经营活动，低收入女性在改变囿于家庭的现状方面仍有较大空间。相对于非低收入家庭，低收入家庭小孩的学习时间较短，玩乐时间最多，且低收入家庭的女孩学习积极性更显不足。

习近平总书记指出，"坚持多劳多得，鼓励勤劳致富，促进机会公平，增加低收入群体收入，扩大中等收入群体"。[①] 推进共同富裕的关键是"提低"，即更大幅度地提高低收入群体的收入水平，促进低收入人群尽快富裕起来，需要构建更加完善的收入分配制度和公共服务体系，明确共同富裕的标准，使低收入群体得到更多的关注和政策支持。[②]

对于低收入群体而言，提高收入水平需要进一步挖掘其自身的增收潜力，在激发其提高收入内生动力的同时，营造更加良好的环境，促进低收入群体增收。对此，2024年《政府工作报告》提出如下要求："支持脱贫地区发展特色优势产业，推进防止返贫就业攻坚行动，强化易地搬迁后续帮扶。深化东西部协作和定点帮扶。加大对国家乡村振兴重点帮扶县支持力度，建立健全农村低收入人口和欠发达地区常态化帮扶机制，让脱贫成果更加稳固、成效更可持续。"

此外，女性低收入群体和低收入家庭的儿童也应得到重视。一方面，我们需更加关注低收入女性在提升市场参与度方面的制约，加大学前照料和基础教育方面的公共投入，为低收入女性提供就业技能培训，促进其稳定就业。另一方面，早期的教育干预能够增强儿童认知能力，使其在未来更容易取得成功，[③] 因而要引导低收入家庭的孩子增加学习投入，增加低收入家庭的人力资本积累，通过更加重视教育及学习时间投入来阻断低收入的代际传递。

---

① 习近平：《高举中国特色社会主义伟大旗帜 为全面建设社会主义现代化国家而团结奋斗——在中国共产党第二十次全国代表大会上的报告》，人民出版社2022年版，第47页。
② 李实、陈宗胜、史晋川等：《"共同富裕"主题笔谈》，《浙江大学学报》（人文社会科学版）2022年第1期。
③ Lee, S. Y., Benson, S. M., Klein, S. M., et al., "Accessing Quality Early Care and Education for Children in Child Welfare: Stakeholders' Perspectives on Barriers and Opportunities for Interagency Collaboration", *Children & Youth Services Review*, 2015, 55.

第八章

老当益壮:"退而不休"的老年人

1999年中国60岁及以上老年人口比例超过10%，开始进入老龄化社会。截至2021年，中国60岁及以上老年人口达2.67亿，占总人口的18.9%，处于轻度老龄化阶段。"十四五"时期老年人占比将超过20%，进入中度老龄化社会，到2035年前后进入重度老龄化阶段，2050年左右，60岁及以上老年人口预计达到峰值4.87亿，占届时全国总人口的34.8%。① 人口老龄化呈现出规模大、发展快的特征。党的二十大报告明确指出，实施渐进式延迟法定退休年龄。2022年4月，国务院办公厅印发《"十四五"国民健康规划的通知》提出，2015—2020年，人均预期寿命从76.34岁提高到77.93岁，到2025年，人均预期寿命在2020年基础上继续提高1岁，展望2035年，人均预期寿命达到80岁以上，人均健康预期寿命均逐步提高。2024年1月11日，《国务院办公厅关于发展银发经济增进老年人福祉的意见》明确实施积极应对人口老龄化国家战略。2024年3月，《政府工作报告》指出，要"实施积极应对人口老龄化国家战略"。由于现阶段老年群体预期寿命和退休年龄之间存在较大时间跨度，并且老年人身体健康状况也较为良好，老年劳动资本有较大发展潜力。本章利用2021年和2017年中国时间利用调查数据，将老年人时间利用总体分为五大类：有酬劳动、无酬劳动、学习培训、休闲社交和自我照料。在分析老年人各类时间分配情况的基础上，比较不同年龄、性别、

---

① 《全国人民代表大会常务委员会专题调研组关于实施积极应对人口老龄化国家战略、推动老龄事业高质量发展情况的调研报告》，http://www.bjrd.gov.cn/xwzx/qgrd/202209/t20220914_2815027.html。

地区老年人劳动时间配置，分析弹性退休政策与老年人劳动时间利用变化之间的关系，试图解释老年人"退而不休"之谜。

第一节　政策背景

中华人民共和国成立以来，中国退休制度发生过多次调整，大致经历三个阶段。

第一阶段主要是制定建立退休制度（1951—1986 年）。1951 年 2 月 26 日，政务院发布了《中华人民共和国劳动保险条例》，这是中华人民共和国成立以来第一部内容相对完整的社会保险法规，首次提出了特殊岗位的提前退休制度，是中国职工养老保险制度建立的标志。该条例规定，男年满 60 岁，工龄满 25 年，本企业工龄满 5 年，女满 50 岁，工龄满 20 年，本企业工龄满 5 年，特殊行业男满 55 岁，女满 45 岁即可享受养老待遇。退休指的是"退职养老补助费"，继续留用则发放"在职养老补助费"，该条例规定劳动保险各项费用全部由实行劳动保险的各企业或者资方承担。劳动者退休时，由劳动保险基金支付养老补助费。

1955 年，国务院通过《国家机关工作人员退休处理暂行办法》，该办法规定，男年满 60 岁，女年满 55 岁，工作年限满 15 年，可以退休，每月领取退休金，退休金由政府承担。1957 年，国务院通过《国务院关于工人、职员退休处理的暂行规定》，该规定区分了女干部和女工人的退休年龄。根据该规定，男工人、职员年满 60 周岁，连续工龄满 5 年，一般工龄满 20 年；女工人年满 50 周岁、女职员年满 55 周岁，连续工龄满 5 年，一般工龄满 15 年，应该退休，每月领取退休费，退休费由企业或者政府承担。1978 年，《国务院关于工人退休、退职的暂行办法》《国务院关于安置老弱病残干部的暂行办法》规定，男年满 60 周岁，女干部年满 55 周岁、女工人年满 50 周岁，参加革命工作年限或者连续工龄满 10 年的，干部是可以退休，工人是应该退休，每月领取退休费，退休费由企业、本单位或者政府承担。1983 年，《国务院关于高级专家离休、退休若干问题的暂行规定》规定，高级专家经本人同意且主管机关批准，根据职称不同退休年龄可以延长至 65 周岁或者 70 周岁；《国务院关于延长部分骨干教师、医生、科技人员退休年龄的通知》则规定根据性别可将退休年龄延迟1—5年。①

通过以上一系列的条例、办法、规定和通知,中国退休法律制度得以确立,但劳动者的养老待遇基本上由企业或者政府承担,此时的养老保险制度也并非现代意义上的社会养老保险制度,由企业和个人共同缴费的现代社会养老保险制度尚未开始建立。

第二阶段以建立社会养老保险制度为中心(1986—2012年)。1986年的《国营企业实行劳动合同制暂行规定》规定,劳动合同制工人的退休养老开始实行社会保险制度,工人和企业缴费成为退休养老基金的源泉,国家仅仅负担一定补助,退休养老金也专由劳动部门所属机构筹集和发放。1991年,《国务院关于企业职工养老保险制度改革的决定》明确养老费用不再由国家和企业完全承担,而由国家、企业和个人共同承担,职工个人也需要缴纳一定费用。规定要逐步建立起基本养老保险、企业补充养老保险和职工个人储蓄性养老保险多层次的养老保险体系,确立了最低十五年的缴费期限并沿用至今。1995年中国统账结合的养老保险制度正式施行,规定基本养老保险费用由企业和个人共同负担,实行社会统筹和个人账户相结合。国家稳定基本稳定养老保险的基础作用,同时加快企业补充养老保险和个人储蓄性养老保险的发展。之后为了扩大养老保险的覆盖范围,1997年7月正式出台了《关于建立统一的企业职工基本养老保险制度的决定》,意在慢慢地将城镇所有企业的工人以及一些个体劳动者也纳入养老保险的覆盖范围中来,计划建立统一的企业职工基本养老保险制度,企业职工的养老保险费用由社会统筹,养老金实行社会化发放。自此,中国社会养老保险制度逐步确立。

2010年,《中华人民共和国社会保险法》首次确定要在全国范围内建立社会保险制度。根据该法规定,基本养老保险实行社会统筹与个人账户相结合,基本养老金由统筹养老金和个人账户养老金组成,还要建立新型农村社会养老保险制度和城镇居民社会养老保险制度。

---

① 1990年《关于高级专家退(离)休年龄问题的通知》和1992年《关于县(处)级女干部退(离)休年龄问题的通知》提出,女专家和县(处)级及以上女干部可以与男性同龄退休。

第三阶段以开展延迟退休计划为主（2012年至今）。在中国逐步建立和完善退休制度之后，随着老龄化程度加深，劳动力供给不足等问题凸显，中国开始在 2008 年酝酿延迟退休的研究计划，并于 2012 年 6 月 14 日在《社会保障"十二五"规划纲要》提出"研究弹性延迟领取养老金年龄的政策"。2013 年 11 月 12 日，《中共中央关于全面深化改革若干重大问题的决定》首次提出"研究制定渐进式延迟退休年龄政策"，2014 年，《国务院关于建立统一的城乡居民基本养老保险制度的意见》决定，合并新型农村社会养老保险制度和城镇居民社会养老保险制度，建立城乡居民基本养老保险制度。自此，城乡居民基本养老保险制度得以建立，现代社会养老保险制度进一步发展，2015 年 10 月，党的十八届五中会议上，人社部进一步提出"出台渐进式延迟退休政策"，积极应对人口老龄化问题，2020 年 10 月 29 日，《中共中央关于制定国民经济和社会发展第十四个五年规划和二〇三五年远景目标的建议》明确提出，我国将"实施渐进式延迟法定退休年龄"，2021 年 3 月 12 日，《中华人民共和国国民经济和社会发展第十四个五年规划和 2035 年远景目标纲要》明确提出，按照"小步调整、弹性实施、分类推进、统筹兼顾"等原则，逐步延迟法定退休年龄；2022 年 2 月 21 日，《国务院关于印发"十四五"国家老龄事业发展和养老服务体系规划的通知》提出"实行渐进式延迟退休法定退休年龄"。目前，已有部分省份正在开展延迟退休试点工作，2022 年 1 月，山东省《进一步规范企事业单位高级专家延长退休年龄有关问题的通知》首次在全国范围内落地实施；2022 年 1 月 30 日，江苏省《企业职工基本养老保险实施办法的通知》明确提到参保人员可推迟退休，推迟退休的时间最短不少于一年。

第二节 老年人劳动时间配置

本章将 60 岁及以上（男性和女性）人口和 55—59 岁（女性）人口定义为老年人。为了能够更加清楚地了解老年群体不同时期的时间分配，根据 2021 年中国时间利用调查问卷，本章将老年人分为 55—59 岁、60—64 岁、65—69 岁、70—79 岁和 80 岁及以上四个年龄组，其样本分布如表 8—1 所示。

表 8—1 样本观测值分布 单位：人

年龄	55—59 岁		60—64 岁		65—69 岁		70—79 岁		80 岁及以上	
城乡	城镇	农村	城镇	农村	城镇	农村	城镇	农村	城镇	农村
男性	—	—	402	366	524	489	610	571	236	150
女性	524	503	453	325	590	455	636	524	231	147
合计	524	503	855	691	1114	944	1246	1095	467	297

有学者定义"退休后继续参与劳动就业的老年人为'退而不休'的劳动者",[①] 而本章在研究"退而不休"的老年人的同时,考察了有酬和无酬劳动时间,更加全面考察老年人时间利用情况,分析"退而不休"程度。有酬劳动主要包括工作和工作相关活动、家庭生产经营活动;无酬劳动主要包括做家务、照顾家人和对外提供帮助、购买商品和服务。图 8—1 给出 2017 年和 2021 年老年人有酬和无酬劳动时间及各项劳动时间。

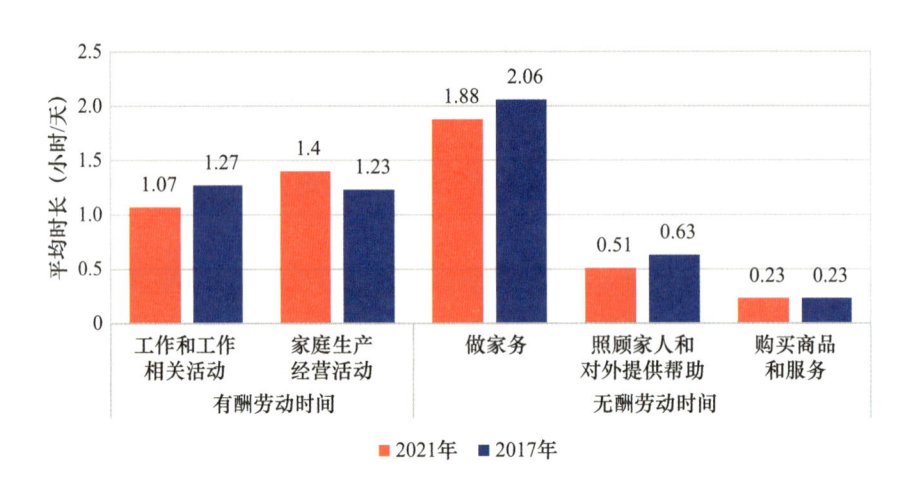

图 8—1　2017 年和 2021 年老年人劳动时间比较

可以看出,2021 年,老年人劳动时间为 5.09 小时/天,相较 2017 年减少 0.33 小时/天,说明老年人"退而不休"状况减轻,休闲社交时间和自我照料时间分别提高 0.11 小时/天和 0.17 小时/天。2021 年,无酬

---

① 荆涛、邢慧霞:《健康冲击、基本医疗保险与老年人"退而不休"》,《南方人口》2022 年第 1 期。

劳动时间高于有酬劳动时间 0.15 小时/天；有酬劳动中家庭生产经营活动时间高于工作时间 0.07 小时/天；无酬劳动中做家务花费时间最多，为 1.88 小时/天，购买商品服务花费时间最少，为 0.23 小时/天。相较 2017 年，2021 年老年人有酬劳动时间略有下降，无酬劳动时间下降 0.3 小时/天。有酬劳动中工作和工作相关活动减少 0.20 小时/天，家庭生产经营活动增加 0.17 小时/天。无酬劳动中做家务减少 0.18 小时/天，照顾家人和对外提供帮助减少 0.12 小时/天，购买商品和服务没有变化。另外，老年人的休闲社交时间增加 0.11 小时/天，自我照料时间增加 0.17 小时/天，教育培训时间为 0.03 小时/天，保持不变。

从图 8—2 可以发现，随着年龄的增加，老年人有酬劳动时间和无酬劳动时间都呈逐渐减少趋势，"退而不休"程度下降。2021 年，55—59 岁女性老年人的有酬劳动时间和无酬劳动时间在五个年龄组中最多，"退而不休"程度最高，休闲社交时间和自我照料时间在五个年龄组中最少，其中有酬劳动时间低于 2017 年同年龄段老年人 0.30 小时/天，无酬劳动时间低于 2017 年同年龄段老年人 0.72 小时/天；2021 年有酬劳动时间最少的是 80 岁及以上的老年人，休闲社交和自我照料时间都是四个年龄组中最高的，有酬和无酬劳动时间都略低于 2017 年同年龄段老年人。

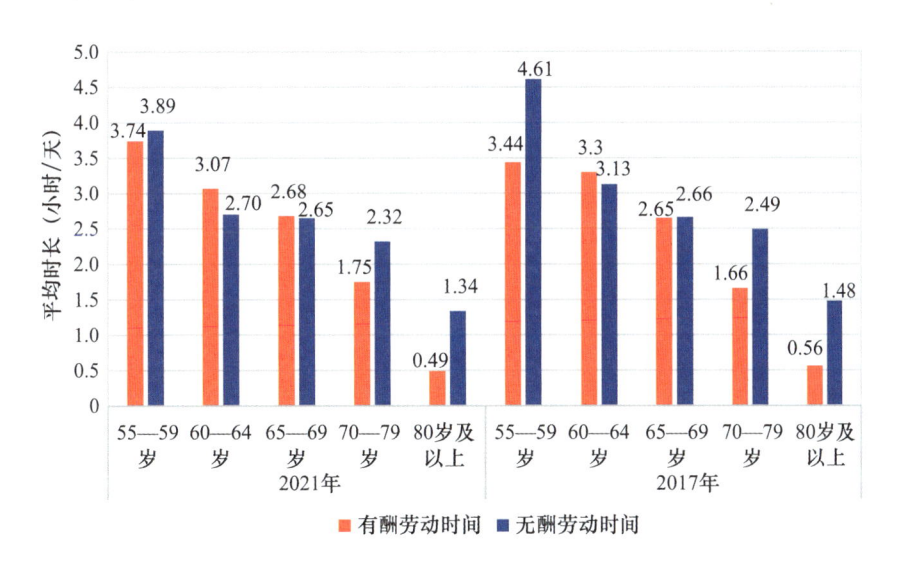

图 8—2　2017 年和 2021 年老年人分群体劳动时间对比

第三节　老年人劳动时间配置的性别差异

基于 2017 年和 2021 年中国时间利用调查数据，本小节分群体描述了老年人劳动时间配置的性别差异，并分性别列出教育培训、休闲社交和自我照料时间，如表 8—2 所示。

表 8—2　2017 年和 2021 年老年人分性别劳动时间基本情况　　单位：小时/天

年份	活动类别	总体老人	
		男性	女性
2021	有酬劳动时间	2.73	2.28
	无酬劳动时间	1.62	3.35
	教育培训	0.03	0.03
	休闲社交	7.25	6.10
	自我照料	12.33	12.22
2017	有酬劳动时间	2.91	2.21
	无酬劳动时间	1.76	3.74
	教育培训	0.03	0.03
	休闲社交	7.14	5.99
	自我照料	12.17	12.04

从表 8—3 可以看出，2021 年男性老年人有酬劳动时间高于女性老年人 0.45 小时/天，无酬劳动时间低于女性老年人 1.73 小时/天，女性老年人"退而不休"时间高于男性老年人 1.18 小时/天。相较 2017 年，2021 年有酬劳动和无酬劳动的性别差异都缩小；男性老年人和女性老年人的"退而不休"程度均下降。其中，女性下降幅度高于男性，说明更多女性从有酬和无酬劳动中解放出来，参与更多休闲社交和自我照料活动；男性的有酬和无酬劳动时间都减少，休闲社交和自我照料时间都增加，教育培训时间不变；女性的有酬劳动时间基本不变，无酬劳动时间减少 0.39 小时/天，休闲社交和自我照料时间都增加，教育培训时间不变。

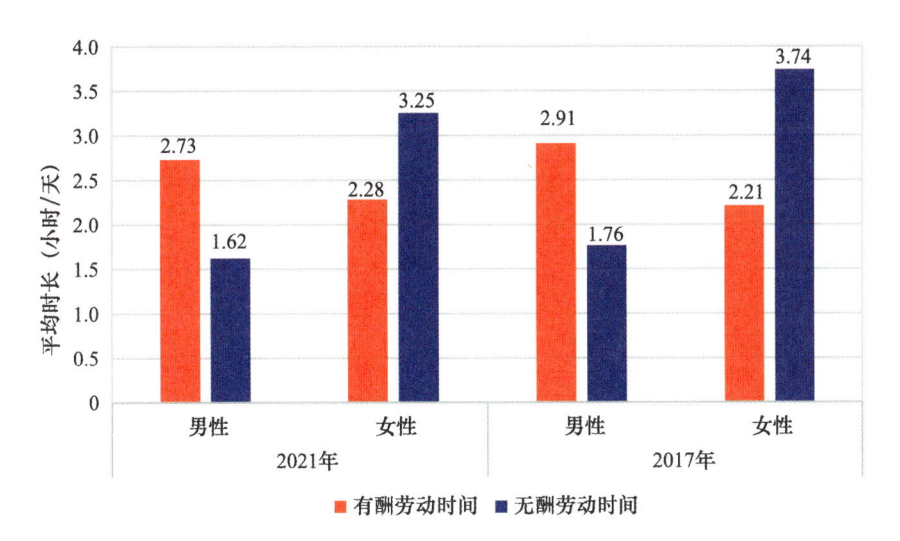

图 8—3 2017 年和 2021 年总体老年人分性别劳动时间比较

表 8—3 2017 年和 2021 年老年人群体分性别劳动时间基本情况 单位：小时/天

年份	年龄	性别	有酬劳动	无酬劳动	教育培训	休闲社交	自我照料
2021	55—59 岁	女	3.74	3.89	0.02	4.70	11.65
	60—64 岁	男	3.66	1.77	0.01	6.36	12.12
		女	2.49	3.62	0.09	5.52	12.28
	65—69 岁	男	3.10	1.72	0.02	7.17	11.95
		女	2.25	3.58	0.01	6.18	11.95
	70—79 岁	男	2.19	1.56	0.03	7.78	12.44
		女	1.34	3.03	0.02	7.16	12.43
	80 岁及以上	男	0.65	1.13	0.03	8.49	13.65
		女	0.34	1.54	0	8.41	13.71
2017	55—59 岁	女	3.44	4.61	0.02	4.56	11.38
	60—64 岁	男	4.21	1.91	0.02	5.92	11.96
		女	2.40	4.34	0.03	5.35	11.89
	65—69 岁	男	3.22	1.74	0.05	7.15	11.85
		女	2.08	3.58	0.01	6.34	12.0
	70—79 岁	男	1.84	1.80	0.02	8.02	12.31
		女	1.48	3.12	0.05	7.14	12.20
	80 岁及以上	男	0.60	1.16	0.02	8.90	13.32
		女	0.53	1.72	0	7.96	13.79

从图 8—4 可以发现，随着年龄的增加，男性和女性"退而不休"状况均呈下降趋势，无论在哪个年龄段，女性"退而不休"程度均高于男性。2021 年 55—59 岁女性老年人的有酬劳动时间较 2017 年增加 0.3 小时，无酬劳动时间减少 0.72 小时，休闲社交时间和自我照料时间都增加；在 60 岁之后男性和女性对比可以看出，2021 年老年人有酬和无酬劳动时间最多的均是 60—64 岁年龄组，并且在每个年龄段，男性的有酬劳动时间都大于女性，女性的无酬劳动时间都大于男性。随着年龄的增加，男性和女性的有酬和无酬劳动均减少，休闲社交时间都增加，自我照料时间基本不变。与 2017 年相比，有酬劳动和无酬劳动的性别差异也在缩小。

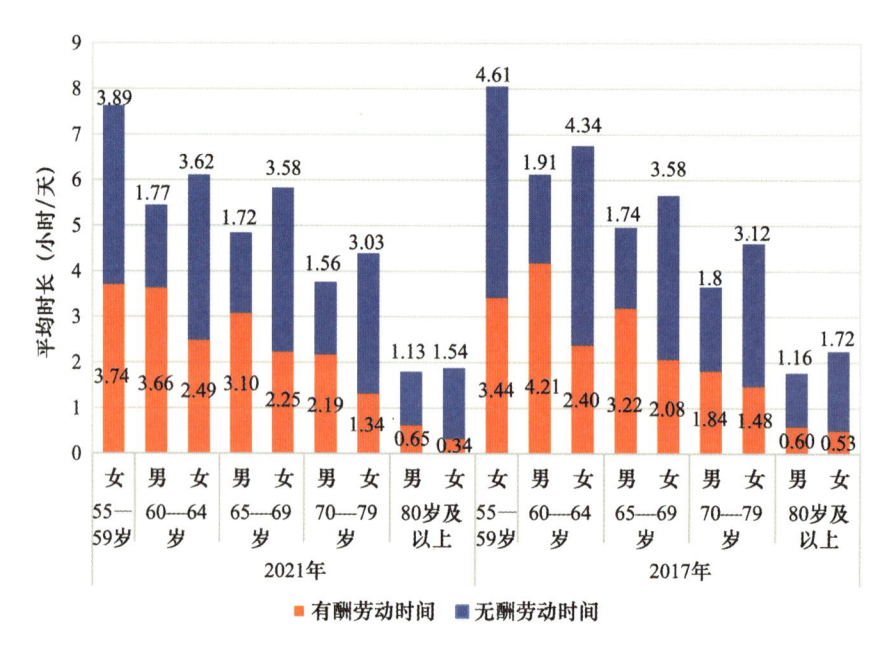

图 8—4　2017 年和 2021 年老年人分群体、分性别劳动时间比较

第四节　老年人劳动时间配置的区域差异

由于受城乡二元体制的影响，老年人劳动时间的配置存在差异，城市老年人主要遵循法定退休政策，而农村老年人则会灵活地参与劳动，

使不同城乡和地区间老年人时间配置存在差异。基于2017年和2021年中国时间利用调查数据，本小节分群体描述了老年人劳动时间配置的城乡、地区差异。

一 城乡差异

表8—4报告了2017年和2021年老年人分城乡的劳动时间平均时长，反映了分城乡老年人的各项具体活动时间。

表8—4　2017年和2021年老年人分城乡劳动时间基本情况　　单位：小时/天

年份	活动类别	总体老人	
		城镇	农村
2021	有酬劳动时间	1.50	3.95
	无酬劳动时间	2.89	2.22
	教育培训	0.04	0.01
	休闲社交	7.33	5.46
	自我照料	12.21	12.35
2017	有酬劳动时间	1.74	3.48
	无酬劳动时间	3.08	2.69
	教育培训	0.04	0.01
	休闲社交	7.13	5.62
	自我照料	12.01	12.21

从图8—5可以看出，2021年城镇老年人有酬劳动时间低于农村老年人2.45小时/天，无酬劳动时间高于农村老年人0.67小时/天，农村老年人比城镇老年人"退而不休"程度更高。相比2017年，有酬劳动和无酬劳动的城乡差异都扩大了；农村老年人"退而不休"程度不变，城镇老年人"退而不休"程度减少0.43小时/天；城镇的有酬和无酬劳动时间都减少，休闲社交和自我照料时间都增加，教育培训时间不变；农村的有酬劳动时间增加，无酬劳动时间减少，教育培训时间不变，休闲社交时间减少，自我照料时间增加。

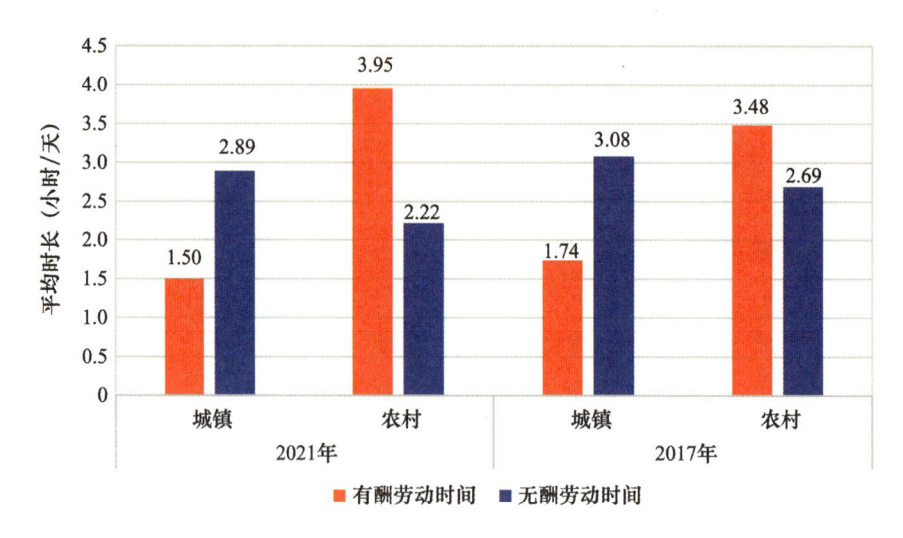

图 8—5 2017 年和 2021 年总体老年人分城乡劳动时间比较

表 8—5 2017 年和 2021 年老年人群体分城乡劳动时间基本情况　单位：小时/天

年份	年龄	城乡	有酬劳动	无酬劳动	教育培训	休闲社交	自我照料
2021	55—59 岁	城镇	3.15	4.09	0.02	5.17	11.56
		农村	4.48	3.65	0.02	4.11	11.75
	60—64 岁	城镇	1.91	3.04	0.08	6.73	12.20
		农村	4.91	2.15	0.01	4.69	12.20
	65—69 岁	城镇	1.41	3.05	0.03	7.64	11.85
		农村	4.44	2.10	0	5.34	12.09
	70—79 岁	城镇	0.90	2.64	0.04	8.20	12.21
		农村	2.98	1.86	0	6.39	12.76
	80 岁及以上	城镇	0.17	1.43	0.01	8.65	13.73
		农村	1.19	1.14	0.11	8.0	13.56
2017	55—59 岁	城镇	2.71	4.62	0.02	5.29	11.36
		农村	4.42	4.60	0.02	3.57	11.39
	60—64 岁	城镇	2.33	3.35	0.03	6.35	11.94
		农村	4.55	2.84	0.02	4.70	11.90
	65—69 岁	城镇	1.91	2.87	0.05	7.53	11.64
		农村	3.60	2.38	0.01	5.73	12.29
	70—79 岁	城镇	0.91	2.66	0.06	8.12	12.26
		农村	2.59	2.27	0.01	6.89	12.24
	80 岁及以上	城镇	0.25	1.58	0.02	8.84	13.31
		农村	0.96	1.34	0	7.74	13.96

从图 8—6 可以发现，2021 年城镇老年人有酬和无酬劳动时间最多的都是 55—59 年龄段，"退而不休"程度最高的也是 55—59 年龄段，其中农村"退而不休"程度高于城镇；和 2017 年城镇老年人有酬和无酬劳动时间最多的年龄段相同，并且闲暇时间和自我照料时间最少，"退而不休"程度最高，且农村高于城镇；农村老年人有酬劳动时间最多的是 60—64 年龄段，无酬劳动时间最高的是 55—59 年龄段，与 2017 年农村老年人有酬和无酬劳动时间最多的年龄段相同，并且闲暇时间和自我照料时间最少。在每个年龄段，农村的有酬劳动时间都高于城镇，城镇的无酬劳动时间都高于农村，农村老年人的"退而不休"程度都高于城镇老年人。随着年龄的增加，城镇和农村老年人的有酬和无酬劳动都减少，"退而不休"程度下降，教育培训时间基本不变，80 岁及以上老年人的有酬和无酬劳动时间最低，休闲社交和自我照料时间最高。与 2017 年相比，有酬劳动和无酬劳动的城乡差异扩大，城镇和农村老年人的"退而不休"程度均下降。

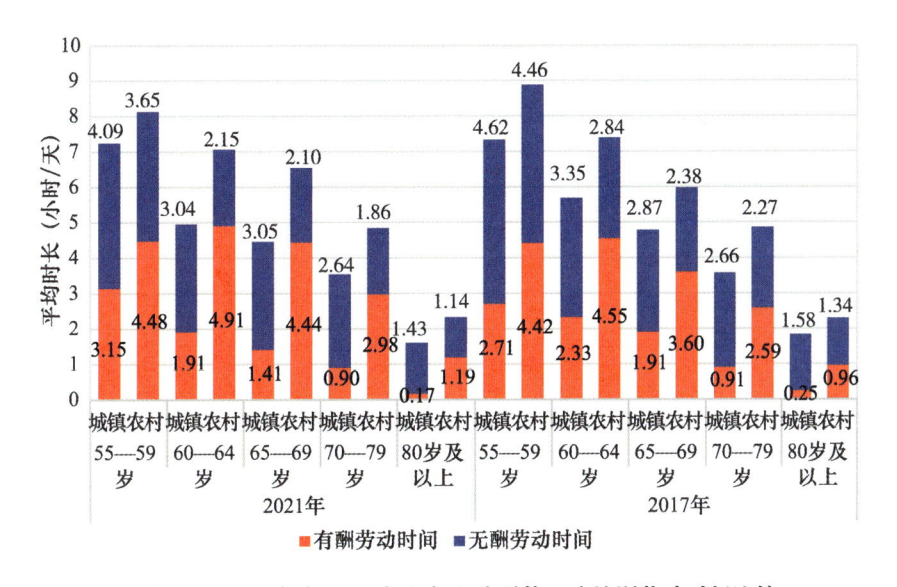

图 8—6 2017 年和 2021 年老年人分群体、分性别劳动时间比较

二 地区差异

图 8—7 报告了 2021 年各省份老年人的有酬劳动时间和无酬劳动时

间，有酬劳动时间排名前五的省份分别是安徽、湖北、贵州、山东和四川，无酬劳动时间排名前五的省份分别是宁夏、广东、上海、北京和内蒙古。图8—8给出部分省份具体各项活动时间。

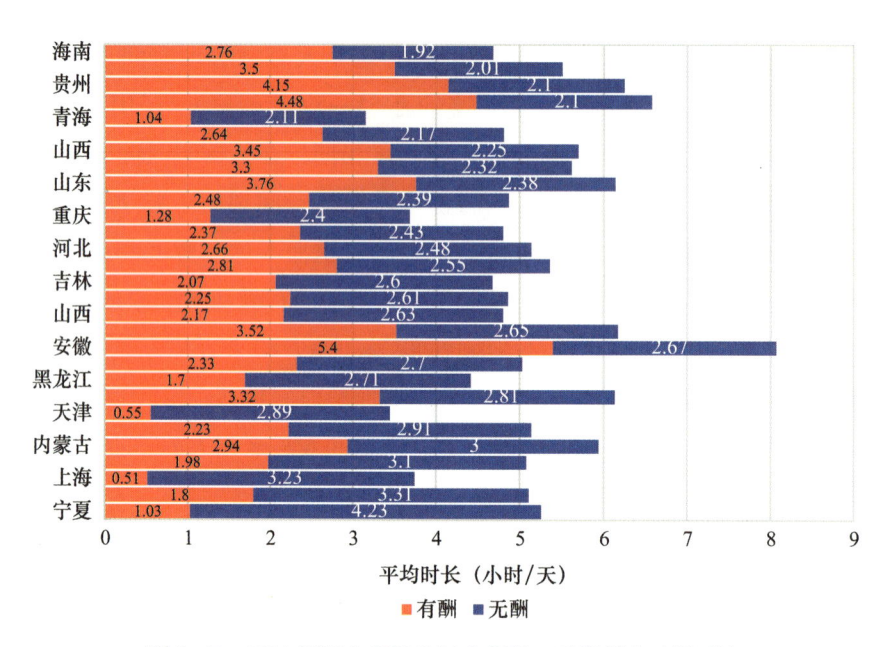

图8—7　2021年部分省份老年人有酬、无酬劳动时间对比

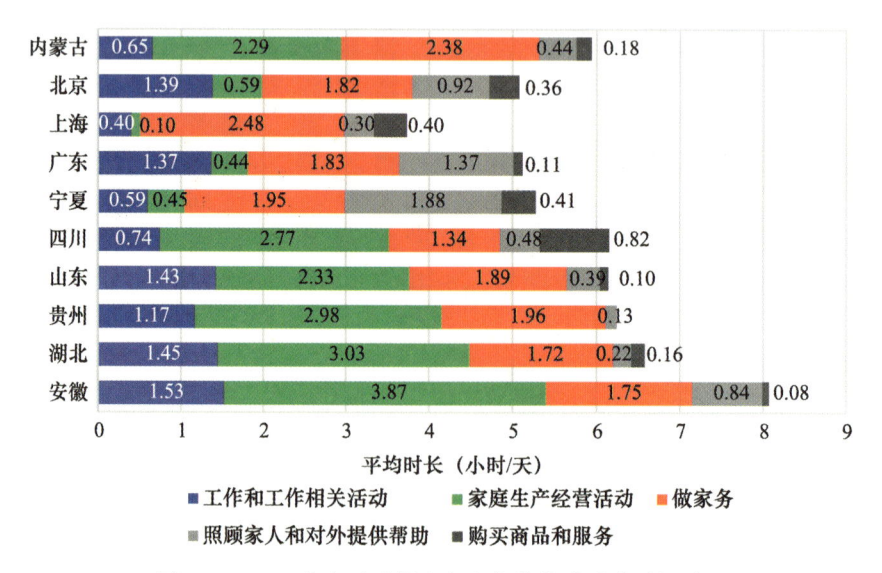

图8—8　2021年部分省份老年人各类劳动活动时间对比

从图8—8可以看出，有酬劳动最高的五个省份中，安徽省的工作和工作相关活动和家庭生产经营活动时间相比其他省份都最多，四川省的工作和工作相关活动时间最少，山东省的家庭生产经营活动时间最少；无酬劳动最高的五个省份中，上海市的做家务活动时间最多，北京市的做家务活动时间最少，宁夏的照顾家人和对外提供帮助与购买商品和服务时间最多，上海的照顾家人和对外提供帮助时间最少，广东的购买商品和服务时间最少。

第五节 弹性退休政策与老年人劳动时间利用变化

由于延迟退休制度尚未全面开展，只在部分省份开展试点工作。本小节基于2021年中国时间利用调查数据，从不同文化程度、不同收入水平和不同职业类型三个方面描述各年龄段劳动时间利用概况，分析弹性退休政策对不同文化、收入水平和职业程度的人将会造成不同影响。

一 不同文化程度

表8—6报告了2021年不同文化程度老年人时间利用基本情况的平均时长，反映了不同文化程度老年人的各项具体活动时间。

表8—6　　　　不同文化程度老年人时间利用基本情况　　　单位：小时/天

	55—59岁	60—64岁	65—69岁	70—79岁	80岁及以上
小学及以下（50.1%）					
有酬劳动时间	4.36	4.11	3.81	2.35	0.62
无酬劳动时间	3.78	2.43	2.40	2.06	1.12
教育培训	0.01	0.01	0.02	0	0.01
休闲社交	4.23	5.05	5.67	6.90	8.34
自我照料	11.62	12.33	12.08	12.69	13.92
初中（27.8%）					
有酬劳动时间	4.08	3.37	2.11	1.35	0.60
无酬劳动时间	3.80	2.86	2.66	2.52	1.80

续表

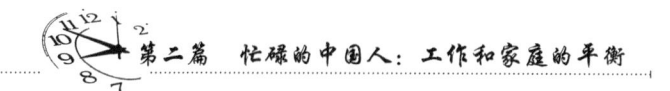

	55—59 岁	60—64 岁	65—69 岁	70—79 岁	80 岁及以上
教育培训	0	0.02	0.01	0.01	0
休闲社交	4.43	5.50	7.36	8.02	9.04
自我照料	11.67	12.23	11.85	12.07	12.55
高中或中专（16.7%）					
有酬劳动时间	2.72	2.49	1.67	0.85	0.28
无酬劳动时间	4.33	2.85	2.90	2.82	1.64
教育培训	0.02	0.03	0.02	0.06	0.23
休闲社交	5.49	6.65	7.52	8.16	8.25
自我照料	11.43	11.97	11.81	12.10	13.60
大专及以上（5.4%）					
有酬劳动时间	1.42	0.90	0.20	0.15	0.12
无酬劳动时间	4.15	2.68	3.89	2.87	1.53
教育培训	0.06	0.34	0.03	0.15	0.01
休闲社交	6.19	6.47	7.87	8.63	8.27
自我照料	12.19	12.43	11.94	12.20	14.03

注：各学历分类后括号中标出的是每个学历在样本中的占比。

从图8—9可以看出，每个年龄段中"小学及以下"老年人的有酬劳动时间最多，无酬劳动时间最少，"初中"老年人的有酬劳动时间第二，"高中或中专"老年人的有酬劳动时间第三，"大专及以上"老年人的有酬劳动时间最少，无酬劳动时间较多。说明老年人的有酬劳动时间和无酬劳动时间与文化程度相关，在实施弹性退休制度时，应充分考虑不同文化程度老年人的人力资本情况，对具有较高人力资本的老年群体在法定退休年龄基础上给予一定自主退休选择权，以充分利用老年人力资本。

二 不同收入水平

表8—7报告了2021年不同收入水平老年人时间利用基本情况的平均时长，反映了不同收入水平老年人的各项具体活动时间。

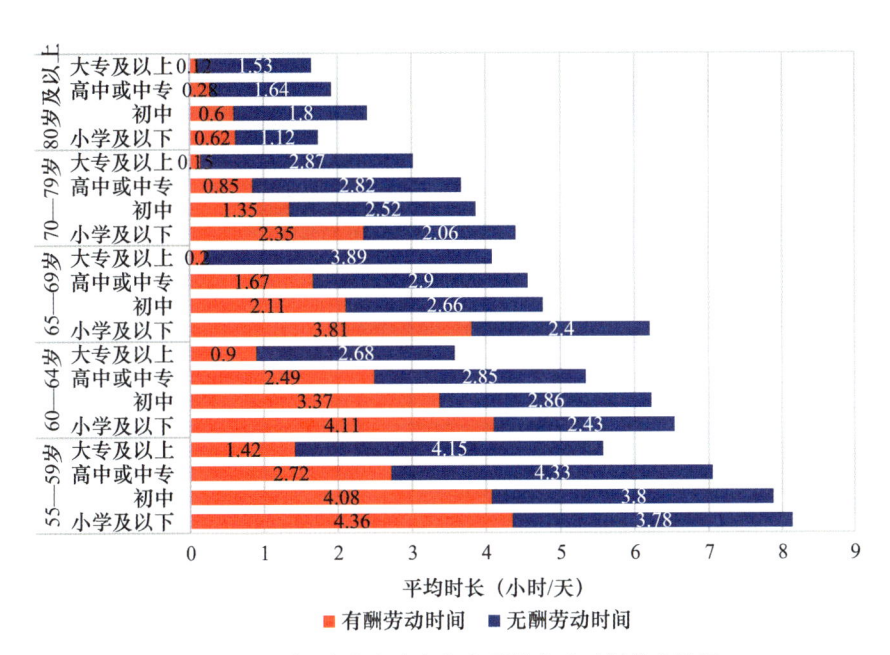

图8—9　不同文化程度老年人群体劳动时间基本情况

（有酬劳动时间/无酬劳动时间，单位：小时/天）

80岁及以上
- 大专及以上：0.12 / 1.53
- 高中或中专：0.28 / 1.64
- 初中：0.6 / 1.8
- 小学及以下：0.62 / 1.12

70—79岁
- 大专及以上：0.15 / 2.87
- 高中或中专：0.85 / 2.82
- 初中：1.35 / 2.52
- 小学及以下：2.35 / 2.06

65—69岁
- 大专及以上：0.2 / 3.89
- 高中或中专：1.67 / 2.9
- 初中：2.11 / 2.66
- 小学及以下：3.81 / 2.4

60—64岁
- 大专及以上：0.9 / 2.68
- 高中或中专：2.49 / 2.85
- 初中：3.37 / 2.86
- 小学及以下：4.11 / 2.43

55—59岁
- 大专及以上：1.42 / 4.15
- 高中或中专：2.72 / 4.33
- 初中：4.08 / 3.8
- 小学及以下：4.36 / 3.78

表8—7　不同收入水平老年人时间利用基本情况　　　单位：小时/天

	55—59岁	60—64岁	65—69岁	70—79岁	80岁及以上
低收入					
有酬劳动时间	3.98	4.37	3.96	2.68	0.81
无酬劳动时间	4.03	1.84	2.47	1.80	1.11
教育培训	0	0.01	0	0	0
休闲社交	4.48	5.31	5.32	6.50	7.94
自我照料	11.51	12.47	12.25	13.02	14.10
较低收入					
有酬劳动时间	3.77	4.32	4.30	2.70	0.91
无酬劳动时间	3.76	2.66	2.27	2.10	1.11
教育培训	0.01	0.05	0	0	0
休闲社交	4.61	4.68	5.35	6.58	8.18
自我照料	11.87	12.27	12.06	12.60	13.80
中等收入					
有酬劳动时间	3.73	3.85	2.80	2.13	0.25
无酬劳动时间	4.42	2.49	2.54	2.34	1.08

续表

	55—59 岁	60—64 岁	65—69 岁	70—79 岁	80 岁及以上
教育培训	0	0.02	0	0	0.26
休闲社交	4.27	5.70	6.83	7.29	8.51
自我照料	11.58	11.95	11.83	12.23	13.89
较高收入					
有酬劳动时间	4.04	2.19	1.78	1.01	0.47
无酬劳动时间	3.48	3.19	2.51	2.30	1.20
教育培训	0.01	0.09	0.01	0.04	0.01
休闲社交	4.81	6.43	7.85	8.49	8.96
自我照料	11.64	12.02	11.74	12.15	13.37
高收入					
有酬劳动时间	3.24	1.54	0.97	0.81	0.08
无酬劳动时间	3.59	3.02	3.40	1.11	1.95
教育培训	0.05	0.06	0.07	0	0.01
休闲社交	5.50	6.95	7.61	7.94	8.47
自我照料	11.62	12.34	11.93	14.10	13.49

从图 8—10 可以看出，在不同年龄群体中，低收入、较低收入和中等收入的老年人都有较高的有酬劳动时间。具体来看，在 55—59 岁老年人中，每个收入阶段的老年人有酬劳动时间和无酬劳动时间相差不大；在 60—64 岁老年人中，低收入和较低收入的老年人有酬劳动时间基本相同，中等收入老年人较 55—59 岁同收入段老年人变化不大，但有酬劳动时间较本年龄段低收入和较低收入老年人出现减少；在 65—69 岁老年人中，中等收入老年人有酬劳动时间降幅加大，低收入和较低收入老年人有酬劳动时间较 60—64 岁老年人略有减小，但较 55—59 岁老年人增加；在 70—79 岁老年人中，每个收入水平的老年人有酬劳动时间和无酬劳动时间均有减少且降幅较大；在 80 岁以上老年人中，每个收入水平的老年人劳动时间较前一年龄段进一步减少。

在 60—69 岁老年人中，低收入、较低收入和中等收入老年人在退休后会增加自身的有酬劳动时间获取报酬，但较高收入和高收入老

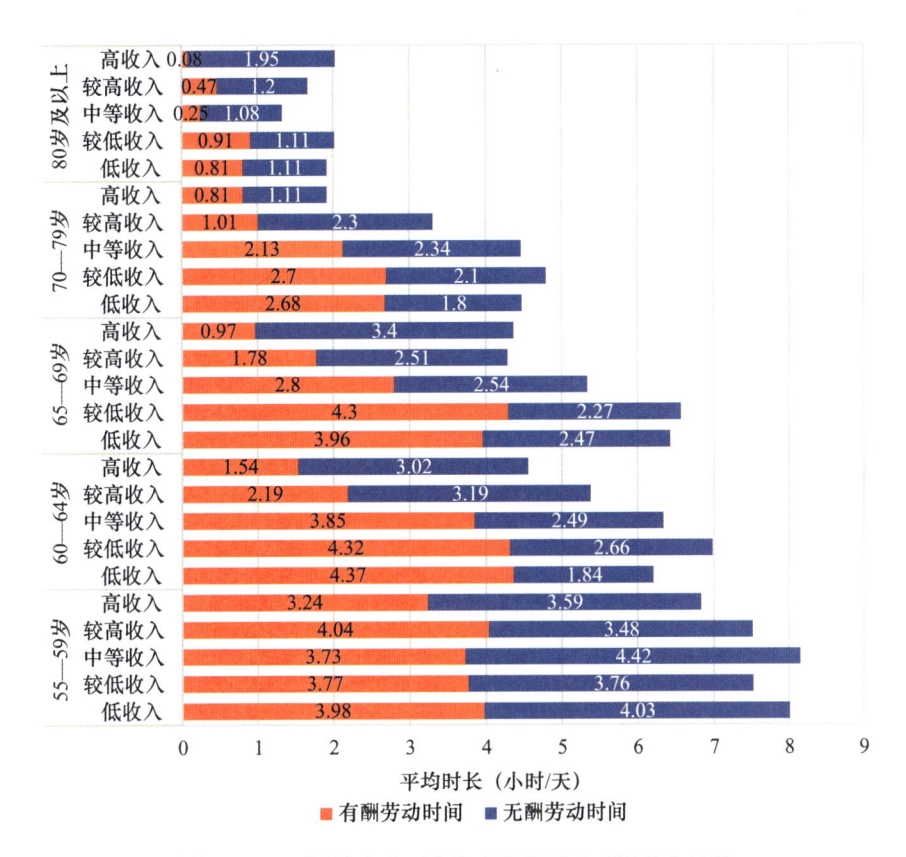

图8—10 不同收入水平老年人群体劳动时间基本情况

年人在退休后会减少有酬劳动时间，不同收入阶段老年人的无酬劳动时间随年龄增加逐渐减少。表明退休政策应根据不同老年人收入水平实行弹性变动，让"能者多劳""愿者多劳"，以充分利用老年人力资本。

三 不同职业类型

表8—8报告了2021年不同职业类型老年人时间利用基本情况的平均时长，反映了不同职业类型老年人的各项具体活动时间。

表8—8　　　　　不同职业类型老年人时间利用基本情况　　　　单位：小时/天

	55—59岁	60—64岁	65—69岁	70岁及以上
机关、事业单位和国企（29.8%）				
有酬劳动时间	6.41	4.79	4.66	4.09
无酬劳动时间	1.66	2.49	2.03	1.62
教育培训	0.02	0.01	0	0
休闲社交	4.49	5.22	5.38	7.59
自我照料	11.43	11.49	11.94	10.70
私营和外商投资企业（37.8%）				
有酬劳动时间	7.18	8.14	5.72	4.27
无酬劳动时间	2.56	1.14	1.68	1.95
教育培训	0	0	0	0
休闲社交	3.85	4.05	5.42	6.48
自我照料	10.42	10.67	11.13	10.89
个体和其他单位（32.4%）				
有酬劳动时间	5.86	5.14	8.84	5.34
无酬劳动时间	4.83	1.25	0.77	2.66
教育培训	0	0	0	0
休闲社交	3.25	5.82	3.26	5.64
自我照料	10.06	11.79	11.09	10.36

注：各学历分类后括号中标出的是每个学历在样本中的占比；由于样本中70—79岁和80岁及以上样本量较少且无明显变化差距，所以划分为70岁及以上一类。

从图8—11可以看出，在机关、事业单位和国企工作的老年人中，55—59岁群体有酬劳动时间高于其他三个年龄段，无酬劳动时间少于其他三个年龄段均值，并且相比职业类型为私营和外商投资企业、个体和其他企业，有酬劳动时间在退休后明显降低，无酬劳动时间增加，而另外两类职业的有酬劳动时间并未出现较大波动，无酬劳动时间减少较多。这表明在实施弹性退休政策时，应充分考虑老年人职业类型，从而最大化老年人力资本。

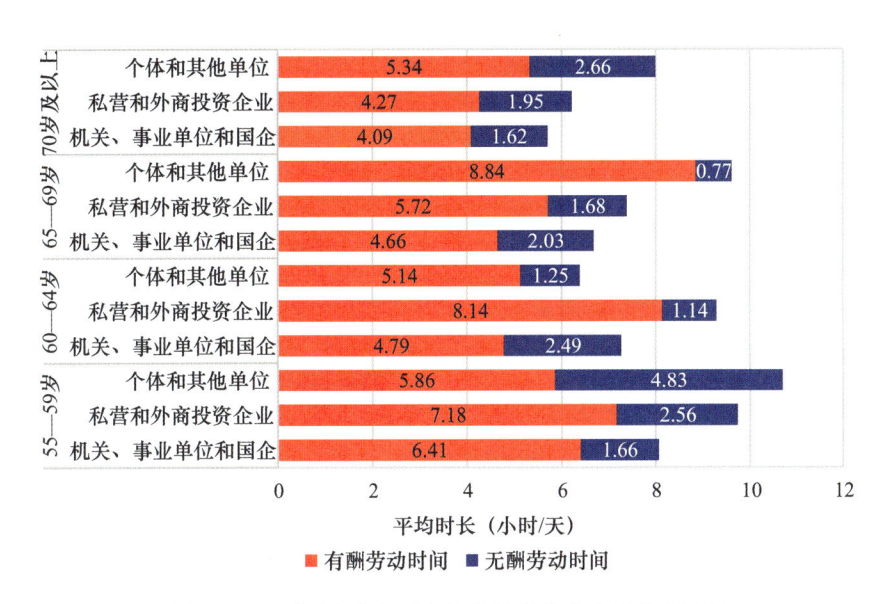

图 8—11 不同职业类型老年人群体劳动时间基本情况

第六节 小结

本章利用 2021 年和 2017 年中国时间利用调查数据，对老年人"退而不休"劳动时间进行阐释，揭示中国老年人劳动时间的分布特点、差异化特征。

第一，2021 年，有酬劳动时间平均每天为 2.47 小时/天，无酬劳动时间平均每天为 2.62 小时/天；与 2017 年相比，2021 年有酬劳动时间几乎不变，无酬劳动时间减少 0.3 小时/天，老年人"退而不休"程度减轻，休闲社交和自我照料时间均增加；随着老年人年龄的增长，有酬、无酬劳动时间均减少，"退而不休"程度均下降。第二，2021 年较 2017 年男女性别差异缩小，2021 年，与男性相比，女性有酬劳动时间更短，无酬劳动时间更长；女性"退而不休"程度高于男性；随着年龄的增长，男性和女性的有酬、无酬劳动时间都减少；与 2017 年相比，男性有酬劳动时间减少，女性有酬劳动时间增加，男性和女性的无酬劳动时间都减少，男性和女性老年人"退而不休"程度均下降，且女性老年人高于男性。第三，2021年较2017年城乡差异扩大，2021年，与农村相比，城市的有酬劳动时间更短，无酬劳动时间更长，农村"退而不休"程度高于城镇；随着年龄的增加，城市和农村的有酬、无酬劳动时间都减少，"退而不休"程度下降；与2017年相比，城市的有酬劳动时间和无酬劳动时间都减少，农村的有酬劳动时间增加，无酬劳动时间减少，农村老年人"退而不休"程度不变，城镇老年人"退而不休"程度下降。第四，2021年有酬劳动时间排名前五的省份分别是安徽、湖北、贵州、山东和四川，无酬劳动时间排名前五的省份分别是宁夏、广东、上海、北京和内蒙古。第五，从不同文化程度考虑弹性退休政策与老年人劳动时间利用，应充分考虑文化程度较高的老年人力资本运用；从不同文化程度考虑弹性退休政策与老年人劳动时间利用，应充分考虑不同收入水平的老年人力资本运用，低收入、较低收入和中等收入老年人退休后会增加有酬劳动时间，高收入和较高收入老年人则相反；从不同职业类型考虑弹性退休政策与老年人劳动时间利用，应考虑工作类型为机关、事业单位和国企的老年人在退休后有酬劳动时间明显降低。

上述研究结果可以给我们带来以下启示：一方面，2017—2021年老年人"退而不休"的情况减缓，老年劳动力从家庭中得到一定释放；另一方面，老年人无酬劳动时间的下降和隔代照料参与时长的减少可能也是促进"退而不休"状况减缓的主要原因。

我们也应看到，相比城镇和高收入老年群体，农村、低收入老年人"退而不休"程度更高，由此可见，收入不足是导致老年人"退而不休"的主要原因。其次，由于存在隔代照料安排，女性老年群体"退而不休"的比例相较男性更高。为了让老年人安度晚年，2024年《政府工作报告》中对政府工作从养老安排和生育制度上提出要求，一方面，将"城乡居民基础养老金月最低标准提高20元，继续提高退休人员基本养老金，完善养老保险全国统筹……加强城乡社区养老服务网络建设，加大农村养老服务补短板力度。加强老年用品和服务供给，大力发展银发经济。推进建立长期护理保险制度"。另一方面，"健全生育支持政策，优化生育假期制度，完善经营主体用工成本合理共担机制，多渠道增加托育服务供给，减轻家庭生育、养育、教育负担"。

最后，在预期寿命延长的前提下，我们也可以选择充分利用老年人口红利，积极应对人口老龄化。首先，可实行弹性退休政策，全面考虑影响老年人生活和工作的各项因素，制定并落实可行性强的弹性退休制度。其次，由于老年人就业面临家庭照料和工作参与之间的冲突，一方面政策制定可以对老年人就业有一定倾斜，另一方面儿童看护也可以作为影响老年人工龄的因素考虑。最后，为了释放老年劳动力，重点解决家庭照料问题，可适当增加社会照料。

第三篇

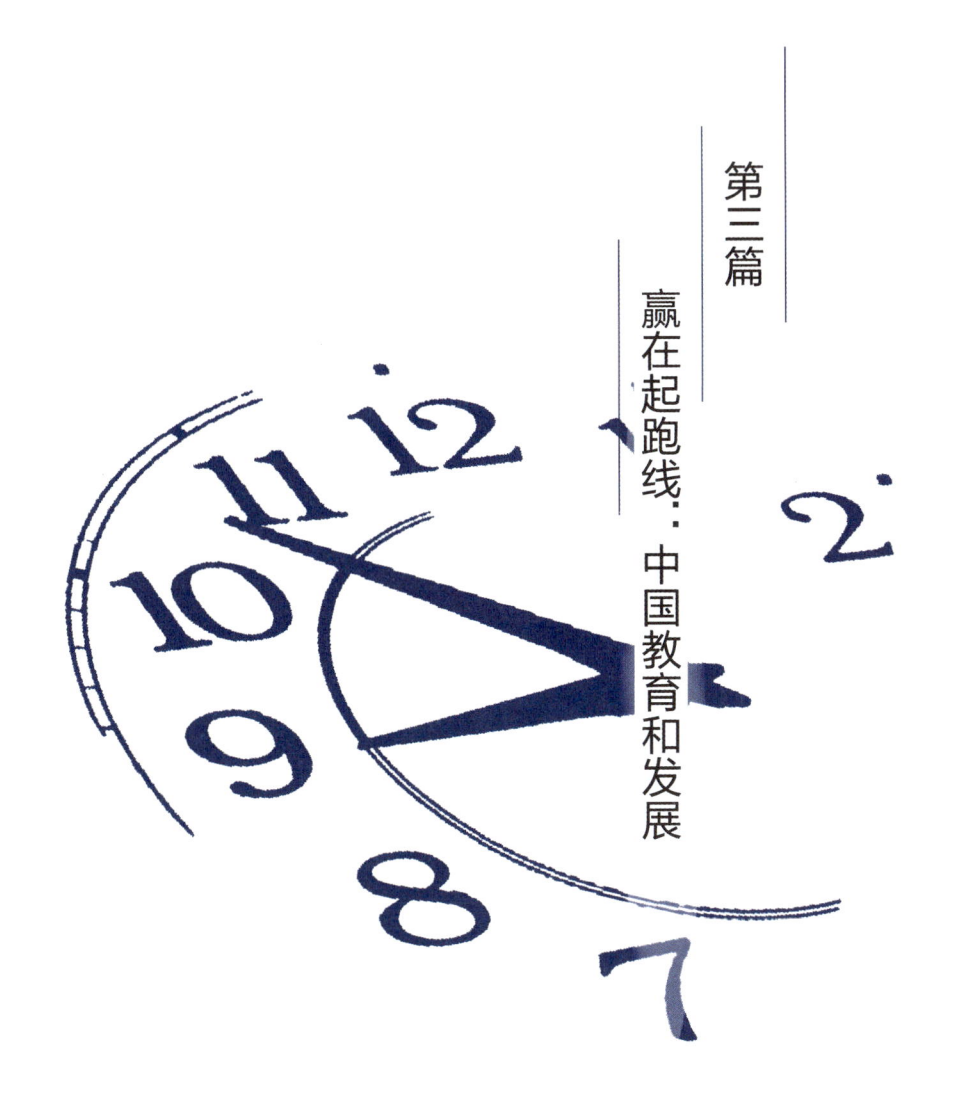

赢在起跑线：中国教育和发展

第九章

从学龄儿童时间利用看教育公平

教育作为最重要的人力资本,对个人生活的各个方面都产生了越来越大的影响。① 教育不仅通过提高劳动生产率而影响个人未来的收入水平,还有助于健康等其他人力资本的获取。② 中华人民共和国成立以来,我国将教育摆在经济社会发展的重要位置,在加大公共教育支出的同时,也逐步实施了扫盲班、九年义务教育等一系列政策,使中国居民受教育年限不断提升。在各类教育普及程度明显提升的基础上,教育公平问题也越来越得到国家的重视。教育公平是社会公平的基础,新时代教育公平阐述为"人民立场""面向人人""公平而有质量"。③

中国义务教育阶段学生学业负担由来已久,为减轻中小学生学业负担,提升基础教育质量,促进教育公平,中国逐步出台了一系列相关政策。尤其是自2018年以来政策的频繁性和严格性凸显出国家减轻学生课业负担的决心,2024年《政府工作报告》进一步强调,要"持续深化'双减',推动学前教育普惠发展,加强县域普通高中建设"。为了探讨政策实施效果,④ 本章首先利用2021年中国时间利用调查数据,描述处于

---

① Baker, D., *The Schooled Society*: *The Educational Transformation of Global Culture*, Stanford University Press, 2014.
② 杨菊华、张娇娇:《人力资本与流动人口的社会融入》,《人口研究》2016年第4期。
③ 刘佳:《"新时代教育公平"的中国话语阐释》,《国家教育行政学院学报》2023年第10期。
④ 需要注意的是,本章仅通过对比2017年和2021年中国时间利用调查数据,给出相应的描述性结果。由于并未控制其他因素(如新冠疫情前后家庭的心态变化等),因而这里给出的结果并不是政策实施效果的因果效应。

不同教育阶段儿童的学习情况，进一步从城乡、母亲受教育程度和家庭收入水平三个方面考察中国教育公平现状。其次，本章对比2021年和2017年儿童学习情况，探讨最强减负政策实施前后儿童的学习情况，以及儿童学习的城乡差异、其与母亲教育水平和家庭收入间的正相关关系是否有所减弱。

1989年11月20日，联合国大会通过国际《儿童权利公约》，界定儿童为18岁以下的任何人，根据联合国《儿童权利公约》和中国儿童大体在18岁完成高中教育的现实情况，我们把儿童界定为18岁及以下的居民。我们将学习活动分成上课、做作业以及课外辅导三个类型。其中，上课活动包含在校上课和学校组织的课外活动两个中类活动。上课活动包括在学校听课、听专题讲座，参加各类考试；课间休息；课间操以及与上课相关等待活动和交通活动。课外活动包括游园、植树活动，体育、文艺活动和公益活动。作业活动包括查文献、写论文、做实验等研究活动；完成课后作业；复习、预习功课以及相关的交通活动。课外辅导又称为"影子教育"，是指在学校教育之外进行的有偿教育活动，在2021年中国时间利用调查数据中，课外辅导活动包括上文化课辅导班和家教；以艺术类、体育类等考生升学考试为目的的辅导班、家教；其他音体美辅导班和家教以及相关的交通活动。

上课、做作业和课外辅导这三类活动需要学校、家长和儿童个人的投入，但三方在每一类活动所扮演的角色不同。比如，上课和做作业由学校和老师安排，同时也需要家长督促和儿童个人努力，而课外辅导则主要靠家长的经济投入和儿童的参与，对于幼儿园和小学生，家长的督促和辅导尤为重要。课外辅导服务在城市的可获得性远远大于农村；与低学历母亲和低收入家庭相比，高学历母亲和高收入家庭更有条件送儿童参加课外辅导，督促和帮助儿童做作业。综上所述，家庭的社会经济地位可能会影响儿童的学习时间，导致教育不平等的代际传递。

第一节　中小学减负政策70年：回顾与变迁

中华人民共和国成立七十多年来，我国中小学减负政策大致经历了五个阶段的演变，具体政策的演变阶段如图9—1所示。第一个阶段是以

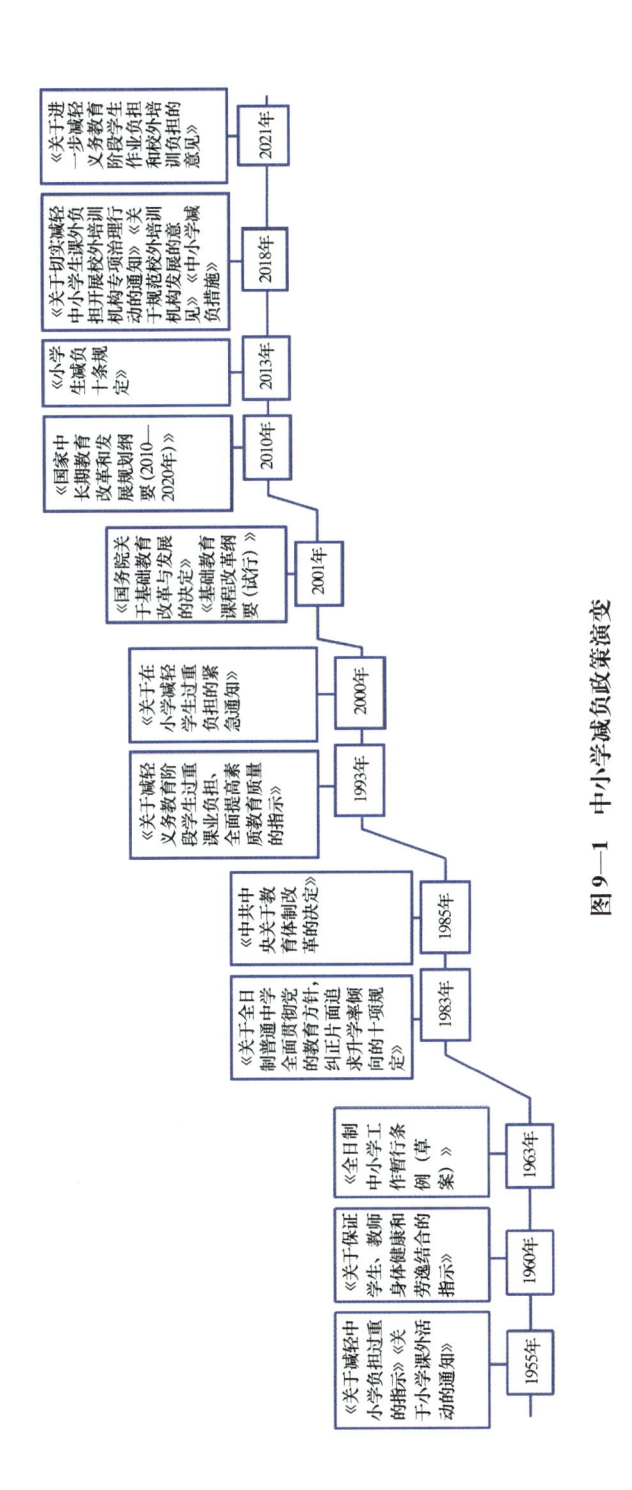

第九章 从学龄儿童时间利用看教育公平

图 9-1 中小学减负政策演变

- 1955年：《关于减轻中小学生负担过重的指示》《关于小学课外活动的通知》
- 1960年：《关于保证学生、教师身体健康和劳逸结合的指示》
- 1963年：《全日制中小学工作暂行条例（草案）》
- 1983年：《关于全日制普通中学贯彻教育方针、纠正片面追求升学率倾向的十项规定》
- 1985年：《中共中央关于教育体制改革的决定》
- 1993年：《关于减轻义务教育阶段学生过重课业负担、全面提高教育质量的指示》
- 2000年：《关于在小学减轻学生过重负担的紧急通知》
- 2001年：《国务院关于基础教育改革与发展的决定》《基础教育课程改革纲要（试行）》
- 2010年：《国家中长期教育改革和发展规划纲要（2010—2020年）》
- 2013年：《小学生减负十条规定》
- 2018年：《关于切实减轻中小学生课外负担开展校外培训机构专项治理行动的通知》《关于规范校外培训机构发展的意见》《中小学减负措施》
- 2021年：《关于进一步减轻义务教育阶段学生作业负担和校外培训负担的意见》

改善学生身体素质为中心的中小学减负政策（1949—1977 年）。1955 年，国家首次颁发的专门指向学生减负的政策性文件——《关于减轻中小学负担过重的指示》（以下简称《指示》）。20 世纪 60 年代以后，国家相继出台了一系列条例，推动中小学减负工作的进行，如《关于保证学生、教师身体健康和劳逸结合的指示》《全日制中小学工作暂行条例（草案）》等。五六十年代的中小学减负政策主要以提升学生健康状况为首要目标，注重改善伙食与卫生，强调合理规划作息时间和加强体育锻炼。

第二个阶段是以缓解升学压力为目标的中小学减负政策（1978—1992 年）。实际工作中，许多学校忽视了学生德、智、体、美的全面发展，单纯追求升学率，加重了学生的学习负担，影响了青少年的身心健康。1983 年，教育部下发《关于全日制普通中学全面贯彻党的教育方针，纠正片面追求升学率倾向的十项规定》，1985 年，中央政治局讨论通过了《中共中央关于教育体制改革的决定》。这一时期的减负政策主要针对学生的升学压力，减负工作从正确评估学校、加强管理与监督、控制考试与课程设置、调整学生作业量着手，这一时期的减负主体主要强调教育部门、学校和教师。

第三个阶段是以提高教育质量为主旨的中小学减负政策（1993—2000 年）。1993 年，中共中央、国务院发布《中国教育改革和发展纲要》，原国家教委下发《关于减轻义务教育阶段学生过重课业负担、全面提高素质教育质量的指示》，提出"各级教育行政部门和各学校必须以'教育面向现代化、面向世界、面向未来'为指针，转变教育观念，切实解决好义务教育阶段学生课业负担过重问题"。2000 年，国务院、教育部颁布《关于在小学减轻学生过重负担的紧急通知》，指出小学生学业评价取消百分制，义务教育阶段公办学校实行免试入学，完善通报制度。这一时期的减负工作以提高教育质量为目标，强调由应试教育向素质教育转变。同时，这一时期的减负工作不仅关注学校，更加强调汇聚校外力量，并辅之以完善的评价和监督体系。

第四个阶段是以基础教育课程改革为依托的中小学减负政策（2001—2009 年）。21 世纪初，面对世界科技突飞猛进、知识飞速变革的环境，这种严峻的国际环境，中共中央、国务院在 21 世纪初这一重要时刻做出了一系列重大决策，为跨世纪教育改革和发展指明了方向。2001年，国务院发布《国务院关于基础教育改革与发展的决定》《基础教育课程改革纲要（试行）》。这一时期的减负政策依托于新基础教育课程改革，以课程与教材改革为着手点，政策指向改革评价与招生选拔制度，注重减轻学生考试与考核负担，减负工作上升到了国家层面。

第五个阶段是全方位深化改革新时期的中小学减负政策（2010年至今）。2010年出台的《国家中长期教育改革和发展规划纲要（2010—2020年)》是2010—2020年中国教育改革与发展的指导性纲领文件，明确提出政府、学校、家庭、社会作为学生减负的主体，必须共同努力，标本兼治，综合治理。2013年8月，教育部出台《中小学生减负十条规定》，从作业、考试和作息等方面减轻小学生过重的课业负担。以往研究发现这些减负政策实施效果并不尽如人意，政策由于各种原因而失败。[①]

自2018年开始，国家加大政策力度，教育部联合多个部门频繁发布多项减负令。2018年2月，教育部联合民政部、人力资源社会保障部、国家工商总局共同发布《关于切实减轻中小学生课外负担开展校外培训机构专项治理行动的通知》，这是首个多部门联合颁布的针对校外培训机构专项治理的政策文件。2018年8月，国务院出台《关于规范校外培训机构发展的意见》，促进校外培训机构规范有序发展上升至国家层面的要求。2018年12月，教育部等9部门联合发布《中小学生减负措施》（以下简称"减负三十条"）更是一度被称为"史上最严'减负令'"。在《国务院办公厅关于规范校外培训机构发展的意见》的基础上，"减负三十条"再次强调对校外培训机构特别是从事学科知识类培训机构的管理，重申严禁给学生"增负"的要求，旨在进一步优化校外培训环境，减轻中小学生过重课外负担。2021年7月，由中共中央办公厅、国务院办公厅发布了最高等级的减负政策——《关于进一步减轻义务教育阶段学生作业负担和校外培训负担的意见》（以下简称"双减"）。本章将关注

[①] 王子杰：《中小学教育减负政策实施效果研究》，《科学咨询（教育科研)》2020年第42期。

2018 年以来的减负政策所带来的影响。

第二节　学龄儿童时间利用基本情况

中国 3—18 岁年龄段大体覆盖从幼儿园到高中所有的学龄儿童，我们把儿童年龄划分为 3—6 岁学前教育阶段、7—12 岁小学阶段、13—15 岁初中阶段和 16—18 岁高中阶段。在 2021 年中国时间利用调查数据中，我们选取了年龄身份为学生（3—18 岁）且能追踪到父母和家庭信息的 1113 名儿童样本。由于我们主要通过研究学龄人口的学习时间来考察教育公平情况，所以本章内容涉及的人数不包含正在放假的学生。按照居住地和性别进行划分，本章的样本包括：农村 370 人，城镇 743 人，男孩 588 人，女孩 525 人。将母亲受教育程度分为 4 类：小学及以下、初中、高中/中专和大专及以上，以家庭人均收入在各省样本中的前 20%、中间 60% 和最高的 20% 为划分标准，将家庭分为 3 类。

图 9—2 是 2021 年和 2017 年中国 3—18 岁学龄儿童的时间利用情况。在一天 24 小时中，儿童活动分为自我照料、学习、玩耍和其他 4 类。自我照料是所有人为满足生存基本需求必须进行的活动，包括睡眠、吃饭和个人卫生活动。学习是学龄儿童每天的主要活动内容，是本章详细考察的内容，包括上课、课外辅导和做作业活动。玩耍主要包括各种形式的娱乐休闲活动、体育健身活动、与课业升学无关的阅读、非学校组织的体育健身活动等。其他活动包括上述活动之外的所有活动，比如家务劳动、照顾家人和购物等。

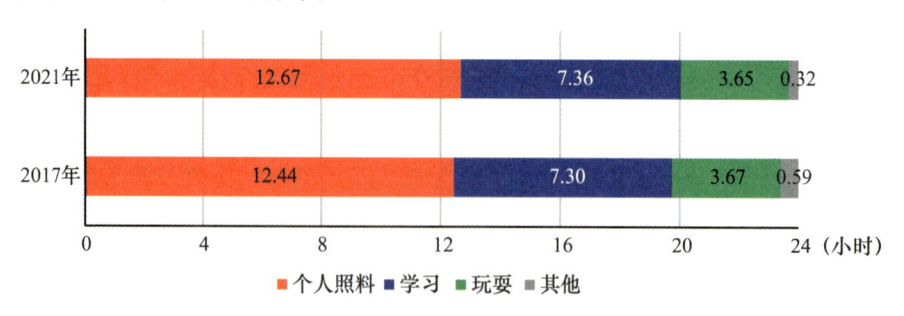

年份	个人照料	学习	玩耍	其他
2021年	12.67	7.36	3.65	0.32
2017年	12.44	7.30	3.67	0.59

图 9—2　学龄儿童主要活动平均时长

对于学龄儿童，学习是每天最重要的活动，2021 年平均用时 7.36 小时，占一天时间中除自我照料活动以外所有时间的 65%。和 2017 年相比，2021 年学龄儿童将更多时间花费在了自我照料和学习中，学龄儿童每天的学习时间增加了 3.6 分钟，玩耍时间减少 1.2 分钟。总体而言，2017—2021 年中国学龄儿童时间利用情况差异不大。

图 9—3 分别从性别、城乡角度报告了 2021 年和 2017 年中国 3—18 岁儿童的时间利用情况。2021 年学龄儿童在时间利用上存在显著的性别和城乡差异。男孩和女孩的学习用时占比分别为 65.2% 和 64.8%，男孩比女孩学习更加用功，在学习时长上，男孩相比女孩每天学习时间多出 22.8 分钟。城镇和农村儿童之间学习时长和用时占比较性别差异更大，农村学龄儿童学习时长为 6.98 小时，比城镇儿童少 34.8 分钟，用时占比比城镇儿童少 3.5%。

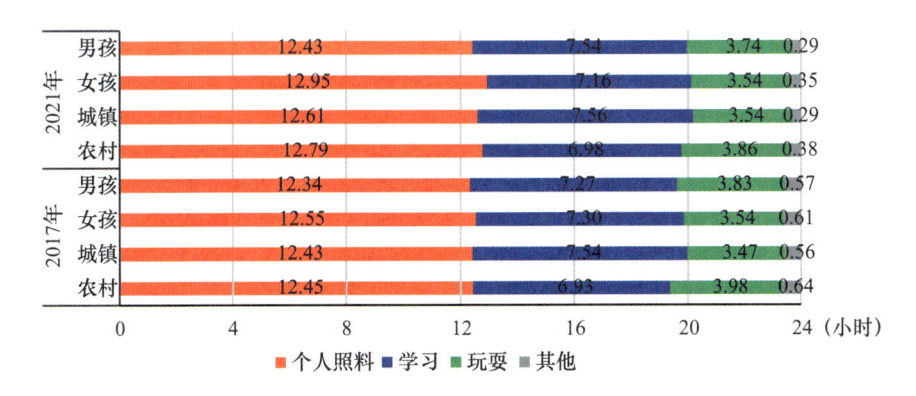

年份	类别	个人照料	学习	玩耍	其他
2021年	男孩	12.43	7.54	3.74	0.29
2021年	女孩	12.95	7.16	3.54	0.35
2021年	城镇	12.61	7.56	3.54	0.29
2021年	农村	12.79	6.98	3.86	0.38
2017年	男孩	12.34	7.27	3.83	0.57
2017年	女孩	12.55	7.30	3.54	0.61
2017年	城镇	12.43	7.54	3.47	0.56
2017年	农村	12.45	6.93	3.98	0.64

图 9—3　分性别和城乡：学龄儿童主要活动平均时长

和 2017 年相比，2021 年学龄儿童时间利用的性别差异展现出逆转态势，城乡差异有所减弱。具体而言，2017 年男孩和女孩学习时长差异不大，女孩学习时间稍长于男孩，到 2021 年男孩学习时间显著多于女孩。2017—2021 年，男孩学习用时（增加 16.2 分钟）和占比均提高，玩耍时间减少，女孩学习时间减少（减少 8.4 分钟），学习用时占比稍有提高。2017—2021 年，城镇儿童学习时长和学习用时占比稍有提高，而农村学龄儿童提高幅度相对更大，且城镇儿童玩耍时间增多，农村儿童玩耍时间减少，因而从趋势上来看，虽然城乡儿童在学习时间上仍存在差距，但差距呈现缩小趋势。

图9—4按照母亲受教育程度将中国3—18岁儿童划分为四组，描述母亲不同受教育程度下儿童时间利用情况。2021年，按照母亲受教育程度从低到高，儿童学习时长分别为7.47小时、7.33小时、7.26小时和7.40小时，学习用时占比为65.7%、63.9%、64.4%和66.3%，母亲受教育程度为小学及以下和大专及以上组儿童学习时间更长。和2017年相比，2021年母亲受教育程度为小学及以下的儿童学习时间提升最多，平均每天多学习18分钟。2017年存在教育活动的代际传递效果，母亲受教育程度高的儿童学习时间也更长，但在2021年这一正相关关系不复存在。本章将在第三节将儿童年龄细分，进一步探讨在儿童不同的教育阶段，母亲受教育程度与儿童的学习时间之间的相关关系。

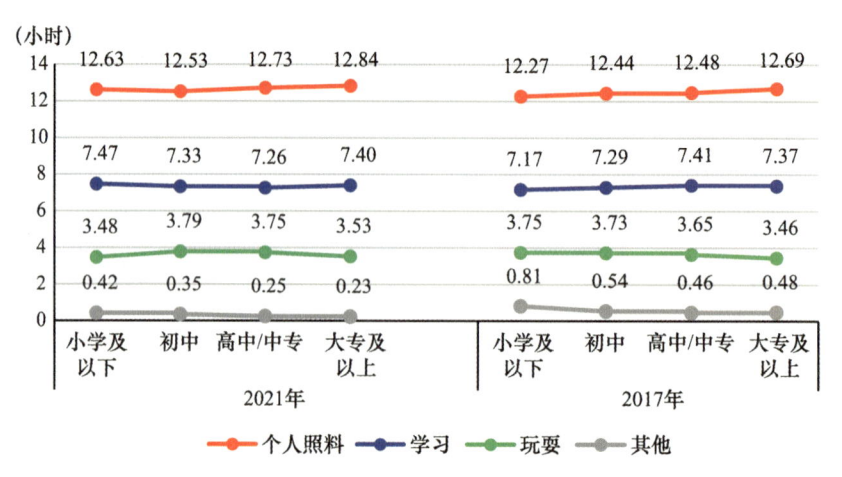

图9—4 按母亲受教育程度：学龄儿童主要活动平均时长

家庭收入与儿童的学习时间之间呈显著的正相关关系，如图9—5所示。2021年，处于收入最低20%、中间60%和最高20%的家庭，其儿童的学习时长分别为6.82小时、7.42小时和7.61小时，儿童学习用时占比为61.3%、64.8%和67.2%。高收入家庭中，儿童的学习时间更长，玩耍时间更少，学习用时占比更高。和2017年相比，2021年家庭收入处于最低20%的儿童学习时间不增反降，玩耍时间增加，另外两个组别的儿童学习时间增加，玩耍时间减少，家庭收入处于前20%的儿童学习时间增加最多。因此，2021年家庭收入与儿童学习时间之间的正相关关系较2017年变得更强。

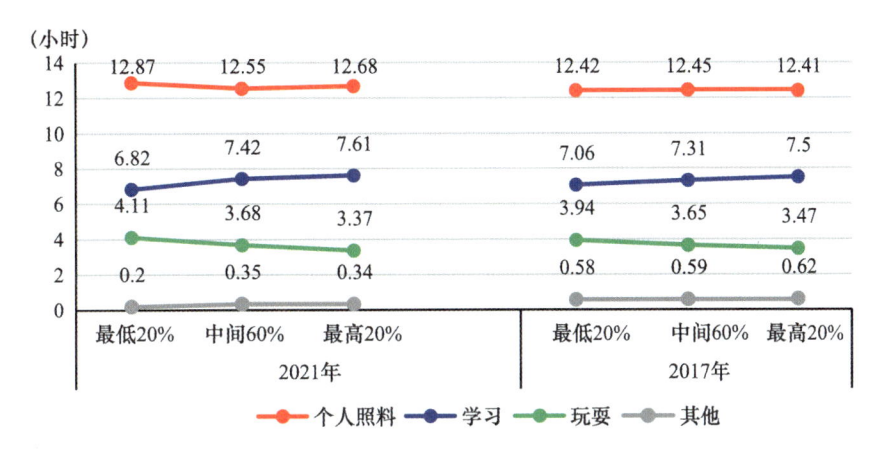

图9—5 按家庭收入：学龄儿童主要活动平均时长

表9—1报告了学龄儿童学习活动平均时长和参与率。可以看出，学习活动以在校上课的公共教育为主，课外辅导等私人教育为辅，其中上课占学习总时长的84.7%，课外辅导占4.7%。全国学龄儿童上课平均时长为6.03小时，参与率为84.7%，课外辅导时间为0.08小时，做作业时间为1.26小时。男孩在上课、课外辅导和写作业活动方面的平均时长和参与率均高于女孩。

表9—1　　　　　　　学龄儿童学习活动平均时长和参与率

	平均时长（小时/天）				参与率（%）		
	上课	课外辅导	做作业	合计	上课	课外辅导	做作业
全国	6.03	0.08	1.26	7.36	84.7	4.7	63.5
男孩	6.12	0.08	1.35	7.54	84.9	5.6	65.2
女孩	5.93	0.07	1.16	7.16	84.5	3.70	61.4
3—6岁	3.60	0.06	0.14	3.80	93.6	6.5	21.8
7—12岁	6.28	0.12	1.69	8.09	82.0	5.4	76.30
13—15岁	7.22	0.06	1.97	9.25	83.4	3.8	69.4
16—18岁	8.74	0.02	0.91	9.67	89.7	1.0	42.3

从教育阶段来看，小学、初中和高中三阶段学习用时为 8.09 小时、9.25 小时和 9.67 小时，高中生学习用时最长，其次是初中生和小学生。总体上，小学阶段儿童参加课外辅导的时间最长，初中阶段儿童做作业的时间最长。在校上课时间在三个阶段学习活动中用时始终最长，占到了学习总时长的 77.6%、78.1% 和 90.4%。不同的是，小学阶段儿童上课和做作业时长比初中和高中阶段都短，但在课外辅导方面却比初中和高中阶段都长，平均时长为 0.32 小时，是初中的 1.14 倍，高中的 3 倍。

第三节　农村未能紧追城镇实现儿童教育发展的起点公平

本节将重点讨论居住在城镇和农村学龄儿童的学习情况。义务教育是适龄儿童必须接受的，国家、社会、学校和家庭都必须予以保证的带有强制性的国民教育，是国家从法律规定上确保学龄儿童就学机会最强有力的措施。提供基本均衡的义务教育是政府的法律责任，每一个适龄儿童都应该享有接受质量合格的义务教育的平等机会，其属性决定了义务教育必须均衡发展。

政府政策和投入的差异，是影响学龄儿童教育公平的重要因素之一。相对于非义务教育，国家的公共投入通过国家政策、教育经费投入、建学校、师资配备等方式来呈现。政府教育经费投入和家庭教育投入之间呈替代关系，① 政府教育投入越多，家庭教育投入越少，儿童教育公平程度越高。国内外很多研究表明政府教育投入是影响儿童未来受教育程度和收入的主要原因之一，提高入学率和均衡分配政府教育支出也是促进教育公平，缩小城乡教育差距的有效措施。②

表 9—2 是 2021 年分城乡展示的不同年龄段学龄儿童的净入学率。可

---

① Gamlath, S., Lahiri, R., "Public and Private Education Expenditures, Variable Elasticity of Substitution and Economic Growth", *Economic Modelling*, 2018 (70).

② Yang, J., Huang, X., Liu, X., "An Analysis of Education Inequality in China", *International Journal of Educational Development*, 2014, 37 (4).

以看出，从教育适龄阶段入学情况看，义务教育阶段净入学率最高，7—12岁和13—15岁阶段学生净入学率均达到97%以上，表明中国义务教育普及效果比较显著。非义务教育阶段中，学前教育的净入学率比义务教育时期低很多，为71.5%，其中城镇净入学率73.7%，农村比城镇低了5个百分点，为68.5%。高中阶段净入学率相比义务教育阶段有所下降，为91.7%，农村比城镇低6.9个百分点。从儿童净入学率可以看出，中国儿童教育存在城乡差异，其中学前和高中教育阶段的差异较大。

表9—2　　　　　　　　学龄儿童净入学率　　　　　　　单位：%

	全国	城镇	农村
3—6岁	71.5	73.7	68.5
7—12岁	98.3	98.3	98.3
13—15岁	97.6	97.9	97.2
16—18岁	91.7	94.9	88.0

图9—6展示了2021年和2017年儿童净入学率的差异，整体上，和2017年相比，2021年各年龄段全国儿童的入学率均有所提升。分年龄段来看，3—6岁儿童净入学率提高了0.17个百分点，7—12岁儿童提高了0.8个百分点，13—15岁和16—18岁儿童均提高了0.59个百分点，小学阶段

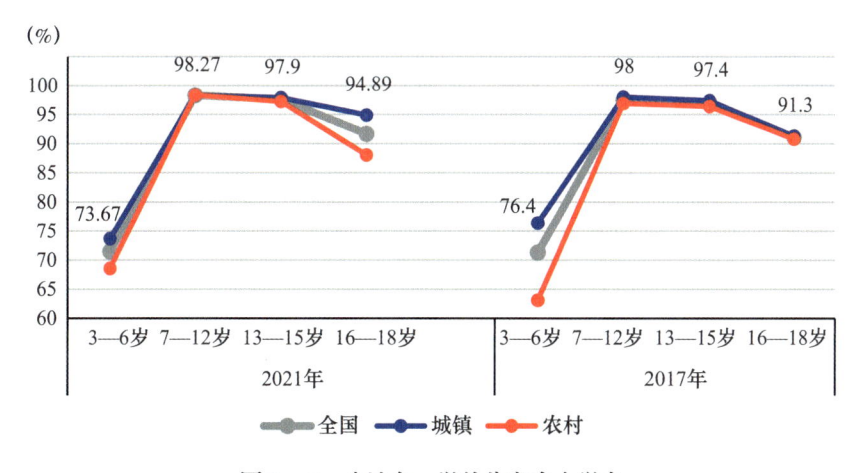

图9—6　分城乡：学龄儿童净入学率

儿童的入学率提高更多。分城乡来看，处于义务教育阶段儿童净入学率差异不大，且2021年城乡差异进一步缩小；相较2017年，2021年城镇3—6岁学龄前儿童净入学率下降了3.2个百分点，农村3—6岁儿童净入学率提高了5.4个百分点；农村16—18岁高中阶段儿童净入学率下降了2.8个百分点，城镇16—18岁儿童净入学率提高了3.6个百分点。因此，城乡儿童净入学率在学龄前阶段呈现出缩小的趋势，在高中阶段呈现扩大趋势。

表9—3是考察了2021年家庭对儿童的教育支出的城乡差异，总体上，人均儿童教育支出随儿童年级提高而增加，但城乡儿童的教育支出存在较大差异，城镇儿童年教育支出平均比农村儿童高0.47万元。城乡教育支出差别最大的组别为13—15岁初中儿童组，城镇人均儿童教育年支出为0.98万元，比农村家庭高0.54万元，差别最小的是7—12岁小学组，城镇人均儿童教育支出比农村高0.39万元。

表9—3　　　　　　　　家庭对学龄儿童的年教育支出　　　　　　单位：万元

	全国	城镇	农村
3—6岁	0.59	0.79	0.27
7—12岁	0.59	0.75	0.36
13—15岁	0.76	0.98	0.44
16—18岁	1.01	1.18	0.76

图9—7分别展示了2021年和2017年城乡儿童的教育支出情况。随着家庭对儿童的教育愈加重视，儿童的教育投入也呈现上升趋势，相较2017年，2021年家庭对儿童的人均教育年支出提高了0.17万元，其中提高最多的是高中组儿童。分城乡来看，由于城镇家庭对儿童教育投入的增长更快，家庭对儿童的教育投资的城乡差异呈现出扩大趋势。2017年城镇家庭的儿童年教育支出比农村家庭高0.38万元，到2021年这一差距扩大为0.47万元。其中，除了16—18岁高中阶段儿童城乡教育投入增幅一致，其他年龄段儿童城市家庭的教育支出增幅均远高于农村家庭。特别地，2017—2021年，城镇3—6岁学龄前儿童家庭人均年教育支出提高了1800元，增幅为29.5%，农村提高200元，增幅仅为8.0%。

(万元)

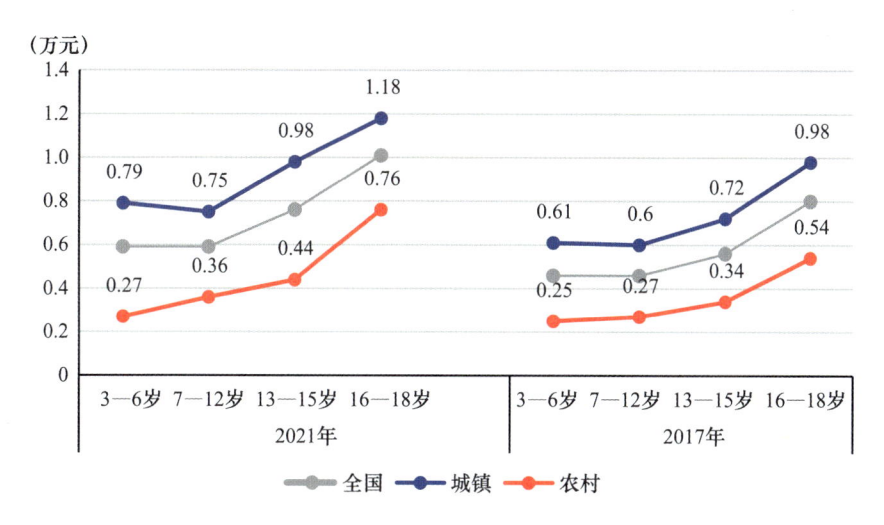

图9—7 分城乡：家庭对学龄儿童的年教育支出

表9—4报告了2021年学龄儿童学习活动平均时长和参与率。可以看出，城镇和农村儿童学习总时长存在差异，在7—12岁小学和16—18岁高中阶段，农村儿童总学习时长高于城镇儿童，在3—6岁学龄前和13—15岁初中阶段反之，城乡差距在初中阶段差距最大（2.1小时）。城乡儿童学习总时长差异的主要来源是儿童上课时长的差别。从课外辅导活动看，城镇儿童课外辅导的参与率高于农村儿童，但二者的课外辅导时间差异不大。在写作业方面，农村儿童参与率相对低，但写作业时长高于城镇儿童。具体地，除了学龄前儿童，农村儿童写作业参与率均低于城镇，除了13—15岁初中儿童组，农村儿童写作业时长都要高于城镇。

表9—4　　　　　　学龄儿童学习活动平均时长和参与率

	平均时长（小时/天）				参与率（%）		
	上课	课外辅导	做作业	合计	上课	课外辅导	做作业
3—6岁							
农村	3.11	0.02	0.31	3.46	91.7	2.1	25.0
城镇	3.88	0.08	0.05	4.01	94.7	9.2	19.7

续表

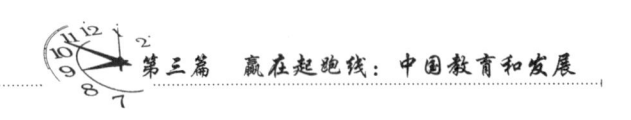

	平均时长（小时/天）				参与率（%）		
	上课	课外辅导	做作业	合计	上课	课外辅导	做作业
7—12 岁							
农村	6.35	0.03	1.74	8.12	76.1	2.0	68.5
城镇	6.25	0.16	1.66	8.07	76.7	7.1	73.0
13—15 岁							
农村	6.12	0.05	1.59	7.76	81.82	1.1	61.4
城镇	7.66	0.07	2.12	9.86	84.35	5.4	74.2
16—18 岁							
农村	9.86	0	1.06	10.92	92.7	0	39.0
城镇	8.17	0.02	0.83	9.02	87.5	1.8	44.6

第四节　母亲的受教育年限影响孩子的教育发展

在家庭投入中，父母的受教育程度是影响儿童学习的重要因素。父母的受教育程度或父母的知识资本会影响家庭儿童学习成就和未来发展。① 教育代际关系也表明，提高父母的受教育程度是提高教育公平的重要手段，所以公平教育的效果有着持续性的作用。② 还有研究发现，受教育程度更高的母亲会和学校教师保持沟通，更注重儿童的升学和各种学习活动。③

表9—5 报告了2021 年按母亲受教育程度区分的学龄儿童净入学率。可以看出，母亲受教育程度不同，儿童的净入学率有明显差异。对于3—

---

① Lareau, A., "Social Class Differences in Family-school Relationships: The Importance of Cultural Capital", *Sociology of Education*, 1987, 60 (4).

② 李云森、齐豪：《中国农村教育的代际因果关系——基于1970 年代农村基础教育普及政策的研究》，《世界经济文汇》2011 年第4 期。

③ Baker, D. P., Stevenson, D. L., "Mothers' Strategies for Children's School Achievement: Managing the Transition to High School", *Sociology of Education*, 1986, 59 (3).

6岁儿童，母亲受教育程度越高，儿童净入学率越高，母亲的低学历严重影响了3—6岁儿童的净入学率。母亲受教育程度是小学及以下时儿童的净入学率为59.2%，与母亲受教育程度更高的其他三组相比净入学率分别相差16.7个、14.7个和14.7个百分点。在7—12岁和13—15岁义务教育阶段，母亲受教育程度对儿童的净入学率影响差异不大，净入学率普遍很高，整体为97.8%—99.3%。由此可见，义务教育相关政策的实施缩小了母亲教育背景对儿童净入学率的影响。对于16—18岁儿童，随着母亲受教育水平的提高，儿童净入学率呈略微增加趋势，母亲学历为小学及以下儿童的净入学率已达到97.1%，母亲学历为高中及以上儿童的净入学率提高至100%。与3—6岁儿童相比，16—18岁儿童的净入学率在不同母亲学历之间的差距较小，表明在非义务教育阶段，母亲受教育程度对学龄前儿童的入学影响较大。

表9—5　　　　　按母亲受教育程度：学龄儿童净入学率　　　　单位：%

儿童年龄 \ 受教育程度	小学及以下	初中	高中/中专	大专及以上
3—6岁	59.2	75.9	73.9	73.9
7—12岁	97.8	98.8	98.7	99.3
13—15岁	96.8	98.2	98.8	98.6
16—18岁	97.1	98.8	100	100

图9—8描绘了2021年和2017年母亲不同教育程度下学龄儿童净入学率的差别。2017年随母亲受教育水平提高，儿童净入学率（尤其是学龄前儿童组别）呈现递增趋势，存在教育梯度。2021年，除了3—6岁学龄前儿童组母亲学历为小学及以下儿童净入学率显著低，其他年龄段儿童，尤其是处于义务教育阶段儿童的净入学率已经较为均衡，母亲教育与儿童净入学率间相关性有所减弱。义务教育的持续推进打破了儿童入学率中母亲教育对儿童入学率的传递现象。

表9—6报告了2021年按母亲受教育程度区分的家庭对儿童年教育支出情况。随着儿童年龄和母亲受教育程度的提高，家庭对儿童的教育

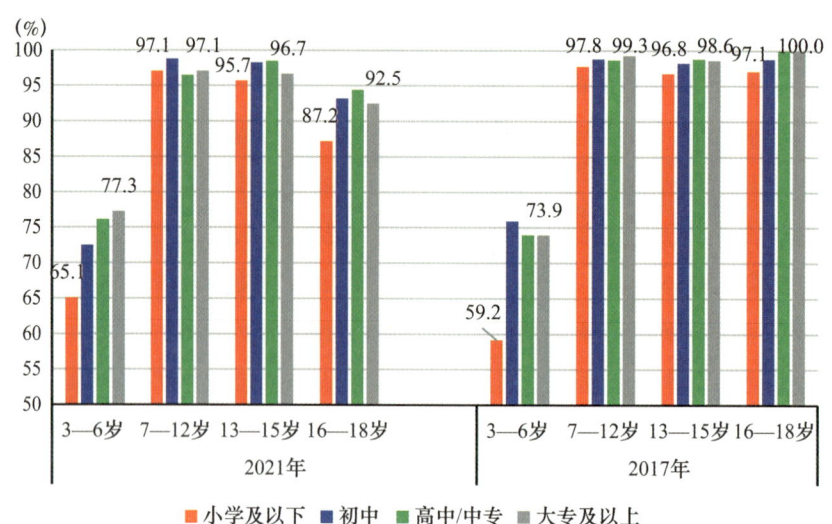

图 9—8　按母亲受教育程度：学龄儿童净入学率

投入也逐渐提升。平均而言，家庭对高中/中专年龄组儿童的教育投资是学龄前儿童的 2.1 倍。另外，母亲学历为高中/中专及以下组别，随母亲受教育水平提升，家庭对儿童的教育投入小幅增加，而受过高等教育的母亲家庭对儿童的教育投入远高于其他教育组别。

表 9—6　按母亲受教育程度：家庭对学龄儿童的年教育支出　　单位：万元

儿童年龄	受教育程度			
	小学及以下	初中	高中/中专	大专及以上
3—6 岁	0.33	0.41	0.52	0.90
7—12 岁	0.39	0.51	0.59	1.08
13—15 岁	0.49	0.64	0.80	1.57
16—18 岁	0.74	0.86	1.11	1.92

图 9—9 展示了 2021 年和 2017 年家庭对学龄儿童的年教育支出与母亲受教育程度的关系。相比 2017 年，2021 年母亲学历为高中/中专及以下组别的儿童中，母亲受教育程度与家庭对儿童的教育投入相关关系有所减弱，母亲学历为大专及以上家庭组对儿童的教育投资增长更快，因而与其他教育组别中儿童教育投入的差异变得更大。

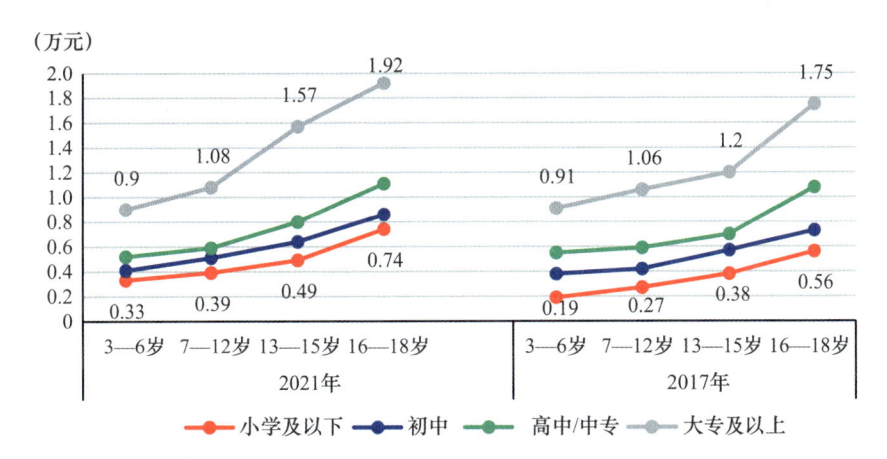

第九章 从学龄儿童时间利用看教育公平

图 9—9 按母亲受教育程度：家庭对学龄儿童的年教育支出

表 9—7 报告了 2021 年按母亲受教育程度区分的学龄儿童学习情况。可以看出，母亲教育水平与儿童学习时长和参与率之间不存在明显的正相关关系。尤其是在 7—12 岁小学儿童组别，无论母亲受教育水平处于哪种程度，儿童的各项学习时长和参与率几乎没有差异。义务教育，尤其是小学阶段的教育降低了母亲受教育水平对儿童学习的正向影响。

表 9—7　　按母亲受教育程度分学龄儿童学习情况

受教育程度	平均时长（小时/天）				参与率（%）		
	上课	课外辅导	做作业	合计	上课	课外辅导	做作业
3—6 岁							
小学及以下	2.41	0.05	0.50	2.96	88.2	5.9	35.3
初中	4.31	0.00	0.10	4.41	95.8	4.2	20.8
高中/中专	3.59	0.00	0.10	3.69	100.0	0.0	32.0
大专及以上	3.59	0.14	0.24	3.97	88.2	14.7	8.8
7—12 岁							
小学及以下	6.40	0.05	1.59	8.04	79.3	3.5	75.9
初中	6.43	0.08	1.62	8.12	83.5	5.3	72.9
高中/中专	6.23	0.08	1.74	8.05	78.6	4.3	80.0
大专及以上	6.00	0.28	1.84	8.12	84.9	9.3	81.4
13—15 岁							
小学及以下	7.08	0.07	2.10	9.24	80.7	1.6	62.9
初中	6.78	0.07	1.31	8.16	87.2	4.3	69.1

续表

受教育程度	平均时长（小时/天）				参与率（%）		
	上课	课外辅导	做作业	合计	上课	课外辅导	做作业
高中/中专	6.69	0.03	2.36	9.08	75.0	2.5	75.0
大专及以上	8.45	0.08	2.53	11.06	87.2	7.7	74.4
16—18岁							
小学及以下	9.14	0.00	0.58	9.72	96.7	0.0	40.0
初中	7.08	0.05	1.28	8.41	85.4	2.4	46.3
高中/中专	9.78	0.00	1.12	10.90	85.7	0.0	35.7
大专及以上	10.23	0.00	0.44	10.67	91.7	0.0	41.7

第五节　家庭收入加剧了学龄儿童教育发展的机会不公平

教育是一项需要投入大量人力成本和财务成本的活动。在这些投入中有一部分可以由国家和公共团体负责，另一部分由家庭承担。在家庭投入的成本中不仅有辅导儿童或者照料儿童的时间投入，还有儿童接受教育的经济成本。高收入家庭越有可能为子女提供更好的学习条件和物质资源，低收入家庭儿童缺乏优质的教育机会，面临较多的家庭压力，在教育资源的教育经验的获取上相对不足，这些经历能为儿童以后的深入学习提供动力基础。① 因此，相对于低收入家庭儿童，高收入家庭儿童对学习可能会有更多的投入。

表9—8报告了2021年按收入水平区分的学龄儿童净入学率。可以看出，不同收入水平家庭的儿童净入学率差别不大，随着收入的提高，初中和高中年龄段儿童净入学率略微呈现提高趋势。在四个年龄段中，不同收入家庭儿童净入学率差距最小的是7—12岁的义务教育阶段，高、低收入家庭净入学率差距在1个百分点之内。

---

① 石雷山、陈英敏、侯秀等：《家庭社会经济地位与学习投入的关系：学业自我效能的中介作用》，《心理发展与教育》2013年第1期。

表 9—8　　　　　按收入水平分学龄儿童净入学率　　　　单位：%

儿童年龄	收入		
	最低 20%	中间 60%	最高 20%
3—6 岁	72.5	68.8	73.0
7—12 岁	98.3	98.2	98.4
13—15 岁	96.3	97.3	98.7
16—18 岁	89.9	92.0	92.5

图 9—10 描述了 2021 年和 2017 年按家庭收入区分的学龄儿童的净入学率。2017 年各年龄组的入学率与家庭收入存在显著正相关关系，其中非义务教育阶段的 3—6 岁学龄前和 16—18 岁高中/中专年龄组入学率与家庭收入间的正相关性更强，到 2021 年这一效应有所减弱。具体地，2017 年位于收入前 20% 家庭的 3—6 岁儿童净入学率比收入后 20% 家庭高 16.6 个百分点，到 2021 年，这一差距减少为 0.5 个百分点；2017 年位于收入前 20% 家庭的 16—18 岁儿童净入学率比收入后 20% 家庭高 7.5 个百分点，2021 年，这一差距缩小为 2.6 个百分点。

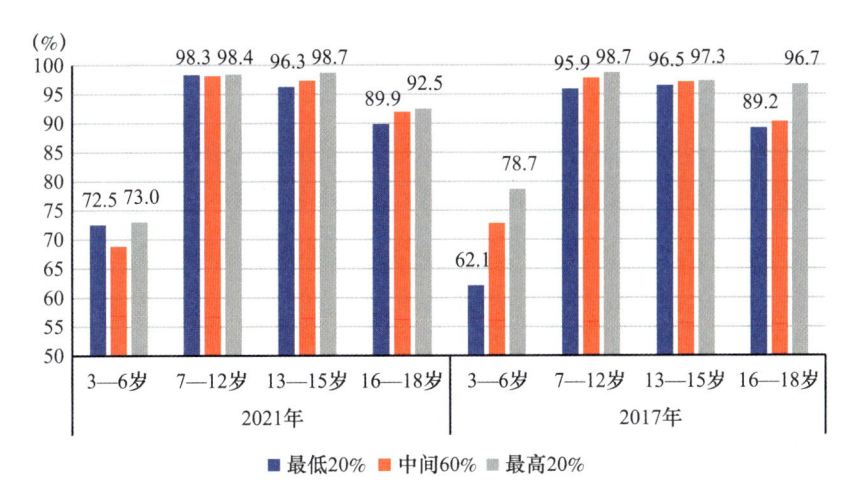

图 9—10　按家庭收入：学龄儿童净入学率

图 9—11 展示了 2021 年和 2017 年不同收入水平家庭对儿童的教育投入，整体上看，收入更高的家庭对儿童的教育支出也更多，但这一正相关关系在 2021 年有所减弱。具体地，2017 年收入处于最低 20% 和中间 60% 的家庭对儿童的年教育支出相对较低，且差异不太大，收入处于前 20% 家庭对儿童的年教育支出远高于前两组家庭。2021 年，处于最低 20% 收入组的家庭对 13—15 岁和 16—18 岁儿童的教育投资甚至高于中间 60% 收入组，处于前 20% 收入组家庭与前两组的教育支出差异较 2017 年也有所缩小。

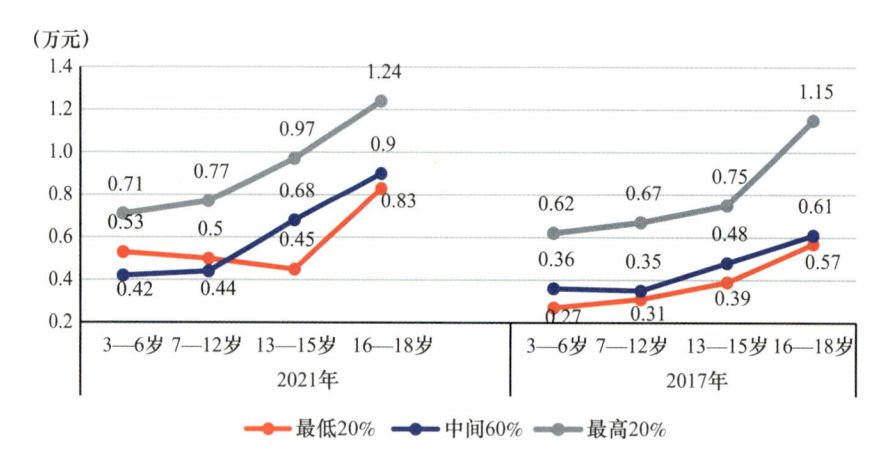

图 9—11 按家庭收入：家庭对儿童的年教育支出

表 9—9 报告了 2021 年按家庭收入水平区分的学龄儿童学习情况。可以看出，除了 13—15 岁初中和 16—18 岁高中年龄组，在其他年龄段，不同收入水平家庭的儿童学习时长和参与率差别不大。对于 13—15 岁儿童来说，随着家庭收入的提高其学习及做作业的时长和参与率增加，高收入家庭儿童做作业的时间比低收入家庭多 42 分钟。对于 16—18 岁儿童来说，低收入家庭的儿童更加用功，其学习及写作业的时长和参与率均高于高收入家庭的儿童。低收入家庭儿童上课时长比高收入家庭儿童多 55 分钟，写作业时间比高收入家庭儿童多 19 分钟。

表 9—9　　　　　　按收入水平分学龄儿童学习情况

	平均时长（小时/天）				参与率（%）		
	上课	课外辅导	做作业	合计	上课	课外辅导	做作业
3—6 岁							
最低 20%	4.08	0.04	0.06	4.17	96.43	3.57	21.43
中间 60%	3.00	0.01	0.08	3.09	93.18	6.82	27.27
最高 20%	3.85	0.11	0.24	4.20	92.31	7.69	17.31
7—12 岁							
最低 20%	5.85	0.02	1.77	7.63	74.49	2.04	77.55
中间 60%	6.63	0.08	1.68	8.39	85.94	5.21	79.17
最高 20%	6.17	0.20	1.65	8.03	81.76	7.65	72.35
13—15 岁							
最低 20%	5.30	0.05	1.92	7.27	78.18	3.64	63.64
中间 60%	8.01	0.10	1.58	9.69	85.71	3.00	70.33
最高 20%	7.92	0.05	2.31	10.27	84.27	4.49	71.91
16—18 岁							
最低 20%	9.33	0.00	1.14	10.47	89.47	0.00	57.89
中间 60%	8.81	0.00	0.90	9.71	92.50	0.00	37.50
最高 20%	8.42	0.04	0.82	9.28	86.84	2.63	39.47

对于中低收入家庭，公共投入的增加能够减轻家庭的经济负担。[①] 对于儿童，这无疑是有利于减少因家庭收入不同而导致其在接受教育、今后就业中处于劣势和社会经济不平等的情况。对于父母，公共投入的增加能够释放他们照料儿童的时间，让父母可以灵活支配自己的时间，延长劳动时间，增加家庭收入。

第六节　减负政策与儿童时间利用变化

2018 年以来，为了进一步减轻学生的课业负担，促进教育公平，教育部联合多部门发布多类减负相关文件。比如，2018 年 2 月，教育部联

[①] Gutiérrez, C., Tanaka, R., "Inequality and Education Decisions in Developing Countries", *Journal of Economic Inequality*, 2009, 7 (1).

合民政部、人力资源社会保障部、国家工商总局共同发布的《关于切实减轻中小学生课外负担开展校外培训机构专项治理行动的通知》；2018年8月，国务院出台的《关于规范校外培训机构发展的意见》；2018年12月，教育部等9部门联合发布的《中小学生减负措施》（以下简称"减负三十条"）；以及2021年7月，由中共中央办公厅、国务院办公厅发布的最高等级的减负政策——《关于进一步减轻义务教育阶段学生作业负担和校外培训负担的意见》（以下简称"双减"）。本节通过比较2021和2017年儿童时间利用的变化情况，探究以上政策所带来的影响。

一 减负政策与儿童学习时间利用

图9—12描述了2021年和2017年学龄儿童的各项学习时长。① 总体上看，和2017年相比，2021年儿童上课、做作业的时间和参与率均增加，儿童课外辅导的时间和参与率均有所降低。相较2017年，2021年上课时间平均增加10分钟，做作业时间增加了2.4分钟，两项活动的参与率提高了约10个百分点；2021年儿童课外辅导时间减少8.4分钟，参与率降低了21.8%。相比2017年，2021年男孩做作业时间增加了13.8分钟，而女孩做作业的时间减少了10.2分钟。分年龄段来看，除了3—6岁

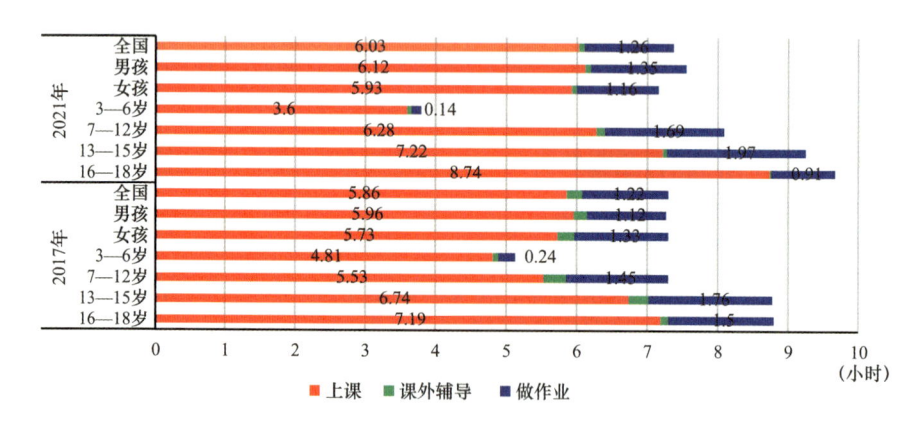

图9—12 分性别和年龄：学龄儿童主要活动平均时长

---

① 2017—2021年学龄儿童各项活动参与率的变化趋势与学习时长的变化趋势相似，因而这里未画出参与率的变化趋势图。

儿童上课时间有所减少，2021年其他年龄段儿童的上课时间和2017年相比均有增加，上课时间增加最多的是高中/中专组（增加1.55小时），这一组别做作业时间变少，而其他小学和初中阶段儿童做作业时间也呈现增加的趋势。

2018年以来施行的减负政策中，与课外辅导相关的减负政策卓有成效，政策的实施促使学科类教培机构向素质类教培机构转型，相应地，儿童课外辅导活动参与率和活动时长均显著下降。通过2017年和2021年的时间利用数据对比可以发现，无论针对总体还是分性别和年龄的儿童样本，其课外辅导参与率和参与时长均有所下降，其中处于义务教育阶段的7—12岁和13—15岁儿童课外辅导参与率和参与时长下降最多，课外辅导参与率平均下降42.5%，参与时长平均下降70.6%。

"双减"政策所倡导的课后延时服务可能是导致义务教育阶段儿童上课时间增加的原因。为了解决学生放学后无人看管的问题，同时为其提供更多学习和成长机会，"双减"倡导学校延长学生在校时间，有针对性地开展课外辅导以及其他课外活动，以提升学生的综合素质。相较2017年，2021年小学生上课时间增加45分钟，初中生上课时间增加28.8分钟。

减负政策的另一个重要着力点是减少学生的作业负担。比如2018年颁布的"减负三十条"政策要求学校严控书面作业总量、科学合理布置作业，2021年的"双减"政策强调要全面压减作业总量和时长，减轻学生过重作业负担，但数据显示这两项政策在减轻学生作业负担方面未发挥出效力。和2017年相比，2021年儿童做作业的参与率和时长均有所提高，其中7—12岁和13—15岁处于义务教育阶段的儿童做作业时长增加较多，他们做作业的平均时长分别增加14.4分钟和12.6分钟。政策实施效果不佳的原因可能有如下几点：一是家庭、教师或社会的某些特征，如精英主义心理或"唯分数论"思想；[1] 二是家长之间和各教育主体之间

---

[1] 陈昂昂、张旭：《我国中小学生"减负"政策实施困境及破解之路》，杨东平：《走进"后普及教育时代"的中国教育》，载《中国教育发展报告（2020）》，社会科学文献出版社2020年版。

的博弈，比如认为学生在互相竞争中陷入"囚徒困境"，所有人都大量增加投入是纳什均衡；① 三是由于调研时间与政策实施时间间隔过短，2021年效力最强的"双减"政策效果在数据采集时还未显现。

二 减负政策与儿童时间利用的城乡差距

图9—13展示了2021年和2017年城乡学龄儿童学习活动时长。除了13—15岁初中年龄组儿童，城乡学龄儿童学习时间的差异都呈现缩小趋势，这主要是农村儿童上课时间大幅提高所导致的。特别地，城乡差异在16—18岁高中年龄组儿童中发生逆转：2017年农村高中年龄组儿童学习总时长比城镇儿童低1.4小时，2021年比城镇儿童高1.9小时。在各项学习活动的参与率方面，和2017年相比，2021年儿童上课参与率大幅提升，课外辅导参与率有所下降。和学习时长相似，各项学习活动参与率的城乡差异也呈现缩小态势。

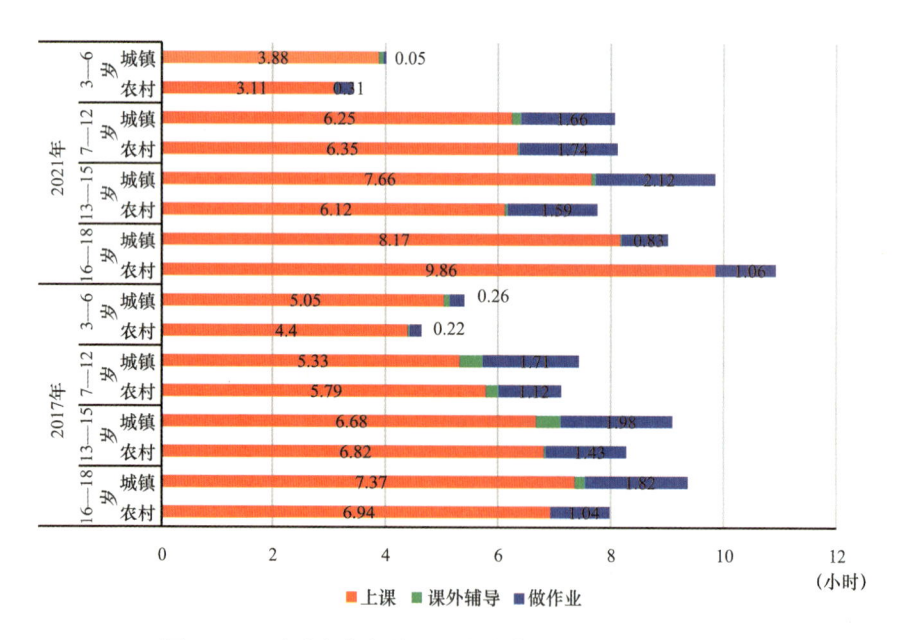

图9—13 分城乡和年龄段：学龄儿童学习活动平均时长

---

① 文雪、扈中平：《从博弈论的角度看"教育减负"》，《中国教育学刊》2007年第1期；任子雄：《基础教育减负的博弈分析》，《教育科学》2008年第4期。

通常适龄人口都有上课这一活动，在家庭收入差距很大时，与课外辅导等私人教育相比，公共教育对减小教育不公平的作用更大。[①] 政策的实施以及加大对公共教育的投资缩小了义务教育阶段适龄人口上课活动的城乡差异，甚至在时长和参与率上，农村还要略高于城镇。因此在改善教育公平性问题上，加大非义务教育阶段的公共投入起着至关重要的作用，这一观点也与国内学者研究结果[②]相符。

三 减负政策、母亲受教育程度与儿童时间利用

图9—14是2021年和2017年按母亲教育水平区分儿童的学习情况。和2017年相比，2021年母亲教育水平与儿童学习时长和参与率之间的正相关关系变得更弱。2017年存在显著的教育梯度，随着母亲教育水平提高，儿童的学习时长和参与率均有所增加。2017年教育梯度主要体现在做作业和课外辅导上。减负政策的实施使学生做作业和课外辅导时间以及参与率更为一致，母亲教育水平对儿童学习时长和参与率的代际传递影响在2021年不复存在。

四 减负政策、家庭收入与儿童时间利用

图9—15是2021年和2017年按照家庭收入区分的学龄儿童学习活动时长。2017年除了3—6岁学龄前年龄组儿童，其他组别家庭收入和学生学习活动间均存在显著正相关关系。2021年这一正相关性仅存在于13—15岁初中年龄段儿童中。2021年家庭收入与儿童学习活动之间的正相关关系不再明显，这是相对于高收入家庭，低收入家庭的儿童上课时间大幅增加所导致的。减负政策降低了义务教育阶段儿童，尤其是处于小学年龄段儿童的时间利用差异。

---

① Glomm, G., Ravikumar, B., "Public versus Private Investment in Human Capital: Endogenous Growth and Income Inequality", *Journal of Political Economy*, 1992, 100 (4).

② 郭凯明、张全升、龚六堂：《公共政策、经济增长与不平等演化》，《经济研究》2011年第2期。

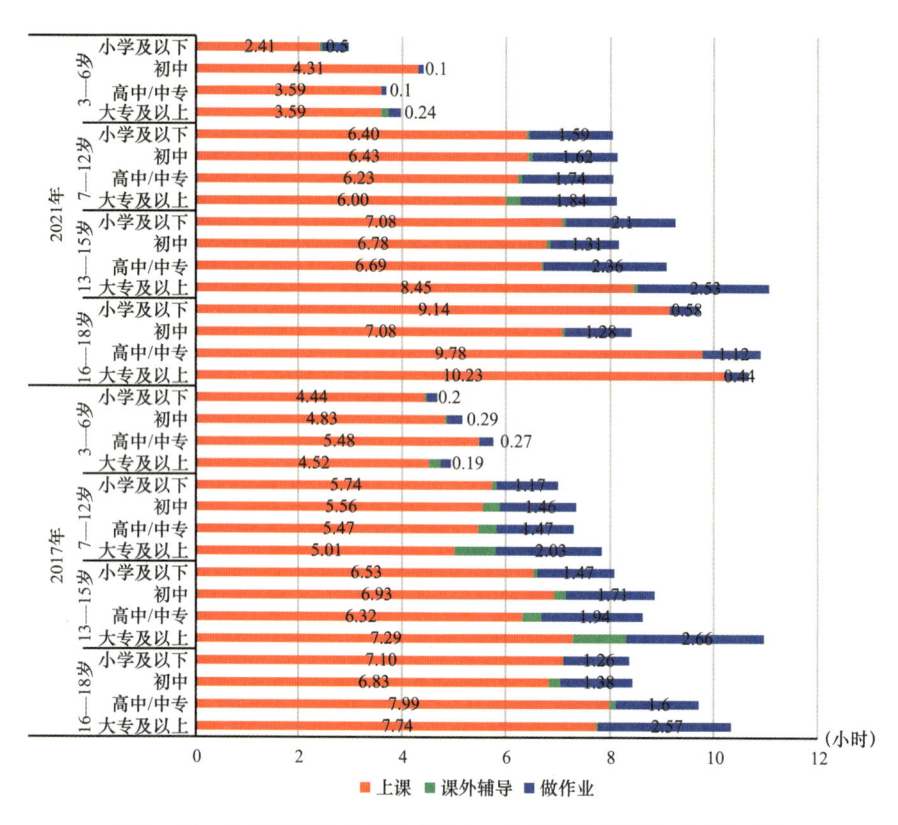

第三篇 赢在起跑线：中国教育和发展

图9—14 分年份按母亲受教育程度：学龄儿童学习活动平均时长

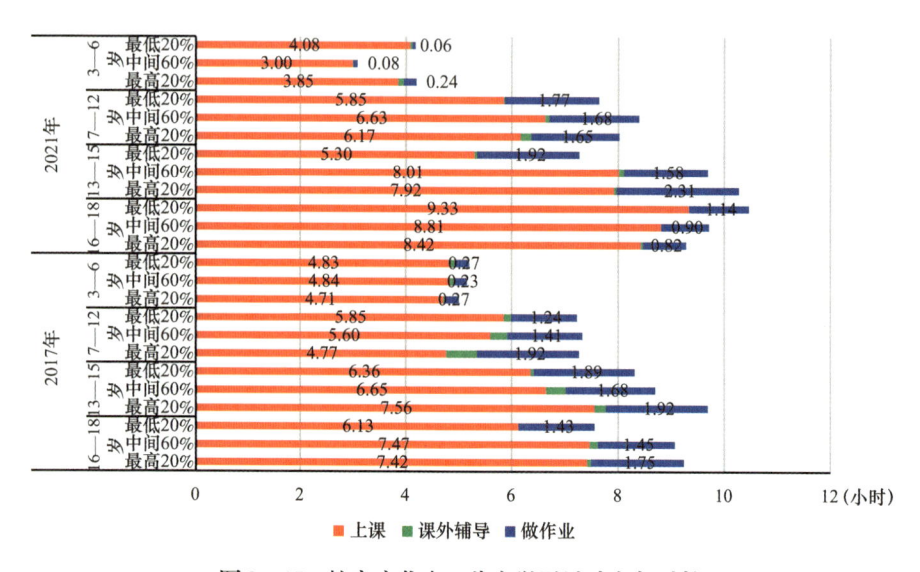

图9—15 按家庭收入：儿童学习活动参与时长

第七节 小结

教育公平是减少社会经济不公平的重要因素。农村地区、低教育母亲和低收入家庭儿童的教育公平是本章重点考察的内容。本章首先对2021年中国时间利用调查数据中3—18岁儿童样本的学习时间进行研究，分析中国目前的教育公平现状。其次对2021年和2017年3—18岁儿童的学习时间进行比较，分析4年间中国教育公平的变动情况。

总体上看，2021年农村、低教育母亲以及低收入家庭的儿童的净入学率和学习情况比相应对照组儿童差，其中，13—15岁儿童学习时间利用的差异在不同收入、学历背景家庭之间表现得最为明显。通过跨年份比较发现，随着中国教育政策的持续推进和政府教育支出的逐步提升，不同家庭背景儿童的学习时间利用差距呈现缩小趋势。尤其是在7—12岁小学阶段分城乡、收入、母亲受教育程度家庭儿童的净入学率、教育投入和在校学习时间已经实现教育公平。待更多教育政策实现和普及以后，中国的教育公平现象能有更多的提高。

2024年《政府工作报告》对后续教育工作的部署做出如下安排："开展基础教育扩优提质行动，加快义务教育均衡发展和城乡一体化，改善农村寄宿制学校办学条件，持续深化'双减'，推动学前教育普惠发展，加强县域普通高中建设。"政府教育投入家庭教育投入之间具有替代关系，考虑到低教育和低收入家庭子女的学习投入不足，政府可进一步加大对这两类家庭的教育投资，这不仅有助于打破人力资本和收入的代际传递现象、改善城乡教育差距，也有助于家庭减轻财务负担，提升消费水平，进一步提升家庭的福利状况。

第十章

从家庭儿童照料时间投入看教育公平

习近平总书记指出,"教育公平是社会公平的重要基础,要不断促进教育发展成果更多更公平惠及全体人民,以教育公平促进社会公平正义"。① 为此,《中国教育现代化2035》指出,保证国家财政性教育经费支出占国内生产总值的比例一般不低于4%。② 大量研究表明,通过早期干预可以减少不同社会经济群体的儿童之间的能力差距,为弱势儿童提供家庭环境的支持是最有效缩小差距的措施之一。③ 因此,继续关注家庭对儿童的照料情况,对于持续缩小儿童能力差异,促进教育公平具有重要的意义。根据以往研究,家长对儿童照料时间的投入与其教育水平和收入水平呈正相关,这种现象为儿童照料时间的"教育梯度"(educational gradient)和"收入梯度"(income gradient)。④ 本章使用2021年中国时间利用调查数据(CTUS)分析中国家庭儿童照料时间投入的现状,从城乡、家长教育水平和家庭收入水平三个方面,分别对中国家庭儿童照料平均时长、照料活动构成和照料者的身份进行比较,考察中国家庭的儿童照料"教育梯度""收入梯度"现象发生了怎样的变化,是否得到改善。

---

① 《习近平关于社会主义社会建设论述摘编》,中央文献出版社2017年版,第58页。
② https://www.gov.cn/zhengce/2019-02/23/content_5367987.htm.
③ Cunha, F., Heckman, J., "The Technology of Skill Formation", *American Economic Review*, 2007, 97 (2).
④ Guryan, J., Hust, E., Kearney, M., "Parental Education and Parental Time with Children", *Journal of Economics Perspectives*, 2008, 22 (3).

第一节　儿童看护政策变迁

"少年强则国强",儿童是国家的未来、民族的希望。因此,儿童托育和养育服务体系作为一项重要的民生工程一直受到社会各界广泛的关注。中华人民共和国成立以来,中国制定多项政策和法律法规以适应时代的变化和新的形势,努力实现教育强国、科技强国和人才强国的目标。

一　学龄前儿童看护政策回顾

中华人民共和国成立以来,我国婴幼儿照护服务主要经历了从去家庭化到再家庭化,再到责任共担的三个发展阶段。

第一个阶段,托育服务去家庭化。20世纪50年代初,随着中华人民共和国成立,学前教育进入初创时期。为了减轻母亲的照料负担,以便母亲有时间参加生产劳动、文化教育活动等,城市及农村均以集体福利的形式提供托育服务。在城市中,托幼服务作为职工集体福利项目在劳动法规中确立下来;在农村社会,作为人民公社运动中的一项集体福利事业,托幼服务也逐渐发展起来。直到80年代中期,"托儿所是社会主义的事业,是全党的事业,是国家的事业"成为一种社会共识,这一时期的婴幼儿照护服务多以工会或生产组织的集体福利形式向家庭提供。

第二个阶段,托育服务再家庭化。20世纪80年代后,随着市场经济的发育和单位福利制的式微,政府主导的公共托育逐步退出了社会政策范畴和历史舞台,国有企业开始大规模分离托儿所、幼儿园等社会化职能,托育服务体系的规模急剧萎缩。1988年,国家教委等8部门联合制定的《关于加强幼儿教育工作的意见》明确指出,养育子女是儿童家长依照法律规定应尽的社会义务,必须依照法律规定执行,幼儿教育不属于义务教育,家长如要送子女入园接受学习和照料,则理应负担一定的保育、教育费用。由此,托育服务不再是由单位提供的一项集体福利,而是家庭需要向市场购买的服务,婴幼儿照护不再被列入国家的福利保障范围,重新回归家庭。之后相继发布的《九十年代中国儿童发展规划纲要》《全国幼儿教育事业"九五"发展目标实施意见》《关于企业办幼儿园的若干意见》《关于幼儿教育改革与发展的指导意见》政策文件都表明对于 3 岁以下婴幼儿，政府主要提供科学的育儿指导，其照料责任则主要在家庭。

第三个阶段，托育服务体系重构，提倡责任共担。新时代托育服务体系发展坚持"家庭为主，托育补充""政策引导，普惠优先""安全健康，科学规范""属地管理，分类指导"等基本原则。2012 年颁布的《国家教育事业发展第十二个五年规划》首次提出 0—3 岁的早期教育"公益性"发展方向，强调以机构为依托、面向社区和家长的公益性婴幼儿早期教育服务和指导模式。早期教育作为"公共服务"的属性再次凸显，国家开始以直接举办或资助私人市场的形式推动托幼事业发展。2016 年，为了应对低生育率和老龄化问题，中国开始实施"全面二孩"生育政策，新增的婴幼儿面临强烈的高质量托育服务需求。2017 年，党的十九大首次将"幼有所育"作为保障和改善民生工作的重要内容之一。2019 年以来，国家将公共托育服务发展问题纳入顶层设计，并逐步建立完善政策支持体系。2019 年 5 月，国务院发布《关于促进 3 岁以下婴幼儿照护服务发展的指导意见》，强调发展婴幼儿照护服务的重点是为家庭提供科学养育指导，将婴幼儿照护服务纳入经济社会发展规划。同年 10 月，国家卫生健康委员会组织制定《托育机构设置标准（试行）》《托育机构管理规范（试行）》，以规范发展托幼服务，确保婴幼儿的安全和健康成长。至此，国家层面上的托育事业得以重构。之后，国家卫生健康委联合多部门于 2021 年发布《支持社会力量发展普惠托育服务专项行动实施方案（试行）》、2023 年发布《家庭托育点管理办法（试行）》，着力增加 3 岁以下婴幼儿普惠性托育服务有效供给。

二 困境儿童和学龄儿童看护政策发展

对于全体儿童的看护政策，一方面集中在保障困境儿童发展。例如，2014 年出台的《国家贫困地区儿童发展规划 2014—2020 年》，提出坚持儿童早期发展干预的基本方针。《中国儿童发展报告 2017：反贫困与儿童早期发展》将儿童早期发展问题纳入国家反贫困战略中，提出建立全程干预、全面保障的贫困地区儿童早期发展体系。2016 年，《国务院关于加强困境儿童保障工作的意见》为困境儿童营造安全无虞、生活无忧、充满关爱、健康发展的成长环境，是家庭、政府和社会的共同责任。《中国儿童发展纲要（2021—2030）》指出，农村留守儿童、困境儿童等弱势群体得到更多关爱和保护，消除对儿童一切形式的歧视，保障所有儿童平等享有发展权利和机会。

另一方面，对于学龄儿童，政策主要集中在促进学生全面发展、教育资源均衡和教育公平。2017年教育部办公厅印发《关于做好中小学生课后服务工作的指导意见》，2021年发布《关于进一步减轻义务教育阶段学生作业负担和校外培训负担的意见》，通过提供延时托管服务，减轻学生学业负担，减轻家庭教育支出，促进教育公平。2022年1月1日起实施的《中华人民共和国家庭教育促进法》则是从家庭层面指导父母和监护人如何从德智体美劳对儿童进行全面发展的培养。2023年，中共中央办公厅、国务院办公厅印发《关于构建优质均衡的基本公共教育服务体系的意见》，教育部等印发《关于实施新时代基础教育扩优提质行动计划的意见》，全面保障义务教育优质均衡发展。解决当前义务教育面临着城乡、区域、校际、群体四大差距，要着力完善政策措施，推进基本公共教育服务均等化，促进教育公平。

第二节 谁来照料儿童

根据联合国《儿童权利公约》和中国儿童一般在18岁完成高中教育的现实情况，我们把儿童界定为18岁及以下的居民。从2021年中国时间利用调查数据中，我们选取了与0—18岁儿童一起居住的母亲、父亲、祖母和祖父，由于信息的局限，无法区分是祖父母还是外祖父母，在本章中我们用祖父母一并指代。考虑到部分儿童还会得到非同居祖父母的照料，我们的数据在一定程度上低估了中国祖父母儿童照料的投入。[①] 根据儿童照料文献通常做法，用时间日志填写者在典型一天所从事的主要活

[①] 杜凤莲等估计，约有14%的中国城镇儿童得到非同居祖父母的照料，参见杜凤莲、张胤钰、董晓媛《儿童照料方式对中国城镇女性劳动参与率的影响》，《世界经济文汇》2018年第3期。

动信息,来度量照料提供者的照料时间和参与率。儿童照料学者指出,儿童照料可以是主要活动,也可以是次要活动,大量儿童照料出现在次要活动中,如母亲一边做饭,一边看孩子,或者从事主要活动时与孩子在一起,[①] 本章仅聚焦主要活动。分析的样本共包括1388位母亲、1524位父亲、798位祖母、955位祖父。

表10—1报告的是中国儿童照料提供者的个人特征。可以发现,城镇父母、祖父母的平均年龄高于农村父母、祖父母。从照料提供者受教育程度来看,城镇照料提供者的受教育年限明显高于农村。城镇父母平均受教育年限超过12年,农村父母在9年左右;城镇祖父母平均受教育年限为8—9年,农村祖父母为5—7年。无论城镇还是农村,父亲和母亲的平均受教育年限均高于祖父母,男性的受教育年限高于女性。受教育程度会影响照料者提供儿童照料的质量,劳动时间会影响照料者的所能提供的照料时间。城镇父母有酬劳动时间高于农村父母,城镇父母比农村父母每天平均多工作0.7小时左右。城镇祖父母有酬劳动时间则明显低于农村祖父母,城镇祖父母每天平均工作时间比农村父母少近2小时。这是因为,在农村多数老人在达到退休年龄之后仍然从事农业生产活动。因此,城镇祖父母可能有更加充足的时间照料儿童。

表10—1　　　　　中国城乡儿童照料提供者的个人特征

	年龄(岁)		受教育年限[①](年)		有酬劳动时间[②] (小时/天)	
	农村	城镇	农村	城镇	农村	城镇
母亲	36.71	38.19	8.28	12.40	4.98	5.63
父亲	38.46	39.78	9.12	12.58	7.30	8.00
祖母	60.75	62.70	5.14	7.96	3.60	1.65
祖父	60.96	64.52	7.31	8.80	5.25	3.55

注:①受教育年限是根据数据文化程度进行折算,未上过学为0年,小学为6年,初中为9年,高中为12年,中专/职高为12年,大专/高职为15年,大学本科为16年,硕士研究生为19年,博士研究生为22年;②有酬劳动时间是指工资劳动和家庭生产经营劳动时间总和。下同。

---

① Folbre, N., Yoon, J., "What is Child Care? Lessons from Time-use Surveys of Major English-speaking Countries", *Review of Economics of the Household*, 2007, 5 (3).

表10—2报告按母亲受教育程度分类,儿童照料提供者的基本情况。我们把母亲受教育程度分为小学及以下、初中、高中/中专以及大专及以上四类。母亲受教育程度为小学及以下、初中、高中/中专以及大专及以上的样本分别占23.6%、34.2%、17.0%、25.2%。母亲受教育程度越高的家庭中,父母年龄越小。随着母亲受教育程度提高,家庭中父母有酬劳动时间增加,祖母的有酬劳动时间先增后降,祖父有酬劳动时间降低。这可能是由于学历较高的祖父母退休之后的生活保障更好,有较为充裕的时间参与儿童照料。

表10—2 按母亲受教育程度分类儿童照料提供者的个人特征

	年龄(岁)	受教育年限(年)	有酬劳动时间(小时/天)
小学及以下(23.6%)			
母亲	41.19	4.47	5.28
父亲	43.18	7.64	7.11
祖母	65.74	3.45	2.76
祖父	63.91	6.04	6.37
初中(34.2%)			
母亲	39.07	9.00	5.18
父亲	41.85	9.37	8.23
祖母	62.93	5.21	3.16
祖父	64.70	6.91	4.08
高中/中专(17.0%)			
母亲	38.00	11.98	5.41
父亲	39.61	12.39	7.75
祖母	59.24	7.80	1.90
祖父	60.46	9.22	4.00
大专及以上(25.2%)			
母亲	37.65	15.77	6.10
父亲	39.04	14.93	8.93
祖母	61.67	8.93	1.24
祖父	65.29	10.49	2.64

注:各学历分类后括号中标出的是每个学历在样本中的占比。

表10—3报告按家庭收入水平分类，儿童照料提供者的基本信息。根据家庭人均收入在各省收入分布将样本家庭分为三类：最低20%，中间60%，最高20%。可以发现，家庭收入水平在最高20%的家庭父母、祖父母的平均年龄低于其他两类家庭。家庭收入水平越高，家庭照料提供者受教育程度越高。家庭收入水平越高，父母的有酬劳动时间越长，祖母的有酬劳动时间越短，祖父的有酬劳动时间越长，表明祖母有更多的时间为儿童提供照料。

表10—3　按家庭收入水平分类儿童照料提供者的个人特征

	年龄（岁）	受教育年限（年）	有酬劳动（小时/天）
最低20%			
母亲	37.58	8.89	4.15
父亲	39.33	8.89	6.96
祖母	61.49	5.53	3.23
祖父	62.12	6.52	3.93
中间60%			
母亲	37.87	10.48	5.46
父亲	39.60	10.99	7.74
祖母	62.39	6.57	2.58
祖父	63.40	8.13	4.45
最高20%			
母亲	37.31	13.83	6.30
父亲	38.44	13.76	8.31
祖母	57.43	7.78	2.20
祖父	58.47	9.31	5.73

比较不同家庭特征的儿童数量（见表10—4）可以发现，城镇、受教育水平高和收入水平高的家庭中儿童平均数量低于农村、受教育水平低和收入水平低的家庭。可见，在弱势家庭中，孩子数量多，父母、祖父母的儿童照料参与率低，儿童能够得到的照料投入更少。

表10—4　　　　　　　　　　不同家庭儿童平均数量

		家中儿童个数
城乡	农村	1.67
	城镇	1.41
母亲受教育水平	小学及以下	1.60
	初中	1.60
	高中/中专	1.44
	大专及以上	1.35
家庭人均收入水平	最低20%	1.61
	中间60%	1.55
	最高20%	1.31

第三节　家庭教育照料不足

本节介绍中国家庭儿童照料的基本情况。表10—5报告的是中国家庭照料提供者各项照料活动的平均时长。可以发现，母亲的总照料时间为1.42小时/天、父亲为0.61小时/天、祖母为1.16小时/天、祖父为0.57小时/天。家中女性提供的儿童照料时间明显高于男性，母亲和祖母仍然是儿童照料的主要承担者。具体而言，家庭为儿童提供的生活照料时长为2.67小时/天、教育照料时长为0.49小时/天、娱乐照料时长为0.59小时/天，分别占总照料时长的71.20%、13.06%、15.73%，教育照料所占比重最低，家庭教育照料不足。在生活照料方面，祖母照料时间高于母亲，祖父照料时间高于父亲；在教育照料方面，母亲照料时间最长，父亲、祖母、祖父依次降低；在娱乐照料方面，母亲照料时间高于祖母，父亲照料时间高于祖父。通过对比发现，家庭中祖辈更多的是承担儿童的生活照料，父母是教育照料和娱乐照料的主要提供者。

表 10—5　　　　　中国家庭儿童照料平均时长　　　　　单位：小时/天

	生活照料	教育照料	娱乐照料	总照料
母亲	0.88	0.31	0.24	1.43
父亲	0.39	0.08	0.14	0.61
祖母	0.93	0.06	0.17	1.16
祖父	0.47	0.05	0.05	0.57
家庭合计	2.67	0.49	0.59	3.75

注：生活照料包括给孩子穿衣服、喂饭、洗澡等活动；监督保姆带孩子；接送孩子时的相关等待时间和与各类照料活动相关的交通活动。教育照料包括辅导孩子写作业；陪孩子学习；给孩子阅读。娱乐照料包括陪孩子玩耍和看电视。下同。

下面我们看一下在儿童成长不同阶段的总照料时长、照料时间的构成和不同照料者的角色。我们把儿童年龄划分为 0—2 岁婴幼儿阶段、3—6 岁学龄前阶段、7—12 岁小学阶段、13—15 岁初中阶段、16—18 岁高中阶段。随着儿童进入不同的年龄段，家庭在儿童照料上的时间投入发生相应变化，不仅照料者分工发生变化，照料时间的构成也发生变化。如表 10—6 所示，随着儿童年龄增大，家庭提供的总照料时间逐步减少，教育照料时间先增加后下降，在小学阶段家庭投入的教育照料时间最长，为 0.80 小时/天。在儿童 12 岁之前，家庭中祖父母提供照料的占比最高，母亲次之，父亲最少；母亲在儿童照料中的贡献与祖父母较为接近，父亲贡献最低。在儿童 13—15 岁时，家庭中母亲提供儿童照料占比最大，为 65.8%，祖父母降为 22.8%；在儿童 16—18 岁时，情况与之相反，母亲提供照料的占比为 21.0%，祖父母为 67.7%。总之，比较儿童不同成长阶段的家庭照料分工可以发现，母亲和祖父母交替成为主要照料者，父亲占比一直最低，且随着儿童年龄的增大而下降。

表 10—6　　按年龄分类中国家庭儿童照料平均时长和提供者贡献

年龄	总照料时间 （小时/天）	教育照料 （小时/天）	母亲占比 （%）	父亲占比 （%）	祖父母占比 （%）
0—2 岁	10.36	0.31	42.0	15.1	42.9
3—6 岁	5.82	0.37	33.7	20.5	45.8

续表

年龄	总照料时间（小时/天）	教育照料（小时/天）	母亲占比（%）	父亲占比（%）	祖父母占比（%）
7—12 岁	3.51	0.80	43.0	12.0	45.0
13—15 岁	1.52	0.31	65.8	11.5	22.8
16—18 岁	1.47	0.17	21.0	11.3	67.7

注：母亲占比是母亲儿童照料时间占家庭总照料时间的百分比，父亲占比是父亲儿童照料时间占家庭总照料时间的百分比，祖父母占比是祖父和祖母儿童照料时间占家庭总照料时间的百分比。下同。

进一步地，比较 2017 年和 2021 年各年龄段儿童得到的家庭照料时长（见图 10—1）发现，与 2017 年相比，2021 年家庭为各年龄段儿童提供的总照料时间和教育照料时间均有所增加。与 2017 年规律一致，随着儿童逐渐长大，家庭提供的教育照料先增加后减少，在 7—12 岁这个年龄段达到最高。

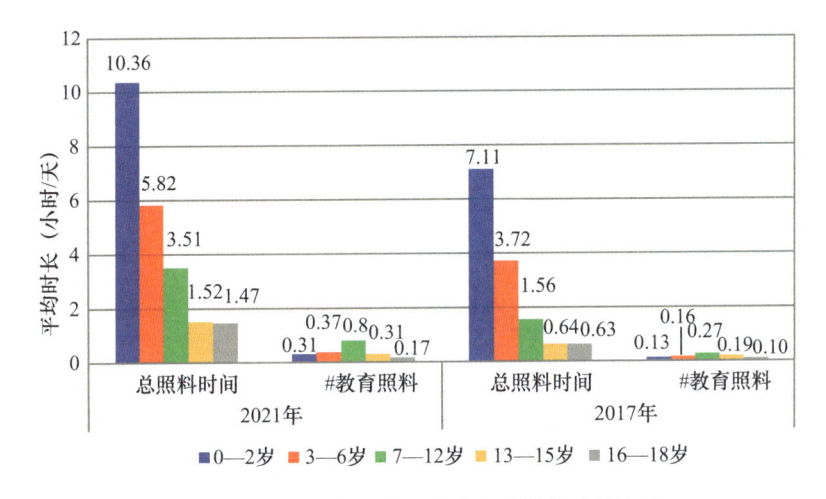

图 10—1 按儿童年龄段分类家庭照料时长比较

第四节 儿童看护政策和养育差距

本节从照料参与率和照料时长的角度比较 2017 年和 2021 年不同群体

家庭照料变化。

一 农村家庭儿童照料质量偏低

图 10—2 报告的是 2017 年和 2021 年城乡儿童照料参与率比较，可以发现，女性的儿童照料参与率高于男性，城镇家庭的儿童照料参与率高于农村，母亲和祖母是儿童照料的主要提供者。城镇家庭整体受教育程度高于农村家庭，城镇家庭不同身份提供者的儿童照料参与率均高于农村，儿童照料的"教育梯度"现象有所体现。与 2017 年相比，城乡家庭不同身份照料者的儿童参与率基本呈现降低趋势。城乡之间母亲、祖父儿童照料参与率差距增大，父亲、祖母的儿童照料参与率差距减小。

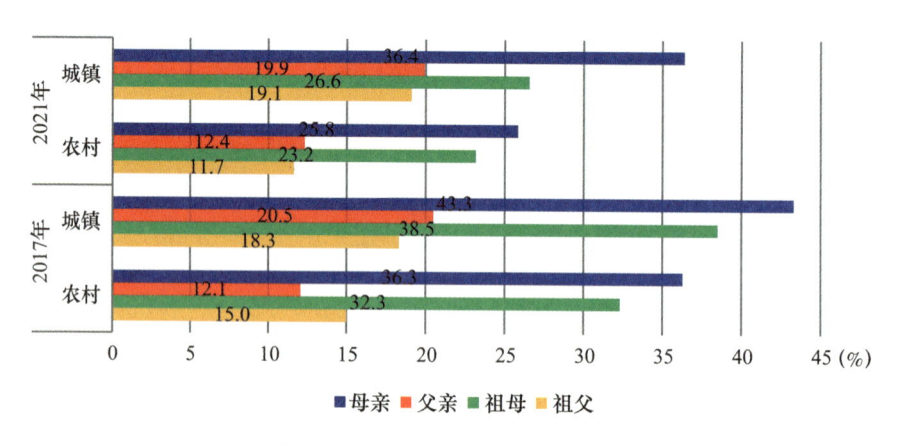

图 10—2　城乡儿童照料参与率比较

图 10—3 报告的是 2017 年和 2021 年儿童家庭照料提供者和照料构成的城乡差异。图 10—3（a）显示，2021 年全国家庭儿童总照料平均时长为 3.76 小时/天，城镇家庭儿童总照料平均时长为 3.81 小时/天，农村家庭儿童总照料平均时长为 3.73 小时/天，均高于 2017 年。与 2017 年不同，父亲和祖父对儿童照料的贡献增加。图 10—3（b）是从照料构成的角度进行比较，2021 年，农村家庭的生活照料时长高于城镇家庭，教育照料和娱乐照料时长显著低于城镇家庭。教育照料方面，城镇家庭约为农村家庭的 1.9 倍。与 2017 年相比，农村家庭教育照料时间增加，但仍

与城镇家庭有明显差距，儿童照料质量仍然偏低。

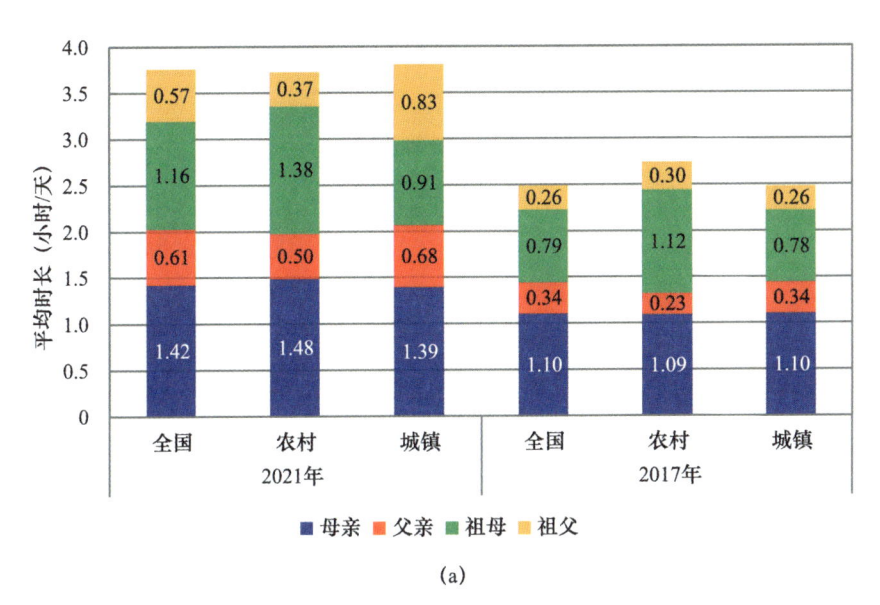

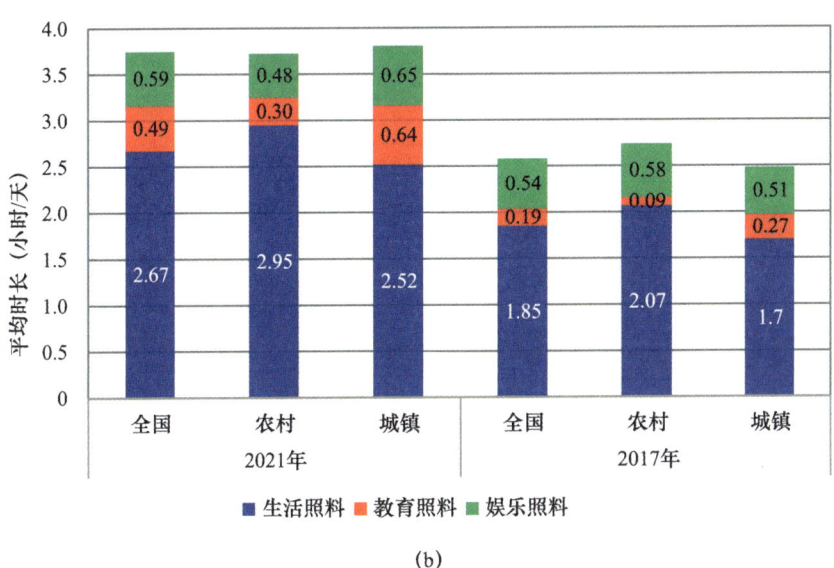

图10—3 中国城乡家庭儿童照料提供者角色和照料构成

二 中国家庭儿童照料的"教育梯度"

图 10—4 报告的是按母亲受教育程度分类,2017 年和 2021 年儿童照料参与率的比较。母亲的学历与儿童照料参与率呈现正相关。2021 年,母亲学历为小学及以下时,儿童照料参与率为 16.1%;母亲学历为初中时,儿童照料参与率为 26.6%;母亲学历为高中/中专时,儿童照料参与率为 37.3%;母亲学历为大专及以上时,儿童照料参与率为 47.9%。父母、祖父母儿童照料参与率与母亲的学历依然呈现正相关,低学历母亲家庭成员的儿童照料参与度远远低于高学历母亲的家庭成员,儿童照料"教育梯度"现象依然存在。对比家庭照料提供者受教育年限和儿童照料参与率发现,受教育年限长,儿童照料参与率高。与 2017 年相比,母亲受教育程度不同的家庭,父母、祖父母提供的儿童照料参与率差距增大。在通常情况下,由于婚姻市场的"正向匹配"效应,[①] 母亲的受教育年限与父亲正相关;由于教育的代际传递,祖父母受教育年限与母亲正相关。

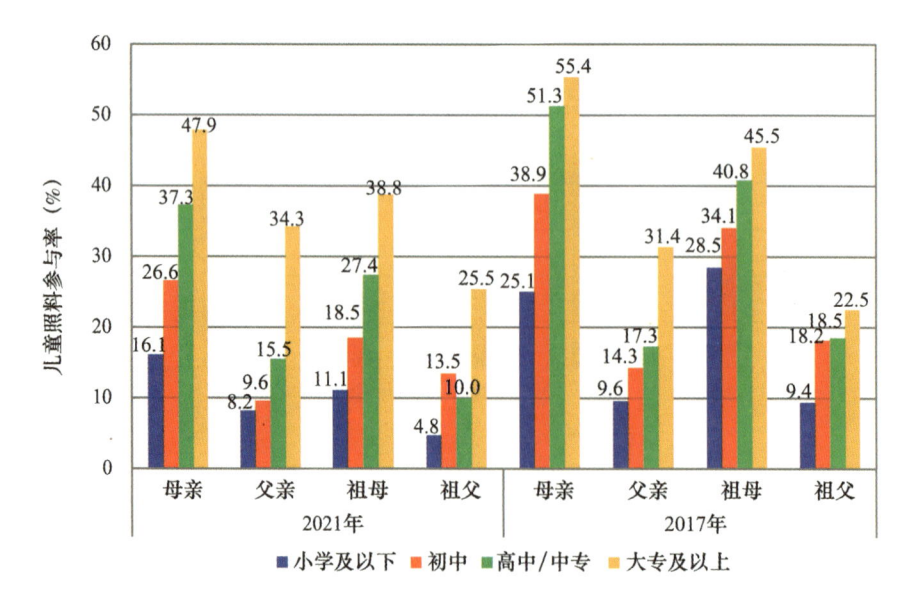

图 10—4 按母亲受教育程度分类儿童照料参与率比较

---

① Becker, G. S., *A Theory of Marriage*, 1974.

因此，母亲学历越高的家庭中，照料者整体学历水平也越高，家庭照料者受教育水平的正相关会加剧家庭儿童照料的"教育梯度"。

图10—5（a）显示，2021年，随着母亲受教育程度的提升，不同家庭的总照料时间仍呈现出"教育梯度"趋势。与2017年相比，母亲受教育程度不同的家庭儿童照料时长"教育梯度"发生结构性改变。2017年，家庭为儿童提供的总照料时间与母亲的学历正相关，呈现出完全的"教育梯度"趋势。2021年，母亲学历为小学及以下的家庭，家庭为儿童提供的总照料时间平均为1.39小时/天，比2017年同学历的家庭低0.46小时/天；母亲学历为初中的家庭中儿童总照料时间为2.71小时/天，母亲学历为高中或中专的家庭为2.68小时/天，这两类家庭所提供的总照料时间较为接近；母亲学历为大专及以上的家庭中儿童总照料时间为4.89小时/天，显著高于前三类家庭。可以发现，2021年，母亲学历处于中间位置时，儿童照料时间的"教育梯度"缩小，处于高低两端的家庭，"教育梯度"差距增大。与2017年规律相似的是，随着母亲学历提升，父亲、母亲为儿童提供的照料时间呈梯度增加。

图10—5（b）显示，随着母亲受教育程度的提高，家庭提供的生活照料时长先下降后上升，教育照料和娱乐照料时长整体呈上升趋势。从各类照料活动占比分析发现，按照母亲学历从低到高排序，生活照料时间分别占家庭照料总时间的84.2%、73.8%、68.3%和66.5%；教育照料的占比分别为6.5%、8.1%、13.8%和18.4%；娱乐照料的占比分别为9.4%、18.1%、17.5%和15.1%。母亲受教育程度越高的家庭，教育照料的投入越高。

三 中国家庭儿童照料的"收入梯度"

图10—6报告的是按家庭收入水平分类，2017年和2021年儿童照料参与率的比较。从儿童照料参与率来看，随着家庭收入水平的提高，父母、祖父母的儿童参与率明显增加，表明儿童照料"收入梯度"现象依然存在，比2017年趋势更为显著。

图10—7（a）显示，2021年，低收入家庭平均每天为儿童提供的

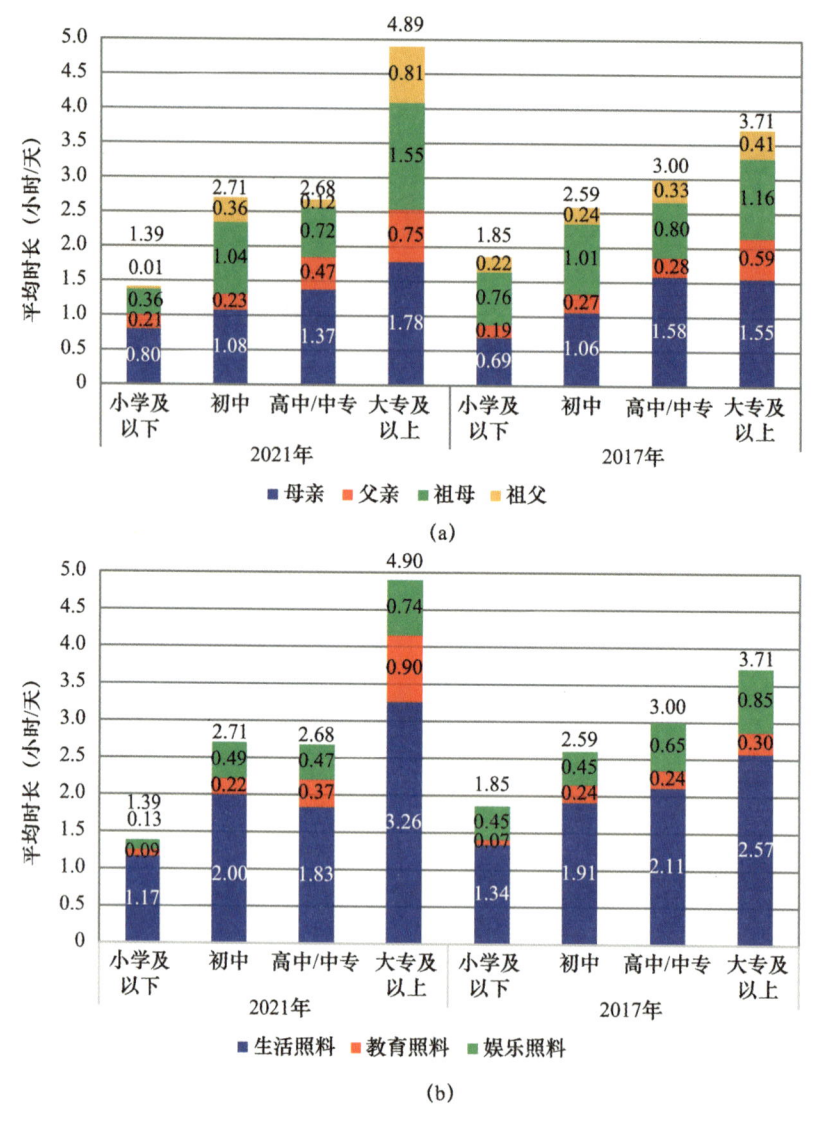

图 10—5 按母亲受教育程度分类儿童照料提供者角色和照料构成

总照料时长为 3.29 小时，中等收入家庭为 3.42 小时、高收入家庭为 4.34 小时，家庭收入水平与儿童总照料时间成正比，与 2017 年不同，2021 年呈现出了完全的"收入梯度"趋势。考察不同身份照料者发现，2021 年，随着家庭收入增加，母亲和祖父的照料时间下降，父亲和祖母的照料时间增加。图 10—7（b）展示不同收入水平家庭照料时间的

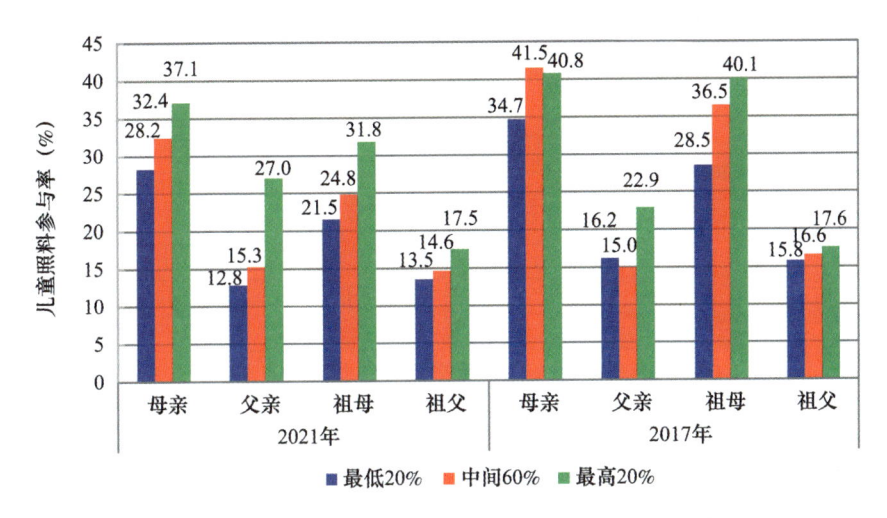

图 10—6 按家庭收入水平分类儿童照料参与率比较

构成。可以发现随着家庭收入水平提高，生活照料、教育照料和娱乐照料时间增加。2017年样本家庭中仅在教育照料活动中体现出"收入梯度"趋势，而2021年样本家庭中，"收入梯度"趋势在各类照料活动中均有所体现。

综上所述，中国家庭儿童照料时间的"教育梯度""收入梯度"现象明显，农村家庭、低学历和低收入家庭存在明显的"照料赤字"，养育差距显著。当下，中国公共托育服务虽处于快速发展中，仍面临着发展不充分不均衡、供给不足、质量参差不齐等诸多困难与挑战，难以满足家庭和社会的多样化需求，仍然是民生问题的短板和弱项之一。一方面，政府建立全程干预，全面保障的儿童发展体系。另一方面，加强对弱势家庭照料提供者的指导和培训，掌握新的育儿技术，提升家长科学育儿的能力。

(a)

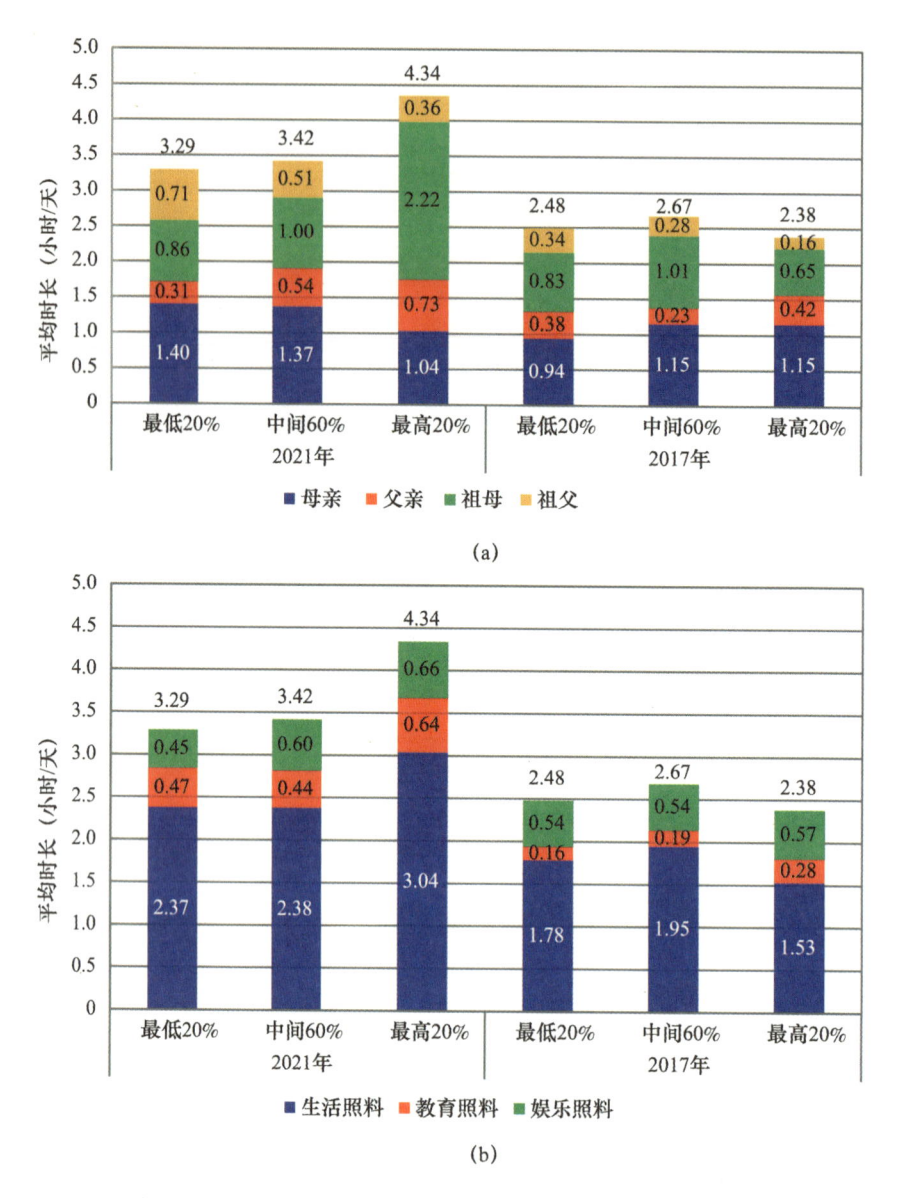

(b)

图 10—7　按家庭收入水平分类儿童照料提供者角色和照料构成

第五节　小结

本章从城乡、母亲受教育程度和家庭收入水平三个方面分析中国家庭儿童照料时间投入的差异。通过分析家庭儿童照料参与率、照料构成和照料质量，并与2017年数据进行比较，观察中国家庭儿童照料是否存在"教育梯度""收入梯度"的变化情况。

相较2017年，家庭照料提供者的儿童照料参与率整体降低，家庭为儿童提供的各类照料活动时长均有所增加，母亲、父亲、祖母和祖父为儿童提供的各类照料活动时长均有所增加。家庭为儿童平均每天提供的生活照料、教育照料、娱乐照料分别占总照料时长的71.01%、13.03%、15.69%，教育照料所占比重最低，家庭教育照料仍然不足。在儿童成长的不同阶段，照料时间构成和照料者角色发生变化。与2017年相比，家庭为各年龄段儿童提供的总照料时间和教育照料时间均有增加。随着儿童年龄增大，家庭总照料时间下降，教育照料时间先增加后下降，祖父母和母亲交替成为儿童照料主要提供者。

对比城乡家庭发现，2021年，城镇家庭儿童照料参与率仍高于农村家庭，城乡之间母亲、祖父儿童参与率差距增大，父亲、祖母的儿童参与率差距减小。从照料时长和照料构成分析发现，2017年农村家庭儿童总照料时长高于城镇家庭，而2021年则与之相反。但城乡间家庭教育照料差距有所缩小，城乡教育照料之比由3.0缩小为1.9。

对比不同母亲受教育程度家庭发现，父母、祖父母的儿童照料参与率存在"教育梯度"现象。与2017年相比，不同学历家庭父母、祖父母的儿童照料参与率差距增大。从照料时长角度分析发现，与2017年相比，母亲学历不同的家庭儿童照料时长"教育梯度"发生结构性改变，母亲学历处于中间的家庭儿童总照料时长差距缩小，母亲学历处于高低两头的家庭，儿童总照料时长差距增大。从照料构成分析，随着母亲学历的提高，家庭中教育照料时长增加。

从家庭收入水平来看，儿童照料参与率的"收入梯度"现象在家中每位照料提供者均有体现。与2017年不同，家庭总照料、父亲和祖母的照料时长均反映出"收入梯度"现象；家庭中儿童各类照料活动亦反映出"收入梯度"现象。

综上所述，与2017年相比，2021年中国儿童照料时间的城乡差距有所改善，但"教育梯度""收入梯度"现象更为明显。农村家庭、低学历和低收入家庭对儿童照料投入降低，城镇、高学历和高收入家庭儿童照料投入增加，"照料赤字"强化。各级政府应总结经验，采取有效的干预措施，在制定和实施中小学减负政策时，根据实际情况及时调整，有效弥补"照料赤字"，促进教育公平。

第十一章

"缺觉"的孩子们？

睡眠对儿童青少年身体增长和发育具有重要影响，儿童青少年需要足够的睡眠时间和睡眠质量帮助其增强身体活力与提高抵抗力。睡眠充足对于儿童青少年的身心健康发展有积极的影响，而睡眠不足会导致儿童精力不充沛、抽象思维和记忆力减退、情绪障碍、药物滥用甚至影响生长发育等。[1] 睡眠时间与儿童青少年吸烟、饮酒、药物滥用、伤害事故等有关。[2] 睡眠不足还会增加肥胖、糖尿病、心血管疾病、感染性疾病等发生的风险。[3] 因此，儿童青少年睡眠时间是否足够对于其健康成长具有至关重要的意义，而基于具有全国代表性的基础数据分析结果，进一步回答中国儿童青少年睡眠时间是否足够的问题，有助于为制定儿童青少年相关健康教育与干预措施提供支撑。

基于此，本章利用2021年中国时间利用调查数据，对中国儿童青少年睡眠状况进行分析，重点回答以下几个问题：中国儿童青少年睡眠时间是否足够？睡眠不足的儿童青少年具有什么样的结构性特征？哪些因素影响儿童青少年睡眠？

围绕上述问题，首先，本章报告中国儿童青少年睡眠的基本情况；

---

[1] Azadbakht, L., Kelishadi, R., Khodarahmi, M., "The Association of Sleep Duration and Cardio Metabolic Risk Factors in a National Sample of Children and Adolescents: The CASPIAN III Study", *Nutrition*, 2013, 29 (9).

[2] Adolescent Sleep Working Group, Committee on Adolescents, Council on School Health, "School Start Times for Adolescents", *Am Academy Pediatrics*, 2014, 134 (3).

[3] Keyes, K. M., Maslowsky, J., Hamilton, A., "The Great Sleep Recession: Changes in Sleep Duration among US Adolescents", *Pediatrics*, 2015, 135 (3).

其次，对儿童青少年的睡眠状况进行跨期比较；再次，分析影响儿童青少年睡眠的因素；最后，进行总结。

第一节　儿童青少年睡眠基本情况

2021年中国时间利用调查中，共获得儿童青少年样本769个（见表11—1），其中6—11岁儿童379人，占49.3%；12—14岁青少年213人，占27.7%；15—17岁青少年177人，占23.0%。全部样本中，男生共计425人，占55.3%；女生共计344人，占44.7%。

表11—1　　　中国时间利用调查中儿童青少年的样本分布　　　单位：人

样本	城镇		农村		总计
	男孩	女孩	男孩	女孩	
6—11岁	137	103	68	71	379
12—14岁	73	46	49	45	213
15—17岁	53	45	45	34	177

根据2013年5月1日实施的《中小学生一日学习时间卫生要求》的规定，小学生每日睡眠时间不应少于10小时，初中生每日睡眠时间不应少于9小时，高中生每日睡眠时间不应少于8小时。以此为参照，2021年中国时间利用调查中关于儿童青少年睡眠状况的数据分析显示（见表11—2），如果将午睡和夜间睡眠合并计算，中国6—14岁儿童平均每天睡眠时长在10小时以上，15—17岁青少年每天睡眠时长在9小时以上，各个年龄段睡眠时间均高于国家的建议标准。

表11—2　　　中国在学学生睡眠时间统计（包含午睡）　　　单位：小时/天

人群		全国	城镇	农村
全样本	合计	10.13	10.15	10.10
	男生	10.11	10.20	9.93
	女生	10.16	10.08	10.27

续表

人群		全国	城镇	农村
6—11岁	合计	10.56	10.70	10.28
	男生	10.57	10.71	10.22
	女生	10.55	10.68	10.34
12—14岁	合计	10.20	10.12	10.32
	男生	10.16	10.12	10.23
	女生	10.26	10.11	10.41
15—17岁	合计	9.18	9.05	9.41
	男生	9.02	9.00	9.06
	女生	9.35	9.10	9.87

从样本的睡眠不足报告率来看（见表11—3），即使包含午睡时间，儿童青少年的睡眠不足问题也仍然值得我们关注，6—11岁、12—14岁以及15—17岁的睡眠不足率分别为34.3%、21.6%和22.5%。

表11—3　中国6—17岁儿童青少年睡眠不足报告率（包含午睡）　单位：%

性别与年龄		全国	城镇	农村
性别	男	26.5	24.3	30.8
	女	29.2	30.2	27.8
年龄	6—11岁	34.3	30.8	41.2
	12—14岁	21.6	21.6	21.7
	15—17岁	22.5	24.7	18.6

参照国外的统计标准，将儿童青少年睡眠时间仅限定为夜间睡眠，那么该群体的睡眠不足率迅速攀升（见表11—4）。中国6—11岁儿童平均每天夜间睡眠时长在10小时以下，低于中国国家标准，无论城镇还是农村，儿童睡眠不足问题都很明显，亟须引起重视；12—14岁少年每天夜间睡眠时长在9小时左右；15—17岁青少年每天夜间睡眠时长在8小时以上。

表11—4　　中国在学学生睡眠时间统计（不包含午睡）　　　单位：小时/天

人群		全国	城镇	农村
全样本	合计	9.30	9.29	9.30
	男生	9.28	9.32	9.21
	女生	9.31	9.26	9.39
6—11岁	合计	9.79	9.87	9.64
	男生	9.75	9.80	9.65
	女生	9.84	9.98	9.62
12—14岁	合计	9.33	9.24	9.46
	男生	9.36	9.29	9.49
	女生	9.29	9.15	9.43
15—17岁	合计	8.26	8.17	8.42
	男生	8.11	8.11	8.12
	女生	8.41	8.22	8.82

从样本的睡眠不足报告率来看（见表11—5），如果不包含午睡时间，6—17岁睡眠不足率高达47.6%左右。其中，6—11岁样本的睡眠不足率为55.0%，12—14岁样本为40.7%，15—17岁样本为42.2%。

表11—5　　中国6—17岁儿童青少年睡眠不足报告率（不包含午睡）　　　单位：%

性别与年龄		全国	城镇	农村
性别	男	49.3	50.6	46.7
	女	45.5	47.0	43.4
年龄	6—11岁	55.0	55.3	54.4
	12—14岁	40.7	40.5	40.9
	15—17岁	42.2	46.8	33.9

第二节　儿童青少年睡眠的跨期比较

为了进一步阐明中国儿童青少年睡眠在不同时期的变化情况，我们对2017年和2021年的睡眠时间进行了跨期比较，目的在于从纵向维度观察中国儿童青少年的睡眠时间是否有变化。2017年的睡眠数据来自2017年中国时间利用调查数据。

统计结果表明，总体上，与2017年相比，2021年中国儿童青少年睡眠仍存在睡眠不足的问题，这主要体现在：平均睡眠时长没有明显变化；睡眠不足率明显上升。

一 睡眠时长的跨期比较

2017年，中国6—17岁儿童青少年平均每天睡眠时长为10.14小时，其中6—11岁睡眠时长为10.67小时，12—14岁睡眠时长为9.85小时，15—17岁睡眠时长为9.25小时。可以看出，随着年龄的增长，睡眠时长呈下降趋势。到2021年，中国6—17岁儿童青少年平均睡眠时长为10.13小时，其中12—14岁睡眠时长增加0.35小时，其余年龄段睡眠时长与2017年相差不大（见表11—6）。

表11—6　2017年和2021年中国6—17岁儿童青少年每天睡眠时间

单位：小时/天

性别与年龄		2017年			2021年			变化		
		全国	城镇	农村	全国	城镇	农村	全国	城镇	农村
性别	男	10.09	10.07	10.11	10.11	10.2	9.93	0.02	0.13	-0.18
	女	10.2	10.17	10.23	10.16	10.08	10.27	-0.04	-0.09	0.04
年龄	6—11岁	10.67	10.81	10.51	10.56	10.7	10.28	-0.11	-0.11	-0.23
	12—14岁	9.85	9.76	9.98	10.2	10.12	10.32	0.35	0.36	0.34
	15—17岁	9.25	9.09	9.5	9.18	9.05	9.41	-0.07	-0.04	-0.09

注：变化为2021年数据减去2017年数据，下同。

二 睡眠不足率的跨期比较

表11—7报告了2017年和2021年中国6—17岁儿童青少年睡眠不足率。2021年，中国6—17岁儿童青少年平均每天睡眠时间不足的比例为27.7%，城镇睡眠不足率低于农村，男、女生睡眠不足率存在一定差距

(26.5%、29.2%);6—11岁儿童睡眠不足率最高,达34.3%。

表 11—7　2017 年和 2021 年中国 6—17 岁儿童青少年睡眠不足率　　单位:%

性别与年龄		2017 年			2021 年			变化		
		全国	城镇	农村	全国	城镇	农村	全国	城镇	农村
性别	男	26.1	24.9	27.8	26.5	24.3	30.8	0.4	-0.6	3
	女	26.6	26.9	26.2	29.2	30.2	27.8	2.6	3.3	1.6
年龄	6—11 岁	31	27.2	35.7	34.3	30.8	41.2	3.3	3.6	5.5
	12—14 岁	22.2	24.5	18.8	21.6	21.6	21.7	-0.6	-2.9	2.9
	15—17 岁	20.2	24.3	13.9	22.5	24.7	18.6	2.3	0.4	4.7

与 2017 年相比,6—11 岁儿童青少年睡眠不足率上升 3.3 个百分点;12—14 岁儿童青少年睡眠不足率下降 0.6 个百分点;15—17 岁儿童青少年睡眠不足率上升 2.3 个百分点。整体上看,儿童青少年睡眠不足率有所上升。这表明中国儿童青少年仍存在一定程度的睡眠不足问题。

第三节　儿童青少年睡眠的影响因素分析

为了更好地探究影响儿童青少年睡眠的因素,本节通过对儿童青少年当日时间利用及睡前活动情况进行统计分析,从而帮助缩小政策干预的靶向,提高政策干预的针对性和有效性。

表 11—8 和表 11—9 报告了儿童青少年睡眠前主要活动内容。统计结果表明,无论是否包含午睡,对比睡眠充足和睡眠不足的两类群体各项活动可以发现,做作业作为睡眠前最后一项活动在睡眠不足群体中出现的概率远远高于睡眠充足群体,特别是在 6—11 岁和 15—17 岁儿童青少年中,这一现象尤为突出。

表11—8　　　　儿童青少年睡前主要活动（包含午睡）　　　　单位：%

年龄	活动	睡眠不足群体占比	睡眠充足群体占比
6—11 岁	做作业	17.2	14.3
	看电视	19.4	14.1
	电子游戏	0.4	2.2
12—14 岁	做作业	19.4	19.2
	看电视	9.5	10.6
	电子游戏	0	1.0
15—17 岁	做作业	39.7	26.0
	看电视	0	4.5
	电子游戏	0	1.7

表11—9　　　　儿童青少年睡前主要活动（不包含午睡）　　　　单位：%

年龄	活动	睡眠不足群体占比	睡眠充足群体占比
6—11 岁	做作业	18.4	11.4
	看电视	15.6	16.3
	电子游戏	2.0	1.0
12—14 岁	做作业	20.6	18.3
	看电视	6.1	13.2
	电子游戏	0	1.3
15—17 岁	做作业	33.1	26.1
	看电视	0	6.0
	电子游戏	0	2.3

接下来，我们进一步分析睡眠不足的儿童青少年和睡眠充足的儿童青少年一天中做作业、看电视和电子游戏的时间利用情况。表11—10 和表11—11 记录了睡眠不足群体和睡眠充足群体主要的时间利用情况。统计结果表明，当包含午睡时，6—11 岁儿童中睡眠不足群体做作业时长比睡眠充足群体长 0.38 小时/天。15—17 岁青少年中睡眠不足群体做作业时长比睡眠充足群体长 0.41 小时/天，而 12—14 岁青少年中睡眠不足群体做作业时长比睡眠充足群体短 0.37 个小时/天。睡前做作业可能是导致6—11 岁以及 15—17 岁儿童青少年睡眠不足的首要原因。

值得注意的是，无论睡眠是否充足，6—17 岁儿童青少年的看电视时

间与年龄呈负相关，随着年龄增长，看电视的时长显著下降。可能的解释是，随着年龄的增长，学生受学业压力的影响，会减少看电视时间。

表11—10　　　　儿童青少年做作业、看电视和电子游戏的平均时长（包含午睡）　　　单位：小时/天

年龄	活动	睡眠不足群体					睡眠充足群体				
		均值	城镇		农村		均值	城镇		农村	
			男生	女生	男生	女生		男生	女生	男生	女生
6—11岁	做作业	1.92	1.76	1.90	1.88	2.76	1.54	1.50	2.08	1.45	0.87
	看电视	1.05	0.61	0.17	2.95	0.89	0.91	0.82	0.65	1.26	1.28
	电子游戏	0.05	0	0.03	0.20	0	0.08	0.10	0.04	0.13	0.03
12—14岁	做作业	1.57	2.06	1.60	0.95	1.56	1.94	2.27	1.80	1.79	1.58
	看电视	0.52	0	0	0.02	2.80	0.52	0.32	0.26	1.30	0.44
	电子游戏	0.16	0	0.46	0.06	0	0.14	0.07	0.08	0.49	0.03
15—17岁	做作业	2.12	3.24	1.63	0.69	1.36	1.71	0.97	1.99	2.06	1.96
	看电视	0	0	0	0	0	0.24	0.27	0.19	0.16	0.42
	电子游戏	0.26	0.63	0	0	0	0.22	0.07	0.42	0.01	0.35

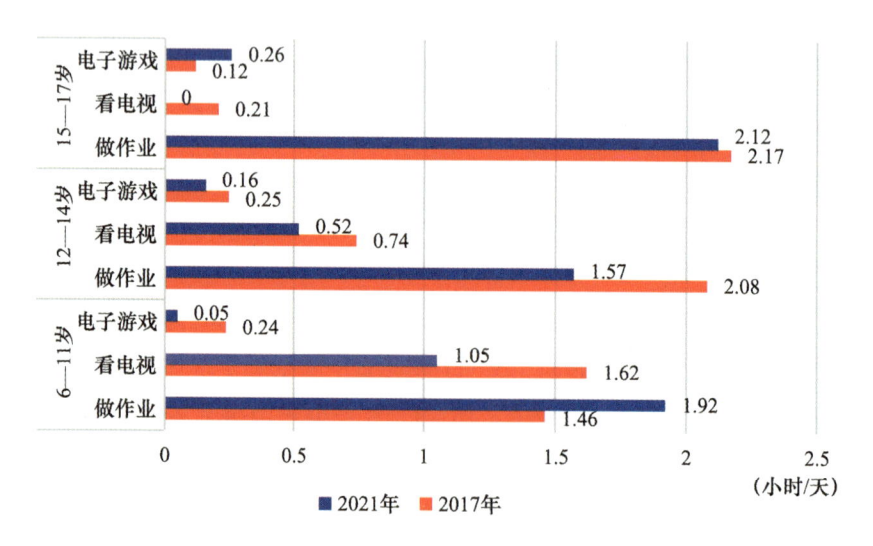

图11—1　2017年和2021年睡眠不足群体做作业、看电视和电子游戏的时间变化（包含午睡）

表 11—11　　儿童青少年做作业、看电视和电子游戏的平均时长（不包含午睡）　　单位：小时/天

年龄	活动	睡眠不足群体					睡眠充足群体				
		均值	城镇		农村		均值	城镇		农村	
			男生	女生	男生	女生		男生	女生	男生	女生
6—11 岁	做作业	1.77	1.61	1.93	1.81	1.93	1.55	1.53	2.11	1.39	0.92
	看电视	0.87	0.34	0.5	2.4	1.11	1.07	1.34	0.44	1.4	1.16
	电子游戏	0.08	0.12	0.02	0.14	0	0.05	0.01	0.06	0.17	0.04
12—14 岁	做作业	1.93	2.72	1.73	1.26	1.46	1.81	1.94	1.74	1.79	1.65
	看电视	0.32	0.01	0	0.25	1.23	0.65	0.44	0.32	1.46	0.61
	电子游戏	0.13	0.01	0.32	0.27	0	0.15	0	0.1	0.46	0.04
15—17 岁	做作业	1.51	2.23	1.16	0.97	1	2.02	1.05	2.49	2.29	2.25
	看电视	0.01	0.04	0	0	0	0.31	0.35	0.26	0.2	0.49
	电子游戏	0.17	0.43	0	0	0	0.27	0.03	0.59	0.01	0.41

通过对比 2017 年和 2021 年儿童青少年睡眠不足群体的做作业、看电视和电子游戏时间可以发现：6—11 岁儿童青少年睡眠不足群体的做作业时间显著增加，平均每天做作业时间增加 0.52 小时，电子游戏以及看电视时间显著减少；12—14 岁儿童青少年睡眠不足群体的做作业、看电视以及电子游戏时间均有所减少；15—17 岁儿童青少年睡眠不足群体的做作业时间基本没有变化，看电视时间有所减少，电子游戏时间有所增加。

当不包含午睡的情况下，通过对比 2017 年和 2021 年儿童青少年睡眠不足群体的做作业、看电视和电子游戏时间可以发现：6—11 岁儿童青少年睡眠不足群体的做作业时间依旧显著增加，平均每天做作业时间增加 0.34 小时，电子游戏以及看电视时间均显著减少；12—14 岁儿童青少年睡眠不足群体的做作业有所增加，平均每天做作业时间增加 0.15 小时，看电视以及电子游戏时间均有所减少；15—17 岁儿童青少年睡眠不足群体的做作业时间平均每天减少 0.58 小时，看电视以及电子游戏时间均有所减少。

自 2018 年以来，为了减轻学生的课业负担，教育部联合多部门发布

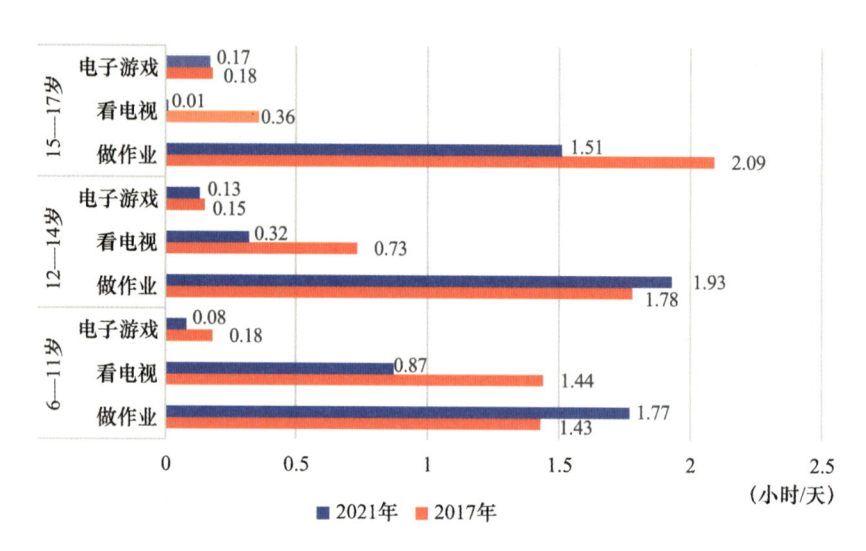

图 11—2　2017 年和 2021 年睡眠不足群体做作业、看电视和电子游戏的时间变化（不包含午睡）

减负类相关文件。2021 年 7 月，中共中央办公厅、国务院办公厅发布最高等级减负政策——《关于进一步减轻义务教育阶段学生作业负担和校外培训负担的意见》（以下简称"双减"），政策着力点之一是减少义务教育阶段学生的作业负担。通过以上分析可以发现：与 2017 年相比，2021 年 6—11 岁儿童青少年睡眠不足率上升的主要原因仍是做作业时间的增加，12—14 岁儿童青少年在不包含午睡的情况下，睡眠不足群体的做作业时间也有所增加。这表明减负政策在减轻学生作业负担方面并没有发挥出显著效力，如上文所述，这可能由于受到"唯分数论"思想的影响以及调研时间与政策实施时间间隔过短，导致减负政策效果没有在此次数据中体现出来。

第四节　小结

本章利用 2021 年中国时间利用调查数据分析了中国儿童青少年的睡眠问题。分析表明，从总量平均水平看，如果将午睡时间统计在内，6—11 岁儿童青少年平均睡眠时长为 10.56 小时/天，12—14 岁儿童青少年平均睡眠时长为 10.20 小时/天，15—17 岁儿童青少年平均睡眠时长为 9.18

小时/天。对应的儿童青少年睡眠的不足率仍然居高不下，三个年龄段的睡眠不足率分别为 34.3%、21.6% 和 22.5%。

如果不包含午睡时间，中国 6—11 岁儿童青少年平均睡眠时长为 9.79 小时/天，12—14 岁儿童青少年平均睡眠时长为 9.33 小时/天，15—17 岁儿童青少年平均睡眠时长为 8.26 小时/天。三个年龄段的睡眠不足率分别为 55.0%、40.7% 和 42.2%。

从跨期的比较分析来看，2021 年与 2017 年相比，儿童青少年睡眠时间没有明显变化，但睡眠不足率有所上升。特别需要指出的是，导致义务教育阶段儿童青少年睡眠不足的主要因素可能在于做作业的时间太长。

第十二章

"快乐"的大学生

党的二十大报告指出,"教育、科技、人才是全面建设社会主义现代化国家的基础性、战略性支撑"。① 2023年,习近平总书记在中共中央政治局第五次集体学习时指出,"建设教育强国,龙头是高等教育"。② 高等教育肩负着培养数以千万计的高级专门人才和一大批拔尖创新人才的使命,高等教育发展关系着一个国家的人力资源水平和素质,影响着一个国家经济和社会发展水平。③ 目前,"严进宽出"是当下很多大学的培养模式,在这种理念的指引下,部分大学生对高等教育的严谨性产生错误认知,认为大学非常轻松,不需要花费太多时间和精力即可顺利毕业,因而引发了其"混大学"的做法。④

为了改变这一不良状态,自2018年以来,教育部出台一系列大学"增负"政策。比如2018年6月教育部在本科教育工作会议中指出的"以本为本""四个回归",⑤ 提出对大学生要合理"增负",提升大学生的学业挑战度,激发学生的学习动力和专业志趣,改变轻轻松松就能毕

---

① 习近平:《高举中国特色社会主义伟大旗帜 为全面建设社会主义现代化国家而团结奋斗——在中国共产党第二十次全国代表大会上的报告》,人民出版社2022年版,第33页。
② 《习近平主持中央政治局第五次集体学习并发表重要讲话》,中国政府网,https://www.gov.cn/yaowen/liebiao/202305/content_6883632.htm。
③ 李立国:《发挥高等教育龙头作用,加快建设教育强国》,《光明日报》2023年6月20日第15版。
④ 刘亚斌、王玲:《大学本科教学合理"增负"的意义、影响及策略》,《黑龙江高教研究》2020年第4期。
⑤ "四个回归"是指回归常识、回归本分、回归初心、回归梦想。详见本章第一节"让大学生忙起来"。

业的情况，真正把内涵建设、质量提升体现在每一个学生的学习成果上。2018 年 8 月教育部发布《关于狠抓新时代全国高等学校本科教育工作会议精神落实的通知》指出，要"合理提升学业挑战度、增加课程难度、拓展课程深度，切实提高课程教学质量，切实提高毕业论文（设计）质量"。2018 年 10 月教育部发布《关于加快建设高水平本科教育全面提高人才培养能力的意见》，再次强调要"以本为本"，经过 5 年努力，落实"四个回归"。2019 年 10 月教育部发布《关于一流本科课程建设的实施意见》《关于深化本科教育教学改革全面提高人才培养质量的意见》，进一步明确提出要"让本科生忙起来"，从多个维度"理直气壮"地为本科生"增负"。

本章利用 2021 年和 2017 年中国时间利用调查数据，运用比较分析视角，探究大学生在学习、睡眠、娱乐、阅读等活动中的时间利用变化情况，以探讨大学"增负"政策所带来的影响。本章的基本结构安排如下：第一节阐述大学"增负"相关政策；第二节报告大学生时间利用的阶段特征；第三节报告大学生的学习时间分布及特点；第四节阐述大学生的课外时间利用特征（睡眠、闲暇、阅读时间及特点）；第五节总结全章。

第一节 "让大学生忙起来"

改革开放以来，中国经济建设取得了举世瞩目的成就，高等教育也得到了快速发展。高等教育作为人才的重要供给端，经济社会作为人才的需求端，两者呈现良性互动。近些年，有相当比例的大学生难以寻找到合适的就业岗位，究其原因，部分源于高校人才培养质量下降，难以满足经济社会对高质量人才的需求。① "快乐的大学"是家长和学生的普遍认知，在这种观念的影响下，部分大学生不愿意花精力学习，虚度时光。为了改变这一现象，国家制定一系列政策为大学生"增负"。

2016 年 10 月 15 日，教育部在武汉高校座谈会上首次提出四个"回归"概念，对高等教育高质量发展提出要求。教育部部长陈宝生强调，

---

① 刘亚斌、王玲：《大学本科教学合理"增负"的意义、影响及策略》，《黑龙江高教研究》2020 年第 4 期。

高校要进一步转变理念，做到四个"回归"：一是回归常识。教育的常识就是读书，提倡师生研读经典书籍，理性思考。二是回归本分。教育的基本功能就是教书育人。教是手段、育是目的；教是过程，育是结果。三是回归初心。教育工作者的初心就是培养人才，要培养德智体美全面发展的社会主义合格建设者和可靠接班人。四是回归梦想。教育梦就是报国梦、强国梦，要提升中国高等教育综合实力和国际竞争力。这次会议为高校发展指出方向，但没有明确提出大学"增负"这一议题。

2018 年 6 月 21 日，在成都召开的新时代全国高等学校本科教育工作会议中，陈宝生明确指出"高教大计、本科为本，本科不牢、地动山摇"，并提出对大学生要合理"增负"，提升大学生的学业挑战度，合理增加课程难度、拓展课程深度。本次会议强调要坚持以本为本，推进四个回归。人才培养是大学的本质职能，本科教育是大学的根和本，在高等教育中具有战略地位。四个回归是高等教育根本使命，强基固本，是与世界高等教育发展的同频共振，是中国高等教育改革发展的"奋进之笔"。要加快建设高水平本科教育，建设中国特色、世界水平的一流本科教育。

随后，教育部于 2018 年 8 月 27 日发布《关于狠抓新时代全国高等学校本科教育工作会议精神落实的通知》，10 月 17 日发布《关于加快建设高水平本科教育全面提高人才培养能力的意见》，两个文件再次强调本科教育的重要性，为大学"增负"指明方向。《关于狠抓新时代全国高等学校本科教育工作会议精神落实的通知》提出，高校要加强课堂教学管理、加强学习过程管理、切实提高毕业论文（设计）质量、强化教师教学主体责任。《关于加快建设高水平本科教育全面提高人才培养能力的意见》则更为细致地为高等教育本科培养模式提出具体意见和要求。文件指出，高校要加强考试管理，严格过程考核，加强对毕业设计（论文）选题、开题、答辩等环节的全过程管理，对形式、内容、难度进行严格监控，提高毕业设计（论文）质量。综合应用多种考试形式，全面考核学生对知识的掌握和运用，以考促学，激励学生主动学习、刻苦学习；要修订完善与在校大学生学习、生活等相关的各项管理制度。教育部连发的两个文件旨在改变大学生"严进宽出"状态，为大学"增负"提供了有效路径，凸显出国家建设高水平本科教育的决心。

2018年11月1日，教育部部长陈宝生在2018—2022年教育部高等学校教学指导委员会成立会议上继续强调，要把本科教育放在人才培养的核心地位、教育教学的基础地位、新时代教育发展的前沿地位，要深入学习贯彻全国教育大会精神，全面振兴本科教育。

2019年10月8日和30日，教育部连发《关于深化本科教育教学改革全面提高人才培养质量的意见》《关于一流本科课程建设的实施意见》两个文件，明确提出要"让大学生忙起来"，让学生体验"跳一跳才能够得着"的学习挑战，从多个维度"理直气壮"地为本科"增负"。其中，《关于深化本科教育教学改革全面提高人才培养质量的意见》从严格教育教学管理、深化教育教学制度改革、引导教师潜心育人、加强组织保障四个方面对本科生培养提出若干要求。《关于一流本科课程建设的实施意见》从具体课程建设角度指出，要严格课程管理，立起教授上课、消灭"水课"、取消"清考"等硬规矩，夯实基层教学组织，提高教师教学能力，完善以质量为导向的课程建设激励机制。

2020年12月24日，为贯彻落实《深化新时代教育评价改革总体方案》《关于深化新时代教育督导体制机制改革的意见》，加强和改进教育督导评估监测，保证本科人才培养基本质量，特制定《本科毕业论文（设计）抽检办法（试行）》。该办法严化了本科毕业论文评议程序，保障本科毕业论文质量，为本科生毕业设置最后一道强关卡。

2021年，教育部等6部门发布《关于推进教育新型基础设施建设构建高质量教育支撑体系的指导意见》《关于加强新时代高校教师队伍建设改革的指导意见》，2022年教育部印发实施《关于构建教育高质量发展体系的指导意见》，2023年教育部等5部门印发《普通高等教育学科专业设置调整优化改革方案》、教育部高等教育司发布《关于新时代振兴中西部高等教育的意见》。这些文件虽未明确提及"大学增负"词语，但均从教育供给端对高等教育改革提出了具体要求，以提升学生培养质量，促使大学生充分利用大学时间。

党的二十大报告指出，要"实施科教兴国战略""加快建设高质量教育体系"。为适应经济发展新常态，服务创新驱动大局，高校应以学科为依托、以应用型专业教育为基础、以社会人才需求为导向、以高层次应用型人才培养为目标的办学实践，夯实应用型本科教育。国家密集性的会议和政策展示了国家深化高等教育改革的力度，本章将从时间利用角度考察大学生学习和生活状态，通过对比 2021 年和 2017 年大学生时间利用，探讨大学"增负"政策的成效。

第二节 学生时间利用的阶段性特征

本章从 2021 年中国时间利用调查数据中挑选出小学生、初中生、高中生和大学生样本，通过比较分析揭示大学生时间利用的特点。全部样本为 1102 人，包括小学生 642 人，初中生 277 人，高中生 107 人，大学生 76 人。其中大学生又分为大学专科生（22 人）和大学本科生（54 人）。

学生一天的活动分为学习、自我照料、休闲社交和其他活动四类。具体分类如表 12—1 所示。

表 12—1　　　　　　　　　对学生活动的分类

活动名称	所包含的活动	活动描述
学习	上课	学生在学校从事学校组织的学习活动
	课外学习	写作业、预习、研究和其他学习活动
自我照料	夜间睡眠	为满足生理需要而进行的长时间睡眠
	其他睡眠	除以上活动外的睡眠活动
	个人卫生	个人日常对于自身的卫生活动
	吃饭	摄入各种食物和饮料的活动
休闲社交	打游戏	手机游戏和电脑游戏
	体育锻炼	根据身体需要运用各种体育手段，以增进健康、调节精神为目的的体育活动
	社会交往	与亲友或他人进行的各种形式的社会交往活动
	业余爱好	唱歌、收藏、文学和艺术等活动
	看电视	看电视
	阅读	电子阅读和纸质阅读
其他活动	有酬劳动	工作和家庭生产经营活动
	无酬劳动	做家务、照顾家人和对外提供帮助

第十二章 "快乐"的大学生

为了考察不同教育阶段学生时间分配的特征，本节比较分析了各阶段（小学、初中、高中、大学）学生的时间利用情况，如图12—1所示。

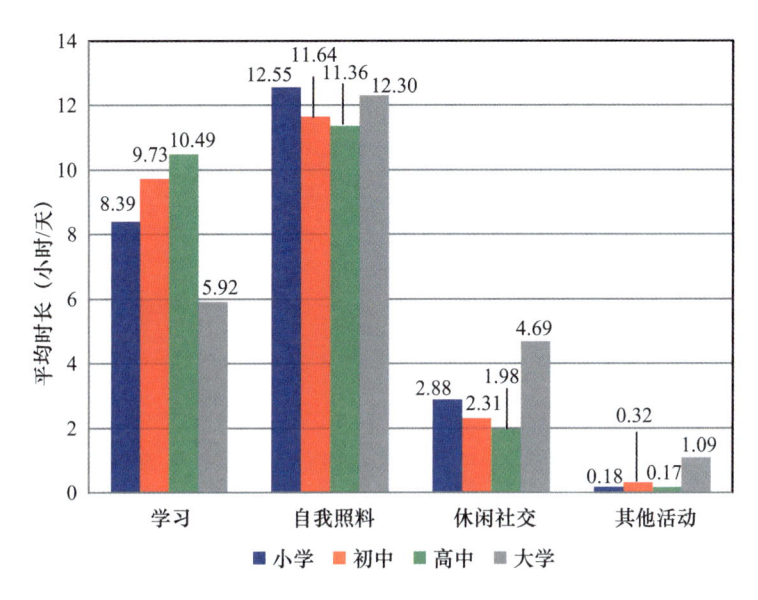

图12—1 不同阶段学生的时间分配

如图12—1所示，小学到高中学生学习的平均时长均高于大学生的学习时长，高中学生的平均学习时长为10.49小时/天，大学生的平均学习时长为5.92小时/天，表明上大学后学习压力陡然下降。从小学到高中，自我照料、休闲社交的平均时长一路下行，上大学后则明显增加。其他活动的平均时长显示出波动性变化，初中时期较小学时期小幅度上升，高中时期出现下降，上大学后又明显上升。对比各个阶段学生的时间分配情况可见，大学生的学习时间最短，休闲社交和其他活动时间最长，生活最为安逸。

图12—2展示了不同学习阶段各年级学生的学习、夜间睡眠平均时长。明显可见，从小学一年级到高三，学习时间逐渐递增，夜间睡眠时间逐渐递减；二者在小学六年级、初一之间相交，此前夜间睡眠时间高于学习时间，此后学习时间高于夜间睡眠时间；学习时间的递增反映了学习压力的增加；学生夜间睡眠时间的下降，一方面反映了随着年龄增

加，人们生理上需要的睡眠时间下降；另一方面也反映了学习时间对睡眠时间的挤占。这种趋势在上大学后被打破：大学生学习时间断崖式下降，夜间睡眠时间逆生理需要而上升。

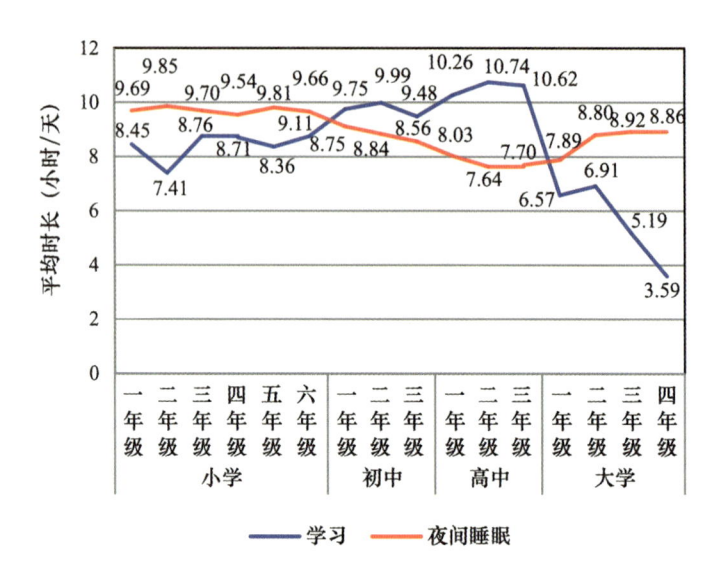

图12—2 各年级学生学习和夜间睡眠的平均时长

图12—3展示了不同学习阶段各年级学生的阅读、打游戏、体育锻炼平均时长。可以看出，学生的阅读时间从小学到高中均处在较低水平，上大学后明显上升；打游戏时间从小学到高中呈缓慢上升状态，大学之后急剧增加，但是在大三、大四年级呈急剧下降趋势；体育锻炼时间在高中三年级之前整体呈上升趋势，由于高三学习压力的增加而急剧下降，上大学后随着学习压力的减少，体育锻炼时间明显上升。

与2017年的大学生在阅读、打游戏及体育锻炼上花费的时间相比，2021年大学生的阅读、体育锻炼时间在大四期间大幅下降，其原因有可能是当今毕业生就业、考研压力大，在找工作、考研上花费的时间对这些休闲娱乐时间产生了挤出效应。

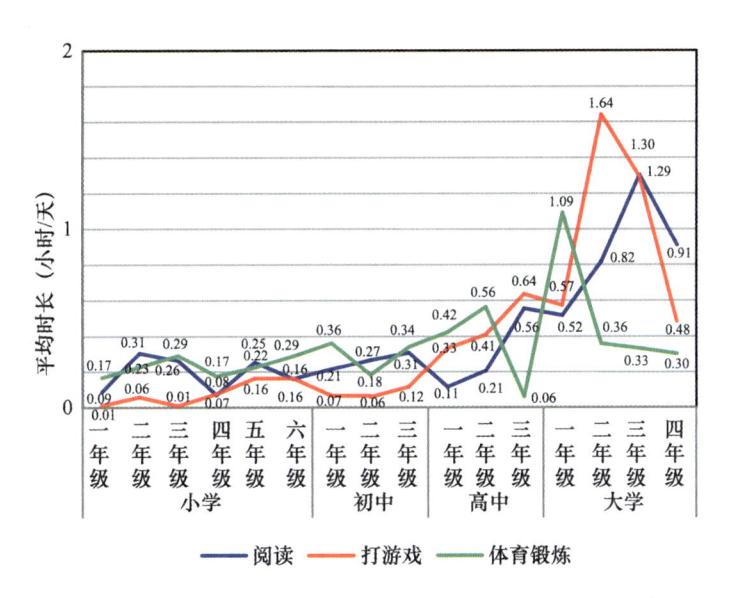

图 12—3　各年级学生阅读、打游戏和体育锻炼的平均时长

第三节　大学生的学习时间

本节比较了大学生和高中生在学习方面的时间利用情况，以及大学专科生和大学本科生之间的差异，如图 12—4 所示。

由图 12—4 可知，大学生的上课和课外学习时间均低于高中生。相比高中生，大学本科生的上课时间少 3.82 小时/天，大学专科生的上课时间少 5.92 小时/天；大学本科生和专科生的课外学习时间均比高中生少 0.15 小时/天。

由图 12—5 可知，2021 年高中生和大学本科生的学习时间较 2017 年小幅增加，大学专科生有所减少。进一步地，我们将学习细分为上课和课外活动两项，结果如图 12—6 和图 12—7 所示。由图可知，2021 年高中生和大学本科生的上课时间较 2017 年有所增加，课外学习时间却有所减少。2021 年大学专科生的上课时间较 2017 年减少，课外学习时间有所增加。

相比减负政策前的 2017 年，2021 年大学本科生学习时间增加 0.2 小

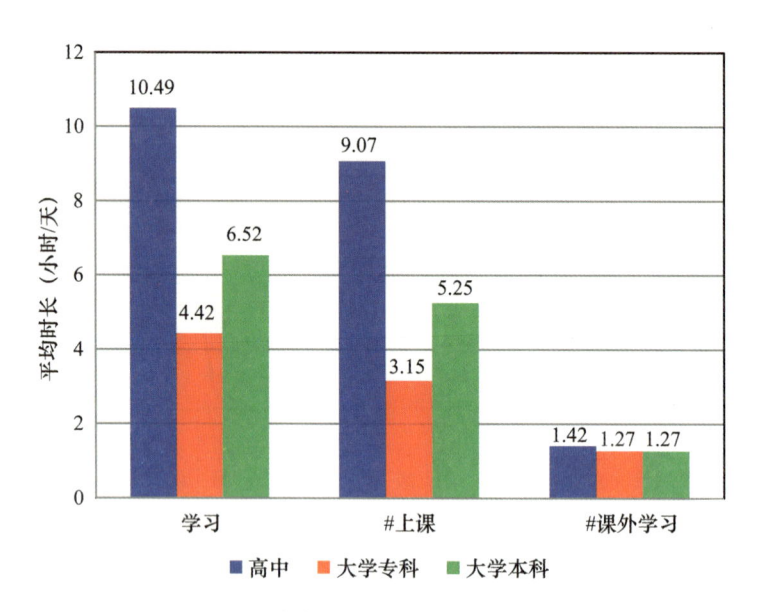

图 12—4　高中生和大学生的学习时间分配

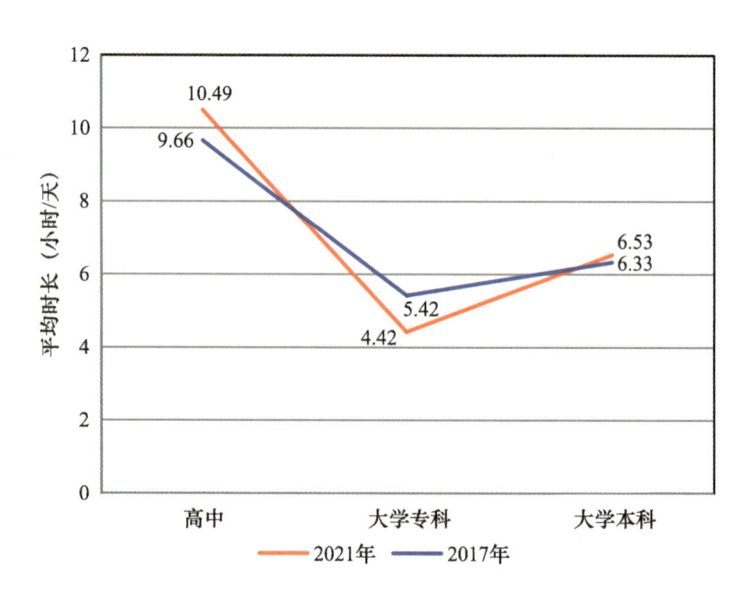

图 12—5　2021 年和 2017 年学习时间的比较

时/天,其中上课时间增加 0.43 小时/天,课外学习时间减少 0.23 小时/天。这说明大学"增负"政策起到了一定作用,教育部于 2018 年发布的

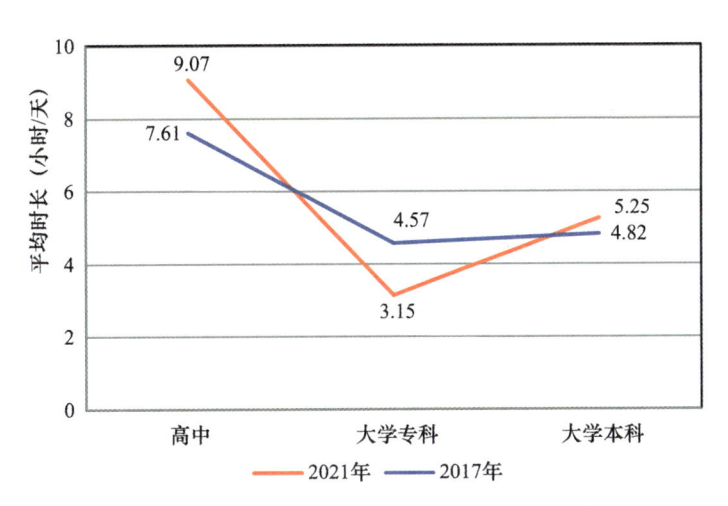

图 12—6　2021 年和 2017 年上课时间的比较

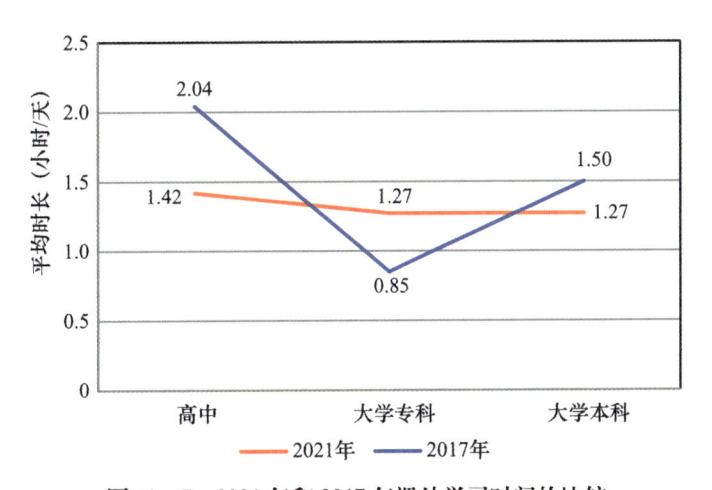

图 12—7　2021 年和 2017 年课外学习时间的比较

《关于加快建设高水平本科教育全面提高人才培养能力的意见》以及 2019 年发布的《关于一流本科课程建设的实施意见》均指出，高校要从严治校，依法依规加强教学管理，规范本科教学秩序。另外，《关于加快建设高水平本科教育全面提高人才培养能力的意见》指出，高校要推进辅修专业制度改革，探索将辅修专业制度纳入国家学籍学历管理体系，允许学生自主选择辅修专业。大学本科生上课时间有所增加的原因，可能是在严格的教学管理下"逃课"率有所降低，也可能是选课自由度提高，使学生选课课程数增加。接下来本章将关注大学生的其他活动,以考察大学生课外时间安排,探寻"减少"的课外学习时间除可能用于上课外,还被分配到了何处。

第四节　大学生的课外时间

本节将从自我照料和休闲社交两方面来分析大学生的课外时间分配情况。

如图 12—8 所示,大学生的自我照料时间高于高中生,从细分项来看,无论是夜间睡眠、午睡还是吃饭时间,大学生用时均高于高中生。相比高中生,大专生的夜间睡眠时间多 0.71 小时/天,本科生的夜间睡眠时间多 0.62 小时/天;午睡时间三类人群差异不大,大专生的午睡时间比高中生少了 0.05 小时/天,本科生的午睡时间比高中生多 0.15 小时/天;大学生和高中生的吃饭用时差别不大;大学生花费的个人卫生时间高于高中生。

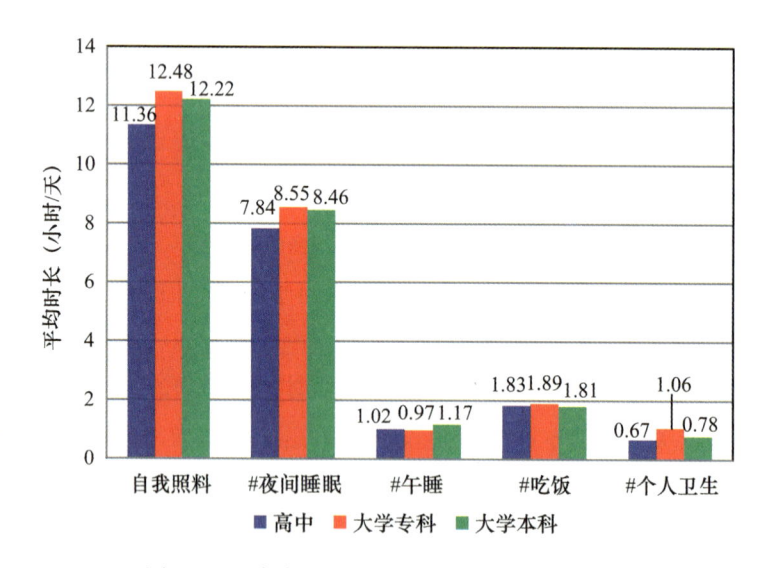

图 12—8　高中生和大学生的自我照料时间分配

由图 12—9 至图 12—13 可知，2021 年高中生、大学生的自我照料时

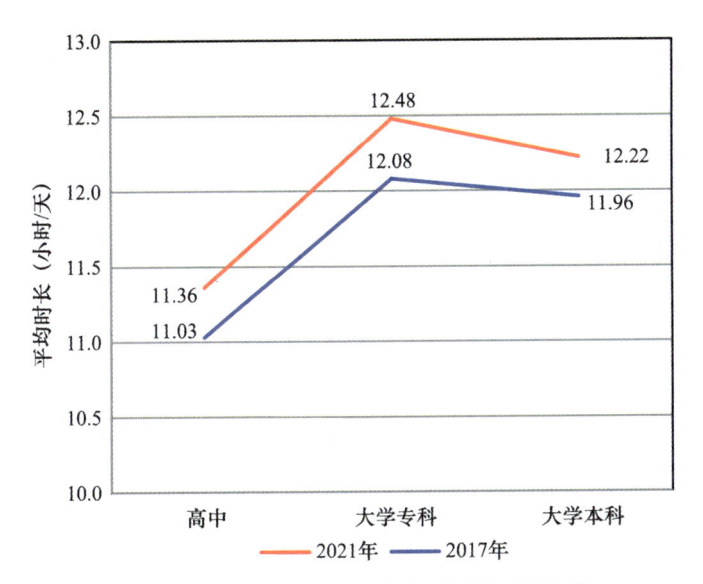

图 12—9　2021 年和 2017 年自我照料时间比较

图 12—10　2021 年和 2017 年夜间睡眠时间比较

间均长于 2017 年，而三类学生的个人卫生时间在 2021 年和 2017 年的变化趋势基本相同，均为大学专科生花费的时间最多，大学本科生次之，高中生最少。2021 年高中生、大学生的夜间睡眠时间均低于 2017 年。

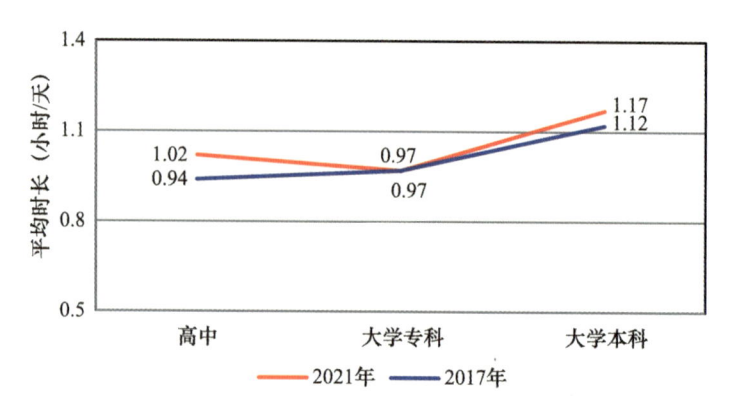

图 12—11　2021 年和 2017 年午睡时间比较

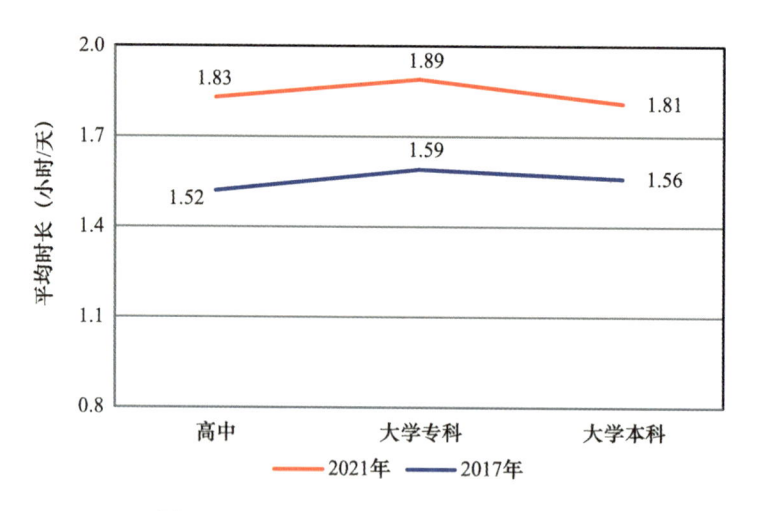

图 12—12　2021 年和 2017 年吃饭时间比较

2021年高中生、大学本科生在午睡上花费的时间均高于2017年，而2021年和2017年大学专科生的午睡时间相同。从吃饭时间来看，2021年学生花费的时间均高于2017年。2021年学生花费在个人卫生上的时间普遍比2017年高，高中生和大学本科生的增加幅度较小，大学专科生的增加幅度较大。

通过以上图表可以发现，相比2017年，2021年本科生自我照料时间增加了0.26小时/天。大学生自我照料时间增加主要来源于其吃饭时间变化（增加0.25小时/天）。大学本科生夜间睡眠时间的减少与午睡时间增

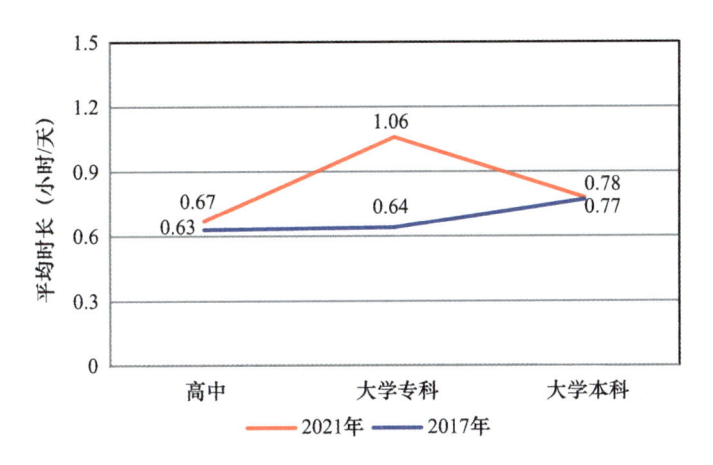

图12—13 2021年和2017年个人卫生时间比较

加相互抵消，导致其总睡眠时间较2017年并无变化。2021年大学生睡眠时间为9.58小时。有研究发现，综合考虑整体健康状况，大学生每日最佳睡眠时长约为8小时；同时应控制睡眠时长不大于8.5小时，以防增加亚健康体质发生的可能。[①]

大学生由减少学习释放出的时间，还有一部分可能被用于休闲社交。互联网技术的发展及应用使人们有更多的休闲娱乐选择，大学生的休闲社交生活越来越丰富。上大学后学生更注重于培养业余爱好，更多地花时间参加文化艺术活动。

由图12—14可见，在休闲社交活动中，大学生打游戏时间远高于高中生。大学专科生的打游戏时间多0.90小时/天，是高中生的3倍；大学本科生多0.39小时/天，接近高中生的2倍。相比高中生，大专生的体育锻炼时间多0.51小时/天，本科生多0.18小时/天。此外，大学生用于社交和看电视的时间也高于高中生，且大学专科生花费在这两项活动上的时间更多。总体上，相较于高中生，2021年大学专科生更多将休闲时间分配在打游戏和看电视，大学本科生更多地进行打游戏和体育锻炼活动。

表12—2是2017—2021年大学本科生休闲社交的变化情况，与2017年

---

① 马方晖、朱燕波：《基于限制性立方样条模型从中医体质角度探讨大学生最佳睡眠时长的研究》，《中国全科医学》2023年第6期。

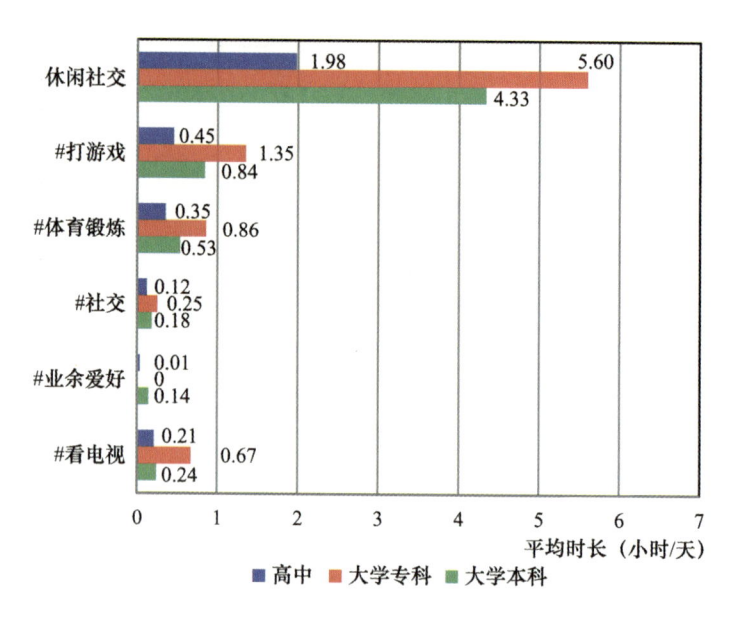

图 12—14 高中生和大学生的休闲社交时间分配

相比，2021年大学本科生的休闲社交时间减少了0.32小时。从细分项来看，除了打游戏时间有所增加，大学本科生的其他休闲时间，如体育锻炼、社交、业余爱好时间均有所减少。产生这种现象的原因可能是新冠疫情期间学生外出活动减少，导致其在寝室打游戏消磨时间；看电视方面，高中生和大学本科生用时均小幅度减少，大学专科生用时反而有所增加。

表 12—2　　　　2021 年和 2017 年大学生时间利用情况　　　　单位：小时/天

活动	2021 年	2017 年	2021 年 - 2017 年
休闲社交	4.33	4.65	-0.32
#打游戏	0.84	0.69	0.15
#体育锻炼	0.53	0.61	-0.08
#社交	0.18	0.43	-0.25
#业余爱好	0.14	0.18	-0.04
#看电视	0.24	0.50	-0.26
#阅读	0.80	0.85	-0.05

对于大多数地方高校本科生而言，本科阶段是其进入社会、参加工作的准备阶段，就业压力、社会舆论压力投射到本科生的认知中，刺激其加大学业投入力度；但是，大学也是地方高校本科生首次真正意义上远离父母并实现自我管理，受父母约束较强的高中生在进入大学之后有可能会失去学习的动力，放松对学业的要求，因此要激发学生的主动学习意识，将"要我学"变为"我要学"。[①]

学生的课外时间当中，阅读时间占据一小部分。随着微信读书及各种阅读 App 的出现，人们在碎片化的时间中能够更加便捷地阅读。从高中到大学，学生的阅读时间显著增加，主要体现在电子阅读时长的增加。大学生的纸质阅读时间相较于高中生小幅增加，而电子阅读时间远远高于高中生，其原因有可能是高中时期的手机管控措施较为严格。

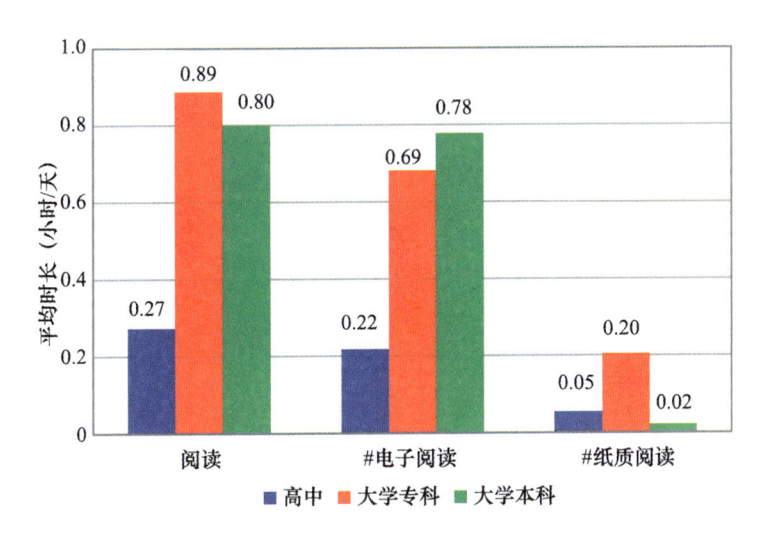

图 12—15　高中生和大学生的阅读时间分配

由图 12—15 可见，相比高中生，大学生的阅读时间有所增加，其中专科生比高中生多 0.62 小时/天，本科生比高中生多 0.53 小时/天。阅读时间的增加主要体现在电子阅读上。相比高中生，专科生的电子阅读时

[①] 游春晖、王菁：《基于 UTAUT 模型的地方高校本科生学业合理增负影响因素研究》，《高教论坛》2023 年第 2 期。

间多 0.47 小时/天，纸质阅读多 0.15 小时/天；本科生的电子阅读时间多 0.56 小时/天，纸质阅读少 0.03 小时/天。

由图 12—16 可见，相比 2017 年，2021 年高中生、大学本科生的阅读时间有所减少，其中高中生减少 0.12 小时/天，大学本科生减少 0.05 小时/天；2021 年大学专科生的阅读时间增加了 0.01 小时/天，变化不大。

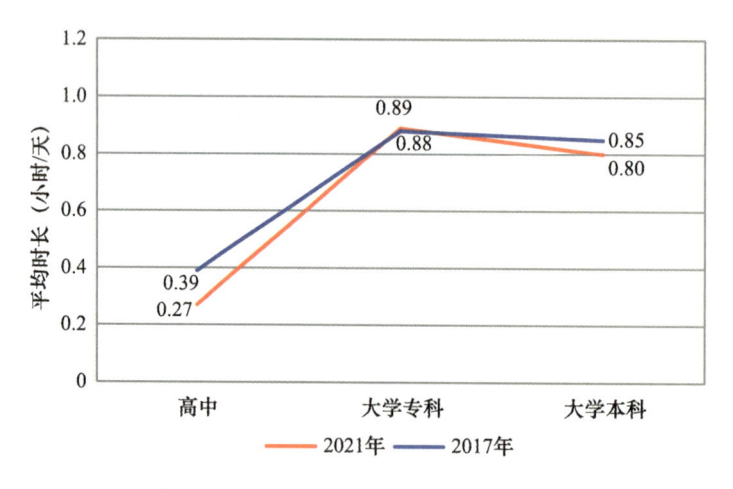

图 12—16　2017 年和 2021 年阅读时间分配

第五节　小结

本章首先通过与高中生作横向比较的方式，探究了 2021 年中国大学生的时间分配情况。其次，本章也通过 2017 年中国大学生的时间利用情况进行纵向比较，探究四年来大学生时间利用情况的变化。

相比高中生，大学生的学习、生活要轻松很多：大学生学习时间比高中生少，自我照料和休闲社交时间多。这一现象在大学专科生身上体现得更为明显。大学本科生上课时间比高中生少 3.97 小时，自我照料和休闲社交时间比高中生分别多 0.86 小时和 2.35 小时。在休闲社交方面，大学专科生主要将时间用于打游戏和看电视当中，大学本科生主要将时间用于打游戏和体育锻炼。

与 2017 年相比，2021 年大学本科生的学习时间有所增加，这体现在其上课时间的增加上，大学生本科生课外学习时间小幅降低。大学本科生自我照料时间增加，这主要源于其吃饭时间变长，大学本科生睡眠时间在 4 年间基本无变化；4 年间大学本科生用于休闲社交的时间有所减少，但其打游戏的时间不减反增。

根据本章结果，本章提出以下建议：第一，继续优化现有教育体制，作为教育供给端，高校可为大学生提供更多高质量课程，增加其就业技能与经济社会的匹配度，激发学生的学习动力和专业志趣。这一建议也体现在 2024 年《政府工作报告》中，指出要"实施高等教育改革试点，优化学科专业和资源结构布局，加快建设中国特色、世界一流的大学和优势学科"。第二，大学生"增负"要通过提高学业要求促使大学生增加作业、阅读、研究等课外学习时间，增强自主学习能力，促进"要我学"变为"我要学"。知识经济时代要求大学生具备不断学习的能力，才不会被时代所淘汰。第三，大学生的可自由支配时间较多，培养学生的时间管理能力尤为重要。生命是由时间组成的，让大学生学会合理规划时间，提高时间使用效率，不但可以充实、丰富其大学期间的学习和生活，而且会令大学生终身受益。

第四篇
工作之余：对生活品质的追求

第十三章

时间利用、喜好度与体验效用

人们对从事的各类活动的喜欢程度各有不同。可以想象，人们从事喜欢的活动的时间越长，从事不喜欢的活动的时间越短，人们的幸福感就越高；相应地，人们体验到的效用也就越高。本章先阐释党和政府关于人民群众幸福感的论述，然后在分析人们对各类活动喜好度的基础上，研究中国居民的体验效用[①]及其性别、城乡差异，并描述2017—2021年中国居民体验效用的变化。

第一节 党和政府关于人民群众幸福感的阐述

党的二十大报告指出，从党的十八大到党的二十大的十年，"我们深入贯彻以人民为中心的发展思想，在幼有所育、学有所教、劳有所得、病有所医、老有所养、住有所居、弱有所扶上持续用力，人民生活全方位改善"。"人民群众获得感、幸福感、安全感更加充实、更有保障、更可持续，共同富裕取得新成效。"[②]

《中华人民共和国国民经济和社会发展第十四个五年规划和2035年远景目标纲要》要求，"坚持尽力而为、量力而行，健全基本公共服务体系，加强普惠性、基础性、兜底性民生建设，完善共建共治共享的社会治理制度，制

[①] 与新古典经济学所关注的决策效用不同，古典经济学所关注的体验效用衡量的是人们的快乐程度。参见贺京同、那艺、郝身永《决策效用、体验效用与幸福》，《经济研究》2014年第7期。

[②] 习近平：《高举中国特色社会主义伟大旗帜　为全面建设社会主义现代化国家而团结奋斗——在中国共产党第二十次全国代表大会上的报告》，人民出版社2022年版，第10、11页。

定促进共同富裕行动纲要,自觉主动缩小地区、城乡和收入差距,让发展成果更多更公平惠及全体人民,不断增强人民群众获得感、幸福感、安全感"。[①] 具体而言,要求在健全国家公共服务制度体系、实施就业优先战略、优化收入分配结构、健全多层次社会保障体系、保障妇女未成年人和残疾人基本权益、构建基层社会治理新格局等几个方面,取得显著进步。

此外,中共中央、国务院在一系列意见、规划、纲要、方案中,进一步细化了提升人民群众幸福感的举措。具体举措包括,要求推进乡村治理体系和治理能力现代化、完善促进消费体制机制、充分发挥旅游业为民富民利民乐民的积极作用,并要求加快建设覆盖全民统筹城乡公平统一可持续的多层次医疗保障体系、稳步提升公共服务保障水平、完善城乡社区服务体系建设,还要求充分发挥妇女在社会生活和家庭生活中的独特作用、多种形式开展婴幼儿照护服务、加强老龄工作,以全面提升人民群众的获得感、幸福感、安全感。

本章从以下两个方面归纳这些政策实施提升人们幸福感的渠道。一方面,这些政策的实施提升了很多商品和服务的品质以及人们的消费体验,从而提高了人们对学习培训、儿童照料、体育健身、业余爱好、阅读、购物、餐饮、旅游等活动的喜欢程度,降低了人们对工作、赡养老人、医疗、办理业务、交通等活动的不喜欢程度。另一方面,这些政策的实施提高了人们尤其是中低收入人群的收入水平,降低了很多商品和服务的价格并提升了消费的便利性,完善了社会保障体系,使人们有钱花、花得起、敢花钱,从而使人们倾向于增加花费在喜欢的活动上的时间,并相应地减少花费在不喜欢的活动上的时间。本章即从时间利用角度,衡量人们的幸福感,并分析其人群差异和随时间的变化。

第二节 中国居民的喜好度

本节先定义居民对某类活动的喜好度,然后基于 2017 年、2021 年中国时间利用调查数据,计算中国居民对各类活动的喜好度,最后比较中

[①] 《中华人民共和国国民经济和社会发展第十四个五年规划和2035年远景目标纲要》,人民出版社2021年版,第141页。

国和美国居民喜好度的差异。

一 定义喜好度

人们对从事的各类活动的喜好程度各有不同。一方面，同一个人对不同的活动有着不同的喜好度；另一方面，不同的人对同一类活动也可能有着不同的喜好度。对同一类活动，有越多的人喜欢，有越少的人不喜欢，则平均而言，人们对该类活动的喜好度越高。

基于这一考虑，可以定义居民对某类活动的喜好度如下：

ln（最喜欢该类活动者人数/最不喜欢该类活动者人数）/ln（2）

为降低单个年份结果的不稳定性，本章基于2017年、2021年中国时间利用调查数据，① 分别计算了中国居民对各类活动的最喜欢者占比 x、最不喜欢者占比 y，然后按以下公式得到2017—2021年中国居民对某类活动的喜好度：

ln（$x_{2017}+x_{2021}$）/（$y_{2017}+y_{2021}$）/ln（2）

这样得到的喜好度介于2017年、2021年的喜好度之间。

按此定义，对某类活动最喜欢者占比与最不喜欢者占比的比率越大，对该类活动的喜好度越高。这一比率为1时，喜好度为0；这一比率大于1时，喜好度为正；这一比率小于1时，喜好度为负。这一比率每增加1倍，喜好度增加1。本章把喜好度为0的活动定义为中性活动，把喜好度为正的活动定义为正向活动，把喜好度为负的活动定义为负向活动。

二 中国居民对各类活动的喜好度

由于未成年人的偏好尚未完全成熟稳定，本章排除了15岁及以下的未成年人样本。由于学生从事的活动与非学生有重大差异，② 且两类人对学习培训的喜好度截然不同，③ 本章排除了学生样本。综上所述，本章的

---

① 2017年、2021年的有效样本量分别为25629、8772。

② 2021年平均每天用于学习培训的时间，学生为7.93小时，而16岁及以上的非学生仅为0.06小时。

③ 2017—2021年对学习培训的喜好度，学生为-1.6，而16岁及以上的非学生为1.0。这意味着，学习培训对前者是负向活动，对后者是正向活动。这应该与后者的学习培训中有很大一部分是满足其兴趣爱好有关。

分析对象是 16 岁及以上的非学生样本。

在计算喜好度时，对活动进行了适当的归并；归并的法则如下：把活动间喜好度的差别小于 1 且性质类似的活动归并为一类；把最喜欢者、最不喜欢者占比之和不到 0.3% 的活动与其他性质类似的活动归并为一类。按照以上归并法则，本章把所有活动归并为 42 类。42 类活动喜好度的均值为 0.07，非常接近于基准活动。42 类活动喜好度的标准差为 2.59。2017—2021 年中国居民对各类活动的喜好度如表 13—1 所示。

表 13—1　　2017—2021 年中国居民对各类活动的喜好度

喜好度	有酬劳动	无酬劳动	学习培训	休闲社交	自我照料
5.5				体育	
4.0				宗教活动	
3.8				广场舞、瑜伽	
3.6				电子游戏	
2.7				看其他视频、听音频	
2.6		娱乐类儿童照料		阅读其他材料；阅读书籍；业余爱好	
2.2				休息	
2.1				看电视	
2.0				步行、跑步、免费健身；面对面社交	
1.8				非面对面社交	
1.4				旅游参观	
1.2					夜间睡眠
1.1					其他饮食活动
1.0			学习培训		
0.4		生活类儿童照料			午睡、其他睡眠
0.3		其他儿童照料			

续表

喜好度	有酬劳动	无酬劳动	学习培训	休闲社交	自我照料
0.1		对外提供帮助			吃饭
-0.3		照顾其他家人			
-0.5	家庭第二、第三产业生产经营	教育类儿童照料			
-0.6		饲养宠物；购物			
-1.1	家庭第一产业生产经营；兼职工作				
-1.7		其他家务			
-1.8	工作	修理、理发、办理业务			
-2.5		打扫卫生			
-2.6					个人卫生
-3.1		洗衣；做饭			
-3.4		医疗			吃饭相关等待、交通
-3.9	工作相关交通				
-5.2		洗碗			
-5.9					失眠

表13—1中把42类活动分为有酬劳动、无酬劳动、学习培训、休闲社交、自我照料5类。各类有酬劳动均为负向活动，其中尤以工作相关活动的喜好度最低，仅为-3.9。多数无酬劳动为负向活动，其中洗碗的喜好度最低，仅为-5.2。但值得注意的是，在无酬劳动中，除教育类以外的儿童照料以及对外提供帮助，均为正向活动，其中娱乐类儿童照料的喜好度高达2.6。学习培训为正向活动。各类休闲社交均为正向活动，其中体育的喜好度高达5.5，这也是所有42类活动中喜好度最高的。各类自我照料多为正向活动，但其中个人卫生、吃饭相关等待交通、失眠

为负向活动；失眠的喜好度为 -5.9，这也是所有 42 类活动中喜好度最低的。

三　中国、美国居民喜好度的差异

不同国家的居民对同一活动的喜好度可能存在差异。本小节比较了中国、美国居民的喜好度。

基于 1985 年美国时间利用（Americans' Use of Time）调查①数据，有文献研究了美国居民对各类活动的喜好度。② 在中国 42 类活动中，有 31 类活动与美国居民活动可比。美国居民喜好度的评分介于 0—10，与上述中国居民喜好度的评分方法不同，因此两国喜好度不直接可比。为使两国喜好度数据可比，本章对美国喜好度数据进行了线性变换，使两组数据有相同的均值、标准差。③ 两国居民对各类活动的喜好度如表 13—2 和图 13—1 所示。

表 13—2　　　　中国、美国居民对各类活动喜好度的比较

中国 2017—2021 年喜好度	美国 1985 年调整后喜好度	有酬劳动	无酬劳动	休闲社交	自我照料
5.5	4.4			体育	
4.0	3.0			宗教活动	

---

① 这一美国调查的对象为 18 岁及以上的美国居民，与本章所分析的中国样本（16 岁及以上）在年龄段上仅有略微差异。美国调查的对象为居家者，18 岁及以上的学生多为不居家的大学生，这意味着多数学生被自动排除在调查对象之外，与本章所分析的中国样本排除了所有学生大致类似。因此，美国调查样本与中国样本大致可比。

② Robinson, J. P., Godbey, G., *Time for Life: The Surprising Ways Americans Use Their Time*, University Park, PA: The Pennsylvania State University Press, 1997.

③ 中国可比的 31 类活动，喜好度的均值为 0.13，标准差为 2.55，与全部 42 类活动的均值 0.07、标准差 2.59 高度相似。美国可比的 31 类活动，喜好度的均值为 7.05，标准差为 1.29。对美国每类活动的喜好度 x，按以下公式进行线性变换：$[(x-7.05)/1.29] \times 2.55 + 0.13$。所得的调整后美国喜好度，与中国喜好度有相同的均值、标准差。这样，就实现了两国喜好度数据的可比性。

续表

中国 2017—2021年喜好度	美国 1985年调整后喜好度	有酬劳动	无酬劳动	休闲社交	自我照料
2.7	1.3			看其他视频、听音频	
2.6	3.6		娱乐类儿童照料		
2.6	2.6			阅读书籍	
2.6	2.0			阅读其他材料	
2.6	1.0			业余爱好	
2.2	3.1			休息	
2.1	1.6			看电视	
2.0	2.6			步行、跑步、免费健身	
2.0	2.4			面对面社交	
1.8	0.3			非面对面社交	
1.4	1.7			旅游参观	
1.2	3.0				夜间睡眠
0.4	-0.4		生活类儿童照料		
0.1	1.8				吃饭
0.1	-1.2		对外提供帮助		
-0.5	1.6		教育类儿童照料		
-0.6	-2.0		饲养宠物		
-0.6	-2.5		购物		
-1.1	-0.6	兼职工作			
-1.7	-2.4		其他家务		
-1.8	0.0	工作			
-1.8	-3.7		修理、理发、办理业务		
-2.5	-4.0		打扫卫生		
-2.6	-1.0				个人卫生
-3.1	-0.8		做饭		
-3.1	-3.9		洗衣		
-3.4	-4.5		医疗		
-3.9	-1.4	工作相关交通			
-5.2	-4.1		洗碗		

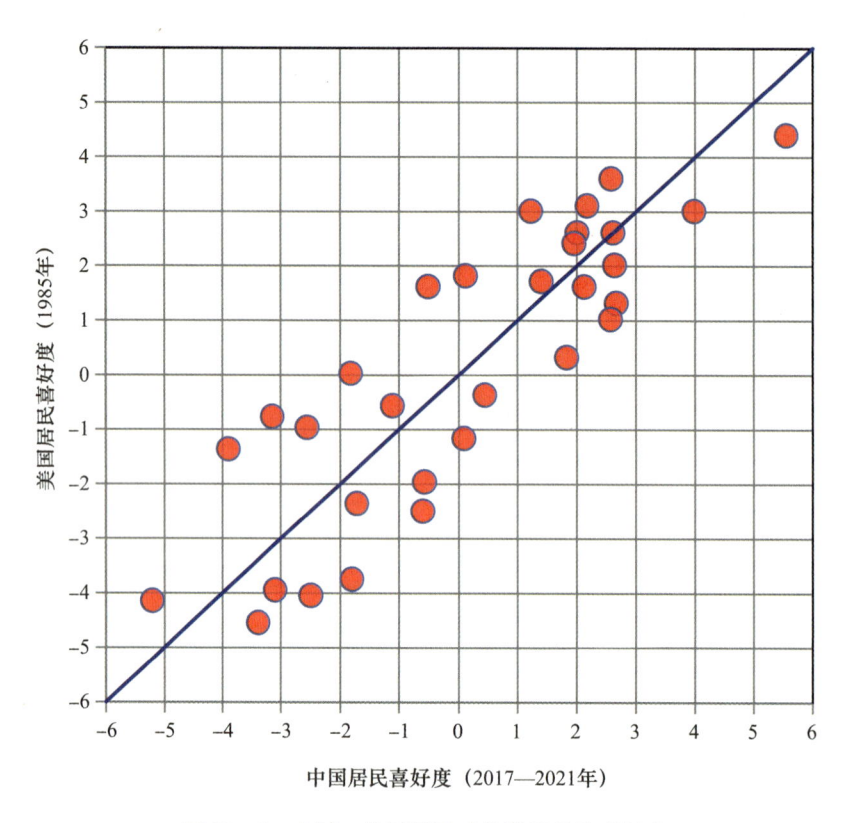

第四篇 工作之余：对生活品质的追求

图 13—1 中国、美国居民对各类活动的喜好度

最令人惊奇的是，尽管中国、美国的国情差异巨大，两国的调查年份相差了三十多年，两国喜好度的相关系数却高达0.86。从图13—1也可见，两国居民对各类活动的喜好度紧密分布在45°线的附近，相差不大。这可能意味着，两国居民对各类活动的喜好度模式，反映的是普遍人性。

两国喜好度差值的绝对值均值为1.2，即平均而言，两国对某一活动的喜好度相差1.2。在31类可比活动中，有16类活动中国喜好度高于美国，有14类活动美国喜好度高于中国，有1类活动（阅读书籍）两国喜好度相等。两国喜好度相差最大的活动为工作相关交通，此活动美国喜好度比中国高2.5。

大致上，各类有酬劳动对两国居民均为负向活动；唯一的例外是工作对美国居民而言属于中性活动。中国居民对各类有酬劳动的喜好度均低于美国。在各类无酬劳动中，多数活动对两国居民均为负向活动，且洗碗、医疗对两国居民均为最不喜欢的两类无酬劳动。娱乐类儿童照料对两国居民均为正向活动。教育类儿童照料对中国居民为负向活动，但对美国居民为正向活动；这可能与中国家长更倾向于"鸡娃"，从而在辅导儿童中有较多的冲突有关。生活类儿童照料、对外提供帮助对中国居民为正向活动，但对美国居民为负向活动；这可能与中国居民对家庭和社会更乐于奉献有关。各类休闲社交活动对两国居民均为正向活动，且体育对两国居民均为最喜欢的活动。在各类自我照料活动中，夜间睡眠、吃饭对两国居民均为正向活动，个人卫生对两国居民均为负向活动。中国居民对各类自我照料活动的喜好度均低于美国。

第三节 中国居民的体验效用及其性别、城乡差异

本节先定义居民的体验效用，然后分析2021年中国居民的体验效用及其性别、城乡差异。

一 定义体验效用

一般地，体验效用衡量人们的快乐程度。具体而言，某人的体验效用为：把此人花费在某类活动上的时间与人们对该类活动的喜好度相乘，得到此人在该活动中的体验效用；把此人在各类活动中的体验效用加总，得到此人的体验效用。可见，对体验效用的影响较大的活动是，人们花费在该活动的时间较长，且人们对该活动的喜好度的绝对值较大。

二 体验效用及其性别、城乡差异

为更好地概括出各类活动对体验效用的影响，本节把总共42类活动归并为16类，有酬劳动、无酬劳动、休闲社交、自我照料各4类。考虑到与学生的学习培训为负向活动不同，成人非学生的学习培训为正向活动，与休闲社交类似；这里把学习培训归属为休闲社交。

人们花费在上述16类活动上的时间如表13—3所示。依据花费在各类活动上的时间和人们对各类活动的喜好度计算出的体验效用如表13—4所示。

表 13—3   2021 年中国居民配置在各类活动上的时间　　　　单位：小时/天

活动类别	总体	城镇男性	城镇女性	乡村男性	乡村女性
有酬劳动	5.01	5.67	4.14	5.87	4.53
工作	3.63	4.98	3.60	2.74	2.36
工作相关交通	0.16	0.22	0.20	0.08	0.09
家庭第一产业经营	1.09	0.28	0.23	2.95	2.02
家庭第二、第三产业经营	0.13	0.19	0.11	0.10	0.07
无酬劳动	2.39	1.47	3.27	1.53	3.36
做家务	1.49	0.76	2.08	0.99	2.30
照料未成年家人	0.54	0.36	0.75	0.25	0.81
照料成年家人和对外提供帮助	0.16	0.20	0.18	0.07	0.15
购买商品与服务	0.20	0.15	0.27	0.21	0.09
休闲社交	4.79	5.32	4.76	4.58	4.12
锻炼健身	0.88	1.07	0.96	0.68	0.61
娱乐休闲	3.42	3.77	3.39	3.35	2.85
社交与宗教活动	0.43	0.37	0.34	0.51	0.65
学习培训	0.06	0.10	0.07	0.04	0.01
自我照料	11.81	11.55	11.83	12.01	11.99
睡眠	9.53	9.36	9.46	9.71	9.76
失眠	0.02	0.01	0.03	0.02	0.03
个人卫生	0.44	0.40	0.54	0.38	0.38
饮食活动	1.82	1.77	1.81	1.90	1.81

表 13—4   2021 年中国居民的体验效用

活动类别	总体	城镇男性	城镇女性	乡村男性	乡村女性
总计	7.65	9.49	6.21	8.79	5.75
有酬劳动	-8.44	-10.25	-7.55	-8.57	-6.78
工作	-6.53	-8.98	-6.47	-4.94	-4.17
工作相关交通	-0.64	-0.87	-0.76	-0.32	-0.35
家庭第一产业经营	-1.20	-0.31	-0.25	-3.26	-2.23
家庭第二、第三产业经营	-0.06	-0.09	-0.06	-0.05	-0.03
无酬劳动	-4.29	-2.12	-6.10	-2.80	-6.49

续表

活动类别	总体	城镇男性	城镇女性	乡村男性	乡村女性
做家务	-4.33	-2.14	-6.16	-2.63	-6.81
照料未成年家人	0.35	0.29	0.43	0.20	0.52
照料成年家人和对外提供帮助	-0.02	-0.02	-0.03	-0.01	-0.02
购买商品与服务	-0.29	-0.24	-0.33	-0.36	-0.18
休闲社交	11.02	12.47	10.96	10.30	9.34
锻炼健身	2.10	2.62	2.35	1.47	1.39
娱乐休闲	7.99	9.00	7.86	7.76	6.60
社交与宗教活动	0.88	0.76	0.69	1.03	1.33
学习培训	0.06	0.09	0.06	0.04	0.01
自我照料	9.36	9.39	8.89	9.86	9.68
睡眠	10.79	10.67	10.70	10.93	11.06
失眠	-0.13	-0.07	-0.16	-0.14	-0.19
个人卫生	-1.13	-1.02	-1.37	-0.97	-0.98
饮食活动	-0.18	-0.18	-0.29	0.04	-0.21

图13—2给出了各大类活动对体验效用的贡献。

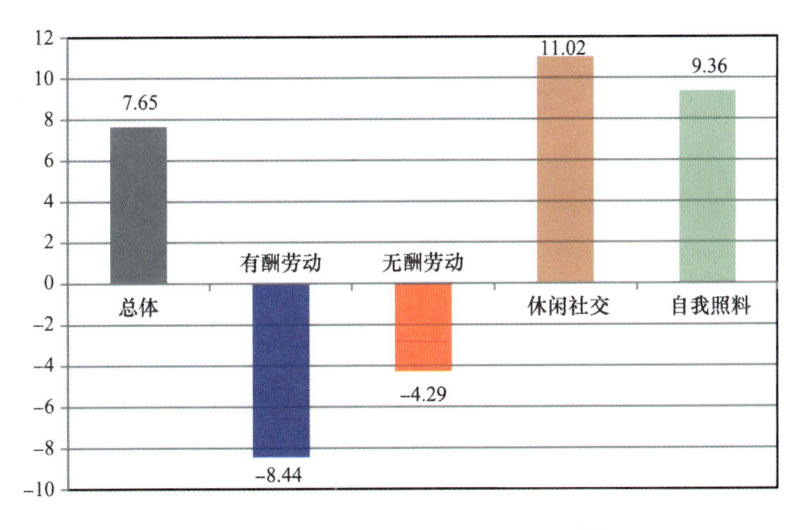

图13—2 各大类活动对体验效用的贡献

由表 13—4、图 13—2 可见，2021 年我国居民的体验效用为 7.65。其中，休闲社交、自我照料有助于提升体验效用，而有酬劳动、无酬劳动有助于降低体验效用。在休闲社交中，娱乐休闲、锻炼健身对体验效用的提升作用最大。在自我照料中，睡眠对体验效用的提升作用最大。在有酬劳动中，工作、家庭第一产业经营对体验效用的降低作用最大。在无酬劳动中，做家务对体验效用的降低作用最大。图 13—3 给出了不同人群的体验效用。

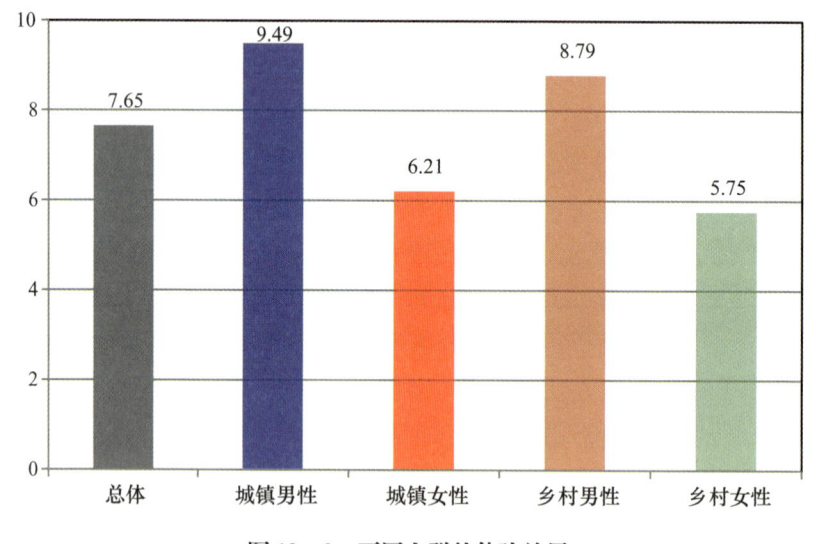

图 13—3　不同人群的体验效用

可见，2021 年中国居民的体验效用，男性高于女性，城镇居民高于乡村居民。体验效用的性别差异大于城乡差异。男性和女性体验效用的差距，在城镇、乡村分别高达 3.29、3.04；无论在城镇还是乡村，男性的体验效用均比女性高出 53%。城镇居民和乡村居民体验效用的差距，对男性、女性分别为 0.70、0.45；无论对男性还是女性，城镇居民的体验效用均比乡村居民高出 8%。表 13—5 给出了在各类活动中体验效用的性别、城乡差异。

表13—5　　2021年中国居民体验效用的性别、城乡差异

活动类别	性别差异		城乡差异	
	城镇男性—城镇女性	乡村男性—乡村女性	城镇男性—乡村男性	城镇女性—乡村女性
总计	3.29	3.04	0.70	0.45
有酬劳动	-2.71	-1.79	-1.68	-0.77
工作	-2.50	-0.78	-4.03	-2.31
工作相关交通	-0.11	0.03	-0.55	-0.42
家庭第一产业经营	-0.06	-1.03	2.95	1.98
家庭第二、第三产业经营	-0.04	-0.02	-0.04	-0.02
无酬劳动	3.98	3.69	0.68	0.39
做家务	4.02	4.18	0.48	0.64
照料未成年家人	-0.13	-0.32	0.09	-0.09
照料成年家人和对外提供帮助	0.01	0.02	-0.02	-0.01
购买商品与服务	0.08	-0.19	0.12	-0.15
休闲社交	1.51	0.96	2.17	1.62
锻炼健身	0.27	0.08	1.15	0.95
娱乐休闲	1.14	1.16	1.24	1.26
社交与宗教活动	0.07	-0.30	-0.27	-0.65
学习培训	0.03	0.03	0.05	0.06
自我照料	0.50	0.18	-0.47	-0.79
睡眠	-0.04	-0.12	-0.27	-0.35
失眠	0.09	0.05	0.07	0.03
个人卫生	0.35	0.01	-0.05	-0.39
饮食活动	0.10	0.25	-0.22	-0.08

以下分析各类活动对体验效用性别差距的影响。无酬劳动、休闲社交、自我照料扩大了男性和女性体验效用的差距，而有酬劳动缩小了这种差距。在无酬劳动中，做家务对体验效用性别差距的扩大作用最大。在休闲社交中，娱乐休闲对体验效用性别差距的扩大作用最大。在有酬劳动中，工作对城镇体验效用性别差距的缩小作用最大，家庭第一产业经营、工作对乡村体验效用性别差距的缩小作用最大。

以下分析各类活动对体验效用城乡差距的影响。休闲社交、无酬劳

动扩大了城镇居民和乡村居民体验效用的差距，而有酬劳动、自我照料缩小了这种差距。在休闲社交中，娱乐休闲、锻炼健身对体验效用城乡差距的扩大作用最大，但社交与宗教活动缩小了体验效用的城乡差距。在无酬劳动中，做家务对体验效用城乡差距的扩大作用最大。在有酬劳动中，工作、工作相关交通对体验效用城乡差距的缩小作用最大，但家庭第一产业经营扩大了体验效用的城乡差距。

第四节 2017—2021 年体验效用的变化

本节先比较 2017 年和 2021 年各人群体验效用的变化（见图 13—4），然后分析 2017—2021 年在各类活动中体验效用的变化（见表 13—6）。

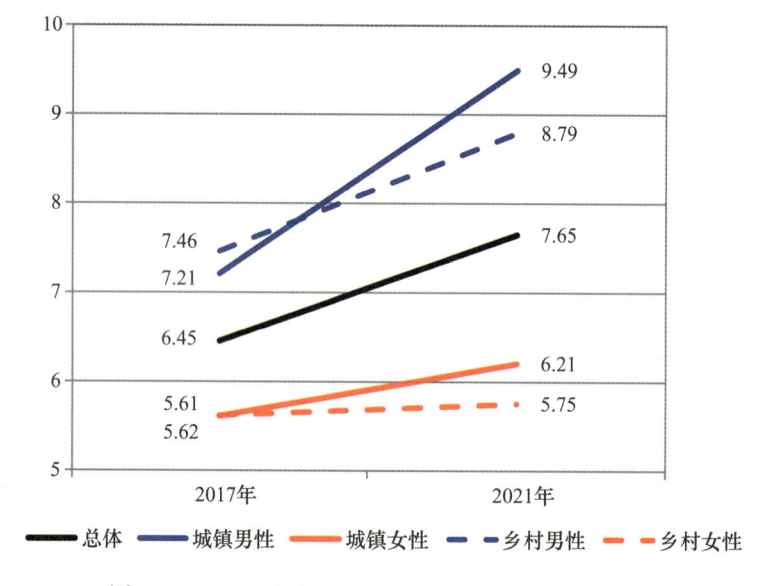

图 13—4 2017 年和 2021 年不同人群体验效用的变化

表 13—6　　　　　　2017 年和 2021 年体验效用的变化

活动类别	2017 年	2021 年	变化
总计	6.45	7.65	1.20
有酬劳动	−9.21	−8.44	0.78

续表

活动类别	2017年	2021年	变化
工作	-7.15	-6.53	0.61
工作相关交通	-0.94	-0.64	0.30
家庭第一产业经营	-1.05	-1.20	-0.15
家庭第二、第三产业经营	-0.08	-0.06	0.01
无酬劳动	-3.92	-4.29	-0.37
做家务	-4.19	-4.33	-0.14
照料未成年家人	0.51	0.35	-0.15
照料成年家人和对外提供帮助	-0.01	-0.02	-0.01
购买商品与服务	-0.22	-0.29	-0.07
休闲社交	10.49	11.02	0.53
锻炼健身	1.49	2.10	0.61
娱乐休闲	7.92	7.99	0.06
社交与宗教活动	1.02	0.88	-0.14
学习培训	0.06	0.06	0.00
自我照料	9.09	9.36	0.27
睡眠	10.67	10.79	0.12
失眠	-0.10	-0.13	-0.04
个人卫生	-1.35	-1.13	0.23
饮食活动	-0.13	-0.18	-0.04

可见，2017—2021年，中国居民的体验效用从6.45提高到7.65，提高了19%，这意味着，通过时间配置的优化，人民群众的幸福感得到了显著提高。各类人群的体验效用均有所提高，城镇男性、城镇女性、乡村男性、乡村女性分别提高了32%、11%、18%、2%。男性体验效用的提高幅度高于女性，城镇居民体验效用的提高幅度高于乡村居民。

以下分析各类活动对体验效用2017—2021年变化的影响。有酬劳动、休闲社交、自我照料有助于2017—2021年体验效用的提高，而无酬劳动阻碍了这一提高。在有酬劳动中，工作、工作相关交通对体验效用的提高作用最大。在休闲社交中，锻炼健身对体验效用的提高作用最大。

第五节 小结

本章先阐释党和政府关于人民群众幸福感的论述，然后在分析人们对各类活动喜好度的基础上，研究中国 16 岁及以上非学生居民的体验效用及其性别、城乡差异，并比较 2017—2021 年中国居民体验效用的变化。主要发现如下。

第一，为增强人民群众获得感、幸福感、安全感，党和政府出台了一系列政策；可以从提高喜好度、改善时间配置两方面，归纳这些政策实施提升人们幸福感的渠道。

第二，2017—2021 年，中国居民休闲社交、睡眠、吃饭、儿童照料、学习培训为提高快乐程度的正向活动，其中体育的喜好度最高；有酬劳动、多数无酬劳动、个人卫生、失眠为降低快乐程度的负向活动，其中失眠的喜好度最低。2017—2021 年中国居民与 1985 年美国居民对各类活动的喜好度高度相似。

第三，2021 年中国居民的体验效用为 7.65；睡眠、娱乐休闲、锻炼健身对体验效用的提升作用最大，工作、做家务、家庭第一产业经营对体验效用的降低作用最大。无论在城镇还是乡村，男性的体验效用均比女性高出 53%，导致体验效用性别差距的最主要因素是做家务。无论对男性还是女性，城镇居民的体验效用均比乡村居民高出 8%。

第四，2017—2021 年，中国居民的体验效用提高了 19%；这意味着，通过时间配置的优化，人民群众的幸福感得到了显著提高；其中贡献最大的是工作时间的减少和锻炼健身时间的增加。男性体验效用的提高幅度高于女性，城镇居民体验效用的提高幅度高于乡村居民。

第十四章

城镇居民幸福感

党的二十大报告指出，"增进民生福祉，提高人民生活品质"。[①] 中国作为一个发展中国家，国民幸福是国家发展和社会进步的重要指标。城镇化的快速推进导致了人口流动、社会结构变迁和生活方式的改变，这对城市居民的幸福产生了深远的影响。幸福指数作为一种衡量国民幸福程度的指标，对于了解社会福祉和人民生活状况具有重要意义。当前，研究幸福指数的现状已经取得了一定的进展，许多国家和地区都在进行幸福指数的调查和评估，然而，针对中国的幸福指数研究还有待完善。

第一节 幸福感的测量及缺陷

从20世纪60年代起，心理学家从主观幸福感这一概念开始探索幸福感的内涵与结构，促进了幸福感测量指标体系研究的发展。然而从主观体验角度来界定幸福感有一定局限性，幸福感是以一定的社会背景为基础的。物质财富的增加往往被认为是提升幸福感的重要因素，构建客观幸福指数对于中国至关重要，客观幸福指数可以综合考虑物质条件、社会环境、教育健康、人际关系等多个方面的因素，更准确地反映人民的幸福水平和社会发展的真实情况。伊斯特林悖论认为，尽管短期内国民的平均幸福感与经济发展的变化趋势相吻合，但从长期来看，经济增长

---

① 习近平：《高举中国特色社会主义伟大旗帜　为全面建设社会主义现代化国家而团结奋斗——在中国共产党第二十次全国代表大会上的报告》，人民出版社2022年版，第46页。

能让幸福感水平提升的空间十分有限，① 在考虑幸福感的影响因素时，只考虑收入是不够的。时间和金钱都是稀缺资源，传统的经济指标无法全面反映人民的幸福感和生活质量，收入的增加可能导致时间的贫困，使收入转化为幸福感所需要的时间资源不足。因此，在测量居民幸福感时加入居民时间配置情况数据，能够更全面地刻画出国民幸福感综合情况，有助于政府制定更科学、更人性化的政策，推动社会公平和经济可持续发展。

本章通过对幸福感测量指标体系的国内外文献梳理，根据相关理论构建了一套符合中国国情的幸福指数体系，为今后更有效地编制幸福感测量工具提供参考。其次，本章从微观和宏观角度对居民幸福指数进行描述，从性别、年龄、受教育程度、区域等方面进行分类比较。最后，基于幸福指数绘制出幸福洛伦兹曲线并计算幸福的基尼系数，本章从幸福指数和幸福不平等程度两方面分析居民的幸福感。

第二节　幸福指数的构建

为探究国民 2017—2021 年幸福感的具体变化，本章参考全球幸福指数构建方式，② 选取 16 岁以上城镇居民作为样本，从微观个体幸福的角度出发，基于国内外幸福研究差异，对已有的国民幸福指标体系进行归纳，将影响幸福感的指标划分为生活水平、健康状况、社会环境、自然环境、时间配置五个方面，并考虑了数据的可获得性，利用熵权法重新构建了幸福感评价指标体系，③ 具体如表 14—1 所示。其中生活水平用储蓄、消费、住房面积、财产数量、社保数量五项指标衡量，健康状况用

---

① Easterlin, R. A., "Does Economic Growth Improve the Human Lot? Some Empirical Evidence", in David, P. A., Reder, M. W. (eds.), *Nations and Households in Economic Growth*, New York: Academic Press, 1974.

② 全球幸福指数是由联合国开发计划署（UNDP）发布的一项报告，其目的在于评估全球各个国家人民的幸福感受。这项报告会根据多个指标进行排名，包括人们的生活水平、社会状况、经济状况、健康和教育等方面。

③ 本章也使用等权重法构建幸福指数作为稳健性分析，幸福指数群体差异与熵值法的结果一致，因而没有列出。

身体健康、睡眠质量两项指标衡量，社会环境用文化资源、教育资源、医疗服务水平、社会公平和交通状况五项指标衡量，自然环境用水资源、空气质量和当地卫生状况三项指标衡量，时间配置用主动闲暇、被动闲暇、有酬劳动、家务劳动和儿童照料五项指标衡量，并借助这套幸福指标体系，分析研究中国居民幸福感变化。

表 14—1　　　　　　　　居民客观幸福指标评价体系

一级指标	二级指标	三级指标	指标解释（单位）
居民客观幸福指标评价体系	生活水平	储蓄	人均月收入与人均月消费的差值（元）
		消费	人均月消费（元）（已通过通胀率调整）
		住房面积	人均住房面积（平方米）
		财产数量	家庭全部财产价值的人均拥有量（万元）
		社保数量	包括养老、医疗、住房公积金、失业、企业年金等
	健康状况	身体健康	1—5 级，级数越高，身体越健康
		睡眠质量	1—4 级，级数越高，睡眠质量越好
	社会环境	文化资源	人均公共图书拥有量（册）
		教育资源	高等学校数（所）
		医疗服务水平	每万人医疗机构床位数
		社会公平	基尼系数
		交通状况	公交车客运率（%）
	自然环境	水资源	人均水资源拥有量（立方米）
		空气质量	PM2.5（微克/立方米）
		当地卫生状况	生活垃圾无害化处理率（%）
	时间配置	主动闲暇	主动积极健身运动、阅读等（小时）
		被动闲暇	被动享受的活动，如看电视、打游戏等（小时）
		有酬劳动	可以获得报酬的劳动时间（小时）
		家务劳动	不计报酬的劳动时间（不包括儿童照料）（小时）
		儿童照料	照顾儿童花费的时间（小时）

资料来源：《中国城市统计年鉴》《中国区域经济统计年鉴》以及各省的统计年鉴和统计年报。

表 14—2 展示了 2021 年和 2017 年各项幸福指标的描述性统计，可以

看到 2021 年整体指标比 2017 年向好，人均储蓄增加了 14%，消费增加了 28%，住房面积增加了 18%，财产数量增加了 46%，社保数量也增加了 9.3%，2021 年居民的生活水平整体提升。身体健康良好及以上的人数占比略有下降，睡眠质量良好的人数占比提高了 3.2%。在社会环境中，公共图书拥有量和公交车客运率增加幅度最大，分别增加了 20% 和 12.5%，其他社会环境指标也均有不同程度的提高。在自然环境指标中，除了 2021 年垃圾处理率低于 2017 年，其他指标均是向好变化。时间配置方面，我们发现 2021 年除了闲暇时间中主动闲暇时间有所上升，其他时间均有不同程度的下降。

表 14—2　　　　　　　　　幸福指标描述性统计

指标	2021 年	2017 年
人均储蓄（元）	1519.75	1332.11
人均消费（元）	2563.22	2007.35
人均住房面积（平方米）	34.33	28.99
财产数量（万元）	61.47	42.01
社保数量	2.33	2.13
身体健康（%）	47.32	51.86
睡眠质量（%）	77.83	75.42
人均公共图书拥有量（册）	1.62	1.35
高等学校数（所）	28.05	27.90
医疗机构床位数量	63.89	62.61
基尼系数	0.44	0.41
公交车客运率（%）	55.39	49.24
人均水资源拥有量（立方米）	0.16	0.13
PM2.5（微克/立方米）	30.28	31.89
生活垃圾无害化处理率（%）	0.996	0.997
主动闲暇时间（小时）	1.48	1.16
被动闲暇时间（小时）	3.35	3.59
有酬劳动时间（小时）	5.09	5.32
家务劳动时间（小时）	1.60	1.64
儿童照料时间（小时）	0.59	0.63

注：表中指标的单位与表 16—1 所列一致，由于身体健康和睡眠质量是分级指标，用平均值表示有一定争议，故分别用身体健康良好及以上人数占比和睡眠质量良好及以上人数占比表示。

表14—3是各项幸福指标在幸福指标体系中的贡献程度,在五项指标中,社会环境、健康状况、生活水平、时间配置、自然环境对幸福指数的贡献程度依次降低。

表14—3　　　　幸福指标在幸福指标体系中的贡献程度

一级指标	二级指标	贡献度	三级指标	贡献度
居民客观幸福指标评价体系	生活水平	0.115	储蓄	0.002
			消费	0.042
			住房面积	0.038
			财产数量	0.106
			社保数量	0.015
	健康状况	0.279	身体健康	0.012
			睡眠质量	0.020
	社会环境	0.499	文化资源	0.052
			教育资源	0.054
			医疗服务水平	0.017
			社会公平	0.020
			交通状况	0.046
	自然环境	0.044	水资源	0.079
			空气质量	0.013
			当地卫生状况	0.005
	时间配置	0.063	主动闲暇	0.124
			被动闲暇	0.054
			有酬劳动	0.104
			家务劳动	0.101
			儿童照料	0.088

为进一步考察幸福五大指标的内在联系,我们还测算了各分项指标之间的相关系数,结果如表14—4所示。从整体来看,各分项指标之间相关程度较高,与幸福指数均表现为正向相关。其中,幸福指数与生活水平、社会状况、时间配置间的相关系数最高,分别为0.463、0.729、0.427。

表14—4　　　　　　　　分项幸福指标之间的相关系数

	综合幸福指数	生活水平	健康状况	社会环境	自然环境	时间配置
综合幸福指数	1.000					
生活水平	0.463	1.000				
健康状况	0.147	0.097	1.000			
社会环境	0.729	0.261	0.009	1.000		
自然环境	0.016	0.046	0.044	-0.136	1.000	
时间配置	0.427	0.007	-0.110	0.068	-0.026	1.000

表14—5是幸福指数的综合得分计算结果，2021年幸福指数比2017年上升16%，城镇居民总体幸福程度提高。其中，居民健康状况得分增加得最多，其次是生活水平，自然环境得分2021年下降，时间配置得分2021年提高，说明2021年城镇居民的时间配置结构比2017年有所优化，2017年和2021年幸福指数具有明显差距。

表14—5　　　　　　　　　　幸福指数综合得分

	2021年得分	2017年得分	差异值
生活水平	0.165	0.116	0.049*** (22.96)
健康状况	0.736	0.654	0.082*** (22.02)
社会环境	0.300	0.283	0.017*** (5.15)
自然环境	0.112	0.127	-0.015*** (-13.20)
时间配置	0.074	0.070	0.004*** (5.63)
综合幸福指标	0.166	0.143	0.023*** (18.86)

注：表格第四列，括号内容是t检验中的t值，***、**、*分别代表在1%、5%、10%的水平下显著，若没有特殊说明，本章其他表格括号内含义相同。

第三节 幸福基尼系数的计算

第二节构建出来的幸福指数显示出不同年份之间的城镇居民幸福指数的变化，但是无法观察到城镇居民幸福感不平等情况变动，为此，参考杨军和李雪松[①]教育基尼系数的计算方法，基于上一节构建出来的综合幸福指数绘制出幸福的洛伦兹曲线（见图14—1），并通过面积计算得出城镇居民的幸福基尼系数，该数值越大说明幸福感越不平等，群体内部差异越大。

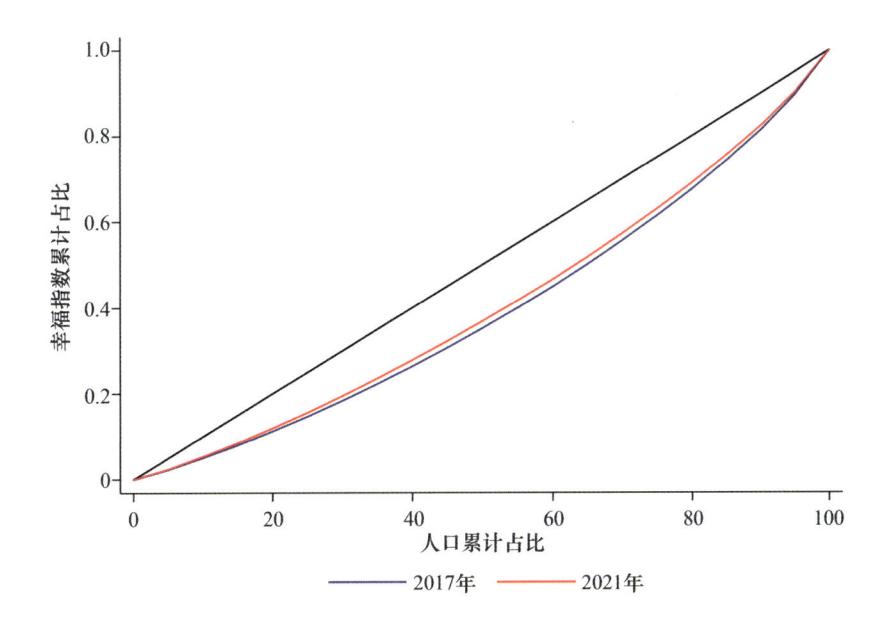

图14—1 2017年和2021年幸福洛伦兹曲线

图14—1中黑色线是45°幸福平等线，红色和蓝色曲线分别是2021年、2017年幸福洛伦兹曲线，横坐标是人口累计占比，纵坐标是幸福指数累计占比。2021年幸福洛伦兹曲线比2017年更靠近45°幸福平等线，

---

① 杨军、李雪松：《教育不平等、人力资源积累与经济增长：基于中国的实证研究》，《数量经济技术经济研究》2007年第2期。

说明 2021 年城镇居民幸福不平等程度低于 2017 年，幸福感差距有所缩小，2021 年幸福基尼系数为 0.189，2017 年为 0.212。

第四节 幸福感的性别差异

本节描述了 16 岁及以上的中国城镇居民幸福指标的性别差异，以及 2017—2021 年不同性别幸福指标的变化差异，如表 14—6 所示。

表 14—6　　　　　　　　城镇居民幸福指数性别差异

指标	2021 年得分			2017 年得分			年份差异 t 检验	
	男性	女性	差异值	男性	女性	差异值	男性	女性
生活水平	0.164	0.166	-0.002 (-0.35)	0.118	0.114	0.004** (2.56)	0.046*** (14.81)	0.052*** (17.62)
健康状况	0.737	0.735	0.002** (2.48)	0.665	0.642	0.023*** (7.85)	0.072*** (14.22)	0.093*** (16.88)
社会环境	0.292	0.307	-0.015 (-1.38)	0.282	0.284	-0.002 (-0.29)	0.01*** (4.47)	0.023*** (2.86)
自然环境	0.116	0.107	0.009** (1.82)	0.127	0.127	0 (0.00)	-0.011*** (-7.62)	-0.02*** (-11.08)
时间配置	0.069	0.079	-0.01*** (-3.28)	0.061	0.078	-0.017*** (-10.14)	0.008*** (7.53)	0.001 (1.53)
综合幸福指标	0.162	0.170	-0.008* (-1.79)	0.139	0.146	-0.007*** (-3.82)	0.023*** (13.96)	0.024*** (12.82)

从表 14—6 中可以看出，2021 年和 2017 年，女性的幸福指数均大于男性，2021 年幸福指数差距有所增加，无论男性还是女性 2021 年幸福指数均比 2017 年幸福指数高，女性增加幅度更大。图 14—2 是幸福洛伦兹曲线的性别差异图，其中红色代表女性，蓝色代表男性，2021 年用实线表示，2017 年用虚线表示。2021 年男性和女性的洛伦兹曲线均比 2017 年更接近幸福 45°线，同时，女性的幸福洛伦兹曲线比男性更接近幸福 45°线，说明女性比男性幸福感差距更小。

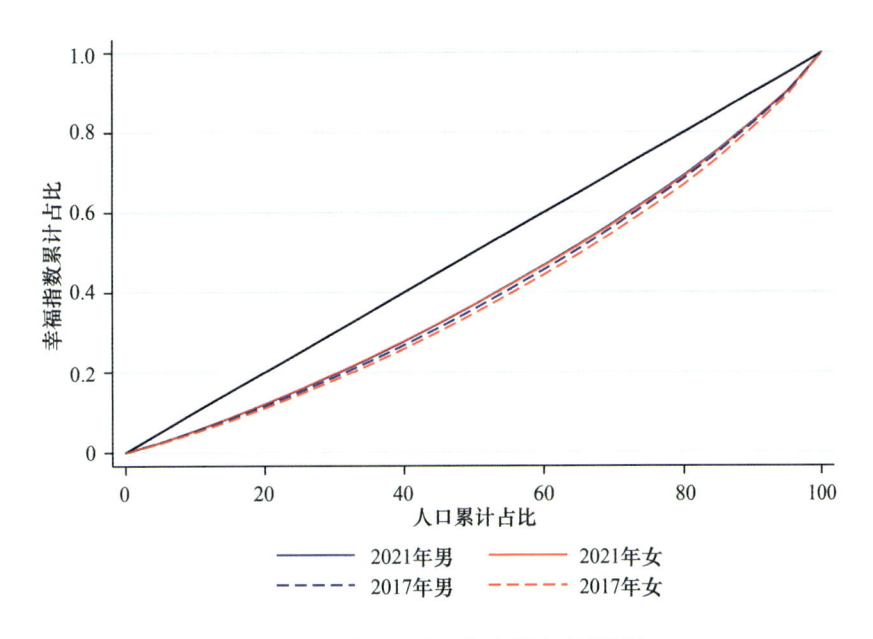

图 14—2　幸福指数洛伦兹曲线性别差异

根据洛伦兹曲线图，进一步计算出基尼系数。表 14—7 是中国城镇居民幸福指数基尼系数的性别差异表，可以看到，2021 年男性幸福基尼系数比 2017 年减少了 0.013，幸福差距缩小，女性缩小了 0.031，比男性缩幅更大。横向对比，2021 年男性幸福基尼系数和女性齐平，2017 年男性幸福基尼系数比女性低 0.018，说明 2021 年幸福基尼系数的性别差距有所缩小。

表 14—7　　　　城镇居民幸福指数基尼系数性别差异

	男性	女性	性别差异
2021 年	0.189	0.189	0.000
2017 年	0.202	0.220	-0.018
年份差异	-0.013	-0.031	—

第五节　幸福感的年龄差异

2017 年、2021 年，中国城镇居民的幸福指数年龄差异情况如表 14—8

所示，本节将年龄划分为三个阶段，分别是16—35岁的青年、36—59岁的中年和60岁及以上的老年，其中16—35岁的青年人群2017年的幸福指数为0.147，低于2021年幸福指数0.163。36—59岁的中年人群2017年的幸福指数为0.136，是三个年龄段中幸福指数最低的，2021年该阶段的幸福指数为0.160。60岁及以上老年人群2017年的幸福指数为0.151，2021年幸福指数为0.180，是不同人群中幸福指数最高的。2021年与2017年对比，16—35岁的青年人群幸福指数上升幅度最小为11%，60岁及以上老年人群幸福指数的上升幅度最大为19%。

表14—8 城镇居民幸福指数年龄差异

指标	2021年得分			2017年得分			年份差异t检验		
	16—35岁	35—59岁	60岁+	16—35岁	35—59岁	60岁+	16—35岁	35—59岁	60岁+
生活水平	0.160	0.160	0.178	0.114	0.114	0.123	0.046 *** (9.52)	0.046 *** (13.77)	0.055 *** (14.25)
健康状况	0.779	0.750	0.663	0.697	0.655	0.596	0.082 *** (9.44)	0.095 *** (18.79)	0.067 *** (13.42)
社会状况	0.293	0.290	0.326	0.298	0.272	0.289	−0.005 *** (−3.63)	0.018 *** (5.59)	0.037 * (1.85)
自然状况	0.113	0.114	0.105	0.122	0.131	0.128	−0.009 (−0.42)	−0.017 *** (−8.41)	−0.023 *** (−8.69)
时间配置	0.068	0.066	0.095	0.072	0.061	0.084	−0.004 (−0.51)	0.005 *** (2.69)	0.011 *** (4.61)
综合幸福指标	0.163	0.160	0.180	0.147	0.136	0.151	0.016 *** (5.14)	0.024 *** (10.99)	0.029 *** (12.70)

为了进一步观察不同年龄阶段城镇居民幸福指数的差异，将年龄划分为十岁一个阶段，如图14—3所示，可以发现2017年和2021年幸福指数的年龄分布均呈现倒"U"形趋势，16—30岁幸福指数呈上升趋势，从31岁开始下降，51岁开始有回升趋势。2021年幸福指数在61—70岁时达到顶峰，2017年幸福峰值在80岁以上的人群中出现。

图 14—3　幸福指数年龄差异

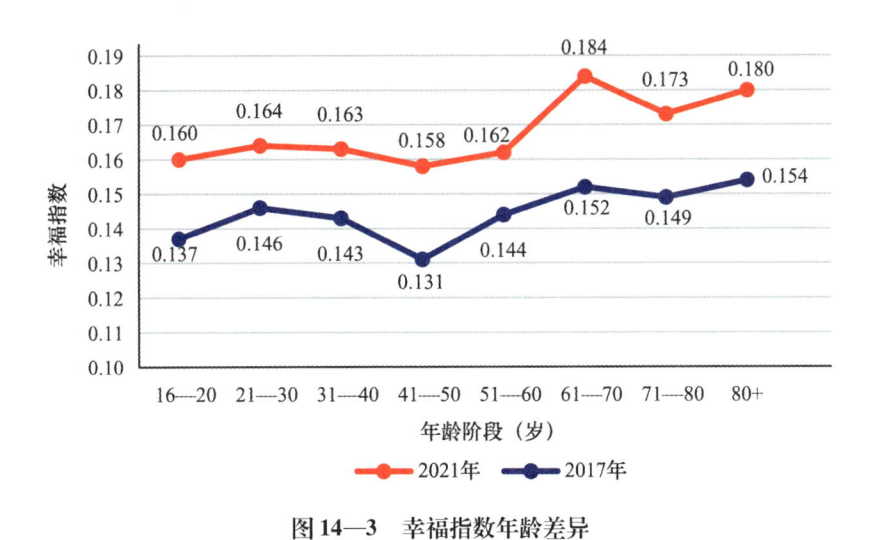

同时，利用幸福指数对不同年龄群体画出洛伦兹曲线图计算得出基尼系数，可以得知，2021 年 16—35 岁青年群体的幸福基尼系数为 0.182，比 2017 年降低了 0.029；36—59 岁中年群体的幸福基尼系数为 0.194，高于青年群体，比 2017 年中年群体幸福基尼系数降低了 0.018；60 岁及以上老年群体 2021 年的幸福基尼系数为 0.178，同比降低 14%，是三个群体中最低的，两年中 60 岁及以上群体相对其他两个群体来说具有更小的幸福差距。

表 14—9　　　　　　　城镇居民幸福基尼系数年龄差异

年龄	2021 年	2017 年	年份差异
16—35 岁	0.182	0.211	-0.029
35—59 岁	0.194	0.212	-0.018
60 岁及以上	0.178	0.207	-0.029

第六节　幸福感的受教育程度差异

2017 年、2021 年，中国城镇居民的幸福指数受教育程度差异情况如

表 14—10 所示，本节将城镇居民受教育程度分为四类：小学及以下、初中、高中高职、大专及以上。2021 年小学及以下学历人群的幸福指数为 0.150，同比增加 16.28%，初中学历人群的幸福指数为 0.154，同比增加 14.93%，高中/高职学历人群的幸福指数为 0.168，同比增加 14.29%，大专及以上学历人群的幸福指数为 0.180，同比增加 13.21%。其中小学及以下学历的幸福指数上升最快，可以发现随着受教育程度的增加，幸福指数增加，并呈现出教育梯度。

表 14—10　　　　　城镇居民幸福指数受教育水平差异

指标	2021 年得分				2017 年得分				年份差异 t 检验			
	小学及以下	初中	高中/高职	大专及以上	小学及以下	初中	高中/高职	大专及以上	小学及以下	初中	高中/高职	大专及以上
生活水平	0.129	0.135	0.157	0.206	0.093	0.099	0.117	0.153	0.036 *** (11.54)	0.036 *** (13.26)	0.040 *** (12.43)	0.053 *** (10.75)
健康状况	0.682	0.715	0.736	0.772	0.587	0.642	0.674	0.698	0.095 *** (15.33)	0.073 *** (9.63)	0.062 *** (9.26)	0.074 *** (9.88)
社会环境	0.245	0.271	0.312	0.334	0.247	0.261	0.295	0.325	-0.002 *** (-5.80)	-0.339 *** (-2.78)	0.017 (0.45)	0.009 *** (3.43)
自然环境	0.133	0.116	0.109	0.102	0.135	0.132	0.123	0.120	-0.002 ** (-2.32)	-0.016 *** (-8.27)	-0.014 *** (-8.34)	-0.018 *** (-9.63)
时间配置	0.079	0.074	0.076	0.071	0.072	0.067	0.072	0.069	0.007 *** (2.52)	0.007 *** (4.35)	0.004 *** (2.75)	0.002 (1.35)
综合幸福指标	0.150	0.154	0.168	0.180	0.129	0.134	0.147	0.159	0.021 *** (9.34)	0.020 *** (10.60)	0.021 *** (10.68)	0.021 *** (7.54)

为了进一步观察受教育程度与幸福指数的关系，本节将受教育水平细分为受教育年限，如图 14—4 所示，可以看出随着受教育年限的增加，2021 年和 2017 年的幸福指数均呈现上升趋势，在受教育年限达到 16 年之前，2021 年和 2017 年的增加幅度基本相同，16 年之后 2021 年幸福指

数的增速快于 2017 年，可见本科学历及以上的群体随着受教育年限的增加对幸福指数的影响更大。

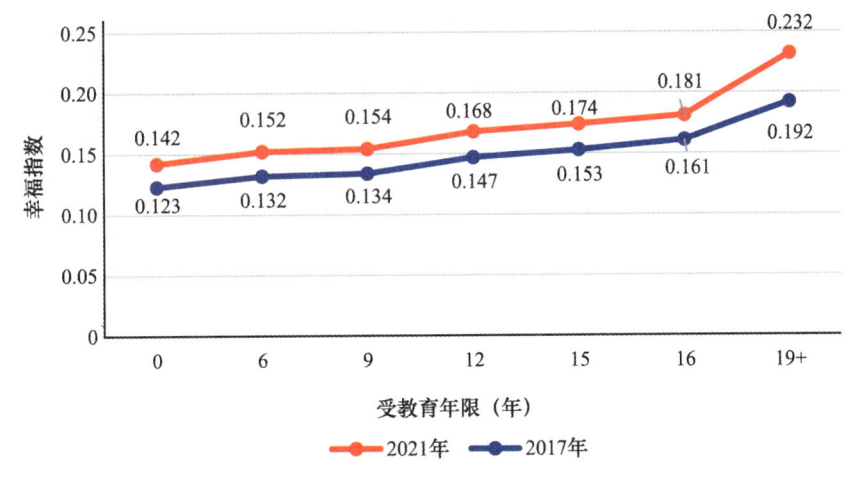

图 14—4　幸福指数受教育年限分布

表 14—11 是根据幸福指数计算出的城镇居民不同受教育程度的幸福基尼系数，显示 2021 年各个受教育程度群体的幸福基尼系数均比 2017 年有所下降，其中小学及以下学历人群幸福基尼系数同比降低 0.015，初中学历人群幸福基尼系数同比下降 0.020，高中/高职学历人群幸福基尼系数同比下降 0.022，大专及以上学历人群幸福基尼系数同比下降 0.026。随着受教育程度的增加，幸福基尼系数呈现出下降的趋势，随着学历的提高降低了城镇居民的幸福差距。2021 年不同受教育程度之间的幸福基尼系数差距大，2017 年不同受教育程度之间的幸福基尼系数更小。

表 14—11　幸福基尼系数受教育程度差异

年份	小学及以下	初中	高中/高职	大专及以上
2021	0.195	0.193	0.185	0.175
2017	0.210	0.213	0.207	0.199
降幅	−0.015	−0.020	−0.022	−0.026

第七节　幸福感的区域差异

本节依次计算得出在除新疆、西藏和港澳台地区以外的 29 个省份的幸福指数（见图 14—5），表 14—12 显示了 2021 年和 2017 年不同区域城镇居民幸福得分情况。

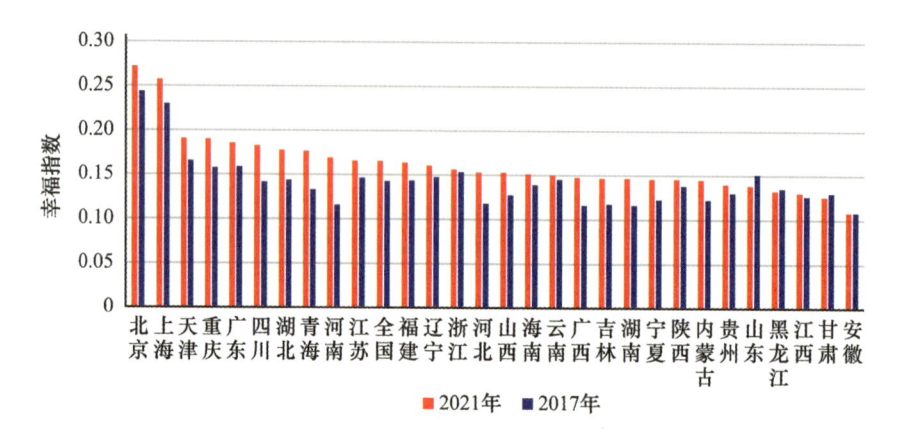

图 14—5　幸福指数的省份差异

表 14—12　　　　　　2017 年和 2021 年幸福指数的地区差异

地区	省份	2021 年幸福指数	2017 年幸福指数	地区	省份	2021 年幸福指数	2017 年幸福指数
东部地区	北京市	0.272	0.244	西部地区	内蒙古自治区	0.145	0.122
	天津市	0.191	0.166		广西壮族自治区	0.148	0.116
	河北省	0.153	0.118		重庆市	0.190	0.158
	上海市	0.257	0.230		四川省	0.183	0.142
	江苏省	0.166	0.147		贵州省	0.140	0.130
	浙江省	0.157	0.153		云南省	0.150	0.145
	福建省	0.164	0.144		陕西省	0.146	0.138
	山东省	0.139	0.151		甘肃省	0.126	0.130
	广东省	0.186	0.159		青海省	0.177	0.133
	海南省	0.151	0.139		宁夏回族自治区	0.146	0.123

续表

地区	省份	2021年幸福指数	2017年幸福指数	地区	省份	2021年幸福指数	2017年幸福指数
中部地区	山西省	0.153	0.128	东北地区	辽宁省	0.161	0.148
	安徽省	0.109	0.108		吉林省	0.147	0.118
	江西省	0.130	0.127		黑龙江省	0.133	0.135
	河南省	0.170	0.116				
	湖北省	0.178	0.144		—		
	湖南省	0.147	0.116				

总体来看，中国城镇居民幸福指数具有以下两个明显的特征：第一，幸福水平存在不均衡性。29个省份的幸福指数得分的平均值2021年为0.166，2017年为0.143，中位数分别为0.153和0.138，2017年有12个省份得分超过全国平均值，2021年仅有10个省份。其中，2017年和2021年幸福指数得分最高的省份均为北京市，是得分最低省份的2.5倍和2.3倍。这表明，中国已有部分省份的幸福水平走到了前列，并与排名靠后的省份存在较大差距，各省幸福水平表现出较强的不均衡性。第二，幸福水平存在区域性差异。2021年东部地区、西部地区、东北地区和中部地区[①]的幸福指数得分均值呈依次递减态势，分别为0.184、0.155、0.147、0.147。特别地，得分排名靠前的5个省份，4个均处于东部地区，而排名靠后的5个省份中处于中部地区的最多。东部地区的幸福指数得分远远领先于其他地区，与国民经济发展的梯度差异一致，表明中国城镇居民幸福水平呈现出区域性分布特征，2017年排名靠后的5个省份有3个处于中部地区，幸福水平呈现较强的区域性差异。

为了进一步考察29个省份在幸福水平中的优势和劣势，本书还分别

---

① 对于东中西部和东北地区的划分依据来源于国家统计局，参见 http://www.stats.gov.cn/tjsj/zxfb/201405/t20140527_558611.html。

测算了各省幸福指数分项指标的得分及排名，2021年结果如表14—13所示。就分项指标得分而言，生活水平得分靠前的省份包括上海、北京、江苏、天津、广东等东部地区，以及四川、青海等西部地区。健康水平得分靠前的省份是云南、浙江、海南、江苏等生态大省，主要分布在南方地区，而排名靠后的省份较为均匀地分布在中部和东北地区；社会环境得分位居前5名的省份为北京、上海、重庆、四川和湖北，并未表现出显著的地区差异；自然环境得分排名前10位的省份也并未表现出显著的地区差异；时间配置得分排名前5的省份均为东部和西部省份，中部和东北省份排名普遍靠后，有明显的地区差异。

表14—13　　　　2021年29个省份幸福指标分项指标得分

省份	生活	健康	社会	自然	时间
北京市	0.252	0.720	0.737	0.066	0.086
上海市	0.289	0.733	0.662	0.083	0.067
天津市	0.219	0.782	0.385	0.044	0.079
重庆市	0.130	0.592	0.450	0.116	0.086
广东省	0.201	0.775	0.332	0.112	0.084
四川省	0.174	0.741	0.441	0.049	0.059
湖北省	0.136	0.687	0.399	0.092	0.077
青海省	0.161	0.755	0.370	0.081	0.074
河南省	0.156	0.697	0.396	0.044	0.061
江苏省	0.234	0.818	0.267	0.075	0.061
福建省	0.162	0.733	0.304	0.126	0.067
辽宁省	0.138	0.716	0.294	0.111	0.079
浙江省	0.198	0.827	0.160	0.160	0.083
河北省	0.157	0.754	0.256	0.031	0.085
山西省	0.122	0.742	0.327	0.032	0.069
海南省	0.122	0.824	0.231	0.194	0.066
云南省	0.137	0.828	0.200	0.169	0.075
广西壮族自治区	0.123	0.682	0.208	0.149	0.089
吉林省	0.148	0.676	0.278	0.096	0.057
湖南省	0.148	0.662	0.182	0.219	0.073

续表

省份	生活	健康	社会	自然	时间
宁夏回族自治区	0.134	0.742	0.223	0.074	0.085
陕西省	0.125	0.804	0.198	0.102	0.088
内蒙古自治区	0.147	0.764	0.223	0.114	0.067
贵州省	0.111	0.697	0.220	0.141	0.073
山东省	0.128	0.800	0.238	0.064	0.062
黑龙江省	0.101	0.686	0.172	0.206	0.069
江西省	0.145	0.664	0.089	0.220	0.080
甘肃省	0.119	0.714	0.172	0.103	0.067
安徽省	0.105	0.750	0.127	0.091	0.054

综上所述，东部地区各分项指标水平均高于中西部和东北地区，特别是在生活水平、社会环境和时间配置三个方面具有显著优势。可以看出，29个省份的幸福水平，无论是总体水平，还是各分项指标水平，都与地区社会经济发展水平具有较大的关联程度，凸显了城市经济对幸福水平所发挥的重要带动效应，2017年与2021年具有类似的结论（见表14—14）。

表14—14　　　　2017年29个省份幸福指标分项指标得分

省份	生活	健康	社会	自然	时间
北京市	0.240	0.657	0.714	0.096	0.083
上海市	0.203	0.655	0.662	0.123	0.062
天津市	0.164	0.642	0.374	0.064	0.069
广东省	0.125	0.652	0.321	0.163	0.069
重庆市	0.097	0.648	0.430	0.139	0.068
浙江省	0.166	0.687	0.256	0.194	0.072
山东省	0.116	0.709	0.211	0.091	0.078
辽宁省	0.099	0.678	0.266	0.124	0.057
江苏省	0.125	0.691	0.218	0.110	0.066
云南省	0.124	0.668	0.225	0.255	0.071

续表

省份	生活	健康	社会	自然	时间
湖北省	0.114	0.613	0.357	0.101	0.063
福建省	0.133	0.673	0.295	0.190	0.068
四川省	0.093	0.637	0.342	0.081	0.063
海南省	0.131	0.689	0.279	0.231	0.063
陕西省	0.117	0.626	0.273	0.105	0.082
黑龙江省	0.067	0.647	0.242	0.178	0.064
青海省	0.099	0.655	0.302	0.112	0.083
贵州省	0.085	0.648	0.182	0.187	0.071
甘肃省	0.095	0.632	0.163	0.143	0.071
山西省	0.089	0.671	0.233	0.046	0.071
江西省	0.106	0.584	0.116	0.207	0.062
宁夏回族自治区	0.083	0.673	0.202	0.120	0.079
内蒙古自治区	0.094	0.717	0.298	0.122	0.066
河北省	0.118	0.635	0.271	0.041	0.067
吉林省	0.084	0.675	0.271	0.131	0.068
河南省	0.093	0.646	0.307	0.051	0.065
广西壮族自治区	0.093	0.628	0.159	0.165	0.072
湖南省	0.095	0.608	0.159	0.193	0.080
甘肃省	0.092	0.640	0.160	0.134	0.074

根据幸福指数依次计算得出除新疆、西藏和港澳台地区以外的29个省份的幸福基尼系数（见表14—15），除了重庆、黑龙江、云南和江西，其他省份2021年幸福基尼系数比2017年都有所降低，省内幸福差距变小，其中重庆虽然有所增加，但仍排名靠前。2021年幸福基尼系数最低的前5个省份分别是上海、北京、海南、青海、天津。2021年幸福基尼系数最高的5个省份分别是广东、河南、湖南、宁夏、江苏，其中4个是人口大省，人口基数大的地区幸福不平等程度更高。2021年上海的幸福基尼系数是广东的47.5%；2021年青海在生活水平、健康水平和社会环境方面有较大提升；2021年江西虽然其总体幸福指数有较大提升，但是省内幸福不平等程度增加。

表 14—15 2017 年和 2021 年省份幸福基尼系数

省份	2021 年幸福基尼系数	2017 年幸福基尼系数	省份	2021 年幸福基尼系数	2017 年幸福基尼系数
内蒙古自治区	0.126	0.159	辽宁省	0.124	0.138
广东省	0.248	0.257	甘肃省	0.160	0.168
浙江省	0.134	0.184	青海省	0.109	0.192
海南省	0.099	0.145	江苏省	0.168	0.195
山东省	0.135	0.176	山西省	0.133	0.180
江西省	0.165	0.143	四川省	0.124	0.171
广西壮族自治区	0.137	0.200	重庆市	0.116	0.110
福建省	0.150	0.176	陕西省	0.166	0.193
天津市	0.116	0.136	河北省	0.152	0.181
湖北省	0.137	0.206	安徽省	0.143	0.212
上海市	0.087	0.096	北京市	0.095	0.114
云南省	0.164	0.159	宁夏回族自治区	0.180	0.184
湖南省	0.191	0.213	黑龙江省	0.137	0.116
河南省	0.207	0.235	吉林省	0.124	0.166
贵州省	0.150	0.192	—		

第八节 小结

本章从时间利用角度建立了城镇居民幸福指数，并据此计算得出幸福基尼系数，对中国城镇居民的幸福感现状进行了分析，从微观和宏观视角，依次分析了幸福指数和幸福基尼系数的性别差异、年龄差异、受教育程度差异以及区域差异，发现 2021 年和 2017 年女性幸福指数均值高于男性，在生命周期内，随着年龄的增加，幸福指数出现先下降后上升的趋势，中年群体幸福指数低于青年和老年群体，老年群体的幸福指数最高，且老年群体内部幸福差异最小。同时，观察到幸福指数和幸福基尼系数具有明显的教育梯度特征，随着受教育年限的增加，城镇居民幸福指数呈上升趋势，幸福基尼系数出现下降趋势，在受教育程度最高的群体内，幸福不平等程度最小。最后从宏观角度分析不同区域不同省份的幸福指数差异，发现2021年和2017年，东部地区的幸福指数均高于中西部和东北地区，各分项指标水平也都与地区社会经济发展水平具有较大的关联程度，凸显了城市经济对幸福水平所发挥的重要带动效应。

第十五章

休闲社交的社会差异

党的二十大报告明确指出,未来五年的主要目标之一是"人民精神文化生活更加丰富,中华民族凝聚力和中华文化影响力不断增强"。① 同时,党的二十大报告强调,要"加强民生保障,提高人民生活水平"。其中包括丰富人民群众的休闲社交生活,提高人民幸福感。在此背景下,研究居民的休闲社交活动是非常有必要的。

休闲社交是指人们在完成有酬劳动、无酬劳动、学习培训和自我照料活动后,在自己自由支配的时间内从事的活动,包括体育健身、阅读、业余爱好、看电视、休息、社交等。休闲社交活动体现了人们对自由时间的分配和利用。休闲社交活动有助于增进身心健康,建立、维持、扩展社交圈,是一种重要的人力和社会资本投资。更重要的是,休闲社交是人们获得满足感的主要源泉,因此,休闲社交的数量和质量可以用来直接衡量居民的生活质量。

与其他消费活动类似,休闲社交活动也需要一定的时间和物质投入。由于不同社会群体可自由支配的时间和物质投入各不相同,对各类休闲社交的偏好也千差万别,因此,休闲社交活动在不同群体之间存在很大的差异。② 与其他消费活动不同的是,休闲社交活动还具有时间密集的特征,也就是说,在休闲社交活动的时间和物质中,时间往往占极大的比

---

① 习近平:《高举中国特色社会主义伟大旗帜 为全面建设社会主义现代化国家而团结奋斗——在中国共产党第二十次全国代表大会上的报告》,人民出版社2022年版,第25页。
② 蒋艳:《城市居民休闲时间投入意愿及其影响因素研究——以杭州市为例》,《生态经济》2012年第3期。

例，因此，休闲社交活动格外受人们可自由支配的时间的影响。工作、家务、儿童照料等相对时间固定的活动，会极大地影响人们从事休闲社交活动的时间。与儿童、青少年以及老年人相比，有孩子的上班族休闲社交时间相对较少，由于家务和儿童照料活动主要由女性承担，女性的休闲社交时间可能比男性少。

有学者将休闲活动分为积极被动型（观看比赛等）、消极被动型（看电影、待在家里等）、积极能动型（参加体育运动、学习等）和消极能动型（玩游戏等）四类，基于深圳调查数据，发现男性更倾向于积极能动型休闲，女性则倾向于消极被动型休闲。[1] 也有学者将居民休闲活动分为学习型（如阅读）、健身型（如体育锻炼）、消遣型（如看电视）和爱好与社交型（如棋牌、吃饭）。[2]

人们的受教育程度、收入水平以及地区的经济发展和基础设施情况也会影响居民的休闲时间和休闲质量。[3] 有学者发现，受教育程度与"经常锻炼"的人数比例成正比，而影响居民参加体育锻炼的主要障碍也是"缺乏时间"；此外，城乡经济发展的不均衡也造成城乡体育健身活动参与的不均衡。[4]

本章使用2021年中国时间利用调查数据，从性别、年龄、受教育程度、家庭收入、城乡、地区等方面，分析中国居民休闲社交活动的社会差异。突发公共卫生事件会对公众的心理造成巨大的冲击，进而影响人们的生活方式。[5] 本章通过对比2021年和2017年居民休闲社交活动情况，探讨新冠疫情对个体休闲社交生活的影响。了解中国居民的休闲社交状况，研究不同人群休闲社交的差异，对制定适宜的产业政策、促进休闲社交产业发展、提高居民生活质量，都有着深远的意义。

---

[1] 吴凌菲：《基于休闲方式的城市居民休闲满意度研究》，《统计与决策》2013年第24期。
[2] 张安民：《我国居民休闲参与的影响机制研究》，《人文地理》2013年第28期。
[3] 周勇：《国民休闲产业发展中的时间分配因素》，《财经科学》2012年第5期。
[4] 乔菊英、李蕊平：《当前我国国民阅读状况分析》，《图书情报工作》2009年第13期。
[5] 张翔、张榴红、耿德勤等：《突发公共卫生事件中公众知觉压力对生活质量的影响：焦虑、抑郁情绪的中介作用》，《徐州医科大学学报》2022年第8期。

第一节 休闲社交活动分类

依据 2021 年中国时间利用调查的活动分类，休闲社交活动包括三个大类：体育锻炼与健身活动、娱乐休闲与社会交往和宗教活动。为行文方便，本章把体育锻炼与健身活动简称为体育健身，把社会交往与宗教活动简称为社交活动。本章对这三大类活动又做了进一步的划分，如表 15—1 所示。

表 15—1　　　　　　　　休闲社交活动的分类

体育锻炼与健身活动		步行、跑步、骑行	积极休闲
		跳广场舞、跳舞、做操、瑜伽	
		民间体育运动	
		器械健身	
		（正式）体育运动	
娱乐休闲	阅读	纸媒阅读	消极休闲
		手机阅读	
		平板阅读	
		其他电子媒介阅读	
	业余爱好	看视频和主播直播	
		其他使用媒体的活动（视频、音频）	
		业余爱好	
		游戏消遣	
		外出参观、看电影与演出	
	看电视	看电视	
	休息	纯休息	
社会交往和宗教活动		面对面社会交往（聊天）	
		非面对面社会交往活动（电话、微信、短信等）	
		宗教活动	

如表 15—1 所示，本章将体育健身、阅读、业余爱好界定为积极休闲或高质量休闲，将看电视、休息界定为消极休闲或低质量休闲。体育健

身、阅读、业余爱好都需要从事者的主动积极参与，有利于身心健康，丰富生活内容，可以看作人力资本投资；基于此，本章视之为积极休闲/高质量休闲。与之相比，看电视、休息往往不需要从事者的积极参与，因此，本章视之为消极休闲/低质量休闲。

社交活动对个人社会资本和社会和谐发展都有积极作用。社交活动包括面对面社交、非面对面社交、宗教活动，其中面对面社交的平均时长远高于非面对面社交和宗教活动。因此，本章在对社交活动的分析中集中关注面对面社交。

与 2017 年相比，2021 年中国时间利用调查受访者的年龄范围由 3 岁及以上扩大到 0 岁及以上。考虑到数据的可比性，本章报告的 2021 年数据为 3 岁及以上样本的时间利用情况。

第二节　总体情况

一　概述

表 15—2 报告了 2021 年中国居民休闲社交活动的时间利用状况。积极休闲（含体育健身、阅读和业余爱好）的平均时长为 2.22 小时/天，城镇高于农村 0.58 小时，男性高于女性。消极休闲（含看电视、休息）的平均时长为 1.91 小时/天，农村略高于城镇，男性略高于女性。社交活动的平均时长为 0.37 小时/天，其中面对面社交占 92%。面对面社交中，农村平均时长高于城镇，女性略高于男性。

表 15—2　　　　　中国居民休闲社交的平均时长　　　　　单位：小时/天

活动名称	全国	城镇	农村	男性	女性
积极休闲	2.22	2.43	1.85	2.35	2.07
其中：体育健身	0.74	0.86	0.54	0.76	0.72
阅读	0.39	0.47	0.25	0.40	0.37
业余爱好	1.09	1.10	1.06	1.19	0.98
消极休闲	1.91	1.90	1.94	1.95	1.88
其中：看电视	1.22	1.30	1.10	1.24	1.21

续表

活动名称	全国	城镇	农村	男性	女性
休息	0.69	0.60	0.84	0.71	0.67
社交活动	0.37	0.33	0.44	0.36	0.39
其中：面对面社交	0.34	0.30	0.41	0.33	0.36

二 省份之间差异

根据社会经济发展状况的不同，中国省份可分为东部、中部、西部和东北四大地区。不同地区城镇休闲社交的差异如图15—1所示。可见，越是发达的地区，居民的积极休闲时间越长，消极休闲时间越短，面对面社交时间与城市类型的关系不明显。

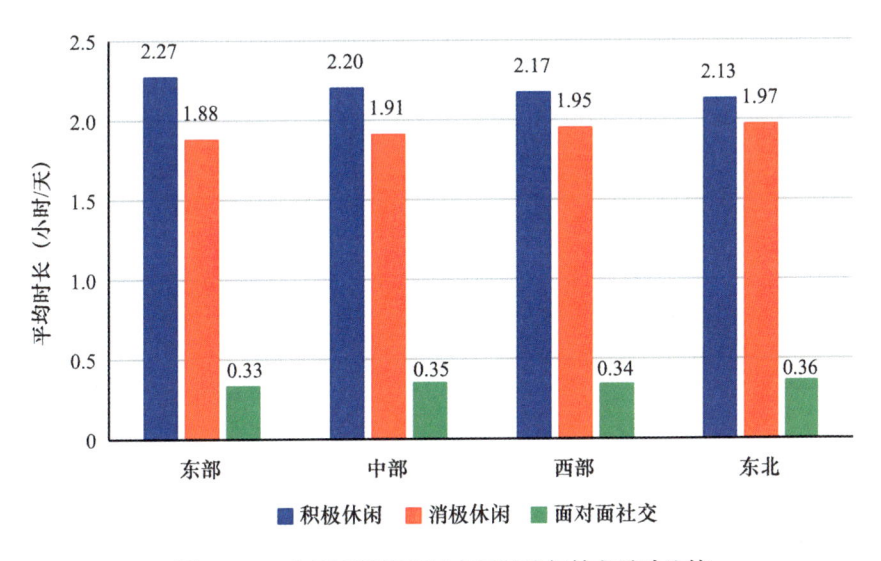

地区	积极休闲	消极休闲	面对面社交
东部	2.27	1.88	0.33
中部	2.20	1.91	0.35
西部	2.17	1.95	0.34
东北	2.13	1.97	0.36

图15—1 中国不同类型城市居民休闲社交活动比较

第三节 城乡差异和城镇内部差异

由于中国城乡之间、不同城镇之间经济发展和基础设施建设的不平衡，休闲社交存在明显的城乡差异和城镇间差异。

表15—3展示了中国居民休闲社交的城乡差异。从体育健身活动看,城镇居民体育健身的平均时长为0.86小时/天,比农村长0.32小时/天,全国男性体育健身的平均时长为0.76小时/天,比女性长0.04小时/天。从阅读活动看,城镇居民阅读的平均时长为0.47小时/天,比农村长0.22小时/天。全国男性阅读的平均时长为0.40小时/天,比女性长0.03小时/天。从业余爱好活动看,城镇居民业余爱好的平均时长为1.10小时/天,比农村长0.04小时/天,全国男性业余爱好的平均时长为1.19小时/天,比女性长0.21小时/天。

表15—3 中国居民休闲社交的城乡差异 单位:小时/天

活动	全国			城镇			农村		
	合计	男	女	合计	男	女	合计	男	女
体育健身	0.74	0.76	0.72	0.86	0.89	0.83	0.54	0.55	0.53
阅读	0.39	0.40	0.37	0.47	0.49	0.44	0.25	0.25	0.25
业余爱好	1.09	1.19	0.98	1.10	1.23	0.98	1.06	1.12	0.98
看电视	1.22	1.24	1.21	1.30	1.30	1.30	1.10	1.14	1.04
休息	0.69	0.71	0.67	0.60	0.60	0.60	0.84	0.88	0.81
社交活动	0.37	0.36	0.39	0.33	0.32	0.34	0.44	0.41	0.47
其中:面对面社交	0.34	0.33	0.36	0.30	0.29	0.31	0.41	0.38	0.44

从看电视活动看,城镇居民看电视的平均时长为1.30小时/天,比农村长0.20小时/天。全国男性看电视的平均时长为1.24小时/天,比女性长0.03小时/天。从休息活动看,城镇居民休息的平均时长为0.60小时/天,比农村短0.24小时/天。全国男性休息的平均时长为0.71小时/天,比女性多0.04小时/天。

从社交活动看,城镇居民社交活动的平均时长为0.33小时/天,比农村短0.11小时/天,其中城镇居民面对面社交(聊天)活动的平均时长为0.30小时/天,比农村短0.11小时/天。全国男性社交活动的平均时长为0.36小时/天,比女性短0.03小时/天,其中全国男性面对面社交活动的平均时长为 0.33 小时/天，比女性短 0.03 小时/天。

图 15—2 展示了城乡休闲活动类型。可见，城镇居民的休闲活动以积极休闲为主，而农村居民的休闲活动以消极休闲为主。而且无论城乡，积极休闲和消极休闲时间都是男性的平均时长高于女性。结合表 15—3 来看，在消极休闲活动中，看电视是娱乐休闲中时间最长的活动。城镇居民平均每天用于看电视的平均时长最长，为 1.30 小时/天。在积极休闲活动中，体育健身、阅读、业余爱好，城镇均高于农村。这种情况可能是以下几个原因导致：一是与城镇相比，农村休闲社交活动配套设施不足；二是与城镇相比，农村居民的教育水平较低，限制了像阅读这类的活动；三是与城镇相比，农村更多的体力劳动，使农村居民更愿意以看电视、休息与其他这类活动方式代替体育健身，尤其是农村女性。

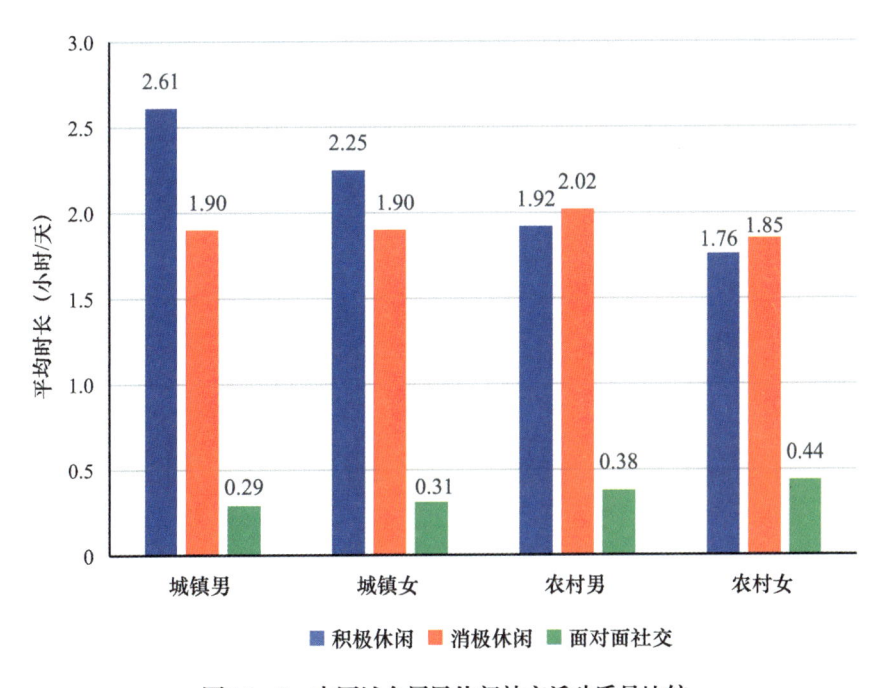

图 15—2 中国城乡居民休闲社交活动质量比较

从社交活动看，虽然手机以及和手机绑在一起的社交平台（如微信），成为居民每天交流沟通的必不可少的工具，但根据 2021 年中国时间利用调查数据显示，直接的面对面交流仍是我们社会交往最主要的方式。这种直接的面对面交流方式农村比城镇的平均时长要高。女性每天面对面交流的平均时长比男性高。尽管直接的面对面交流仍是我们社会交往最主要的方式，但是在非面对面社会交往的方式中，以微信方式进行的社交活动的参与率占据首位，成为主要方式，且城镇参与率比农村高，女性参与率比男性高。

第四节 不同年龄居民休闲社交活动的差异

不同年龄居民处于人生的不同阶段，从而其休闲社交也有所不同。表15—4和图15—3展示了不同年龄段中国居民的休闲社交情况。

表15—4　　　　不同年龄中国居民休闲社交的平均时长　　　单位：小时/天

年龄段	体育健身		阅读		业余爱好		看电视		休息		社交活动	
	男性	女性	男性	女性	男性	女性	男性	女性	男性	女性	男性	女性
3—5岁	0.37	0.51	0.07	0.12	4.23	3.90	1.48	1.17	0.49	0.96	0.10	0.09
6—8岁	0.22	0.40	0.10	0.35	1.22	1.68	1.15	0.82	0.40	0.35	0.31	0.05
9—11岁	0.25	0.21	0.46	0.19	1.13	1.08	0.98	0.74	0.32	0.34	0.19	0.05
12—14岁	0.64	0.25	0.11	0.15	0.71	0.51	0.63	0.53	0.45	0.47	0.24	0.07
15—17岁	0.35	0.07	0.09	0.43	0.93	0.76	0.59	0.36	0.52	0.26	0.29	0.33
18—21岁	0.30	0.43	0.66	0.76	2.18	1.79	0.35	0.75	0.68	0.41	0.27	0.35
22—30岁	0.68	0.45	0.56	0.43	1.55	1.25	0.44	0.84	0.91	0.47	0.24	0.14
31—40岁	0.36	0.47	0.36	0.43	1.17	0.66	0.72	0.74	0.59	0.55	0.24	0.30
41—50岁	0.59	0.71	0.49	0.46	0.90	0.60	1.06	1.03	0.51	0.51	0.28	0.40
51—60岁	0.85	0.89	0.41	0.29	0.79	0.84	1.48	1.38	0.70	0.66	0.49	0.46
61—70岁	1.71	1.28	0.41	0.40	0.98	0.91	2.31	1.82	0.95	0.91	0.61	0.67
71—80岁	1.62	1.41	0.40	0.30	0.94	0.73	2.87	2.58	1.23	1.36	0.72	0.94
81岁及以上	1.70	1.30	0.52	0.24	0.64	0.72	3.02	3.40	1.97	2.02	0.54	0.80

在积极休闲中，从50岁以后，年龄越大的分组，体育健身的平均时长越长。较为明显的是50岁以后，与女性相比，男性的体育健身时长增

图15—3　不同年龄居民休闲社交时长的性别差异

加幅度较大，导致性别差异扩大。从阅读活动看，居民每天用于阅读活动的平均时长都显示较少的时间。最大的阅读平均时长集中在18—21岁年龄段，为0.70小时/天。21岁之前女性每天用于阅读活动的平均时长高于男性，41岁之后男性高于女性，且性别差异扩大。业余爱好平均时长较高的集中在18—21岁年龄段，30岁成家以后，花在业余爱好上的平均时长明显下降。

在18—40岁的三个分组中，女性看电视比男性长，40岁以后男性看电视比女性长。休息时长随着年龄组增大而增加，性别差异不大。从休闲社交活动的年龄差异看，总体趋势是年轻人休闲社交时间短，老年人时间长。在图15—3中，居民平均每天用于休闲社交活动的时间在50岁以后有明显增加的趋势，且普遍是男性高于女性。可以发现，在60岁以后，尽管男女的休闲社交活动平均时长都有增加，但性别差异扩大。从本书其他章节可以看到，可能是女性在这个时间段照顾第三代和其他家人的活动增加导致这个年龄段的女性的无酬劳动开始增加，从而引起性别差异的扩大。这一情况在农村中更为明显。

从图15—3中还可以发现，18—21岁居民的休闲社交时长明显高于12—17岁，这反映了大学阶段与中学阶段的休闲社交差异。图15—4展示了不同年龄居民的阅读情况。

图 15—4　不同年龄居民阅读活动平均时长

可见，居民平均每天用于阅读活动的平均时长，20 岁左右（大学）达到最高时长，接近 0.8 小时/天，然后开始随年龄下降，表明中国居民的阅读活动集中在上学期间，工作以后阅读活动开始明显下降，退休后男性的阅读平均时长高于女性。中国居民除了上学，只有退休后才又开始增加阅读。

总体上看，积极休闲的时间集中在 30 岁之前和 70 岁之后，且男性的平均时长高于女性。消极休闲的时间具有同样的年龄特点，且男性的平均时长略高于女性。

第五节　不同受教育程度居民休闲社交活动的差异

受教育水平不同，居民对休闲社交的价值认知也不同，所以受教育程度会影响人们的休闲社交的方式。本节分析不同受教育程度居民休闲社交活动的差异。在 2021 年中国时间利用调查数据中，仅 16 岁及以上的样本有受教育程度信息，因此，本节分析的是 16 岁及以上的居民。表 15—5 展示了不同受教育程度居民休闲社交的总体情况。

表15—5　　　　　不同受教育程度中国居民休闲社交的平均时长　　　单位：小时/天

	体育健身		阅读		业余爱好		看电视		休息		社交活动	
	男性	女性	男性	女性	男性	女性	男性	女性	男性	女性	男性	女性
没上过学	1.16	0.79	0.07	0.06	0.73	0.52	1.41	1.44	1.66	1.41	0.63	0.84
小学	1.06	0.85	0.28	0.28	0.82	0.71	1.75	1.58	1.07	0.88	0.63	0.59
初中	0.78	0.80	0.31	0.38	1.22	0.95	1.29	1.32	0.81	0.63	0.37	0.43
高中	0.83	0.97	0.54	0.51	1.15	0.73	1.44	1.38	0.62	0.49	0.39	0.40
中专/职高	0.70	0.73	0.59	0.75	1.45	1.26	1.07	1.02	0.44	0.53	0.24	0.22
大专/高职	0.76	0.73	0.55	0.57	1.22	1.03	1.16	1.14	0.53	0.47	0.38	0.26
大学本科及以上	0.74	0.73	0.40	0.41	1.15	0.95	1.20	1.17	0.69	0.66	0.35	0.37

可见，在教育水平较低的人群中，休息活动和社交活动的平均时长较长。社交活动中女性平均时长高于男性，体育健身是男性高于女性。教育水平越高，阅读活动的平均时长越长，而看电视的时间越短，且性别差异不明显。

总体上看，受教育水平越高，积极休闲的平均时长越长，消极休闲的平均时长越少，且性别差异也缩小，但总休闲时间并没有随受教育水平的提高而明显增加。

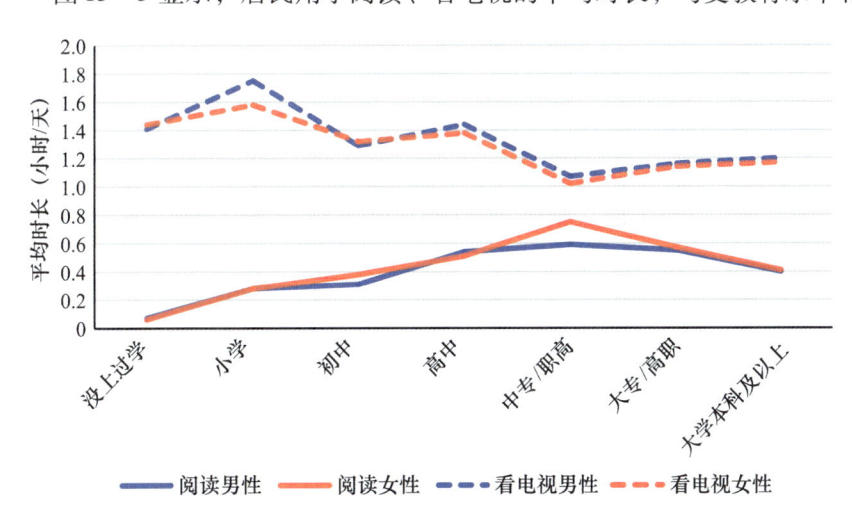

图15—5显示，居民用于阅读、看电视的平均时长，与受教育水平相

图15—5　不同受教育程度居民阅读和看电视的平均时长

关。受教育水平越高，每天用于阅读的时间越长。没上过学的居民每天阅读的平均时长为 0.06 小时/天，大学本科及以上学历的居民每天阅读的平均时长接近 0.40 小时/天。看电视时间随着受教育水平的提高越来越少。从图 15—5 中可看到学历高的人群阅读时间长。对于学历高的人，阅读可能也构成了工作的一部分。同时也可能是因为相比学历低的人，娱乐休闲更倾向于主动型、高质量的活动。

根据 2021 年中国时间利用调查数据，居民每天社交活动的平均时长为 0.37 小时/天。其中，面对面社交的平均时长是 0.34 小时/天。图 15—6 显示，教育水平越高，面对面社交的平均时长越少，非面对面社交方式增加。性别差异不明显。

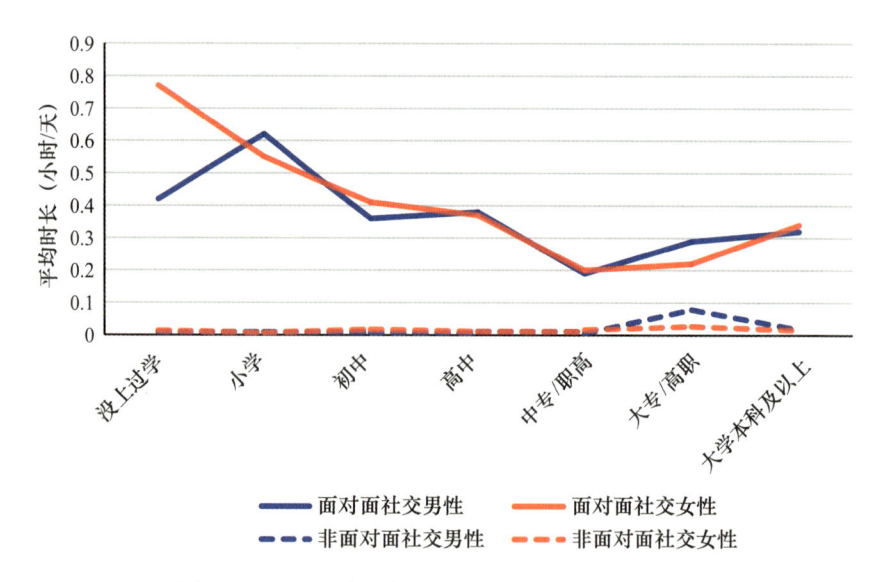

图 15—6　不同受教育程度居民社交活动的平均时长

第六节　不同收入水平居民休闲社交活动的差异

收入不同的居民，其休闲社交会有所不同。表 15—6 展示了居民收入水平与其休闲社交活动时长的关系，其中的收入档为按本省居民家庭人均收入划分的五等分组：0—20%、20%—40%、40%—60%、60%—80%、80%—100%。

表 15—6 不同收入水平中国居民休闲社交的平均时长   单位：小时/天

收入档	体育健身		阅读		业余爱好		积极休闲	看电视		休息		消极休闲	社交活动	
	男性	女性	男性	女性	男性	女性		男性	女性	男性	女性		男性	女性
1	0.60	0.70	0.47	0.26	0.57	0.75	1.68	1.31	1.04	0.64	0.44	1.71	0.31	0.20
2	0.77	0.51	0.38	0.47	0.67	0.64	1.71	0.84	0.91	0.74	0.31	1.38	0.14	0.25
3	0.60	0.58	0.41	0.32	1.04	0.77	1.87	0.97	0.89	0.53	0.45	1.43	0.35	0.30
4	0.59	0.56	0.53	0.54	1.07	0.50	1.97	1.17	0.70	0.36	0.45	1.39	0.23	0.44
5	0.61	0.56	0.48	0.48	0.91	0.85	1.96	0.69	0.73	0.50	0.50	1.20	0.22	0.20

图 15—7 显示，总体上看，随着收入的增加，积极休闲的平均时长有所增加，消极休闲的平均时长下降。换句话说，居民收入水平的增加有利于提升休闲的质量水平。

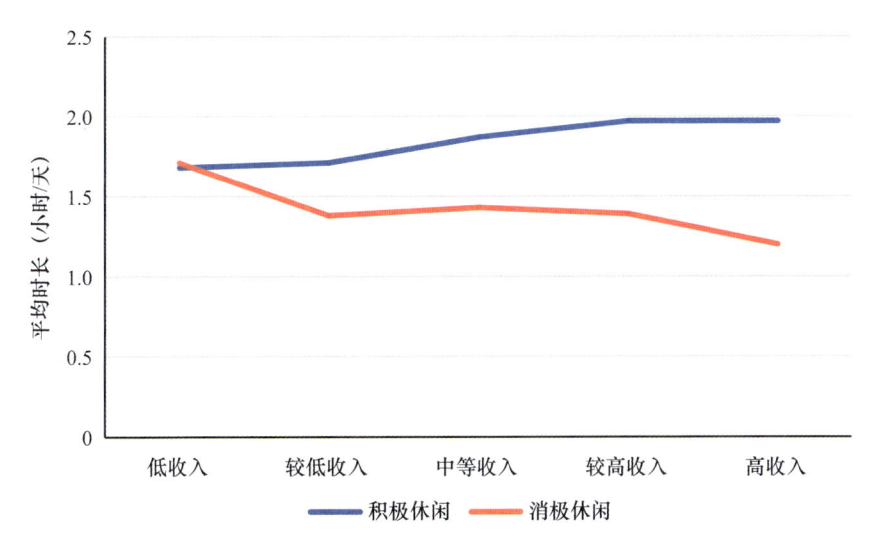

图 15—7 不同收入水平居民休闲活动平均时长

无论是积极休闲还是消极休闲，居民休闲活动时长的性别差异，没有随收入增加而缩小。但是随着收入增加，无论是城镇还是农村，消极休闲的时间都有下降的趋势（见图 15—8）。收入的增加不仅提高了城市居民的休闲质量，也提升了农村居民的休闲质量。

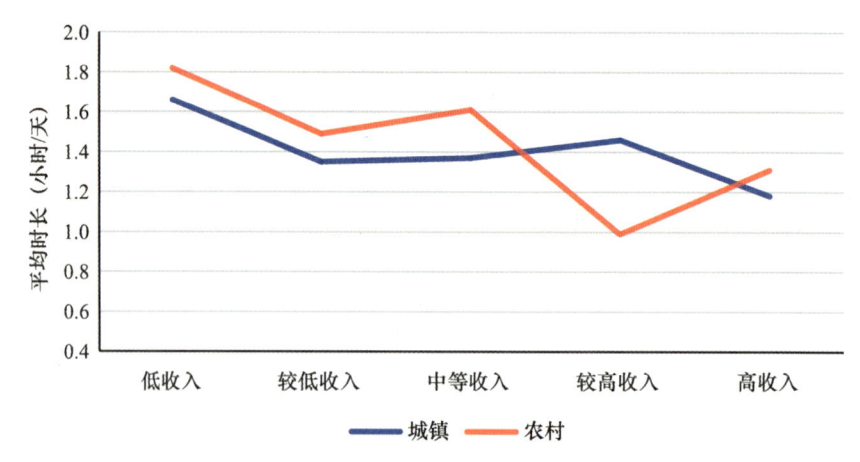

图 15—8　不同收入水平居民消极休闲的城乡差异

第七节　休闲社交的变化

在过去 4 年里，中国的经济有了较大增长，居民收入和生活水平也有较大幅度的提高。同时，受新冠疫情影响，居民休闲社交的结构也会发生变化，例如，疫情之后，人们更加重视身体健康，因而体育健身的时长明显增加。为了解中国居民休闲社交随时间的变化，本章将 2021 年与 2017 年数据进行比较，如表 15—7 所示。

表 15—7　2017 年和 2021 年中国居民休闲社交平均时长比较 单位：小时/天

	2021 年全国	2017 年全国	2021 年城镇	2017 年城镇	2021 年农村	2017 年农村
体育健身	0.74	0.57	0.86	0.69	0.54	0.39
阅读	0.39	0.27	0.47	0.34	0.25	0.17
业余爱好	1.09	0.89	1.10	0.92	1.06	0.85
看电视	1.22	1.70	1.30	1.68	1.10	1.73
社交活动	0.37	0.50	0.33	0.45	0.44	0.57
休息	0.69	0.62	0.60	0.53	0.84	0.73

图 15—9 显示，与 2017 年相比，2021 年中国居民休闲社交的平均时长减少了 0.05 小时/天，但是休闲社交的质量有所改进：体育健身、阅读、业余爱好等积极休闲活动的平均时长增加了 0.49 小时/天，作为消极休闲的看电视的平均时长减少了 0.48 小时/天。与 2017 年相比，休闲社交活动的城乡差异扩大了。2017 年休闲社交活动平均时长的城乡差异为 0.17 小时/天，2021 年休闲社交活动平均时长的城乡差异上升为 0.43 小时/天。

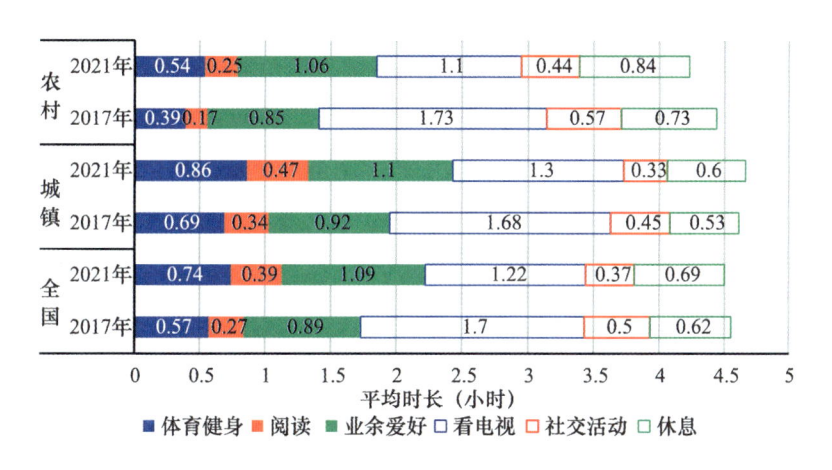

图 15—9　2017 年和 2021 年中国居民休闲社交平均时长比较

教育部《学校体育工作条例》规定，要保证学生每天有 1 小时体育活动的时间，由图 15—10 可以看出，各个年龄段中小学生体育健身明显不足。根据 2021 年中国时间利用调查数据，无论是小学生还是高中生，体育锻炼和健身活动均低于 1 小时。

党的二十大报告提出，要广泛开展全民健身活动，加强青少年体育工作，促进群众体育和竞技体育全面发展，加快建设体育强国。通过表 15—8 可以看出，与 2017 年相比，2021 年中小学生体育锻炼时间已有了很大的改善，但是仍然存在体育健身时长不足的问题，健身活动还需进一步加强。

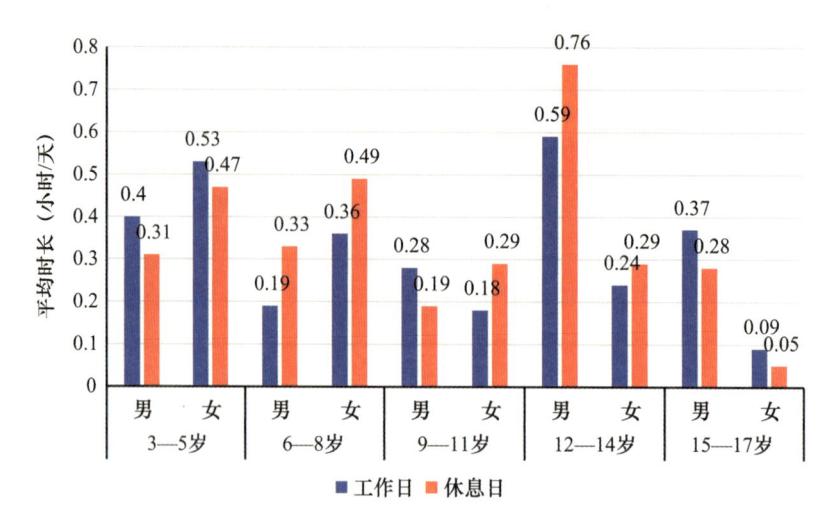

图 15—10　中小学生体育健身平均时长

表 15—8　　2017 年和 2021 年中小学生体育健身平均时长比较　单位：小时/天

		工作日		休息日	
		2021 年	2017 年	2021 年	2017 年
3—5 岁	男	0.40	0.25	0.31	0.11
	女	0.53	0.29	0.47	0.13
6—8 岁	男	0.19	0.18	0.33	0.31
	女	0.36	0.17	0.49	0.33
9—11 岁	男	0.28	0.17	0.19	0.11
	女	0.18	0.19	0.29	0.19
12—14 岁	男	0.59	0.31	0.76	0.68
	女	0.24	0.22	0.29	0.32
15—17 岁	男	0.37	0.35	0.28	0.17
	女	0.09	0.19	0.05	0.13

表 15—9　　2017 年和 2021 年不同收入水平中国居民休闲社交的平均时长　　单位：小时/天

	低收入		较低收入		中等收入		较高收入		高收入	
	2021年	2017年	2021年	2017年	2021年	2017年	2021年	2017年	2021年	2017年
体育健身	0.65	0.57	0.64	0.68	0.59	0.62	0.58	0.61	0.59	0.67
阅读	0.37	0.03	0.43	0.11	0.37	0.25	0.54	0.39	0.48	0.44
业余爱好	0.66	1.19	0.66	0.35	0.91	0.55	0.79	0.58	0.88	0.89
看电视	1.18	1.80	0.88	2.05	0.93	1.86	0.94	1.66	0.71	1.66
休息	0.54	1.40	0.53	0.91	0.49	0.54	0.41	0.44	0.50	0.46
社交活动	0.26	0.71	0.20	0.59	0.33	0.45	0.34	0.38	0.21	0.43

与 2017 年相比，2021 年居民的体育健身、阅读等积极休闲时长有所上升，看电视和休息等消极休闲时长有所下降，这一现象在低收入和较低收入的人群中体现得更明显，休闲质量提升。高低收入人群在休闲时长方面的差异缩短，具体地，2017 年高收入人群阅读时长为 0.44 小时/天，低收入人群阅读时长为 0.03 小时/天，差距为 0.41 小时/天，而这一差距在 2021 年时缩短为 0.11 小时/天。与 2017 年相比，2021 年居民的社交活动时长在各个收入人群中均呈现明显下降趋势。

由表 15—10 可以看出，与 2017 年相比，2021 年体育健身时长在各个学历阶段都有所增加，且增加幅度相差不大。除了大学本科及以上人群，阅读时长与 2017 年相比，均是增加的，其中增加最多的是中专/职高学历人群，增加了 0.23 小时/天。除了没上过学的群体，业余爱好时长与 2017 年相比，均呈现增加趋势且增加幅度较大。积极休闲时长整体来看是增加的。除了大学及本科以上人群，看电视时长与 2017 年相比均下降且下降幅度较大。休息时长在各个学历层次中，2021 年与 2017 年相比普遍上升，但上升的幅度不大。社交活动方面两年差异不大，低学历人群社交活动时长较长，而高学历人群的社交活动时长较短。

表 15—10　　2017 年和 2021 年不同学历水平中国居民休闲社交的平均时长比较　　单位：小时/天

	体育健身		阅读		业余爱好		看电视		休息		社交活动	
	2021年	2017年	2021年	2017年	2021年	2017年	2021年	2017年	2021年	2017年	2021年	2017年
没上过学	0.98	0.57	0.07	0.03	0.63	1.19	1.43	1.80	1.54	1.40	0.74	0.72
小学	0.96	0.68	0.28	0.11	0.77	0.35	1.67	2.06	0.98	0.92	0.61	0.59
初中	0.79	0.62	0.35	0.25	1.08	0.55	1.31	1.86	0.72	0.54	0.40	0.45
高中	0.9	0.61	0.53	0.39	0.94	0.58	1.41	1.66	0.56	0.44	0.41	0.38
中专/职高	0.72	0.67	0.67	0.44	1.36	0.89	1.05	1.66	0.49	0.46	0.23	0.43
大专/高职	0.75	0.58	0.56	0.54	1.13	1.15	1.38	1.38	0.50	0.41	0.32	0.34
大学本科及以上	0.74	0.54	0.41	0.66	1.10	0.67	1.19	0.94	0.68	0.28	0.36	0.41

第八节　小结

本章使用 2021 年中国时间利用调查数据，从性别、城乡、城市之间、年龄、受教育程度、家庭收入水平等方面，分析中国居民休闲社交的社会差异。

第一，与 2017 年相比，中国居民休闲社交总时长增加，质量提高，各类休闲社交活动的城乡差异扩大，性别差异没有明显变化。

第二，城镇和农村居民的休闲活动以看电视和业余爱好等为主，与 2017 年相比，积极休闲时间上升，总休闲时间上升，且男性的休闲活动平均时长高于女性。看电视是娱乐休闲中时间最长的活动。从社交活动类型看，直接的面对面交流仍是我们社会交往最主要的方式。这种直接面对面的交流方式在农村比城镇的平均时长要高。

第三，体育健身活动的总体趋势是年轻人体育健身时间短，老年人时间长。其中，中小学生体育锻炼明显不足。教育部《学校体育工作条例》中规定，保证学生每天有 1 小时体育活动的时间。无论是小学生还是高中生，体育锻炼和健身活动均低于 1 小时。

第四，居民受教育水平越高，每天用于阅读的时间越长，看电视的时间越短。产生的原因可能是，对于学历高的人来说，阅读也构成了其工作的一部分；也可能是因为学历高的人对于人力资本投资的要求也高，因而这类群体更偏向于积极、高质量的活动。

从本章的分析可以得到以下启示：第一，从休闲社交的城乡差异来看，首先由于当前城镇和农村居民的休闲活动仍然以看电视等消极休闲为主，可以通过有针对性地提升城镇、农村电视节目的质量，以提升居民休闲质量。其次考虑到农村居民体力劳动时间高于城镇，可适当增加更适合农村居民生活方式的休闲社交设施、项目种类。2024 年《政府工作报告》指出，要"深化全民阅读活动……加大体育改革力度……建好用好群众身边的体育设施，推动全民健身活动广泛开展"。最后对于经济发达地区的城市居民，则更需要为他们提供更多的休闲时间，来提升城镇居民的休闲质量。

第二，从休闲社交的年龄差异看：一是考虑到老年人相对空闲时间较为充裕，要为老年人提供更多的休闲社交设施和项目，丰富老年人的休闲社交生活。尤其是对于女性，通过建立更多、更便利的社区家庭服务项目，增加她们的休闲时间，提高晚年生活质量。二是大学生远比中小学生有更多的休闲社交时间，对此，国家制定了针对中小学生的减负以及大学生的"以本为本"相关政策，本章结果表明，相关政策可以继续加强。

第三，从不同受教育程度、不同收入居民休闲社交的差异来看：学历和收入水平与个体积极休闲活动呈正相关关系。学历较高、收入水平较高的群体，积极休闲的时间投入较高，也意味着生活质量较高。考虑到短期内教育和收入方面的城乡差异仍然存在，为了提高农村居民休闲质量，需要国家从政策层面上增加对农村休闲社交基础设施的供给。

第十六章

居民的数字生活

数字生活是以互联网和一系列数字技术应用为基础的一种生活方式，它能够丰富居民整体物质文化生活，① 更是对现实生活的延伸与超越。② 尤其是近十年，数字产品的快速普及让数字技术与人们的生活愈加贴近。智能手机、网络电视、平板电脑等产品的功能也日趋强大，涵盖了人们生活中包括通话、聊天、搜索、阅读、视频、音乐、支付和医疗等各个方面，人们将以更低的成本在数字生活中获取用于自身全面发展的物质资源和精神资源。③

数字经济的快速发展，不可避免地带来了数字鸿沟。④ 数字鸿沟被定义为不同社会经济水平的个人和家庭在获得或使用信息和通信技术的机会方面的差异性。⑤ 其中，将不同人群在接入信息通信设备及获取信息产品和服务的差距定义为一级数字鸿沟；将接入信息通信设备后使用层面的差距定义为二级数字鸿沟。⑥ 第52次《中国互联网络发展状况统计报告》数据显示，截至2023年6月，中国互联网普及率达76.4%，

---

① 董志勇、何丝、李成明：《民族地区数字生活提升家庭幸福感了吗？》，《中央民族大学学报》（哲学社会科学版）2023年第5期。

② Negroponte, N., *Being Digital*, New York: Vintage Books, 1996.

③ 戚聿东、褚席：《数字生活的就业效应：内在机制与微观证据》，《财贸经济》2021年第4期。

④ 郑国楠、李长治：《数字鸿沟影响了数字红利的均衡分配吗——基于中国省级城乡收入差距的实证检验》，《宏观经济研究》2022年第9期。

⑤ OECD, *Information Technology Outlook*, Paris: OECD, 2022.

⑥ 黄漫宇、窦雪萌：《城乡数字鸿沟会阻碍农村居民消费结构升级吗？——基于中国家庭追踪调查（CFPS）数据的分析》，《经济问题探索》2022年第9期。

互联网基础建设全面覆盖，用户规模稳步增加。由接入差异导致的数字鸿沟正逐渐弥合，但由使用层面的不平等导致的数字鸿沟依旧存在。随着数字产品的快速普及，人们的时间分配开始发生重大变化，而时间又是一种稀缺资源，时间配置和利用效率关系到劳动者的效用和福利水平。①

本章使用 2021 年中国时间利用调查数据以及 2021 年中国家庭金融调查数据，探讨上述存在的问题。首先，介绍当前中国居民的智能手机拥有及手机使用情况。然后分析不同年龄、性别、就业状况及收入水平等因素对居民数字生活的影响。通过探讨数字鸿沟对居民生活的影响，分析数字鸿沟对居民时间分配的影响。通过本节可以看出居民的数字生活挤占了哪些活动的时间及时长，这有助于研究数字生活对于中国居民生活质量的影响。

第一节 数字生活的发展

党的二十大报告指出，"加快发展数字经济，促进数字经济和实体经济深度融合，打造具有国际竞争力的数字产业集群"。② 2024 年《政府工作报告》进一步指出，要"制定支持数字经济高质量发展政策，积极推进数字产业化、产业数字化，促进数字技术和实体经济深度融合……适度超前建设数字基础设施，加快形成全国一体化算力体系，培育算力产业生态。我们要以广泛深刻的数字变革，赋能经济发展、丰富人民生活、提升社会治理现代化水平"。《中国城市数字经济发展报告（2023）》数据显示，目前我国数字经济规模超过 50 万亿元，占 GDP 比重提升至 41.5%。数字经济已成为继农业经济、工业经济之后的主要经济形态。《"十四五"数字经济发展规划》提出，要优化升级数字基础设施，加快建设信息网络基础设施，有序推进基础设施智能升级；持续提升公共服

---

① Floro, M. S., "Economic Restructuring, Gender and the Allocation of Time", *World Development*, 1995, 23 (11).
② 习近平：《高举中国特色社会主义伟大旗帜 为全面建设社会主义现代化国家而团结奋斗——在中国共产党第二十次全国代表大会上的报告》，人民出版社 2022 年版，第 30 页。

务数字化水平，提高"互联网+政务服务"效能，提升社会服务数字化惠普水平，推动数字城乡融合发展。数字经济的发展，不仅推动了经济的高质量发展，也对居民的数字生活产生了重要的影响。

自2019年5G商用启动后，5G网络建设快速推进，根据2024年《政府工作报告》，我国5G用户普及率超过50%。作为一种高速率、低时延和广连接为特点的新一代宽带移动通信技术，5G通信推动实现人机互联渗透到居民生活的方方面面。人工智能、大数据以及云计算等数字技术的快速发展，对人们的生活产生了全面而深刻的影响，人们的生活方式也已进入"数字化生存"阶段。① 人们可以通过网络随时随地进行通信、学习、交流、办公以及娱乐等活动。从社交角度来看，线上社交的社会网络具有网络规模大、差异大、范围广的特点，相比线下社交，线上社交能够有效拓展人际交往的范围。② 第52次《中国互联网发展状况统计报告》数据显示，截至2023年6月，我国即时通信用户规模已达10.46亿人。从互联网应用角度来看，2022年底Open AI公司发布的聊天机器人模型ChatGPT-3.5对人工智能走向应用具有重要的里程碑意义。③ 通过连接大量的资料库训练，ChatGPT能够快速对大量知识进行储备，并通过聊天的上下文进行互动，这种学习能力不限于聊天，更可以进行撰写材料、文案以及代码等。数字技术的发展，不仅对居民的日常生活产生影响，也改变着传统行业模式。短视频以及直播的崛起，使多样化的数字生活拓展了传统行业的半径，也进一步拓展了居民的生活场景。2023年6月，网络视频用户规模已达10.4亿人。综上，数字经济推动居民数字生活的发展，人们通过网络享受到了更加便捷、安全以及丰富的数字生活。

---

① 戚聿东、褚席：《数字生活的就业效应：内在机制与微观证据》，《财贸经济》2021年第4期。

② 郭小弦、周润琪：《数字时代的社会交往模式：线上与线下的对比研究》，《浙江社会科学》2023年第12期。

③ 董艳、夏亮亮、李心怡等：《ChatGPT赋能学生学习的路径探析》，《电化教育研究》2023年第12期。

第二节　不同特征居民的数字生活

本节主要介绍中国居民手机使用情况以及居民数字生活的基本概况，数据来自 2021 年中国时间利用调查（CTUS）和 2021 年中国家庭金融调查（CHFS）。选取年龄段在 10—80 岁的居民作为研究对象，总样本数为 14818 个，其中城镇样本 8286 个，占 55.9%；农村样本 6532 个，占 44.1%。从性别方面来看，男性样本 7262 个，占 49.0%；女性样本 7556 个，占 51.0%。

一　智能手机拥有及手机使用情况

图 16—1 是中国家庭金融调查样本中居民拥有手机的情况，可以看出，中国居民拥有手机的比例已经达到了 96.8%，其中拥有智能手机的比例占 88.3%，拥有非智能手机的比例占 8.5%，而没有手机的比例仅占 3.2%。从表 16—1 可以看出，2021 年居民智能手机拥有情况显著高于 2017 年，非智能手机拥有率显著降低。

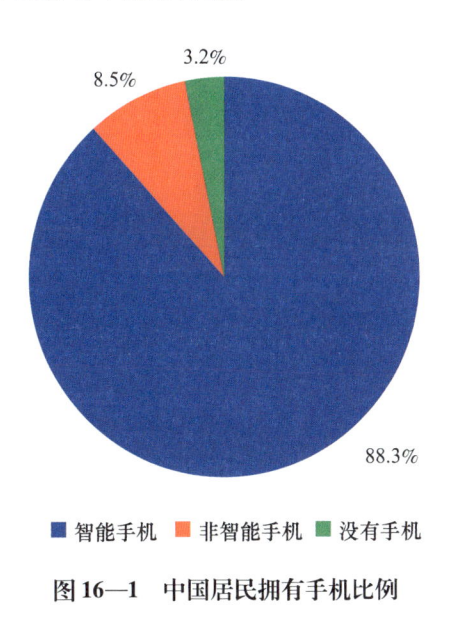

图 16—1　中国居民拥有手机比例

表 16—1　　　　2017 年和 2021 年居民拥有手机比例　　　　单位：%

手机使用类型	2021 年	2017 年
智能手机	88.3	63.0
非智能手机	8.5	32.2
没有手机	3.2	4.8

图 16—2 展示的是不同收入人群智能手机拥有率。收入划分是按照每省家庭收入五分位进行度量。可以看出智能手机拥有率与收入呈正向关系，随着收入水平的提高，智能手机的拥有率也在提高。高收入人群智能手机拥有率是低收入人群的 1.27 倍。

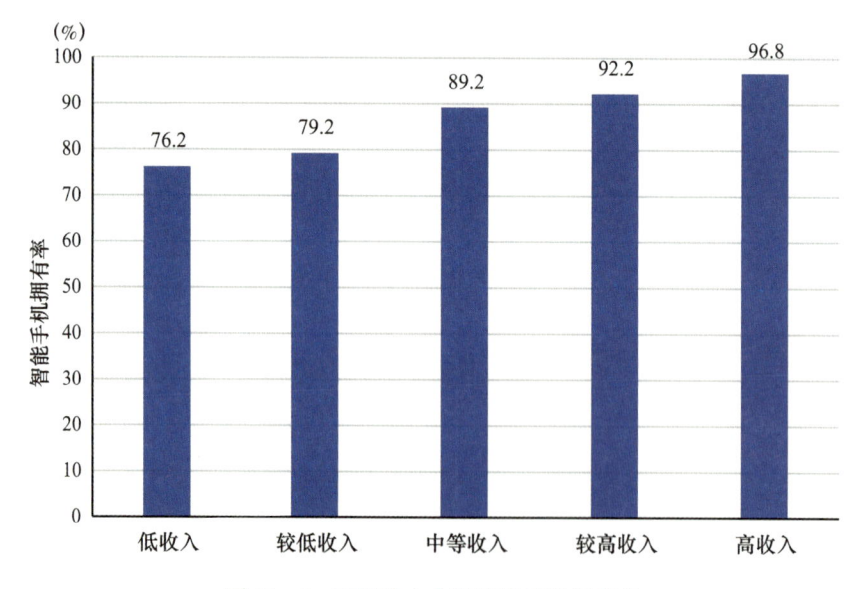

图 16—2　不同收入人群智能手机拥有率

（低收入 76.2，较低收入 79.2，中等收入 89.2，较高收入 92.2，高收入 96.8）

从图 16—3 中可以看出，智能手机拥有率和居民受教育程度呈正向关系，随着受教育程度的提高，智能手机拥有率也在不断地增加。大专与本科及以上居民智能手机拥有率基本持平，本科及以上居民智能手机拥有率是没上过学的居民的 2.08 倍。

从图 16—4 中可以看出，从事农、林、牧、渔业生产的居民智能手

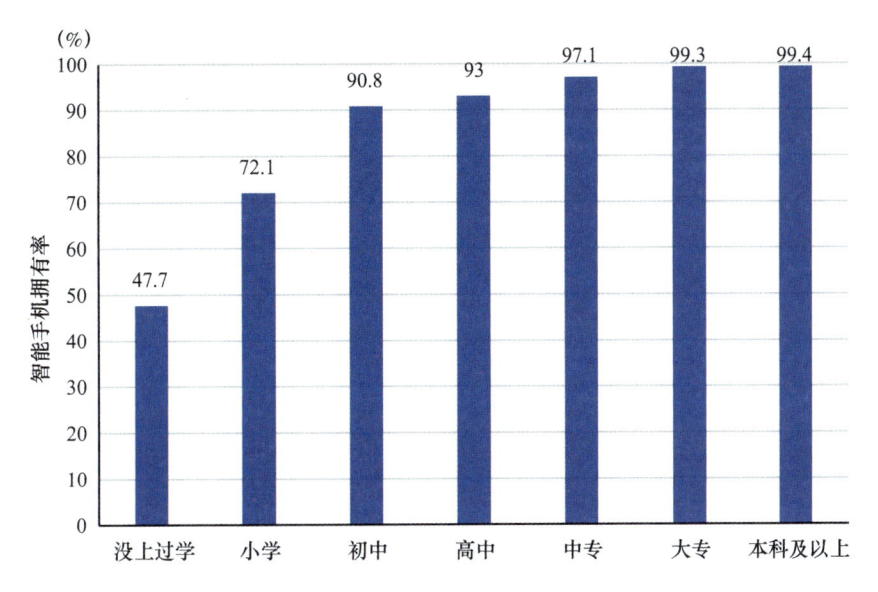

图 16—3　分受教育程度智能手机拥有率

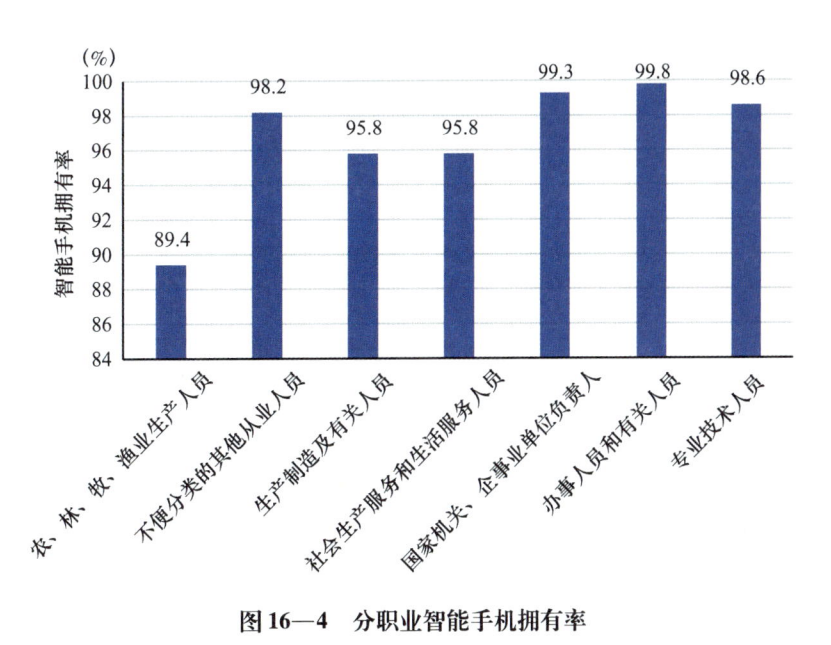

图 16—4　分职业智能手机拥有率

机拥有率最低，为 89.4%。办事人员和有关人员智能手机拥有率最高，达 99.8%。其他职业差异不大。

表 16—2 是居民在调查当天使用手机的情况，可以看出，样本中有

40.8%的居民在调查当天使用了智能手机。与2017年相比，2021年居民手机使用率有所上升。造成使用手机比例比拥有手机比例小的原因可能有：农民在调查当天进行劳动没有携带手机；工人在工作过程中承担的任务较重没有时间使用手机；一部分学生拥有手机，但因为在学校学习不能使用手机；相当一部分年老的人群因为文化程度较低等原因拥有手机但不会使用；受访者虽然一天中多次使用手机，但每次使用时长都在10分钟以下，故没有统计。

表16—2　　　　　2017年和2021年居民手机使用情况　　　　　单位：%

	2021年	2017年
不使用手机	59.2	76.6
使用手机	40.8	23.4

从图16—5可以出，2021年手机使用率与收入呈倒"U"形关系，高收入人群手机使用率低于较高收入人群。2021年不同收入人群手机使用率均显著高于2017年。

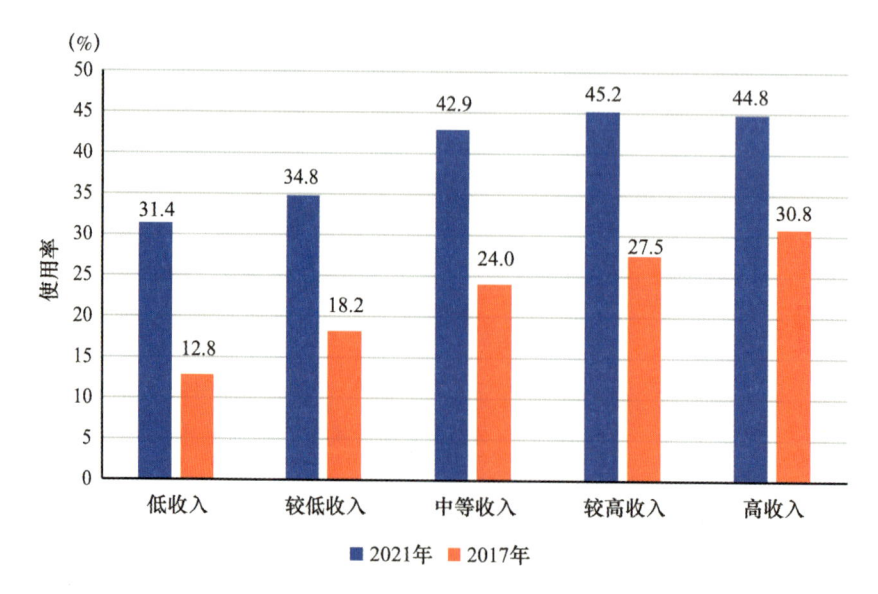

图16—5　2017年和2021年不同收入人群手机使用率

从图 16—6 可以看出，2021 年手机使用率与居民受教育程度大致呈现倒"U"形关系。受教育程度为本科及以上居民手机使用率显著低于受教育程度为大专的居民。2021 年除了受教育程度为本科及以上居民，其他人群手机使用率均有所上升，受教育程度为本科及以上居民手机使用率较 2017 年有所下降。

图 16—6　2017 年和 2021 年不同受教育程度手机使用率

从图 16—7 可以看出，2021 年不同职业人群的手机使用率与 2017 年相比均有所上升，从事农、林、牧、渔业生产的居民手机使用率上升 24.7 个百分点，上升程度最高。但 2021 年从事农、林、牧、渔业生产的居民手机使用率仍为最低，为 38.7%。生产制造及有关人员手机使用率最高，为 53.7%。其他职业人员手机使用率差异不大。

二　不同特征居民的数字生活

随着信息技术的快速发展，智能手机、网络电视、平板电脑等数字产品极大地充实了居民的数字生活，人们依托互联网的发展享受到了更丰富的线上资源。不同年龄阶段的居民都可以从数字生活中找到最适合自己的方式。本章主要从线上社交、电子阅读、网络游戏、视听活动四

图 16—7　2017 年和 2021 年分职业手机使用率

个方面，讨论居民数字生活情况。

图 16—8 是全样本居民在调查当天开展以上四项活动的时间利用情况。可以看出，2021 年居民整体数字生活时间显著高于 2017 年。其中，相较 2017 年，2021 年无论男性还是女性居民视听活动时长都有显著提升，平均每日活动时长均已超过一个半小时，在四项活动中平均时长最

图 16—8　2017 年和 2021 年数字生活描述性统计

长。网络游戏时间较 2017 年有所上升,并且男性居民游戏时长显著高于女性。电子阅读时长较 2017 年略有上升,而线上社交时长与 2017 年相比有所下降。

(一) 不同人群线上社交时间的差异

从图 16—9 可以看出,在 10—40 岁,男性线上社交时长显著高于女性。在 40 岁之后,女性线上社交时长高于男性,且二者的变动趋势基本一致。从整体上看,居民平均每日用于线上社交时长不多,这可能是由于大部分居民每次用于线上社交时长都在 10 分钟以下,故未能统计。

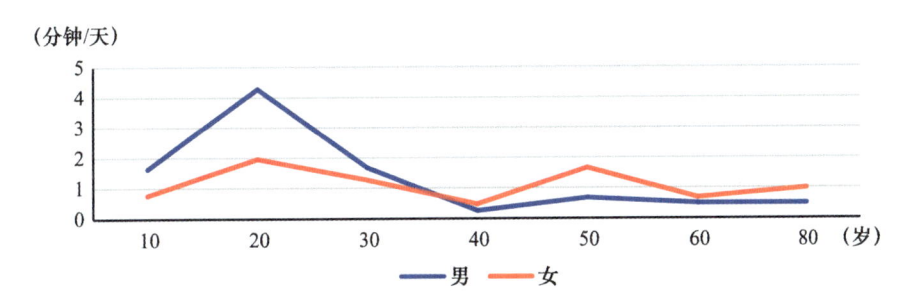

图 16—9 分年龄、分性别线上社交时间

从图 16—10 可以看出,三类人群中就业者与学生线上社交时长稍长,且男性线上社交时长高于女性。而无业者人群中男性线上社交时长则低于女性。

(二) 不同人群电子阅读时间的差异

从图 16—11 可以看出,女性电子阅读时长随着年龄增长有缩短的趋势,而男性随着年龄的增长,电子阅读时长变化并不大。

从图 16—12 可以看出,三类人群中无业者平均每日用于电子阅读时长最长,学生用于电子阅读时长最短。这可能是由于无业者每日可自由支配的时间更多,因此用于电子阅读时长也较长于就业者与学生群体。从整体来看,不同人群中男性与女性电子阅读时长相差不多。

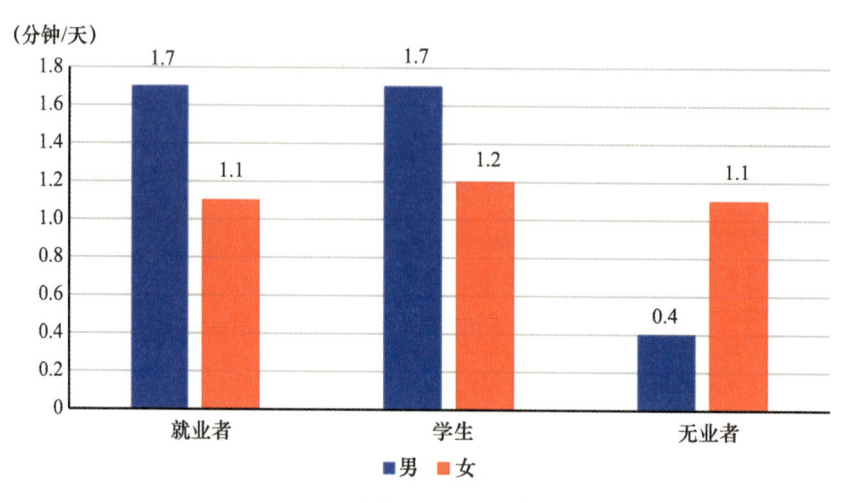

图 16—10　分就业情况、分性别线上社交时间

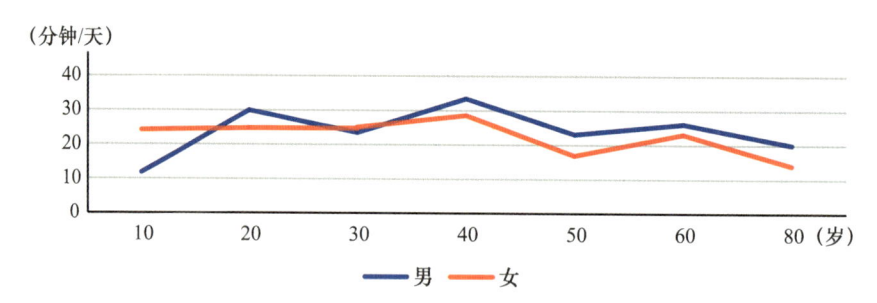

图 16—11　分年龄、分性别电子阅读时间

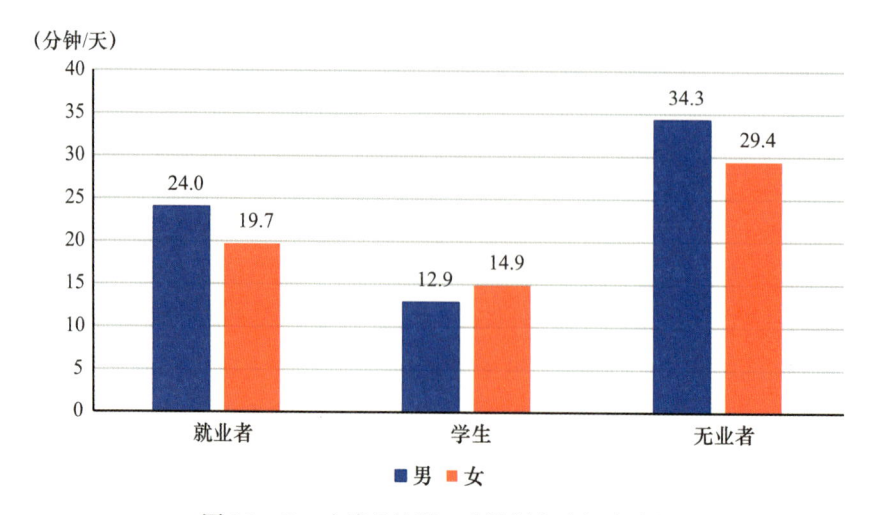

图 16—12　分就业情况、分性别电子阅读时间

（三）不同人群网络游戏时间的差异

从图16—13可以看出，在50岁之前，男性用于网络游戏的时长显著高于女性，并在20岁左右时达到最高点，平均每日用于网络游戏时长达43分钟。女性网络游戏时长最高点位于10岁左右，平均每日用于网络游戏时长为17分钟。从20岁之后，无论男性还是女性，网络游戏时长均随着年龄的增长而逐渐缩短。在50岁之后，男性与女性平均每日用于网络游戏时长基本一致。

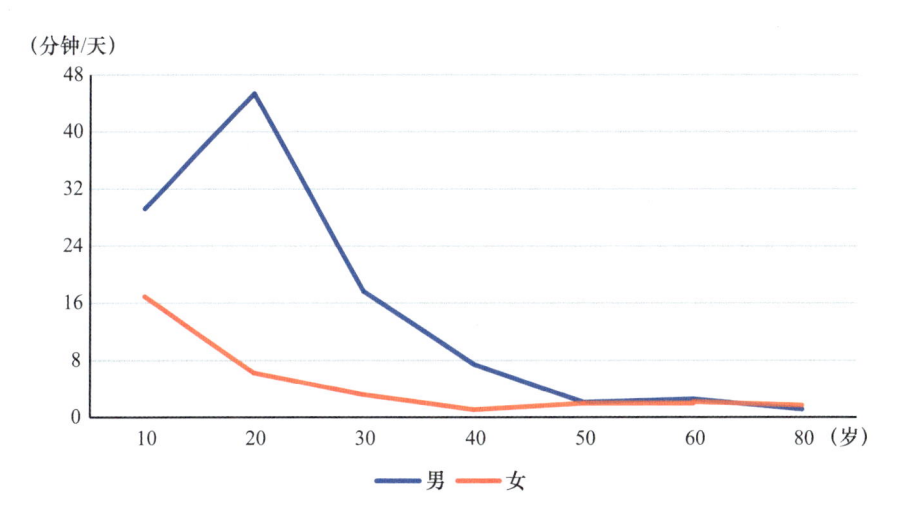

图16—13 分年龄、分性别网络游戏时间

从图16—14可以看出，三类人群中学生每日用于网络游戏时间最多。从性别视角来看，三类人群中男性网络游戏时长均显著高于女性。男性最高每日游戏时长达26.4分钟，女性最高每日游戏时长达16.3分钟。

从图16—15可以看出，在不同学习阶段的学生中，大学及以上的学生每日用于网络游戏时长最长，达67.5分钟，高中生次之，达21.4分钟，小学生及初中生时长最短。

（四）不同人群视听活动时间的差异

从图16—16看出，从20岁之后，男性和女性每日视听活动时长均超过1小时。这可能是因为直播、短视频等线上视频的快速兴起，使不同年龄的居民视听活动时长均有所增长。分年龄段看，在10—30岁，女性

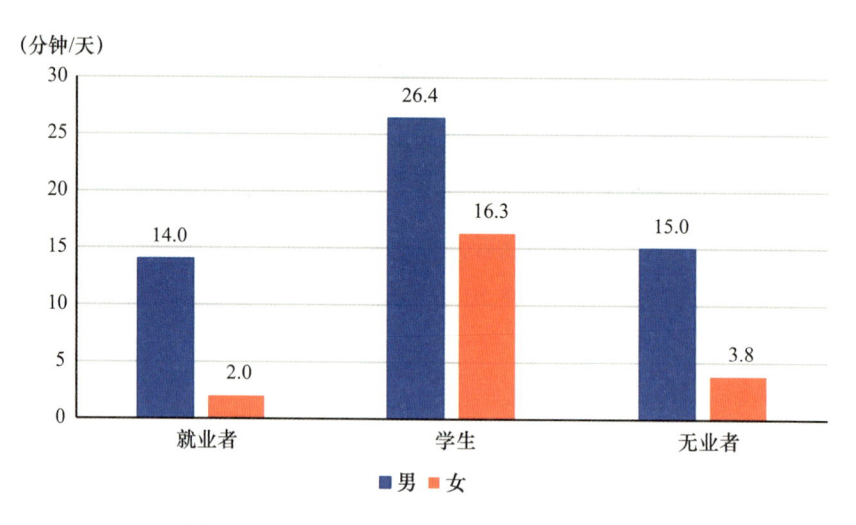

图 16—14　分就业情况、分性别网络游戏时间

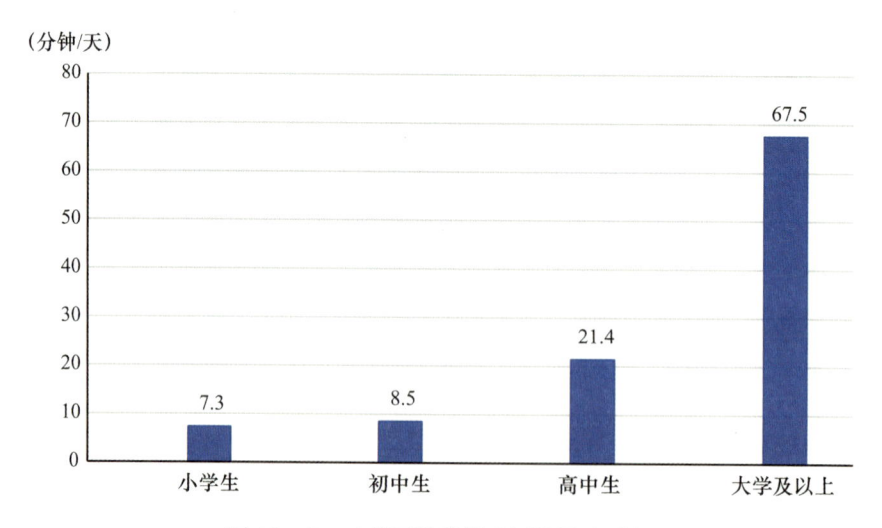

图 16—15　分学习阶段学生网络游戏时间

每日视听活动时长要高于男性，最高达 1.8 小时/天。30 岁之后男性每日视听活动时长高于女性，最高达 3.3 小时/天，并且无论男性还是女性，每日视听活动时长均随着年龄的增长而增加。

从图 16—17 可以看出，三类人群中无业者的视听活动时长最长，这可能是因为无业者中大部分为已退休的老年人，而老年人的视听活动时长均较长。其他两类人群中，男性和女性每日视听活动时长基本一致。

(小时/天)

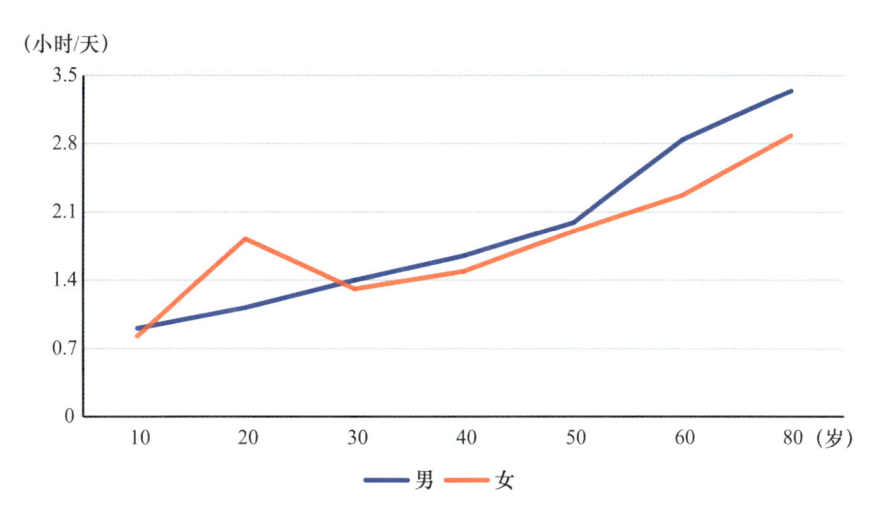

图16—16 分年龄、分性别视听活动时间

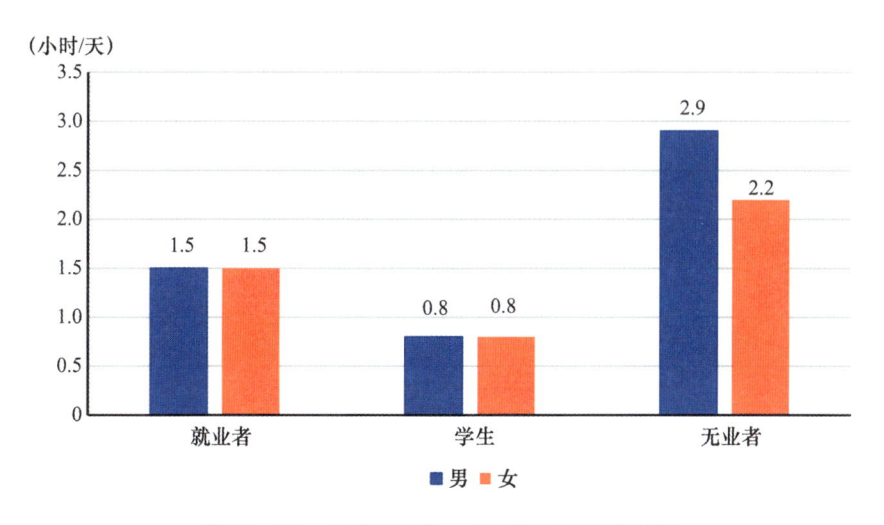

(小时/天)

图16—17 分就业情况、分性别视听活动时间

第三节 居民的数字生活的区域差异

一 不同地区居民数字生活差异

从表16—3可以看出，从各地区居民总的数字生活时间来看，上海市平均时长最长，达240.2分钟/天，天津市次之，达197.4分钟/天，海南

省排第三，达 183 分钟/天。从各个活动分类来看，天津市居民每日用于线上社交及电子阅读的时长均最长，分别达 6.5 分钟/天、65.2 分钟/天。重庆市居民每日用于网络游戏的时长最长，达 51.8 分钟/天；上海市居民视听活动的时长最长，达 175 分钟/天。

表 16—3　　各省份居民数字生活　　单位：分钟

省份	线上社交	电子阅读	网络游戏	视听活动	总计
上海市	4.4	37.9	22.9	175.0	240.2
天津市	6.5	65.2	7.0	118.7	197.4
海南省	1.7	20.5	11.1	149.7	183.0
重庆市	0	12.6	51.8	111.4	175.8
北京市	2	43.1	11.5	103.6	160.2
黑龙江省	0.4	28.0	3.9	127.2	159.5
湖南省	0	22.8	15.2	116.0	154.0
河北省	0.2	34.0	3.9	115.8	153.9
湖北省	0.6	26.0	4.7	120.8	152.1
广东省	1.9	40.6	11.6	96.5	150.6
广西壮族自治区	1.2	30.2	3.8	115.2	150.4
云南省	0.3	6.9	6.7	132.7	146.6
浙江省	0.8	32.4	9.7	102.1	145.0
宁夏回族自治区	0.1	5.6	24.5	107.2	137.4
江西省	0.6	15.6	12.5	104.2	132.9
山东省	1.7	22.0	11.2	95.8	130.7
吉林省	0.1	27.6	6.3	95.1	129.1
山西省	3.9	29.7	0.8	93.8	128.2
青海省	3.5	12.8	5.5	102.6	124.4
贵州省	0.1	17.4	10.7	95.2	123.4
江苏省	0.4	25.6	12.4	81.1	119.5
福建省	0.4	11.0	10.4	96.7	118.5
四川省	0.5	15.1	3.1	98.8	117.5
辽宁省	0.2	25.9	7.0	83.7	116.8
内蒙古自治区	0.5	14.4	5.9	92.0	112.8

续表

省份	线上社交	电子阅读	网络游戏	视听活动	总计
安徽省	0.1	7.7	11.3	86.4	105.5
陕西省	0.3	9.0	10.5	82.3	102.1
甘肃省	1.8	10.8	5.3	60.0	77.9
河南省	0.2	16.6	3.8	54.8	75.4

二 城乡居民数字生活差异

从图16—18可以看出，在30岁之前，城镇居民用于线上社交时长要显著高于农村居民，在30岁之后，城镇居民用于线上社交时间基本保持不变，而农村居民线上社交时长逐渐缩短。

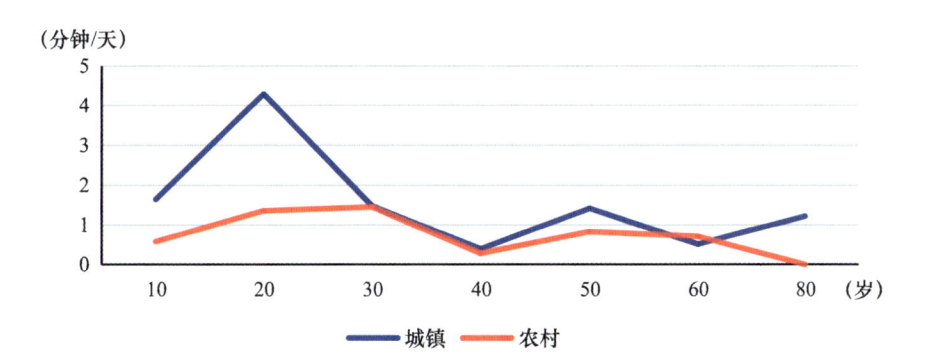

图16—18 分年龄、分城乡线上社交时间

从图16—19可以看出，城镇居民电子阅读时长随着年龄增长有增加

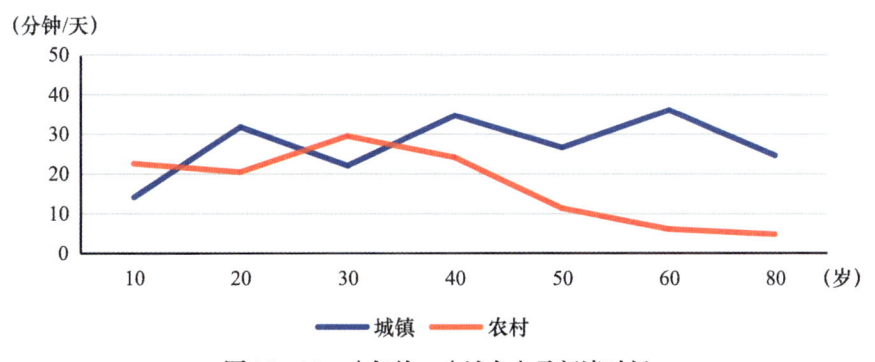

图16—19 分年龄、分城乡电子阅读时间

的趋势，而农村居民在 30 岁之后，电子阅读时长随着年龄增长而逐渐缩短。

从图 16—20 可以看出，不同年龄段的城镇和农村居民网络游戏时长变动趋势基本相同，并且城镇居民每日用于网络游戏时长显著高于农村居民。从 40 岁之后，无论城镇居民还是农村居民每日网络游戏时长小于 5 分钟。

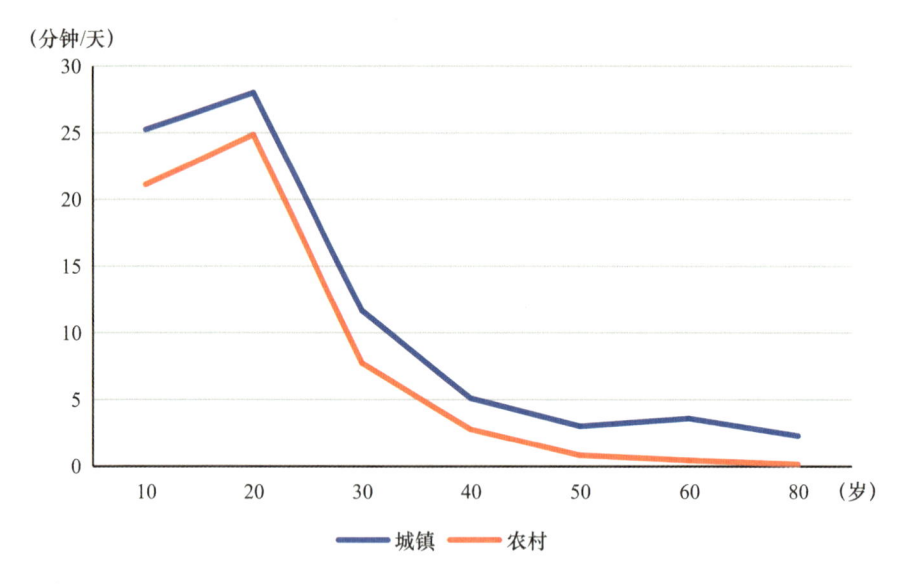

图 16—20　分年龄、分城乡网络游戏时间

从图 16—21 可以看出，城镇居民及农村居民随着年龄增长，视听活动时长均呈现上升趋势。在 40 岁之后城镇居民平均每日视听活动时长稳定高于农村居民。

第四节　数字鸿沟对居民生活的影响

中国数字经济发展不平衡、不充分、不规范等问题突出，在不同行

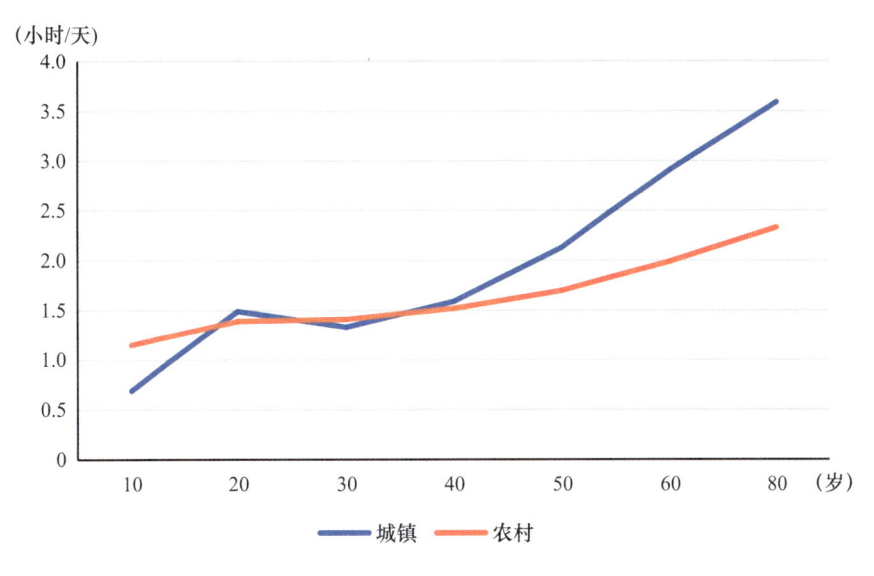

图16—21 分年龄、分城乡视听活动时间

业、地区、群体间的数字鸿沟未有效弥合，甚至有进一步扩大的趋势。[①]本章利用2021年中国时间利用调查数据以及2021年中国家庭金融调查数据，探讨数字鸿沟对居民生活的影响。

居民一天的时间可以分为自我照料、无酬劳动、有酬劳动、休闲娱乐和学习培训五部分。因为有酬劳动时间较为固定，不易受到其他因素的影响，故本节从自我照料、无酬劳动、休闲娱乐和学习培训四个方面来分析数字鸿沟对不同群体时间分配的差异。其中自我照料包括睡眠、个人卫生和吃饭；无酬劳动包括做家务、照顾家人和购买商品与服务；休闲娱乐包括体育锻炼、纸媒阅读、看电视；学习培训包括做作业和上辅导班。因为不同的活动所对应的人群不同，所以本节自我照料与休闲娱乐选择10—80岁共计14818个样本；无酬劳动选择16—64岁共计9713个样本；学习培训选取10—22岁共计396个样本。通过构建一级、二级数字鸿沟指数，探讨数字鸿沟对居民自我照料、无酬劳动、休闲娱

---

① 张丽淑、段亚琪、王立成：《我国数字经济发展综合测度及区域差异研究》，《数量经济研究》2023年第3期。

乐和学习培训的影响。

一 一级数字鸿沟

一级数字鸿沟是指由居民接入网络差异造成的数字鸿沟。第52次《中国互联网络发展状况统计报告》数据显示，截至2023年6月，我国网民规模达10.79亿人，其中手机网民规模达10.76亿人，网民使用手机上网的比例为99.8%。因此本节根据居民智能手机拥有情况，构建一级数字鸿沟指数。具体来说，将拥有智能手机的居民赋值为1，没有智能手机以及无手机赋值为0。

表16—4为各地区居民未拥有智能手机的比例，数值越高表示该地区一级数字鸿沟越大。从数字鸿沟水平排序上可以看出，天津市一级数字鸿沟水平最低，安徽省一级数字鸿沟水平最高。

表16—4　　　　各省份未拥有智能手机比例　　　　单位：%

省份	未拥有智能手机	省份	未拥有智能手机
内蒙古自治区	11.8	辽宁省	10.5
广东省	11.1	甘肃省	11.9
浙江省	4.8	青海省	5.5
海南省	8.0	江苏省	11.1
山东省	14.1	山西省	11.6
江西省	13.7	四川省	8.0
广西壮族自治区	15.1	重庆市	10.4
福建省	8.3	陕西省	19.8
天津市	2.0	河北省	21.5
湖北省	12.3	安徽省	26.5
上海市	3.5	北京市	8.6
云南省	19.6	宁夏回族自治区	10.6
湖南省	16.6	黑龙江省	6.6
河南省	17.6	吉林省	9.7
贵州省	12.8	—	

从表16—5可以看出，从全国层面来看，拥有智能手机与未拥有智能手机的居民在各项活动时间分配上均有一定差异。拥有智能手机的居民睡眠、吃饭、家务与照料、体育锻炼、看电视、做作业和辅导班时长都要少于未拥有智能手机的居民。拥有智能手机居民的个人卫生和购买商品与服务时长均高于未拥有智能手机的居民。这一方面可能是因为拥有智能手机人群在使用智能手机时会占用其他活动时间，另一方面可能是拥有智能手机的群体差异造成的。

表16—5　　　　　　　　各项活动参与者平均时长　　　　　单位：小时/天

		自我照料			无酬劳动		休闲娱乐			学习培训	
		睡眠	个人卫生	吃饭	家务与照料	购买商品与服务	体育锻炼	纸媒阅读	看电视	做作业	辅导班
全国	拥有	9.39	0.48	1.78	1.87	0.16	0.76	0.05	1.12	0.42	0.01
	未拥有	9.81	0.39	1.83	2.06	0.09	0.83	0.05	1.51	1.87	0.07
	T-text	-0.42***	0.09***	-0.05***	-0.19***	0.07***	-0.07*	0	-0.39***	-1.45***	-0.06***
城镇	拥有	9.30	0.51	1.78	1.79	0.18	0.88	0.07	1.26	0.36	0.03
	未拥有	9.74	0.40	1.77	2.28	0.06	1.00	0.09	1.45	2.03	0.08
	T-text	-0.44***	0.11***	0.01***	-0.49***	0.12***	-0.12***	-0.02	-0.19***	-1.67***	-0.05***
农村	拥有	9.57	0.43	1.78	2.02	0.13	0.52	0.03	0.93	0.51	0
	未拥有	9.88	0.38	1.89	1.92	0.10	0.68	0.02	1.57	1.60	0.06
	T-text	-0.31***	0.05**	-0.11***	0.10***	0.03***	-0.16***	0.01	-0.64***	-1.09***	-0.06**
男性	拥有	9.30	0.44	1.75	1.03	0.14	0.77	0.05	1.15	0.38	0.01
	未拥有	9.83	0.41	1.79	0.89	0.09	0.95	0.05	1.56	1.95	0.09
	T-text	-0.53***	0.03***	-0.04***	0.14***	0.05***	-0.18***	0	-0.41***	-1.57***	-0.08***
女性	拥有	9.49	0.52	1.82	2.75	0.19	0.75	0.05	1.15	0.49	0.03
	未拥有	9.79	0.37	1.87	3.13	0.08	0.72	0.05	1.47	1.76	0.05
	T-text	-0.30***	0.15***	-0.05***	-0.38***	0.11***	0.03	0	-0.32***	-1.27***	-0.02***

注：***、**和*分别表示在1%、5%和10%的水平下显著。

本节通过对不同人群拥有智能手机情况对其他活动时间影响做T检验（见表16—5）。可以发现，城镇居民中拥有智能手机人群比未拥有智能手机人群睡眠时长少 0.44 小时,农村居民中拥有智能手机人群比未拥有智能手机人群睡眠时长少 0.31 小时。男性居民中拥有智能手机人群比未拥有智能手机人群睡眠时长少 0.53 小时,女性居民中拥有智能手机人群比未拥有智能手机人群睡眠时长少 0.30 小时。这表明城镇居民与男性居民被智能手机所挤占的睡眠时间更多。这一结论与 Demirci 等[1]对学生群体的研究结果一致,他们发现拥有智能手机会降低睡眠时间和睡眠质量。

拥有智能手机会显著增加不同人群的个人卫生时间,这种影响在女性群体中更为明显,女性居民中拥有智能手机人群比未拥有智能手机人群个人卫生时长多 0.15 小时。拥有智能手机为什么会增加个人卫生时间呢? 这可能是由以下两个原因造成的:一是手机拥有者对于社会的要求和变化更加了解,从而会对个人形象有更高的要求,因此会花更多时间进行个人卫生活动,如穿衣、化妆、美容、美发等;二是在进行个人活动时,如洗漱和如厕,如果同时使用智能手机听新闻或看视频等,则可能会增加个人卫生所需时间。

我们还发现,拥有智能手机会显著减少城镇以及女性居民的家务与照料时长,而显著增加农村以及男性居民的家务与照料时长。拥有智能手机会显著增加个人购买商品与劳动时长,这种影响在城镇居民人群中更为明显。拥有智能手机会显著占用体育锻炼以及看电视的时间。在学生群体中与未拥有智能手机的人群相比,拥有智能手机人群的做作业时长与辅导班时长均显著减少,做作业时间平均下降 1.45 小时。

从图 16—22 中可以看出,不同年龄段未拥有智能手机人群睡眠时间均高于拥有智能手机人群。可能睡觉之前使用智能手机已成为当代人的一种生活习惯,从而导致智能手机占用了部分睡眠时间,从而导致拥有智能手机人群睡眠时间减少。

从图 16—23 可以看出,不同年龄段拥有智能手机人群个人卫生时间

---

[1] Demirci, K., Akgnül, M., Akpinar, A., "Relationship of Smartphone Use Severity with Sleep Quality, Depression, and Anxiety in University Students", *Journal of Behavioral Addictions*, 2015, 4 (2).

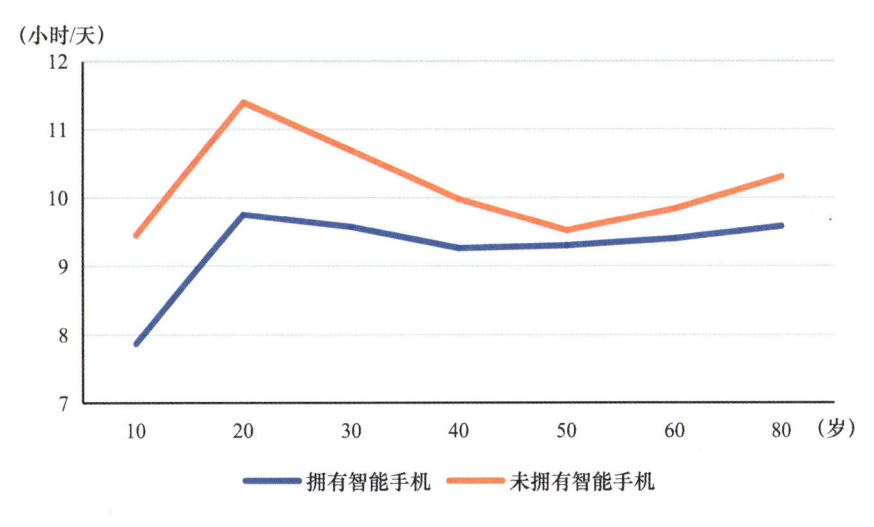

图 16—22　分年龄、分人群睡眠时间对比

均显著高于未拥有智能手机人群。这种差异在 40 岁之前，逐渐缩小，在 40 岁之后，逐渐扩大。

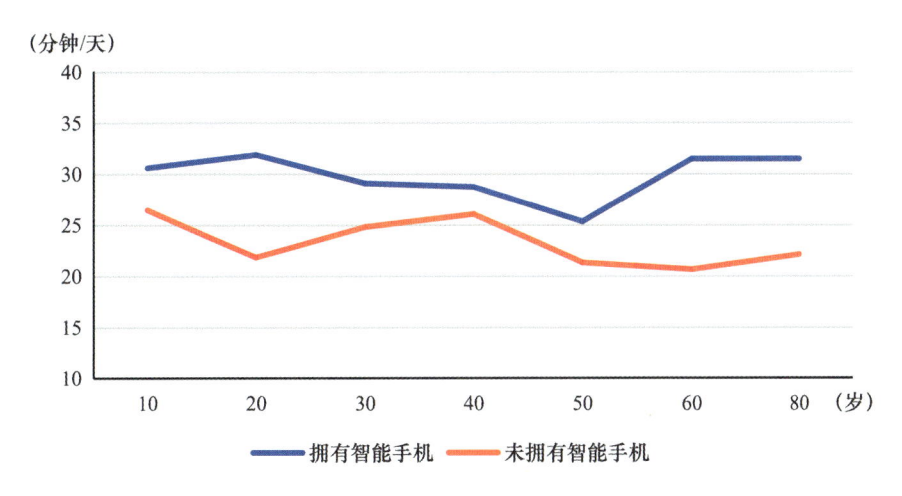

图 16—23　分年龄、分人群个人卫生时间对比

二　二级数字鸿沟

本节根据居民接入信息通信设备后使用层面的差距，构建二级数字鸿沟指数。具体来说，根据问卷中"您日常生活中使用过下列哪些支付方式？（可多选）：1. 现金；2. 刷信用卡；3. 刷借记卡；4. 微信支付；

5. 支付宝支付；6. 手机银行、网银"这一问题，将支付方式为4、5和6的居民赋值为1，其他支付方式赋值为0，以此作为衡量各地区居民二级数字鸿沟的指标。

表16—6为各地区未使用数字支付比例，数值越高表示该地区二级数字鸿沟越大。从二级数字鸿沟水平排序上可以看出，浙江省二级数字鸿沟水平最低，云南省二级数字鸿沟水平最高。

表16—6　　　　　　各省份未使用数字支付比例　　　　　　单位：%

省份	未使用数字支付	省份	未使用数字支付
内蒙古自治区	24.1	辽宁省	30.2
广东省	18.9	甘肃省	27.0
浙江省	11.4	青海省	16.3
海南省	18.8	江苏省	24.0
山东省	28.8	山西省	23.2
江西省	31.3	四川省	20.6
广西壮族自治区	23.4	重庆市	40.8
福建省	16.0	陕西省	35.4
天津市	17.0	河北省	36.6
湖北省	30.5	安徽省	35.1
上海市	12.8	北京市	34.0
云南省	42.0	宁夏回族自治区	17.4
湖南省	28.3	黑龙江省	24.2
河南省	38.8	吉林省	19.2
贵州省	24.6	—	

从表16—7可以看出，使用数字支付情况对居民在各项活动时间分配上均有一定差异。使用数字支付居民的睡眠、吃饭、家务与照料、体育锻炼和看电视时间都要少于不使用数字支付的居民。而使用数字支付居民的个人卫生、纸媒阅读、做作业和辅导班时间多于不使用数字支付的居民。

表 16—7　　　　　各项活动参与者平均时长　　　　　单位：小时/天

		自我照料			无酬劳动		休闲娱乐			学习培训	
		睡眠	个人卫生	吃饭	家务与照料	购买商品与服务	体育锻炼	纸媒阅读	看电视	做作业	辅导班
全国	使用	9.37	0.49	1.75	1.87	0.18	0.71	0.06	1.05	1.21	0.05
	未使用	9.74	0.39	1.90	1.95	0.08	0.94	0.04	1.68	1.17	0.02
	T-text	−0.37***	0.10***	−0.15***	−0.08	0.1	−0.23***	0.02**	−0.63***	0.04***	0.03***
城镇	使用	9.27	0.52	1.76	1.77	0.19	0.82	0.07	1.11	1.30	0.06
	未使用	9.73	0.42	1.87	2.09	0.12	1.24	0.07	2.05	1.39	0.04
	T-text	−0.46***	0.10***	−0.11***	−0.32***	0.07***	−0.42***	0	−0.94***	−0.00***	0.02**
农村	使用	9.58	0.44	1.73	2.07	0.15	0.48	0.03	0.91	1.05	0.04
	未使用	9.75	0.37	1.93	1.84	0.05	0.69	0.04	1.37	1.04	0
	T-text	−0.17***	0.07**	−0.20***	0.23*	0.10*	−0.21***	0.01	−0.46***	0.01***	0.04*
男性	使用	9.26	0.45	1.72	1.00	0.16	0.73	0.06	1.03	1.25	0.06
	未使用	9.74	0.40	1.87	1.10	0.07	1.00	0.04	1.76	1.09	0.03
	T-text	−0.48***	0.05***	−0.15***	−0.10***	0.09	−0.27***	0.02	−0.73***	0.16***	0.03**
女性	使用	9.47	0.53	1.79	2.74	0.2	0.7	0.06	1.07	1.17	0.44
	未使用	9.74	0.39	1.94	2.89	0.09	0.88	0.04	1.60	1.27	0
	T-text	−0.27***	0.14***	−0.15***	−0.15	0.11	−0.18***	0.02*	−0.53***	−0.10***	0.44**

注：***、**和*分别表示在1%、5%和10%的水平下显著。

为了更好地探讨二级数字鸿沟对于居民生活的影响，本节通过对不同人群使用数字支付情况对其他活动时间影响做 T 检验（见表 16—7），结果与一级数字鸿沟对不同人群生活影响结果基本保持一致。对于学生群体而言，使用数字支付人群与未使用数字支付人群相比，做作业与辅导班时长更长。这可能是由于使用数字支付的人群在使用层面具有一定的优势，导致他们更擅长通过互联网进行与学习相关的活动，从而延长了其做作业及辅导班的时长。

第五节 小结

　　本章使用 2021 年中国时间利用调查数据以及 2021 年中国家庭金融调查数据，分析中国居民智能手机拥有情况、手机使用情况、不同群体居民数字生活的差异，以及数字鸿沟对居民日常活动时间配置的影响。本章得出的主要结论如下：第一，不同群体智能手机拥有情况以及手机使用率均存在一定差异。2021 年，居民智能手机拥有率达 88.3%，并且居民智能手机拥有率与收入水平、受教育程度均存在正向关系。居民在调查当天手机使用率达 40.8%，并且手机使用率与居民收入水平、受教育程度均存在倒"U"形关系。第二，从数字生活来看，居民每日用于视听活动时长最长，为 1.7 小时/天，电子阅读时长为 24.2 分钟/天，网络游戏时长为 9.9 分钟/天，线上社交时长最短，为 1.3 分钟/天。不同年龄、性别、地区的居民数字生活时间均存在一定差异。第三，数字经济的快速发展，不可避免地带来了数字鸿沟。在一级数字鸿沟影响下，居民用于睡眠、吃饭、家务与照料、体育锻炼、看电视以及学生做作业和辅导班时间均显著减少，个人卫生、购买商品与服务时间显著增加。在二级数字鸿沟影响下，居民用于睡眠、吃饭、家务与照料、体育锻炼以及看电视时间显著减少，个人卫生、纸媒阅读和学生做作业、辅导班时间显著增加。总体而言，居民数字生活丰富，但由数字鸿沟带来的居民时间配置的差异仍值得继续关注。

后　记

在《时间都去哪儿了？外部冲击与中国时间利用变化》出版之际，回想中国时间利用调查（CTUS）一路走来的点点滴滴，心中满满的感慨、感恩和感谢。

2015年9—12月，时任副校长班士良教授、科技处处长郭喜教授、经济管理学院副院长（主持工作）杜凤莲教授带领研究团队走访了北京大学、中国人民大学、北京师范大学、西南财经大学等，一边学习高校数据调查和开发的经验，一边找选题。选题必须植根中国大地，有学术价值，还必须是学术空白点，不能重复其他学者的工作。在调研过程中，北京大学调查研究中心主任李强教授及团队、北京大学国家发展研究院赵耀辉教授、张晓波教授及团队，中国人民大学曾湘泉教授及团队，北京师范大学李实教授及团队，西南财经大学甘犁教授及团队给我们很多帮助和建议。感恩在学术生涯中遇到他（她）们，如果没有这些帮助和鼓励，我们也许就不会如此从容与坚持。2014年总书记的"时间都去哪儿了"之问，朱自清的《匆匆》，以及诺贝尔经济学奖得主贝克尔的经典家庭生产模型都给我们以启迪。时间在家庭生产中是和物质同样重要的投入要素，但在现代经济学研究中，时间要素被忽视了。

选题确定之后，从文献整理到调查问卷设计，再到样本抽取，经济管理学院许多老师和学生凭着对科研工作的热情投入了时间和精力，加拿大温尼伯大学的董晓媛教授参加了从选题论证、问卷撰写到第一部专著《时间都去哪儿了？中国时间利用调查研究报告》的撰写工作，并欣然受邀担任时间利用调查研究中心特聘教授。国内外相关领域的学者对

后 记

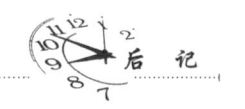

该研究提供了很多意见和建议，除了前文提到的学者，还包括斯坦福大学的 Scott Rozelle 教授、美国大学的 Maria S. Floro 教授、加拿大卡尔顿大学的 Frances Woolley 教授、澳大利亚南威尔士大学的 Lyn Craig 教授、牛津大学的 Kimberly Fisher 教授、香港中文大学的张俊森教授等，没有他们的支持和鼓励，就没有内蒙古大学高质量的 CTUS 数据。感谢国家"中西部高校综合实力提升工程"和"双一流""部省合建"经费的资助，内蒙古大学分别于 2017 年、2021 年在除新疆、西藏和港澳台地区以外进行了两轮中国时间利用调查，数据在全国和省级层面均具有代表性。

2017 年，内蒙古大学成立"中国时间利用调查与研究中心"，2021 年获批内蒙古自治区教育厅人文社科重点研究基地，研究中心与国内外大学进行数据对接、科研合作。2018 年《时间都去哪儿了？中国时间利用调查研究报告》由中国社会科学出版社出版，被评为"2018 年度中国社会科学出版社好书"、2018 年最受媒体关注的十本图书。2019 年再版。2022 年入选国家新闻出版署"经典中国工程"。2023 年英文版 *Chinese People's Time Use and Their Quality of Life：Research Report of Chinese Time Use Survey* 由 Springer 出版；2023 年荣获内蒙古自治区哲学社会科学政府奖二等奖。

2023 年，基于两轮调查数据，我们撰写了《时间都去哪儿了？外部冲击与中国时间利用变化》。其中前言由杜凤莲、张晓敏主笔；第一章和第二章由王文斌、金卓主笔；第三章由王文斌、胡晗晓、金卓主笔；第四章由杜凤莲、宋琪、张晓敏主笔；第五章由杜凤莲、贺辉辉主笔；第六章由杜凤莲、王安安主笔；第七章由杜凤莲、阿茹涵主笔；第八章由杜凤莲、尤庆娜主笔；第九章由张晓敏主笔；第十章由赵云霞、杜凤莲主笔；第十一章由侯建昀、旭日主笔；第十二章由杜凤莲、阿木尔朝克图、张晓敏主笔；第十三章由王文斌、金卓主笔；第十四章由杜凤莲、徐紫涵主笔；第十五章由杜凤莲、魏萱主笔；第十六章由侯建昀、旭日主笔。

在写作过程中，内蒙古大学研究团队与西南财经大学研究团队曾多次集中研讨、交流与修改，西南财经大学甘犁教授及团队成员提出了许多宝贵修改意见，在此表示感谢。杜凤莲、王文斌、侯建昀对全书框架、章节安排进行统一设计，并对全稿进行了统一修订完善。

  我们还要感谢在数据调研过程中做出贡献的师生们，经济管理学院的张士伟书记、学工办的闫东祺老师动员、组织学生调研。参加调研的学生有赵云霞、徐紫涵、尤庆娜、曹娜琴、徐宏、辛雨素、余海洋、邢帅、王雪纯、江雅南、夏丽玲、特日格乐、孙明慧、梁红霞等189人。他（她）们的认真和坚韧决定了数据的质量，是幕后的英雄。

  朱自清在《匆匆》中写道"过去的日子如轻烟，被微风吹散了，如薄雾，被初阳蒸融了；我留着些什么痕迹呢？"本书试图记录变革与转型时代中国人的痕迹。

杜凤莲
内蒙古大学副校长、经济管理学院院长
内蒙古大学时间利用调查研究中心主任